□사람을 더욱 인간답게 만들어주는……

정통 민물낚시

현대레저연구회 편

太乙出版社

대자연의 함성이 잔잔한 물결을 타고
낚시꾼의 마음을 자꾸만 어지럽힌다!

바로 이맛 때문에 낚시를
그만둘 수 없다!

자연이 부르는 소리가
들린다……

'세상은 넓고 할 일은 많다'고 그 누가 말했던가? 강은 넓고 고기는 많아도 운좋게 낚일 확률은 그다지 높지 않다. 그러나 집념을 가지고 차분히 기다리면 제 아무리 영악한 물고기라도 깜박 잊고 덥썩 먹이를 문다.

이제 비로소 내 손안에서 파닥이는 물고기를 보면서 인생의 영고성쇠를 가늠해 본다.

작은 바다를 연상시키는 호반의 낚시는 바다낚시와 민물낚시의 온갖 즐거움을 함께 만끽할 수 있다.

나름대로 계획을 짜서
홀연히 떠나는 낚시꾼의
야망은 무엇인가?

드디어 낚아 올렸다! 뜰채 안에서
파닥이는 물고기를 바라보는 낚시꾼의
마음은 회심 속에서 오히려 느긋
해진다.

정통 민물낚시

현대레저연구회편

太乙出版社

강 낚시의 채비 지식에 대하여

　낚시꾼과 어부의 차이는 무엇인가 하면, 어부는 낚은 물고기의 양을 문제로 삼고, 낚시꾼은 물고기를 어떻게 해서 잡았느냐(낚았느냐)를 문제로 삼는다고 하는 점일 것이다.

　어부들의 낚시에서는 많이 낚이면 충분하지만, 레저로서의 낚시에서는 그저 단순히 많이 낚으면 된다고 하는 것은 아닐 것이다.

　예를 들면, 몸길이 10cm 정도의 작은 물고기를 낚는데 2호, 3호라고 하는 굵은 낚싯줄을 사용한 채비로 낚아 올려도 조금도 재미있지 않다고 생각하는 것이 낚시꾼이고, 굵은 줄 쪽이 끊어지는 일도 적어 능률적이라고 생각하는 것이 어부라고 하는 것이다.

　레저로서의 낚시의 기본은 얼마나 가는 도구로 얼마큼 큰 물고기를 낚아 올릴 수 있느냐라고 하는 점일 것이다. 베테랑들이 되도록 가는 원줄, 가는 목줄을 사용하는 것은, 물고기의 입질을 좋게 한다고 하는 것도 물론이지만, 가는 줄로 큰 물고기를 낚아올리는 묘미를 보다 더하기 위한 것이다.

　따라서 채비 만들기는 물고기를 낚는 과정에 있어서 가장 기본적인 작업이라고 말할 수 있다. 최근에는 낚시 도구점에서 각종의 채비가 시판되고 있어 초보자는 주로 이런 채비를 이용하지만, 레저로서의 낚시에서는 채비 만들기도 큰 즐거움의 하나이다. 시판되고 있는 채비를 이용한다고 하는 것은, 그 즐거움을 스스로 방기하는 결과가 된다. 기본을 마스터하면 채비 만들기는 그다지 어려운 일은 아니다.

이 책에는 채비 만들기에 필요한 소도구, 줄과 줄의 연결 방법, 목줄의 연결 방법, 가지 바늘의 연결 방법, 낚싯봉의 다는 법 등의 기본부터 베테랑팬이 연구한 채비까지 가능한 한 자세히 해설했다.

앞으로 낚시를 시작하는 사람들의 채비 만들기에 조금이라도 도움이 되면 다행이겠다.

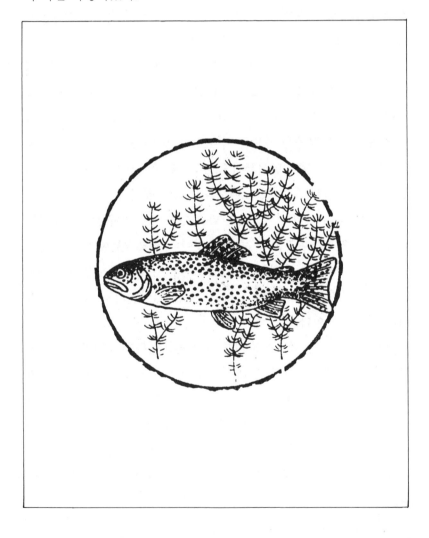

♣차 례♣

제1부 민물낚시의 기본지식

제1장 강 낚시의 지식과 준비
낚싯대의 종류와 사용방법

줄의 종류와 선택법

♣차 례♣

♣차　례♣

♣차 례♣

♣차 례♣

♣차 례♣

♣차 례♣

22

♣차　례♣

♣차 례♣

♣차 례♣

♣차 례♣

몰개의 강 낚시

산천어의 강 낚시

가물치의 강 낚시

빙어의 강 낚시

26

♣차 례♣

제4장 소도구 만들기의 실기와 즐거움
스스로 만드는 소도구

♣차 례♣

제2부 강 낚시의 채비지식

제1장 강·호수 낚시의 지식

♣차 례♣

♣차 례♣

제3장 강과 호수 낚시의 기본기술

♣차　례♣

제3부 민물낚시의 이론과 실제

제1장 민물낚시의 지식과 준비

♣ 차 례 ♣

제2장 민물낚시의 실기
은어 낚시

♣차 례♣

♣차 례♣

34

♣차 례♣

♣차 례♣

♣차 례♣

♣차 례♣

빙어 낚시

부록

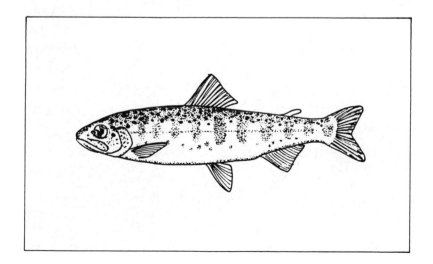

제1부

민물낚시의 기본지식

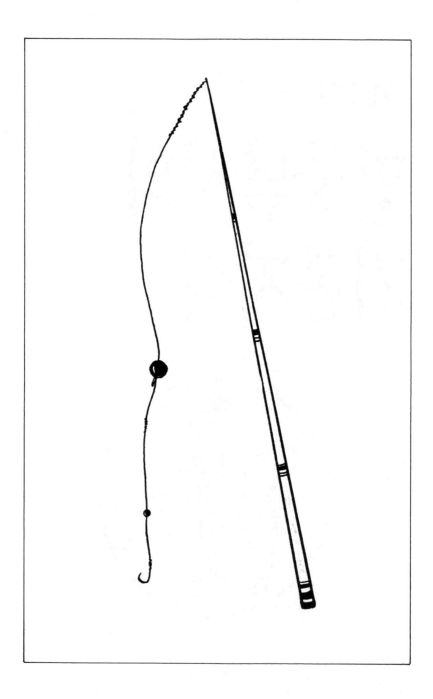

제1장
강 낚시의 지식과 준비

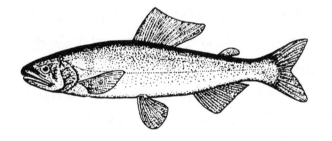

낚싯대의 종류와 사용방법

▶ 낚싯대는 2종류

강 낚시용의 낚싯대에는 크게 나눠서 대나무 낚싯대와 글라스 로드 (glass rod)의 2종류가 있다. 또한, 같은 대나무 낚싯대 중에도 대나무 의 종류나 가공 방법에 따라서 몇 종류인가의 낚싯대가 있고, 같은 대나무로 만들어진 낚싯대 중에도 어종별, 낚시 방법별의 낚싯대가 있다. 한편 글라스로드도, 본래의 글라스 파이버제(glass fiber)의 것 뿐만 아니라, 폴리에스텔이나 카본(carbon)이라고 하는 새로운 소재 로 만들어진 낚싯대도 있어 그 종류는 매우 많다.

▶ 낚싯대의 특징과 용도

대나무 낚싯대의 감소

이전에는 낚싯대라고 하면 대나무 낚싯대가 당연하고 글라스 로드 가 개발되기 전까지는 싼 대나무 낚싯대가 얼마든지 팔리고 있었다. 그런데 글라스 로드가 대량 생산이 되면서부터 갑자기 대나무 낚싯대 의 수는 줄어들기 시작했다. 그래서, 현재는 대낚싯대라고 하면 이름

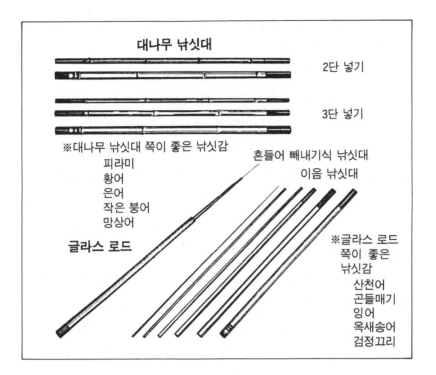

대나무 낚싯대

2단 넣기

3단 넣기

※대나무 낚싯대 쪽이 좋은 낚싯감
피라미
황어
은어
작은 붕어
망상어

글라스 로드

흔들어 빼내기식 낚싯대
이음 낚싯대

※글라스 로드
쪽이 좋은
낚싯감
산천어
곤들매기
잉어
옥새송어
검정끄리

이 새겨진 고급품이 대부분이 되어 누구나 간단히 살 수 있는 낚싯대는 매우 적어져 버렸다.

각 낚싯대의 특징

현재 글라스 로드가 이렇게까지 보급된 이유는 여러 가지로 생각할 수 있지만 가장 큰 이유는 수량이 많다고 하는 점일 것이다. 글라스 로드는 물에 젖은 채 방치해 두어도 표면의 도료가 벗겨지는 정도로 낚싯대에 굴곡이 생기거나, 썩어 버리거나 하는 일은 거의 없다. 또한, 큰 물고기가 걸렸다고 해도, 본줄이 끊어지는 일은 있어도 낚싯대가 부러진다고 하는 일도 없지만 탄력이 없어져서 굴곡이 생겨 버리는 일도 없다. 그에 비해 대나무 낚싯대는 사용한 후는 반드시 그늘에 말리거나 해서 표면의 수분을 제거해 두지 않으면 순식간에 굴곡이 생기거나, 썩어 버린다.

또한 조금 손질을 게을리하면 벌레 먹거나, 큰 물고기를 걸고 조금 무리를 하면 곧 굴곡이 생겨 구부러져 버린다. 그러나 대나무가 가진 저 자연스러운 탄력은 글라스로드는 좀체로 흉내낼 수 없는 것. 청류에서의 맥 낚시나 세류에서의 작은 붕어 낚시, 은어의 놀림 낚시 등 대낚싯대가 아니면 만족스러운 낚시 맛을 맛볼 수 없다고 하는 낚시도 적지 않다.

낚싯대를 적절히 구분해서 사용한다

대나무 낚싯대의 특징, 글라스 로드의 특징을 잘 이용해서 적절히 나누어 사용하면 좋을 것이다. 일반적인 경향으로서 대나무 낚싯대용의 낚시감으로서는 피라미, 황어, 은어, 작은 붕어, 납자루 등을 들 수 있으며 낚싯대를 난폭하게 다룰 가능성이 큰 산천어나 곤들매기의 계류(溪流) 낚시, 미묘한 낚싯대의 휨새를 필요로 하지 않는 잉어, 검정끄리, 옥새송어 등에는 글라스 로드가 사용되고 있는 편이다.

낚싯대의 길이

낚싯대의 길이는 보통 30cm(척) 단위로 잘게 구분되어 있어 납자루나 은어 낚싯대 등 특수한 낚싯대를 제외하면 1.8m부터 9m까지, 17종류의 길이로 나눠져 있다. 단, 글라스 로드라면, 6척 낚싯대라고 하면 어느 메이커의 낚싯대라도 1.8m이지만 대나무 낚싯대의 경우에는 같은 6척 낚싯대(1.8m)라도 대나무 마디 등의 관계로 1.7m가 되거나 1.9m가 되거나 하는 경우가 있어 반드시 일정치는 않다.

▶ 용도별 낚싯대의 종류

글라스 로드

낚싯대를 용도별로 나누면 글라스 로드의 경우는 어종별 나누는 법은 별로 없고, 청류용, 계류용이라고 하는 구분법을 사용하고 있는 경우가 많다. 또한 참붕어용이나 옥새송어용이라고 하는 낚싯대는 없고, 만능 낚싯대라고 불리는 낚싯대의 종류로 통일되어 있다. 단, 이 만능 낚싯대 중에도 연질(軟質)과 경질(硬質) 등의 여러 종류가 있어 전체 종류는 상당히 많다.

대나무 낚싯대

한편, 대나무 낚싯대 쪽은 대부분이 어종별로 나뉘져 있어 참붕어 낚싯대, 주걱붕어 낚싯대, 계류 낚싯대, 산천어 낚싯대, 피라미 낚싯대, 잉어 낚싯대, 은어 낚싯대(놀림 낚싯대, 도랑 낚싯대, 굴림 낚싯대) 등이 있다.

그리고 같은 참붕어 낚싯대라도 연질의 것, 경질의 것, 연질과 경질의 중간인 중질(中質) 등 상당히 잘게 나뉘져 있다. 또한 대나무 낚싯대에는 2단 넣기의 것과 3단 넣기의 것이 있으며, 일반적으로 2단 넣기의 낚싯대는 '상물(上物)' 3단 넣기의 낚싯대는 '보통'으로 간주되고 있는 듯 하다.

▶ 낚싯대의 흔들리기

낚싯대의 흔들리기에는 9·1, 8·2의 끝흔들리기, 7·3흔들리기, 6·4흔들리기, 통흔들리기로 나눠지지만 실제로는 이렇게 잘게 나눌

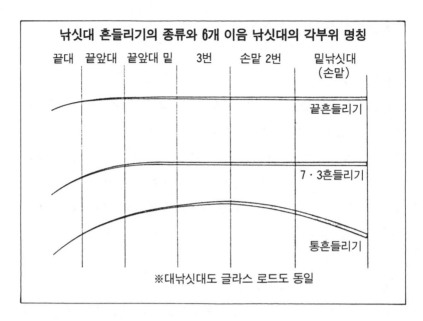

필요는 없고, 경흔들리기, 7·3흔들리기, 끝흔들리기의 3가지로 나누는 경우가 많다. 특히 글라스 로드의 경우는, 상당히 대략적으로 나누는 편이다.

끝흔들리기

끝대와 끝앞대가 약간 구부러지는 정도의 단순한 흔들리기의 낚싯대이다. 산천어나 곤들매기의 계류 낚시나 청류에서의 피라미, 황어의 맥 낚시 등에 사용된다.

7·3흔들리기

가장 일반적인 낚싯대의 흔들리기로, 단단하지도 않고 부드럽지도 않다고 하는 흔들리기이다. 용도도 넓어 참붕어, 잉어, 피라미, 황어 등 대부분의 어종에 사용된다.

통흔들리기

낚싯대의 중앙부 또는 4분 지점을 중심으로 낚싯대 전체가 휘어지는 듯이 구부러지는 부드러운 흔들리기이다. 주로 주걱붕어용의 낚싯대로서 사용되지만, 참붕어나 피라미의 속임 낚시용의 낚싯대로서도 사용된다.

통흔들리기는 별명인 5·5흔들리기라고 불리는 경우도 있다.

▶ 낚싯대와 채비의 관계

채비 만들기에서의 주의

대부분의 낚시꾼이 낚싯감에 대해서 어느 낚싯대를 선택하면 좋은지에 대해서는 생각하고 있는 것 같지만, 더 한층 의외스럽게 생각되고 있는 것이 낚싯대와 채비의 관계에 대해서이다. 특히, 초보자에게는 그 경향이 강한 것 같고, 그것이 원인으로 놓치지 않아도 되는 물고기를 놓치거나 모처럼 만든 채비를 끊어뜨리거나 하고 있는 사람을 흔히 본다.

낚싯대와 본줄의 밸런스

원인은 한마디로 말하자면, 낚싯대와 채비의 밸런스가 잡혀 있지 않다고 하는 것이다. 부드러운 흔들리기의 낚싯대에 굵은 줄을 사용하고 있으면 또 모를까, 단단한 흔들리기의 낚싯대에 너무 가는 줄을 사용하고 있는 경우 등은 간단히 채비가 끊어져 버린다. 베테랑팬이라면 단단한 흔들리기의 낚싯대에 가는 줄을 사용하고 있는 경우 등은 채비에 대한 쇼크를 고려해서 맞추기 때문에 이런 트러블은 적지만 초보자에게 그것을 바라는 것은 무리한 이야기이다.

줄의 종류와 선택법

▶ 화학 섬유가 일반적

한마디로 낚싯줄이라고 해도 천잠에서 채취한 본천잠사(本天蠶絲)와 화학 섬유의 가공줄인 나일론, 테트론 등의 종류가 있다. 그러나 최근에는 본천잠사는 거의 시판되고 있지 않고 낚싯줄이라고 하면 나일론, 테트론이 일반적이다. 엄밀하게는 나일론, 테트론 외 여러 가지 화학 섬유가 사용되고 있지만, 낚시꾼으로서는 나일론 줄, 테트론 줄의 2종류를 기억해 두면 좋을 것이다.

▶ 나일론 줄이 주역

나일론 줄과 테트론 줄의 용도는 강 낚시에 관한 한 테트론 줄은 거의 사용되지 않고 한결같이 나일론 줄이 주역이다. 테트론 줄은 나일론 줄에 비해서 굵은 것이 많고 나일론줄과 같이 투명하지도 않다. 그 때문에 강 낚시의 본줄로서는 대부분 나일론 줄이 사용되고 있다.

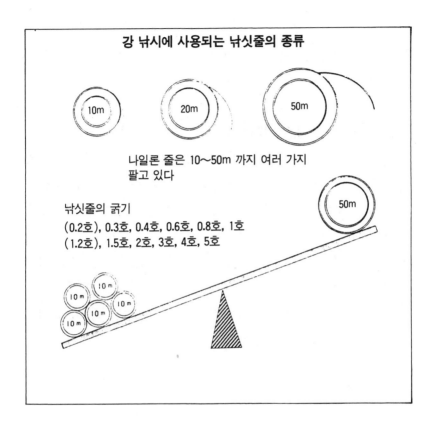

강 낚시에 사용되는 낚싯줄의 종류

10m

20m

50m

나일론 줄은 10~50m 까지 여러 가지
팔고 있다

낚싯줄의 굵기
(0.2호), 0.3호, 0.4호, 0.6호, 0.8호, 1호
(1.2호), 1.5호, 2호, 3호, 4호, 5호

50m

50m

10m

10m

10m

10m

10m

▶ 대형 코일로 낭비를 적게

보통 나일론 줄은 10m 감긴 코일과 50m 감긴 코일로 팔리고 있지
만, 메이커에 따라서는 20m 감긴 코일이나 25m 감긴 코일, 더욱 1
00m 이상이라고 하는 큰 코일까지 있어 일정치 않다. 일반적으로는
조금 감긴 코일보다도 많이 감긴 코일 쪽이 비교적 싸게 되어 있는
경우가 많아 10m 감긴 코일을 5개 사는 것보다 50m 감긴 코일을
1개 사는 편이 득이다.

작은 코일을 가끔 사는 것보다도 대형 코일로 사두는 편이 낭비

(10m 코일이라면, 예로 들어 3.6m의 낚싯대에 사용하는 채비의 본줄을 2개밖에 취할 수 없어 나머지 2.8m가 낭비가 되는 경우도 있다)도 적을 것이다.

▶ 낚싯줄은 품질로 선택한다

낚싯줄의 메이커는 대기업만 해도 10사 가깝고, 그 밖의 중·소 메이커를 포함하면 상당한 수의 회사가 낚싯줄을 만들고 있다. 그 때문에 메이커에 의한 가격의 차이가 상당히 있다. 낚싯줄은 여러 회사에서 만들고 있지만, 낚싯줄 질에는 그다지 큰 차이가 없다. 자신의 눈으로 보고 납득할 수 있는 물품이라면 가령 가격이 싼 줄이라도 충분히 족하다. 낚싯줄을 선택할 때는 포장이나 가격에 구애되지 말고, 품질을 확인하고 나서 선택하도록 유의하자.

▶ 낚싯줄의 굵기

확실한 기준은 없다

외국에는 낚싯줄 굵기의 기준이 마련되어 있고, 파운드 테스트의 표시가 의무지워져 있다. 그 때문에 어느 메이커의 낚싯줄이나 1파운드 라인의 표시가 되어 있으면, 가령 굵기가 다른 경우라도 반드시 1파운드의 힘에 견디도록 만들어져 있다. 그러나 유감스럽게 아직 우리나라에는 이런 명확한 규정은 없고 같은 1호의 낚싯줄이라도 메이커에 따라서 강도에 다소의 차이가 있는 경우가 많다. 하긴, 최근에는 제조 기술의 진보로 인해 옛날만큼의 큰 차는 없어져서 그다지 지장을 초래하는 일도 없어졌지만 하루라도 빨리 확실한 기준이 마련되기 바란다.

호수 표시가 원칙

낚싯줄의 굵기 표시는 원칙적으로 호수로 표시되어 있다. 앞에 이야기했듯이 확실한 기준 아래에 이루어지고 있는 것은 아니기 때문에 메이커에 따라서는 없는 호수가 있거나, 굵기에 상당한 차이가 있는 경우도 있지만 일단의 표준으로서 가장 가는 줄은 0.2호(메이커에 따라서는 0.1호를 만들고 있는 곳도 약간 있다), 굵은 줄은 200호, 300호라고 하는 직경 1mm 이상이나 되는 줄까지 만들어지고 있다. 강 낚시에 사용되는 것은 0.2호부터 고작 5호 정도까지로 그다지 굵은 줄은 사용하지 않는다.

일반적인 호수로서는 0.2호, 0.3호, 0.4호, 0.6호, 0.8호, 1호, 1.5호, 2호, 3호, 4호, 5호의 10종류이지만 드물게 1.2호라고 하는 호수를 제조하고 있는 메이커도 있는 것 같다.

본줄과 목줄

채비에 사용되고 있는 줄은, 본줄과 목줄의 2가지로 나눠진다. 본줄은 낚싯대 끝부터 목줄을 연결하는 접속점까지의 줄을 말하고, 목줄은 바늘에 연결되는 줄을 말한다.

채비로 바꾸는 줄의 굵기

보통 본줄은 목줄보다 1단계 혹은 2단계 굵게 한다. 이것은 물고기의 입질을 조금이라도 좋게 하려고 하는 의미도 있지만 바늘이 장애물 등에 걸렸을 때 목줄을 끊고 채비를 돕는 의미도 있다. 그러나 반드시 목줄을 본줄보다 가늘게 해야 한다고 하는 것은 아니다. 채비

본줄과 목줄 굵기의 관계의 일례

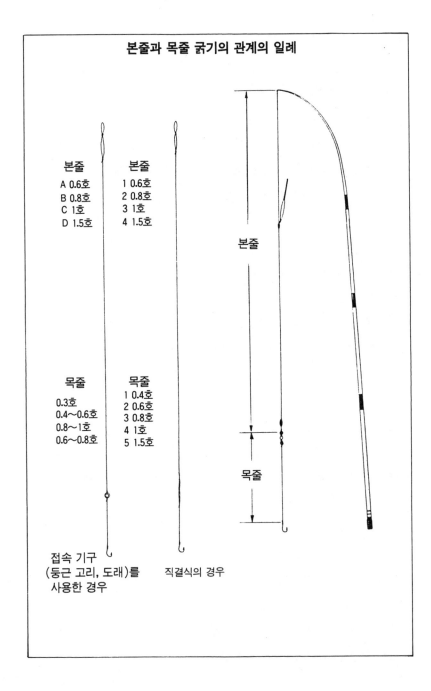

본줄
A 0.6호
B 0.8호
C 1호
D 1.5호

본줄
1 0.6호
2 0.8호
3 1호
4 1.5호

본줄

목줄
0.3호
0.4〜0.6호
0.8〜1호
0.6〜0.8호

목줄
1 0.4호
2 0.6호
3 0.8호
4 1호
5 1.5호

목줄

접속 기구
(둥근 고리, 도래)를
사용한 경우

직결식의 경우

에 따라서는 본줄과 목줄이 같은 호수이거나, 반대로 목줄 쪽이 본줄
보다 굵다고 하는 경우도 있다.

줄의 길이에 포인트

간단한 과학이지만 같은 호수의 줄이라면 길수록 끊어지기 어렵
고, 짧을수록 끊어지기 쉽다. 특히, 신축이 있는 나일론에서는 이
경향은 매우 현저해서 0.2호, 0.3호로 매우 가는 줄이라도 어느 정도
의 길이가 있으면 좀체로 끊어지지 않는다.

▶ 바늘의 종류

100종류 가까운 바늘 수

낚시 바늘은 채비 중에서도 가장 중요한 부분이다. 그 종류도 매우
많아 강 낚시에 사용되는 것만해도 100종류에 가까운 수가 있다고
생각된다. 특히 최초에는 이전부터 있었던 형을 어느 정도 개량한
신종도 상당히 많아 도저히 전부는 소개할 수 없다. 그래서 여기에서
는 비교적 흔히 사용되는 형을 중심으로 이야기를 진행시키겠다.

부분적인 차이에 의한 명칭

바늘에는 형에 의한 종류 외에 부분적인 차이에 따른 명칭이 붙여
져 있다. 예를 들면 주걱붕어용의 바늘이나 계류 낚시용의 바늘 일부
에는 한 번 걸린 바늘이 빠지지 않록 하기 위한 턱(미늘이라고도
한다)이라고 불리는 부분이 없는 바늘이 있다. 이 턱이 없는 바늘을
보통 훌치기 바늘이라고 부르지만 이것은 바늘의 이름이 아니라 ○○
바늘의 훌치기용 바늘이라고 하는 표현법으로 사용한다. 이 외, 마찬

가지로 부분적인 특징을 나타낸 명칭에 말림형이나 비틈형 등이 있다.

또한, 목이라고 불리는 목줄을 연결하는 부분의 형에도 몇 종류가 있다. 머리 부분을 납작하게 으깬 형태의 것이 일반적이지만 이외, 머리 부분을 날카롭게 한 것이나 구멍이 뚫려 있는 것 등이 있다.

▶ 바늘의 크기 표시

바늘의 크기 표시는 보통 호수로 나타내고 있다.

제일 작은 크기는 1호로, 이하 호수가 커짐에 따라서 바늘의 크기도 커진다. 그러나 이것도 줄의 굵기와 마찬가지로 확실한 기준이 정해져 있는 것은 아니기 때문에 같은 형의 같은 호수의 바늘이라도 메이커에 따라서는 다소 다른 경우도 있으므로 주의가 필요하다.

▶ 바늘형

일반적인 소매형 바늘

앞에서와 같이 바늘형의 종류는 매우 많지만 가장 일반적인 바늘형이라고 하면 역시 소매형일 것이다. 참붕어나 잉어, 피라미 등을 낚을 때에 사용되는 바늘이지만 대형의 것이라면 바다 낚시에도 사용할 수 있는 가장 용도가 다양한 바늘형.

소매형은 낚시 바늘의 원형이라고도 말할 수 있는 형으로 이것의 변형도 많다. 긴 소매, 둥근 소매, 유선 소매 등은 부분적으로는 소매형과 꼭 닮은 바늘이다.

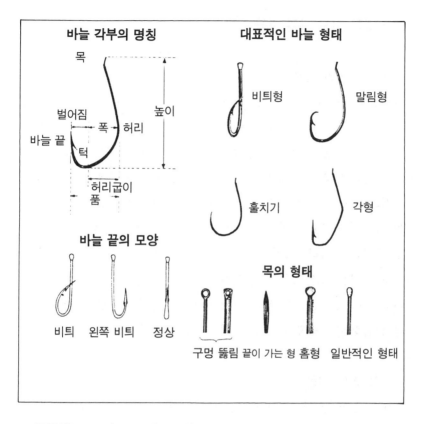

큰직한 물고기를 노리는 바늘형

조금 큰직한 물고기를 노릴 때의 바늘로서 둥근 형, 큰 고리 등의 바늘이 있다. 언뜻 보기에는 소매형과 별 차이가 없는 것 같이 생각되지만 전체적으로 품이 넓은 것이 특징이다. 소상(遡上) 시즌의 참붕어나 대형 잉어 등을 노릴 때에는 이런 바늘을 사용하는 경우가 많다.

▶좋은 바늘 나쁜 바늘

낱개 바늘의 이용

바늘은 목줄이 달린 것과 낱개 바늘(목줄이 달려 있지 않는 것)의 2종류가 시판되고 있다. 목줄이 달린 것은 1개 1개 꺼낼 수 있는 경우에 들어 있는 것이 많아 초보자는 편리함에 이끌려서 그만 이것을 이용해 버린다. 그러나 경우에 들어 있는 바늘 중에는 바늘 끝이 손상되어 있거나 목줄의 매듭이 불완전하거나 한 것도 있다. 최근에는 기술의 진보로 인해 이전만큼 결함이 있는 것은 적어졌지만 그래도 가끔씩은 있다. 그에 비해, 낱개 바늘은 목줄을 연결할 때에 바늘 끝도 점검할 수 있기 때문에 결함이 있는 제품을 사용하는 일은 거의 없다. 가격적으로도 이 편이 상당히 싸기 때문에 가능한 한 낱개 바늘을 이용해서 목줄도 스스로 연결하도록 유의하자.

바늘 끝이 생명

바늘은 바늘 끝이 생명이다. 바늘 끝이 구부러져 있거나, 둥글게 말려 있어서는 모처럼 낚인 물고기를 놓쳐 버리는 원인이 된다. 가능하면 목줄을 연결하기 전에 바늘 끝을 오일 스톤으로 갈고, 각 부분에 결함이 없는지 어떤지를 확인하고 나서 사용하자.

바늘 끝의 테스트

보통 바늘 끝을 테스트하는 방법으로서는 손가락의 손톱에 걸리는지 어떤지를 시험해 보면 좋다. 바늘 끝이 손톱에 걸리지 않고 쑥 미끄러져 버리는 것 같은 바늘은 바늘 끝이 찌부러져 있는 증거로, 이래서는 물고기의 바늘 점검도 상당히 나빠져 버린다. 낚고 있는

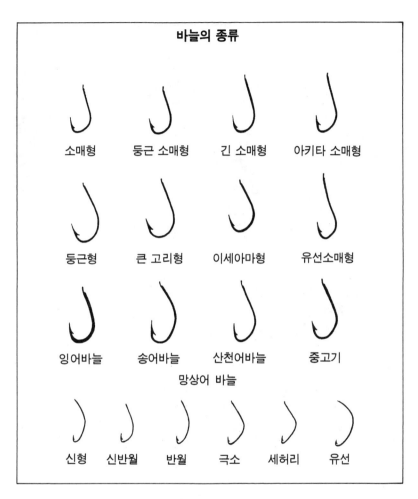

바늘의 종류

소매형	둥근 소매형	긴 소매형	아키타 소매형
둥근형	큰 고리형	이세아마형	유선소매형
잉어바늘	송어바늘	산천어바늘	중고기

망상어 바늘

신형	신반월	반월	극소	세허리	유선

한창 중이라도 가끔 바늘 끝을 확인해서 손톱에 걸리지 않게 된다면 새로운 바늘로 바꾸든가, 다시 오일 스톤으로 바늘 끝을 갈도록 하면 물고기를 놓치지 않을 뿐만 아니라 털진드기 등의 작은 미끼도 간단히 달 수 있다. 특히 망상어, 작은 붕어 등 작은 물고기를 상대로 할 때는 반드시 바늘 끝을 갈아 둘 것.

낚싯봉의 종류

바다 낚시, 강 낚시를 불문하고 낚싯봉은 가장 일반적인 낚시 도구의 하나일 것이다.

▶낚싯봉의 역할

낚싯봉의 역할은 미끼를 물속에 가라앉혀 노린 포인트에 채비를 떨어뜨린다고 할 뿐만 아니라 맥 낚시의 경우 등에는 미끼를 포인트로 유도한다고 하는 중요한 작용도 한다.

▶낚싯봉의 재료

재료에는 보통 납이 사용되고 있지만, 바다 낚싯봉 중에는 철이 사용되는 경우도 있다. 강 낚시에 사용되는 낚싯봉은 그다지 크지는 않지만 바다 낚시에 사용되는 낚싯봉 중에는 1개 1Kg 이상이라고 하는 큰 것까지 있고, 그 종류는 매우 많다.

▶강 낚시용의 낚싯봉

판 봉돌

강 낚시에 사용되는 낚싯봉의 종류 중에서 가장 알려져 있는 것은 판 봉돌일 것이다. 폭 1cm, 두께 6.5mm 정도의 납판자로 찌의 부력이나 용도에 따라서 자유롭게 무게의 조절이 가능한, 편리한 낚싯봉이다. 보통은 본줄에 직접 돌려 감아서 사용하지만 감는 법에 따라서는 유동식(구멍봉)의 낚싯봉으로서도 사용할 수 있다.

조개 봉돌

다음에 흔히 사용되는 낚싯봉으로서는 조개 봉돌이 있지만 이 낚싯봉은 판 봉돌과 달리 한 번에 달 수 있기 때문에 초보자에게 인기가 있다. 최근에는 크기의 종류도 많아지고, 그 중에는 몇 종류인가의 크기를 조합해서 경우에 담아 시판되고 있는 것도 있다. 그 때문에 어떤 찌를 사용했을 경우라도 딱 맞는 크기를 선택하게 되었다. 또한 판 봉돌과 달리 실끝이 없기 때문에 암초에 걸리기 어렵고, 가령 암초에 걸린 경우라도 빠지기 쉽다고 하는 이점도 있다.

둥근 구슬 봉돌

조개 봉돌과 비슷한 타입의 낚싯봉으로 둥근 구슬 봉돌이라고 불리는 낚싯봉도 있다. 이 둥근 구슬 봉돌은 조개 봉돌보다도 소형이고, 그 이름대로 구형(球型)을 한 낚싯봉이다. 가벼운 채비를 만들 때 등에는 빼 놓을 수 없는 낚싯봉이다.

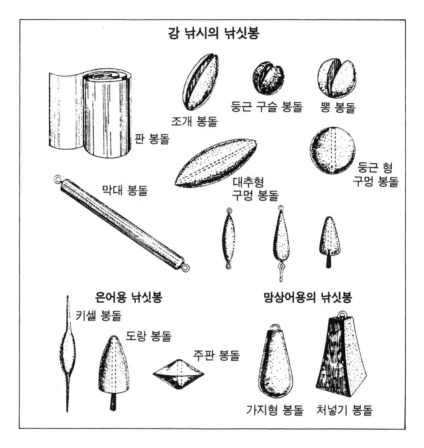

강 낚시의 낚싯봉

판 봉돌

조개 봉돌

둥근 구슬 봉돌

뽕 봉돌

막대 봉돌

대추형 구멍 봉돌

둥근 형 구멍 봉돌

은어용 낚싯봉

키셀 봉돌

도랑 봉돌

주판 봉돌

망상어용의 낚싯봉

가지형 봉돌

처넣기 봉돌

그 밖의 낚싯봉

이상이 강 낚시에 사용되는 일반적인 낚싯봉의 종류이지만, 이 밖에도 대추형의 구멍 봉돌, 뽕 봉돌, 둥근형의 구멍 봉돌, 막대 봉돌, 망상어용의 각종 낚싯봉 등이 있다. 특수한 낚싯봉으로서는 은어의 놀림 낚시 전용의 키셀 봉돌, 마찬가지로 은어의 도랑용 봉돌, 굴림용의 주판 봉돌 등이 있다.

이 외 강 낚시의 낚싯봉은 아니지만 가지형 봉돌, 처넣기 봉돌 등도 강 낚시에 사용되는 경우가 있다.

접속 도구의 종류

▶ 본줄과 목줄의 접속

본줄과 목줄을 접속하는 방법에는 줄끼리를 접속 연결하는 방법과 접속 도구를 사용해서 연결하는 방법의 2종류가 있다.

▶ 접속 도구를 사용한다

베테랑팬 중에는 어느 물고기를 낚는 채비에도 전혀 접속 도구를 사용하지 않고, 본줄과 목줄을 직접 연결하는 사람이 많다. 접속 도구를 사용하면 아무래도 채비가 무거워지고, 물고기의 입질도 나빠진다고 하는 것이 그 이유인 듯하지만 실제로는 그다지 큰 영향은 없을 것이다. 확실히 피라미나 작은 붕어, 망상어라고 하는 작은 물고기를 상대로 하는 경우의 채비는 가벼우면 가벼울수록 좋고, 가벼운 채비 쪽이 물고기의 입질도 좋은 것은 사실이다.

그러나 전혀 낚싯봉을 달지 않는 내뿜기 낚시 등이라면 몰라도, 보통의 채비에서는 가령 접속 도구를 달지 않더라도 낚싯봉을 달지 않을 수는 없다. 큰 접속 도구라면 이야기는 다르지만 소형의 것은 낚싯봉과 거의 같은 위치에 달면 그것에 의해 채비가 무거워지는 일도 없을 것이다. 만일 아무래도 마음에 걸리는 경우는 접속 도구의 무게만큼, 다는 낚싯봉을 줄이면 된다.

▶접속 기구의 여러 가지

종류와 특징

접속 기구에는 도래(원숭이 고리라고도 부른다), 둥근 고리, 자동 목줄 스토퍼의 3종류가 있다. 도래는 줄의 꼬임을 방지하기 위해 만들어진 것이지만 실제로는 그다지 큰 효과는 없다. 오히려 단순히 본줄과 목줄을 연결하는 접속 기구라고 생각하는 편이 좋다.

도래, 둥근 고리, 자동 목줄 스토퍼 중 가장 대형인 것이 도래이고 다음이 자동 목줄 스토퍼, 가장 소형이고 경량인 것이 둥근 고리. 그러나 각각 몇 종류인가의 크기가 있어 자동 목줄 스토퍼가 반드시 도래보다 소형이라고는 할 수 없다.

접속 기구의 선택법

대상어나 낚시 방법에 따라서 접속 기구를 선택하지만 일반적인 경향으로서는 소형어에 둥근 고리, 중·소형어에는 자동 목줄 스토퍼, 중·대형어에는 도래가 사용된다.

▶접속 기구의 효과

목줄을 간단히 연결할 수 있다

제1의 이점은 목줄을 간단히 연결할 수 있다고 하는 것이다. 줄과

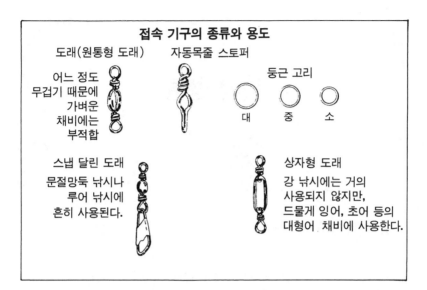

접속 기구의 종류와 용도

도래(원통형 도래)

자동목줄 스토퍼

둥근 고리

어느 정도
무겁기 때문에
가벼운
채비에는
부적합

대   중   소

스냅 달린 도래
문절망둑 낚시나
루어 낚시에
흔히 사용된다.

상자형 도래
강 낚시에는 거의
사용되지 않지만,
드물게 잉어, 초어 등의
대형어 채비에 사용한다.

줄을 연결하는 방법(후의 기본편항에서 자세히 설명한다)은 여러 가지 있지만 어느 연결법이나 제법 시간이 걸린다. 그에 비해서, 접속 기구에 줄을 연결하는 것은 연결법만 알고 있으면 불과 몇 초에 연결할 수 있다.

가지 바늘을 간단히 달 수 있다

또 하나의 효과로서 가지 바늘을 간단히 달 수 있다고 하는 점을 들 수 있다.

초보자에게 있어서는 가지 바늘을 연결한다고 하는 작업은 상당히 큰 일이다. 그러나 가지 바늘을 달고 싶은 위치에 작고 둥근 고리 등을 달아 두면 도중에 가지 바늘이 끊어졌을 때에라도 간단히 연결할 수 있다. 또한 순간 접착제를 잘 이용하면 본줄에 목줄이 얽히기 어렵도록 가지 바늘을 다는 것도 가능하다. 이 방법에 대해서는 제2장에서 자세히 설명하기로 한다.

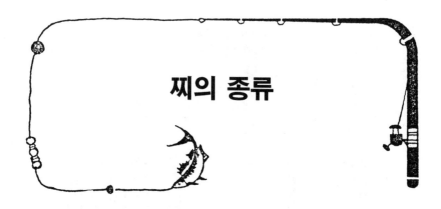

찌의 종류

▶ **찌 낚시와 맥 낚시**

강 낚시는 크게 나누면 찌 낚시와 맥 낚시로 나눠진다. 강 낚시는 찌 낚시가 일반적이고, 계류용을 제외하면 대부분의 물고기가 찌 낚시를 주체로서 즐겨지고 있다.

▶ **찌의 역할**

찌는 일반적으로 입질을 알아채기 위한 것이라고 생각되고 있지만 찌의 역할은 그뿐만은 아니다. 미끼를 적당한 속도로 흘리거나, 둔덕의 수심을 재거나, 또 미끼를 물고기가 있는 일정한 유영층에 위치시키는 등의 작용도 간과할 수 없다. 그 때문에 용도에 맞는 여러 가지 종류의 찌가 만들어져 있어 그 수는 많다.

▶ **찌의 용도별 구분법**

찌는 크게 나누면 입 찌와 구슬 찌의 2종류로 나눌 수 있다. 특수한 것을 제외하면 둘 중의 한 타입에 속하고 있다. 단, 타입은 같아도 완전히 모양이 다르거나 용도가 다른 것도 많아 엄밀히 분류하면 아마 수십 종류에 이를 것이다.

▶입(立) 찌

종류와 특징

입(立) 찌는 옛날부터 사용되고 있는 가장 일반적인 찌로, 여러 가지 모양의 것이 만들어져 있다. 막대 찌, 칼끝 찌, 끝이 가는 찌 등 특징이 있는 모양을 하고 있는 것을 비롯해서 일반적으로 고추 찌라고 불리는 중, 소형의 입 찌까지 많은 모양이 있다. 전체 길이가 30cm, 40cm라고 하는 것까지 있는 주걱붕어 찌와 달리, 입 찌의 길이는 고작 15cm 정도이다. 그러나 땅딸막하고 굵직한 입 찌라면 1호 정도의 낚싯봉 부하(負荷)에도 견딜 수 있는 것도 있어 용도는 매우 넓다.

선택법

노리는 포인트나 낚시터의 조건, 낚시 방법 등에 따라서 찌를 선택한다. 일반적으로 입질이 큰 것에는 굵직한 찌, 입질이 작거나 물고기의 입질이 시원치 않을 때에는 소형이고 가느다란 것을 사용한다. 당연한 얘기이지만 굵직한 것은 부력(浮力)이 크기 때문에 감도가 나쁘고, 가느다란 것은 부력이 별로 없기 때문에 낚싯봉 부하는 작지만 감도가 좋다.

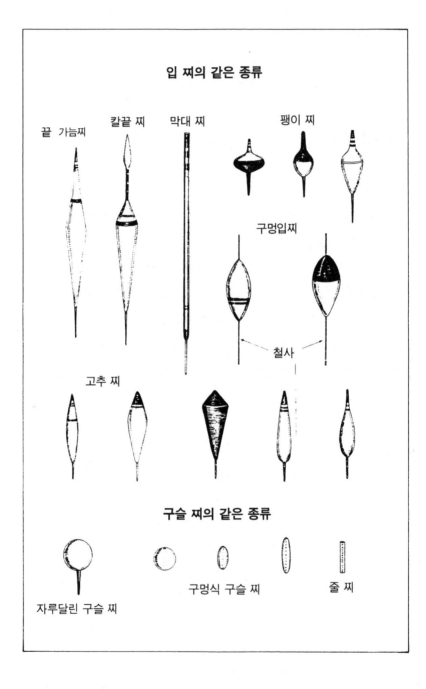

입 찌의 같은 종류

끝 가늠찌　칼끝 찌　막대 찌　팽이 찌

구멍입찌

철사

고추 찌

구슬 찌의 같은 종류

자루달린 구슬 찌　구멍식 구슬 찌　줄 찌

그 밖의 입 찌

그 외, 입(立) 찌에는 팽이 찌라고 불리는 소형의 것도 있어 망상어나 산천어, 작은 붕어라고 하는 소어(小魚)용의 채비에 사용된다.

또한, 최근에는 구슬 찌와 입 찌의 중간적인 찌인 소형의 구멍 찌도 시판되고 있지만, 감도가 좋기 때문에 추운 시기의 산천어나 작은 붕어 낚시의 채비에 사용하면 효과적이다.

▶구슬 찌

종류와 특징

구슬 찌에는 자루가 달린 것과 구멍식의 것이 있고, 자루가 달린 것은 구형뿐이지만 구멍식의 것 중에는 구형의 것과 타원형의 것 2종류가 있다. 어느 쪽의 타입이나, 크기에는 상당한 종류가 있지만 자루가 달린 쪽이 일반적으로 크고, 구멍식의 것은 소형이 많다. 그 때문에 자루가 달린 것은 단독으로도 사용하지만 구멍식의 것은 최저라도 2개 이상의 복수로 사용한다.

구슬 찌에는 목제의 것과, 셀룰로이드제의 것이 있다. 일반적으로 목제 구슬 찌 쪽이 부력은 작고 감도가 좋다.

그 밖의 구슬 찌

이 외, 구슬 찌와 같은 종류에는 줄 찌가 있다. 그러나 구슬 찌가 그 이름과 같이 구형(球型)을 하고 있는데 반해, 줄 찌는 소형으로 가늘고 긴 원추형을 하고 있다. 그 때문에 구슬 찌에 비해서 부력은 작고 감도는 뛰어나게 좋은 것이 특징이다.

주걱붕어 찌의 종류(일례)

소형 찌
(짧은 낚싯대
사용의 경우)

중형 찌
(얕은 곳, 지수용)

대형 찌
(깊은 곳, 본류용)

▶주걱붕어 찌

특징과 재료

주걱붕어 낚시 전용의 찌를 말한다. 모양으로서는 입 찌와 그다지 다르지 않지만 찌 전체 길이의 약 반이 톱이라고 불리는 가늘게 색구분된 눈금 모양의 것이 달려 있는 것이 특징이다. 또한, 감도를 좋게 하기 위해서 고무관에 다는 부분이 '브랑코'라고 불리는 독특한 모양을 하고 있다. 그 중에는 전체 길이 50cm 이상의 긴 것도 있지만 전반적으로 가는 모양이 많고 부력은 별로 없다. 용도에 따라서 몇 가지의 종류가 있고, 재료에는 입 찌와 같은 발사재도 사용되지만 일반적으로는 공작의 깃털 심이 사용되는 경우가 많다.

보통의 입 찌에 비해서 전반적으로 가격이 비싼 것이 많다.

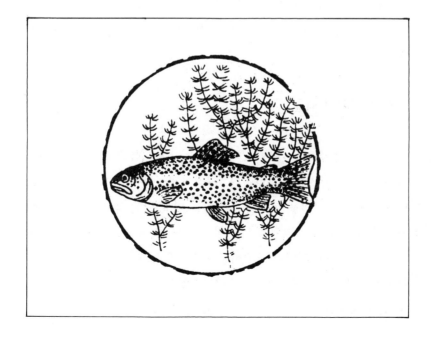

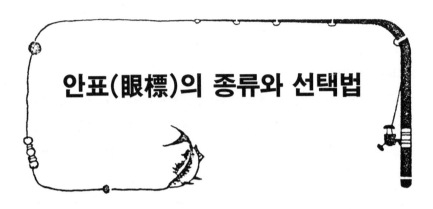

안표(眼標)의 종류와 선택법

▶ 맥 낚시에는 으레 따르는 법

찌 낚시에 필요 불가결한 것이 찌라면, 맥 낚시에 빼 놓을 수 없는 것이 안표이다.

하긴, 낚시 방법에 따라서는 안표을 달지 않고 맥 낚시를 하는 경우도 있지만 원칙적으로는 맥 낚시에 안표는 으레 따르기 마련이다.

▶ 두 가지의 역할

안표의 역할은 두 가지 있다. 하나는, 그 이름대로 줄의 소재를 나타내는 안표로서의 역할이다. 그리고 또 하나는 낚싯대 끝에는 나타나지 않는 입질을 전달한다고 하는 역할이다. 그러나 이 두 번째의 역할에 대해서는 의외로 잊혀지고 있는 경우가 많아 안표는 단순히 줄의 소재를 나타내기 위해서뿐이라고 생각하고 있는 사람도 적지 않은 것 같다. 이것은 망상어 낚시에 있어서의 맥 낚시를 보면 알 수 있는 것으로 망상어의 맥 낚시에서는 안표가 필요없을 것이다.

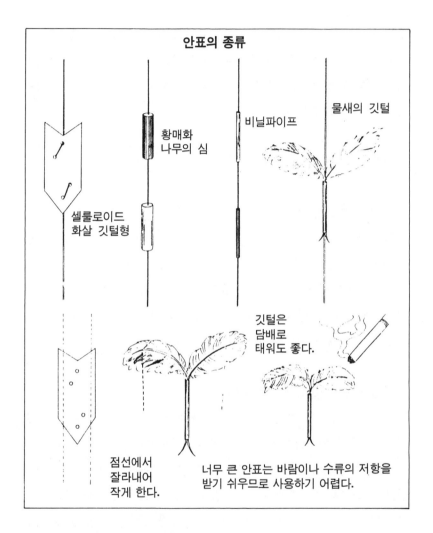

안표의 종류

셀룰로이드
화살 깃털형

황매화
나무의 심

비닐파이프

물새의 깃털

깃털은
담배로
태워도 좋다.

점선에서
잘라내어
작게 한다.

너무 큰 안표는 바람이나 수류의 저항을
받기 쉬우므로 사용하기 어렵다.

▶청 · 계류용의 채비용

맥 낚시로 노리는 대상어라고 하면, 역시 청 · 계류용(淸 · 溪流用)이 일반적이다. 그 외 빙어, 각시송어 등도 맥 낚시로 낚는 경우가 많지만, 이런 물고기들을 낚는 경우의 채비에는 안표는 거의 달지 않는다. 또한, 드물게 참붕어를 맥 낚시로 노리는 경우도 있지만 이때도 안표를 사용하는 일은 거의 없고 구슬 찌나 줄 찌를 대용하고 있다. 따라서 안표라고 하면 청·계류용의 채비에 사용하는 것이라고 생각해도 좋을 것이다.

▶ 안표의 선택법

조건에 따라서 선택한다

안표의 종류인데 시판되고 있는 것만 해도 셀룰로이드의 화살 깃털형, 물새의 깃털, 황매화나무의 심 등이 있다. 이 외 비닐 파이프, 목면실, 담배 필터 등으로도 안표를 만들 수 있기 때문에 그 종류는 제법 많다. 이런 안표들 중에서 낚시터의 상황, 대상어, 채비 등의 조건을 생각해서 선택하면 좋다.

시판 안표를 잘라서 사용한다

그 때 주의해야 하는 것은 너무 큰 것은 피한다고 하는 점이다. 너무 큰 안표는 물고기의 눈에 띄기 쉬울 뿐만 아니라 바람이나 수류의 저항을 받기 쉬우므로 입질을 알아채기 어렵다. 일반적으로, 시판 안표는 큼직하게 만들어져 있는 경우가 많기 때문에 이들 시판 안표를 이용하는 경우는 작게 잘라서 사용하면 좋다. 또한, 물새 깃털 등의 경우는 담뱃불로 태워도 좋다.

▶ 튼튼한 플라스틱제

채비 감개는 문자 그대로 완성된 채비를 감아 두는 것이지만, 최근에는 여러 가지 타입의 것이 시판되고 있다.

주요한 것을 들면 대나무틀식, 콜크제, 플라스틱제의 것 등이 있지만 가격이 싸고 튼튼한 것은 플라스틱제. 베테랑팬은 멋이 없다고 해서 꺼리는 것 같지만 수도 많고, 분실하는 경우도 있으므로 플라스틱제로 충분하다.

▶ 모양은 긴 듯한 것

모양은 어떤 것이라도 좋지만 너무 소형의 것보다도 조금 긴 듯한 것이 좋을 것이다. 짧은 것이라면 아무래도 본줄에 굴곡이 생기기 쉬워져 버린다.

또한 산천어, 문절망둑의 털 낚시 채비에는 콜크제가 사용하기 쉽다. 바늘을 어디에나 고정시킬 수 있고 바늘 끝을 다치는 경우도 적다.

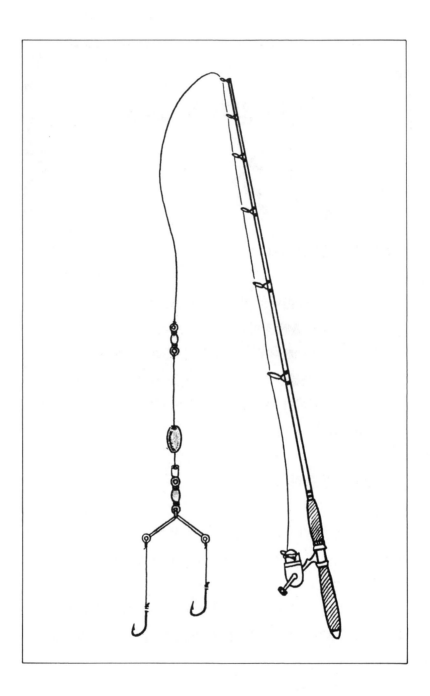

제2장
채비 만들기의 기초

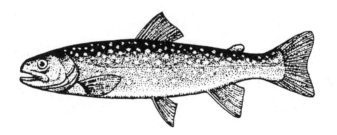

채비 만들기에 필요한 소도구

채비는 줄, 바늘, 낚싯봉, 찌, 안표, 접속 기구 등을 조합해서 만든다. 그 때에 필요한 도구, 있으면 편리한 소도구가 몇 가지 있다. 채비 만들기를 시작하기 전에 이런 소도구들을 갖춰 두면 원활하게 채비 만들기를 진행시킬 수 있다.

가위
줄이나 낚싯봉, 안표 등을 자르기 위한 것으로 채비 만들기에는 꼭 필요한 것이다. 너무 큰 것은 사용하기 어려우므로 소형으로 잘 잘리는 것이 좋다.

손톱깎이
가위와 같은 용도에 사용하지만 작은 매듭 등의 남은 부분의 줄을 자를 때에 편리하다. 또한, 조개 봉돌이나 둥근 구슬 봉돌을 2등분하거나 할 때에도 사용한다.

나이프
구슬 찌 등을 고정시키는 마개 등을 깎을 때에 사용한다. 작은 칼이나 면도칼이라도 좋지만, 너무 날이 두꺼운 것은 사용하기 어렵다.

자

본줄이나 목줄의 길이를 정하는데 사용한다. 짧은 것보다도 60cm나 1m의 긴 것 쪽이 본줄의 길이를 잴 때에 편리하다. 또한, 낚싯대의 길이는 보통 30cm를 단위로 하고 있기 때문에 가는 판자 등에 30cm 단위의 표시를 한 직접 자를 만들어 두면 잘못 측정하는 경우도 적고 간단히 본줄의 길이를 잴 수 있다.

접착제

강 낚시의 채비에 사용하는 줄은 대부분의 경우 나일론 줄을 사용한다. 나일론 줄은 늘어나기 쉬우므로 간단히 연결하면 곧 풀어져 버리고 상당히 주의깊게 연결하더라도, 몇 번인가 사용하고 있는 사이에 매듭 부분이 늘어나서 풀어져 버리는 경우가 있다. 이런 매듭의 풀어짐 방지에 접착제를 사용한다.

최근에는 액체의 순간 접착제가 많이 시판되고 있어 편리하다. 단, 너무 칠하면 줄이 딱딱해져 버리기 때문에 직접 칠하지 않고 성냥개비 등의 끝에 묻혀서 사용하면 좋다. 줄과 줄의 매듭 외, 목줄의 매듭에도 사용한다.

재봉 바늘

구슬 찌의 심에 막힌 마개를 빼내거나 판 봉돌을 유동식으로 해서 사용할 때에 심으로서 사용하거나 한다. 너무 굵직한 것보다 비단 바늘과 같은 가느다란 바늘 쪽이 사용하기 쉽다.

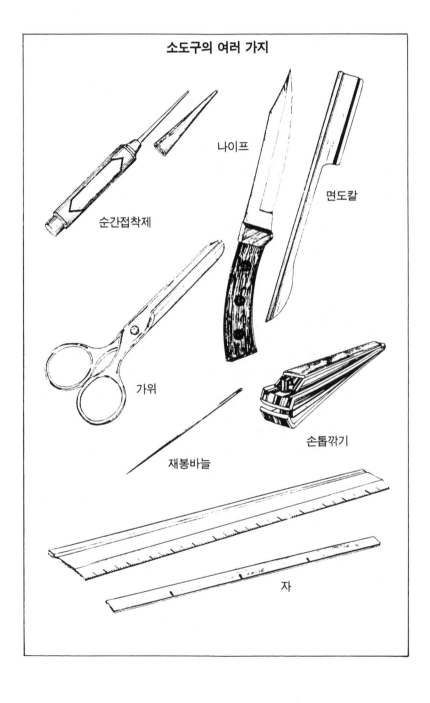

소도구의 여러 가지

나이프

면도칼

순간접착제

가위

재봉바늘

손톱깎기

자

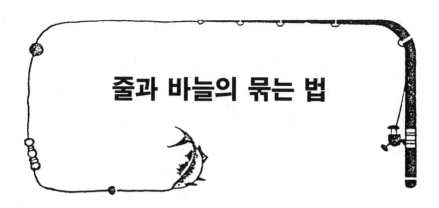

줄과 바늘의 묶는 법

▶ 알아 두기 바라는 기본

채비 만들기에 필요한 소도구가 갖춰지면 이것들을 조합해서 채비를 만드는데, 그 전에 알아 두어야 할 점이 있다. 줄과 줄의 묶는 법, 목줄의 묶는 법, 찌의 사용법 등, 말하자면 채비 만들기의 기본이다. 가능한 한 자세히 해설했으니까 확실히 익혀 주기 바란다.

▶ 신중하게 연결한다

가지 바늘의 묶는 법을 포함한 줄과 줄의 묶는 법에는 몇 가지의 종류가 있지만 처음은 그다지 많은 종류를 기억할 필요는 없을 것이다. 단, 어떤 방법으로 묶는 경우라도 신중히 연결하는 것이 중요하고, 적당히 연결하면 어떻게 연결해도 풀리거나 끊어지거나 해 버린다. 묶는 법은 그림을 참조하자.

▶바늘은 스스로 묶는다

최근에는 대부분의 바늘이 목줄이 달린 것으로 시판되고 있지만 바늘만(낱개 바늘)을 사는 경우에 비해서 가격이 비싸진다. 게다가 목줄이 달린 바늘은 바늘 끝, 목줄의 매듭 등에 결점이 있는 것도 있어 가능하면 스스로 묶는 편이 좋다.

강 낚시의 바늘은 소형의 것이 많기 때문에 묶는 것은 언뜻 큰 일처럼 생각되지만 익숙해져 버리면 그다지 어려운 것은 아니다.

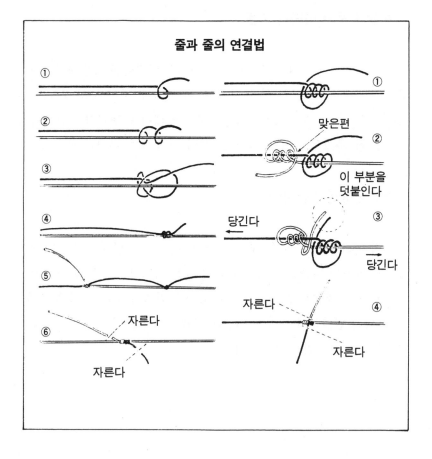

줄과 줄의 연결법

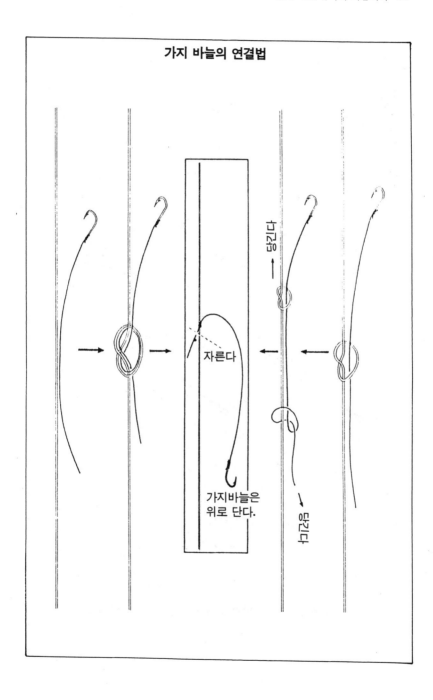

가지 바늘의 연결법

자른다

가지바늘은
위로 단다.

감긴다

당긴다

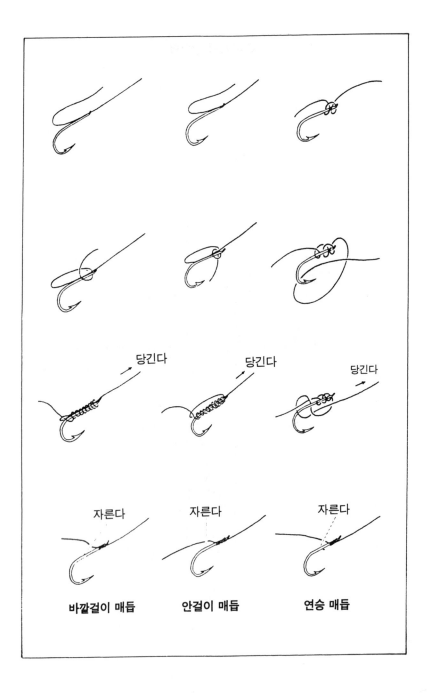

당긴다

당긴다

당긴다

자른다

자른다

자른다

바깥걸이 매듭 **안걸이 매듭** **연승 매듭**

▶기본적인 묶는 법 2종

주로 목줄과 본줄을 묶는 도구로서 사용되는 도래나 둥근 고리 등의 접속 기구에 대한 줄의 묶는 법도 채비 만들기를 하는데 있어서 알아 두어야 하는 사항 중 하나이다. 몇 종류의 묶는 법이 있지만 처음은 기본적인 것을 2가지 기억해 두면 좋을 것이다.

묶는 법은 그림 참조.

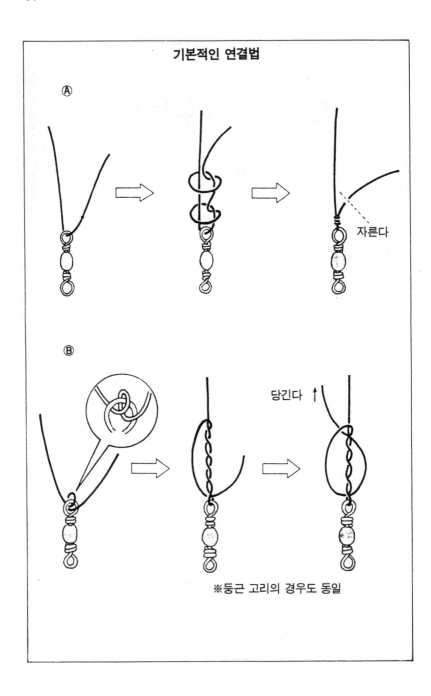

기본적인 연결법

Ⓐ

자른다

Ⓑ

당긴다 ↑

※둥근 고리의 경우도 동일

낚싯봉의 다는 법과 사용법

낚싯봉의 종류에 대해서는 앞의 항에서 소개했지만 여기에서는 이것들 낚싯봉의 다는 법, 사용법에 대해서 소개한다.

▶ 판 봉돌의 경우

직접 감는다

강 낚시의 낚싯봉으로서는 가장 일반적인 낚싯봉으로, 기본적으로는 본줄 또는 목줄에 직접 감아서 사용한다. 얇은 납판자이기 때문에 간단히 감을 수 있지만 깨끗하게 감기 위해서는 항상 표면을 편평하게 펴 두어야 한다. 표면이 울퉁불퉁한 상태로 줄에 감으려고 해도 좀체로 원활하게 감기지 않고 비뚤어져 감겨 버리는 경우가 많다. 이래서는 몇 년이나 채비를 올렸다 내렸다하고 있는 사이에 벗겨져 버리거나, 벗어나 버리거나 하기 때문에 가능한 한 정성껏 감는 것이 중요하다.

벗겨짐 방지

감은 끝의 벗겨짐을 방지하는 방법으로서는 감은 끝을 3각형으로 자르면 된다. 또한 소량을 사용하는 경우는 전체적인 모양을 삼각형으로 잘라서 사용하면 벗겨짐 방지 외 암초에도 쉽게 걸리지 않게 된다.

유동식 낚싯봉

줄에 감을 때에 심으로 재봉 바늘을 넣고, 다 감은 후에 이것을 빼내면 유동식의 낚싯봉으로서도 사용할 수 있다.

▶ 조개 · 둥근 구슬 봉돌의 경우

중앙부를 끼운다

조개 봉돌도 둥근 구슬 봉돌도 기본적인 사용법은 마찬가지로 어느 쪽이나 본줄 또는 목줄에 중앙의 쪼개져 있는 부분을 끼워 양 사이드에서 찌부러뜨려 사용한다.

한지(韓紙)를 끼운다

둥근 구슬 봉돌은 소형의 것이 많기 때문에 대부분 그대로 사용하지만 조개 봉돌의 경우, 매우 가는 줄(0.3호, 0.4호)에 사용할 때는 쪼개져 있는 부분에 한지 등을 끼워서 사용하는 경우도 있다. 이것은 조개 봉돌을 닮으로서 줄이 끊어지는 것을 막기 위해서. 그 외, 낚싯봉의 위치를 움직일 수 있다고 하는 이점도 있다. 뿅 봉돌은 다는 법이 조개 봉돌과 동일하다.

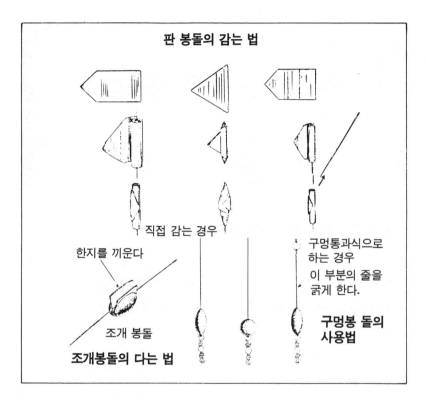

판 봉돌의 감는 법

직접 감는 경우

한지를 끼운다

조개 봉돌

조개봉돌의 다는 법

구멍통과식으로
하는 경우
이 부분의 줄을
굵게 한다.

**구멍봉 돌의
사용법**

▶구멍 봉돌의 경우

접속 기구 등의 사용

대추형과 둥근 형이 있지만 어느 것에나 직경 1mm 정도의 구멍이 뚫려 있어 여기에 본줄을 통과시켜서 사용하지만 낚싯봉이 바늘 방향으로 떨어져 버리지 않도록 도래나 둥근 고리라고 하는 접속 기구나, 제일 작은 둥근 조개 봉돌 등을 사용한다. 조금 큼직한 낚싯봉을 사용하는 경우는 낚싯봉의 움직이는 부분의 줄이 아무래도 다치기 쉬워지므로 목줄과의 접속 부분 위에 또 하나 접속 기구를 달고 낚싯봉의 움직이는 부분의 줄을 굵게 하는 경우도 있다.

찌의 다는 법과 사용법

▶ 종류에 따른 다는 법을 안다

찌의 종류는 많고 그 찌들을 본줄에 다는 방법도 몇 가지 있다. 찌의 다는 법에 따라서 입질이 나오기 쉬워지거나 그 반대가 되는 경우도 있다.

▶ 입 찌의 경우

축을 길게 하지 않는다

입 찌는 원칙적으로 고무관(찌 스토퍼)으로 본줄에 고정한다. 그 때 주의해야 하는 것은 찌의 축을 너무 길게 한 채 달지 않는 것이다. 소형 찌의 경우는 고무관의 길이(5~6mm) 정도로 잘라 선단(先端)은 고무관에 끼워 넣기 쉽도록 깎아 둔다. 그러나 대형 찌나 전체 길이가 긴 찌에 대해서는 너무 축을 짧게 해 버리면 불안정해지기 때문에 어느 정도 축을 길게 해서 긴 듯한 고무관으로 고정하든가, 짧은 고무관을 2개 사용해서 고정하도록 한다.

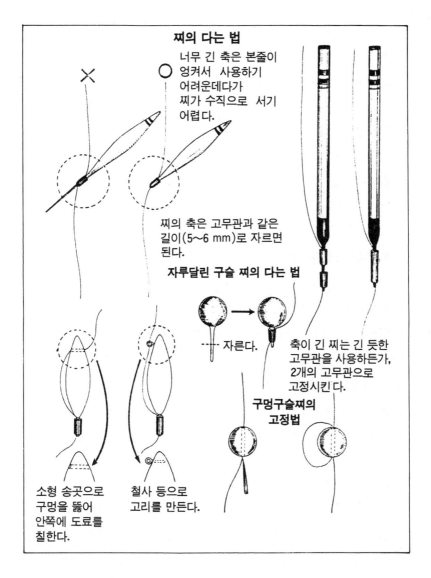

찌의 다는 법

너무 긴 축은 본줄이 엉켜서 사용하기 어려운데다가 찌가 수직으로 서기 어렵다.

찌의 축은 고무관과 같은 길이(5~6 mm)로 자르면 된다.

자루달린 구슬 찌의 다는 법

---- 자른다.

축이 긴 찌는 긴 듯한 고무관을 사용하든가, 2개의 고무관으로 고정시킨다.

구멍구슬찌의 고정법

소형 송곳으로 구멍을 뚫어 안쪽에 도료를 칠한다.

철사 등으로 고리를 만든다.

고추 찌나 각시 찌

같은 입 찌라도 소형의 고추 찌나 각시 찌와 같은 것은 축을 고무관으로 고정할 뿐만 아니라 찌의 선단 부분에 옆에 구멍을 뚫든가,

철사 등으로 줄 고정용의 고리를 만들든가 해서 그 점에서 찌를 고정한다. 찌는 항상 수직으로 서서 한(寒)의 산천어 낚시 등의 입질이 작은 시즌에는 효과적이다.

고무관의 손상

고무관은 손상되기 쉬우므로 출어(出漁) 때는 고무관을 확인하고 손상되어 있을 경우는 반드시 교환한다. 특히 여름 시즌에는 손상되기 쉬우므로 주의한다.

▶구슬 찌의 경우

자루가 달린 구슬 찌

자루가 달린 구슬 찌는 입 찌와 마찬가지로 고무관으로 고정한다. 찌의 축(자루)을 고무관의 길이 정도로 잘라 두는 것도 입 찌의 경우와 같지만 최근에는 목제 구슬 찌는 적어지고 거의가 셀룰로이제 구슬 찌이기 때문에 축을 자를 때는 주의하지 않으면 구슬 찌 자체를 파손시켜 버린다. 축을 자를 때는 줄 등을 사용해서 신중히 한다.

구멍 구슬 찌

구멍 구슬 찌는 성냥개비의 축 등을 깎은 것을 이용해서 고정하지만 본줄은 2번 통과시키고 고정해도 좋다. 그러나 이 고정법이라면 찌를 이동할 때에 본줄이 꼬여 버리기 때문에 가능한 한 앞에 말한 고정법을 권한다.

안표의 다는 법과 사용법

▶ 큰 안표는 작게

셀룰로이드의 화살 깃털형을 제외하면 안표 다는 법은 거의 같다.

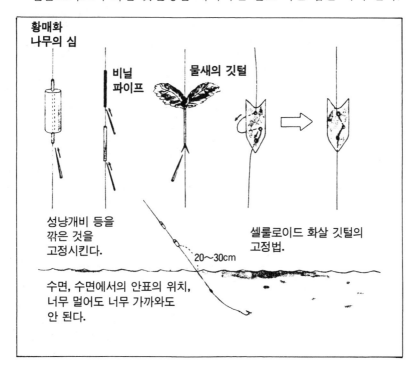

황매화 나무의 심

비닐 파이프

물새의 깃털

성냥개비 등을 깎은 것을 고정시킨다.

셀룰로이드 화살 깃털의 고정법.

20~30cm

수면, 수면에서의 안표의 위치, 너무 멀어도 너무 가까와도 안 된다.

황매화나무의 심, 물색의 깃털, 비닐 파이프 등은 구멍 구슬 찌와 마찬가지로 성냥개비를 깎은 것 등으로 고정한다. 너무 큰 안표는 바람의 영향을 받기 쉽고, 입질을 알아채기 어려우므로 큰 것은 작게 해서 사용한다.

▶안표의 위치

수면에서 너무 떨어진 위치에 달면 그만큼 바람의 영향을 받기 쉬워진다. 그러나 반대로 너무 수면에 가까운 위치에 달면 수심이 깊은 낚시터라면 어쨌든 얕은 장소에서는 물고기의 눈에 띄여 입질이 나빠지기 때문에 안표의 위치를 정할 때는 신중히 하기 바란다. 보통은 수면에서 20~30cm라고 하는 위치에 달지만 초롱 채비 등의 경우는 이 정도의 길이를 취할 수 없는 경우가 있다. 이런 때에는 안표를 달지 않는 편이 좋을 것이다.

제3장
어종별 채비의 실기(實技)

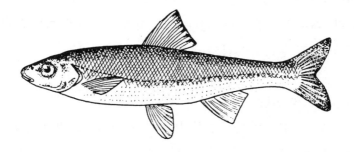

은어의 강 낚시

▶ 습성과 낚시 시기

향어

연어과의 물고기인 은어는 독특한 향이 있어 향어(香魚)라고도 불린다. 대부분의 은어가 1년간에 그 생애를 마치기 때문에 연어(年魚)라고도 불리고 있다.

강 물고기의 여왕

우아하고 아름다운 자태는 산천어와 나란히 강물고기의 여왕이라고 불리는데 어울리는 기품을 갖추고 있지만, 반면 그 아름다운 모습에서는 상상도 할 수 없을 정도의 강한 세력권 의식을 갖고 있다.

▶ 놀림 낚시 채비Ⓐ

일반적인 채비

가장 일반적인 놀림 낚시 채비이다. 보통 채비의 전체 길이는 낚싯대의 길이보다도 2m 전후 길게 하지만, 초보자는 다루기 어려우므로

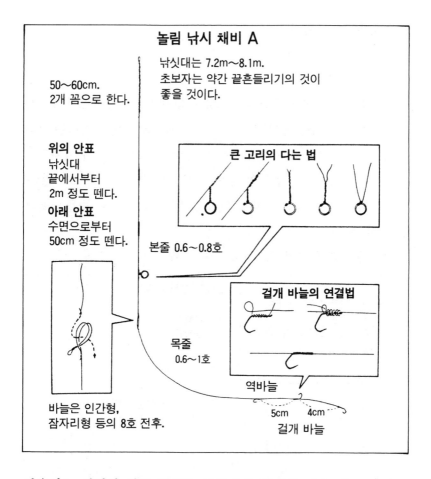

놀림 낚시 채비 A

50~60cm.
2개 꼼으로 한다.

낚싯대는 7.2m~8.1m.
초보자는 약간 끝흔들리기의 것이
좋을 것이다.

위의 안표
낚싯대
끝에서부터
2m 정도 뗀다.
아래 안표
수면으로부터
50cm 정도 뗀다.

큰 고리의 다는 법

본줄 0.6~0.8호

걸개 바늘의 연결법

목줄
0.6~1호

역바늘

바늘은 인간형,
잠자리형 등의 8호 전후.

5cm   4cm
걸개 바늘

처음에는 채비의 전체 길이를 낚싯대의 길이와 같은 정도로 하고
익숙해지면 서서히 길게 하면 될 것이다.

베테랑 중에는 본줄로 0.3호, 0.4호라고 하는 가는 줄을 사용하고
있는 사람도 있다. 본줄은 가늘면 가늘수록 미끼 은어의 움직임도
좋아져서 은어가 걸리는 확률도 높아지지만 상당한 베테랑이 되지
않으면 무리.

▶놀림 낚시 채비Ⓑ

낚싯봉이 달린 채비

미끼 은어가 생생한 동안은 스스로 쭉쭉 헤엄쳐서 포인트에 채비를 잡아당겨 가 주지만 미끼 은어의 힘이 약해지면 좀체로 채비는 가라앉지 않는다. 그런 때는 낚싯봉이 달린 놀림 낚시 채비가 효과적이다. 채비의 형태는 일반적인 놀림 낚시 채비와 거의 다르지 않다. 단, 낚싯봉을 다는 부분에 40~60cm 길이의 조금 굵직한 줄을 연결하는 것이 특징이다.

더구나 흐름이 강한 포인트를 노릴 때에도 효과적인 채비다.

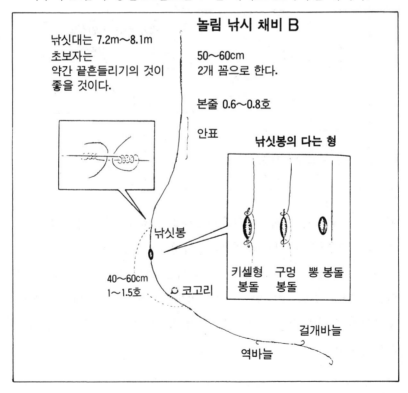

놀림 낚시 채비 B

낚싯대는 7.2m~8.1m
초보자는
약간 끝흔들리기의 것이
좋을 것이다.

50~60cm
2개 꼼으로 한다.

본줄 0.6~0.8호

안표

낚싯봉의 다는 형

낚싯봉

40~60cm
1~1.5호

코고리

키셀형 봉돌　구멍 봉돌　뽕 봉돌

걸개바늘

역바늘

▶놀림 낚시 채비ⓒ

매듭이 많은 채비

일반적인 놀림 낚시 채비에서는 코고리 아래에 매듭을 만들고, 이 매듭에 역바늘과 걸개 바늘이 달린 목줄을 연결한다. 이 채비는 코고리 아래의 매듭이 4개부터 5개 달린 것. 미끼 은어의 크기에 따라서 목줄의 위치를 바꿀 수 있고, 목줄이 밑에서부터 끊어졌을 경우에도 간단히 바꿔 달 수 있다.

걸개 바늘의 종류에는 한 발 바늘, 두 발 바늘, 나비 바늘, 솔잎 바늘, 3발 민갈고리, 십자 바늘 등이 있지만 사용하는 바늘의 종류가 다르므로 주의한다.

▶도랑 낚시 채비

필요한 본줄 조절기

도랑 낚시에 사용되는 낚싯대는 포인트에 따라서도 다르지만 보통 6.3m에서 8.1m로 긴 듯한 것을 사용한다. 그러나 본줄의 길이는 1m에서 3m로 짧고, 낚싯대는 항상 수면과 평행 상태로 해 두어야 한다. 그 때문에 본줄 조절기는 필요 불가결한 것이다. 앞에 서술했듯이, 실제로 사용하는 본줄의 길이는 길어도 3m가 고작이지만 본줄 조절기에는 5m 전후의 줄을 감아 둔다.

보통 가지 바늘은 2개 달지만, 수심이 얕은 포인트를 노리는 경우는 1개라도 좋다.

놀림 낚시 채비 C

걸개 바늘의 여러 가지
〈바늘의 종류〉

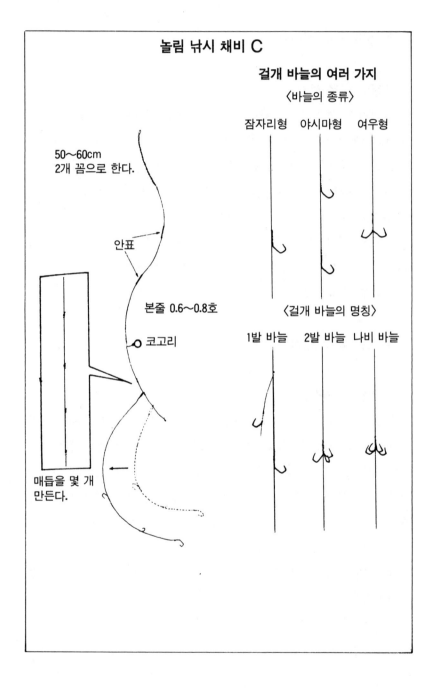

잠자리형   야시마형   여우형

50~60cm
2개 꼼으로 한다.

안표

본줄 0.6~0.8호

코고리

〈걸개 바늘의 명칭〉

1발 바늘   2발 바늘   나비 바늘

매듭을 몇 개
만든다.

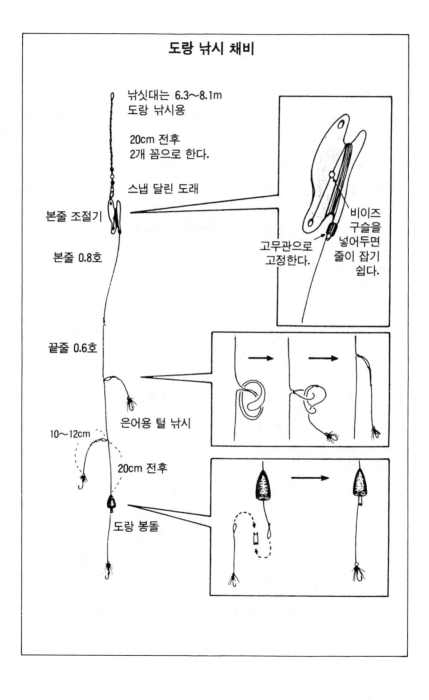

도랑 낚시 채비

낚싯대는 6.3~8.1m
도랑 낚시용

20cm 전후
2개 꼼으로 한다.

스냅 달린 도래

본줄 조절기

본줄 0.8호

비이즈
구슬을
넣어두면
줄이 잡기
쉽다.

고무관으로
고정한다.

끝줄 0.6호

은어용 털 낚시

10~12cm

20cm 전후

도랑 봉돌

▶앙감질 낚시 · 흘림 낚시 채비

포인트는 여울 끝이나 여울가

은어의 털바늘 낚시라고 하면 도랑 낚시뿐이라고 생각하고 있는
사람도 많은 것 같지만 최근에는 앙감질 낚시라고 불리는 짧은 낚싯
대를 사용한 낚시도 한창 이루어지게 되었다. 그다지 수심이 깊지않
은 낚시터용의 낚시 방법으로 여울 끝이나 여울로 흘러 들어가는

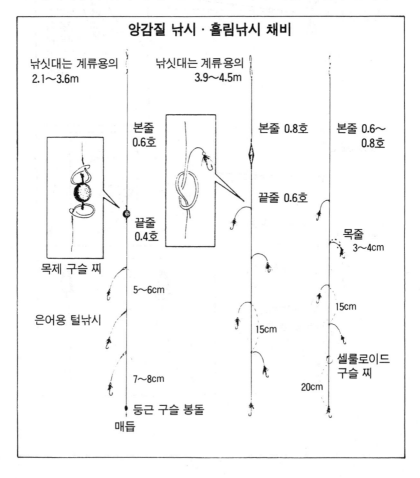

앙감질 낚시 · 흘림낚시 채비

낚싯대는 계류용의 2.1~3.6m

낚싯대는 계류용의 3.9~4.5m

본줄 0.6호

본줄 0.8호

본줄 0.6~ 0.8호

끝줄 0.6호

끝줄 0.4호

목제 구슬 찌

목줄 3~4cm

은어용 털낚시

5~6cm

15cm

15cm

셀룰로이드 구슬 찌

7~8cm

20cm

둥근 구슬 봉돌

매듭

곳 등이 주요 포인트가 된다.

또한 여울에 있는 은어를 대상으로 털 낚시의 홀림 낚시도 효과적이다. 털낚시가 은어용인 이외는 피라미, 산천어의 채비와 완전히 동일하다.

▶굴림 낚시 채비

본줄은 상당히 굵게

튼튼한 낚싯대를 사용해서 강 바닥을 질질 끌어 돌리는 듯한 사용법을 취하기 때문에 다른 은어 낚시 채비에 비해서 본줄은 상당히 굵은 것을 사용한다. 채비에 따라서는 나일론 줄 대신 와이어를 사용하고 있는 것도 있고, 만사 튼튼히 만드는 것이 요령이다.

굴림 낚시에 사용하는 바늘에는 홑바늘과 나비 바늘이 있고, 낚시터의 조건 등에 따라서 적절히 사용한다. 또한 수심이 깊은 곳에서 사용하는 치켜올림 채비는 소 등의 포인트에서 상하로 채비를 움직여서 은어를 건다.

굴림낚시 채비

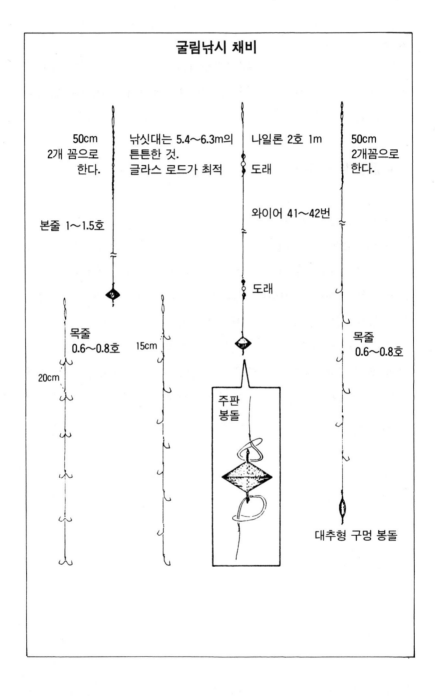

50cm
2개 꼼으로
한다.

본줄 1～1.5호

목줄
0.6～0.8호

20cm

15cm

낚싯대는 5.4～6.3m의
튼튼한 것.
글라스 로드가 최적

나일론 2호 1m

도래

와이어 41～42번

도래

주판
봉돌

50cm
2개꼼으로
한다.

목줄
0.6～0.8호

대추형 구멍 봉돌

곤들매기의 강 낚시

▶ 습성과 낚기 시기

종류는 4종류

종류는 아(亞)종을 제외하고 4종류 있으며 일반적으로 말하는 곤들매기 외, 북해도 곤들매기, 사할린 곤들매기가 있다. 그러나 생식 조건, 식성 등은 거의 같기 때문에, 여기에서는 곤들매기라고 하는 한 어종으로서 다루기로 한다.

대표적인 계어(溪魚)

곤들매기는 냉수를 좋아해서 표고 500m에서 2,000m 전후의 산악부에서 많이 볼 수 있다. 또한 소리나 그림자 등에는 매우 민감하다. 그러나 특히 식성에 관해서는 매우 탐욕스럽고 산천어에 비해 미끼의 먹는 법도 대담하다.

▶ 맥 낚시 채비Ⓐ

본줄은 짧게

곤들매기 낚시 뿐만 아니라 맥 낚시 채비의 본줄은 보통 낚싯대의 길이보다도 30cm부터 50cm 정도 짧게 한다. 이것은 물고기를 거둬들이기 쉽다고 하는 이유도 있지만 가장 큰 이유는 본줄을 팽팽하게 해 두기 쉽게 하기 위해서이다. 본줄이 너무 길면 항상 낚싯대를 세운 듯한 상태로 해 두지 않으면 본줄을 팽팽하게 해 둘 수 없다. 이래서는 입질도 알아채기 어렵고, 맞추기의 타이밍도 틀어지기 쉬워져 버린다. 또한 낚시터의 조건 등에 따라서도 다르지만 너무 가는 줄(본줄, 목줄)은 불필요하다.

▶ 맥 낚시 채비Ⓑ

흐름에 장애물이 있을 때

흐름 중에 장애물 등이 있을 때에 위력을 발휘하는 채비이다. 본줄이 굵기 때문에 바늘이 암초에 걸렸을 경우라도 목줄이 간단히 끊어져서 바늘의 손실만으로 끝난다.

목줄과 본줄의 접속부에 접속 기구를 사용하지 않는 것은 암초 걸림의 가능성을 낮추기 위해서와 목줄을 끊어지기 쉽게 하기 위해서이다. 접속 기구를 사용했을 경우 쪽이 목줄은 끊어지기 어렵다. 또한, 조개 봉돌보다도 둥근 구슬 봉돌 쪽이 암초에 쉽게 걸리지 않는다.

맥 낚시 채비 A

낚싯대는 3.6~4.5m의 끝혼들리기가 좋다.
채비의 전체 길이는 낚싯대의 길이보다
30~50cm 짧게 한다.

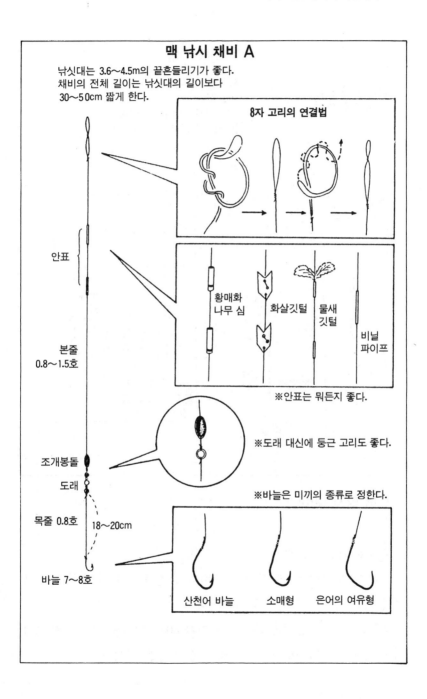

8자 고리의 연결법

안표

황매화
나무 심   화살깃털   물새
깃털

비닐
파이프

본줄
0.8~1.5호

※안표는 뭐든지 좋다.

※도래 대신에 둥근 고리도 좋다.

조개봉돌

도래

※바늘은 미끼의 종류로 정한다.

목줄 0.8호   18~20cm

바늘 7~8호

산천어 바늘   소매형   은어의 여유형

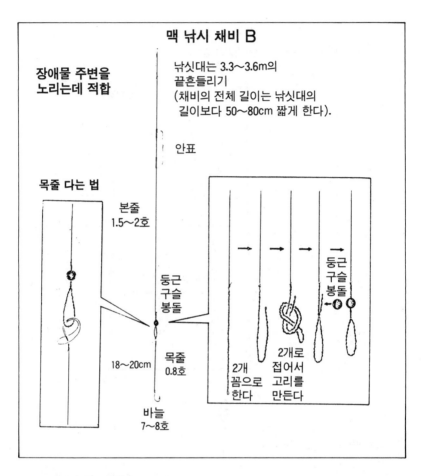

맥 낚시 채비 B

장애물 주변을
노리는데 적합

낚싯대는 3.3〜3.6m의
끝흔들리기
(채비의 전체 길이는 낚싯대의
길이보다 50〜80cm 짧게 한다).

안표

목줄 다는 법

본줄
1.5〜2호

둥근
구슬
봉돌

둥근
구슬
봉돌

18〜20cm

목줄
0.8호

2개
꼼으로
한다

2개로
접어서
고리를
만든다

바늘
7〜8호

▶ 맥 낚시 채비ⓒ

수풀로 뒤덮인 장소

흔히 '초롱 채비'라고 불리는 채비를 말한다. 흐름이 수풀 등으로
덮여 있는 장소에서 위력을 발휘한다.

보통은 안표를 달지만 본줄의 길이가 80cm 이하의 경우는 물고기
의 눈에 띄기 쉬워지므로 달지 않는 편이 좋을 것이다.

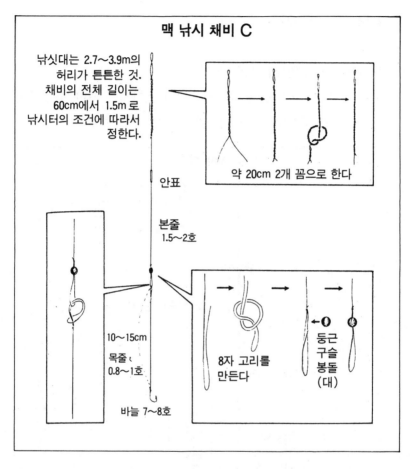

맥 낚시 채비 C

낚싯대는 2.7∼3.9m의 허리가 튼튼한 것. 채비의 전체 길이는 60cm에서 1.5m 로 낚시터의 조건에 따라서 정한다.

안표

약 20cm 2개 꼼으로 한다

본줄 1.5∼2호

10∼15cm

목줄 0.8∼1호

바늘 7∼8호

8자 고리를 만든다

둥근 구슬 봉돌 (대)

끝대에서부터 20cm 정도를 2개 꼼으로 하는 것은 채비를 유도하기 쉽게 하기 위해서. 또한, 노리는 포인트에 따라서도 다르지만 이 채비의 경우는 원칙적으로 너무 긴 목줄은 사용하지 않는다.

▶맥 낚시 채비①

흐름이 강한 포인트를 노린다

ⓐ는 흐름이 강한 포인트를 노릴 때에 효과적인 채비. 낚싯봉이 무겁기 때문에 낚싯대는 허리가 튼튼한 것을 사용한다.

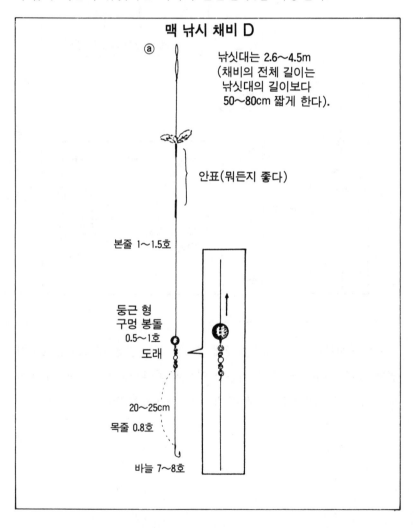

맥 낚시 채비 D

ⓐ

낚싯대는 2.6〜4.5m
(채비의 전체 길이는
낚싯대의 길이보다
50〜80cm 짧게 한다).

안표(뭐든지 좋다)

본줄 1〜1.5호

둥근 형
구멍 봉돌
0.5〜1호
도래

20〜25cm
목줄 0.8호

바늘 7〜8호

큰 장소를 노린다

ⓑ는 일반적으로 '일련'이라고 불리는 채비이지만 곤들매기 낚시에서는 그다지 사용하지 않고, 산천어용의 채비로 사용한다. 이 채비의 편리한 점은 노리는 포인트에 따라서 목줄의 길이를 바꿀 수 있는 것으로 큰 장소를 노릴 때에는 효과적이다.

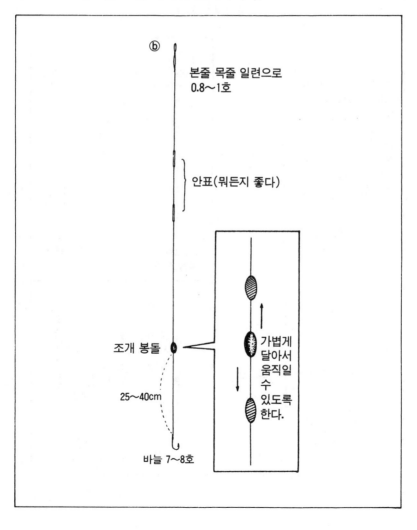

ⓑ

본줄 목줄 일련으로
0.8〜1호

안표(뭐든지 좋다)

조개 봉돌

25〜40cm

바늘 7〜8호

가볍게 달아서 움직일 수 있도록 한다.

▶찌 낚시 채비

큰 연못이나 용소(龍沼)를 노릴 때

원칙적으로는 맥 낚시로 낚지만 큰 못이나 용소 등을 노릴 때에는

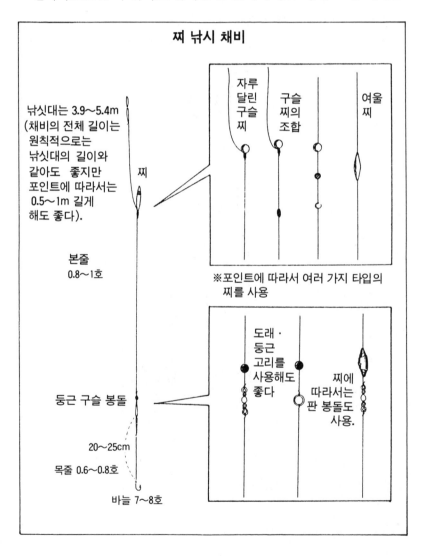

찌 낚시 채비

낚싯대는 3.9~5.4m
(채비의 전체 길이는
원칙적으로는
낚싯대의 길이와
같아도 좋지만
포인트에 따라서는
0.5~1m 길게
해도 좋다).

찌

자루
달린
구슬
찌

구슬
찌의
조합

여울
찌

본줄
0.8~1호

※포인트에 따라서 여러 가지 타입의
찌를 사용

둥근 구슬 봉돌

도래 ·
둥근
고리를
사용해도
좋다

찌에
따라서는
판 봉돌도
사용.

20~25cm

목줄 0.6~0.8호

바늘 7~8호

이와 같은 찌 낚시 채비도 사용된다.

다른 찌 낚시 채비와 마찬가지로 채비의 전체 길이는 낚싯대의 길이보다 조금 긴 듯해도 좋지만 계류어의 경우는 바늘에 걸리면 포인트로부터 재빨리 빼내지 않으면 낚시터가 황폐해져 버린다. 그 때문에 원칙적으로는 채비의 전체 길이를 낚싯대 가득히 정도로 한다. 긴 듯한 채비를 사용하는 경우에는 끝흔들리기의 낚싯대를 사용해서 재빨리 빼 올리도록 한다.

▶ 털바늘 낚시 채비

낚싯봉은 사용하지 않는다

털바늘 낚시 채비. 옛날은 말총을 사용하고 있었지만 최근에는 입수하기 어려우므로 나일론 줄을 짜서 사용하는 경우가 많다.

그림을 보면 알 수 있듯이 낚싯봉은 전혀 사용하지 않고 줄의 무게를 이용해서 털바늘을 포인트에 떨어뜨린다. 그 때문에 너무 긴 채비는 휘두르기가 어렵고, 채비의 전체 길이는 길어도 3.6m 전후. 처음에는 2m 전후로 연습하는 편이 좋을 것이다.

털바늘 낚시 채비

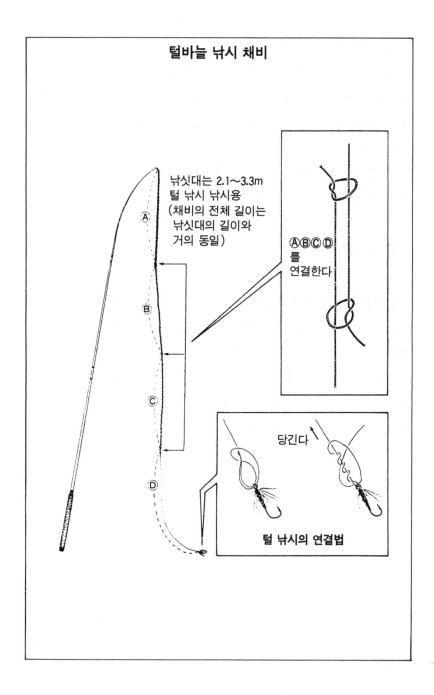

낚싯대는 2.1〜3.3m
털 낚시 낚시용
(채비의 전체 길이는
낚싯대의 길이와
거의 동일)

Ⓐ

Ⓑ

Ⓒ

Ⓓ

ⒶⒷⒸⒹ
를
연결한다

당긴다

털 낚시의 연결법

본줄 만들기Ⓐ

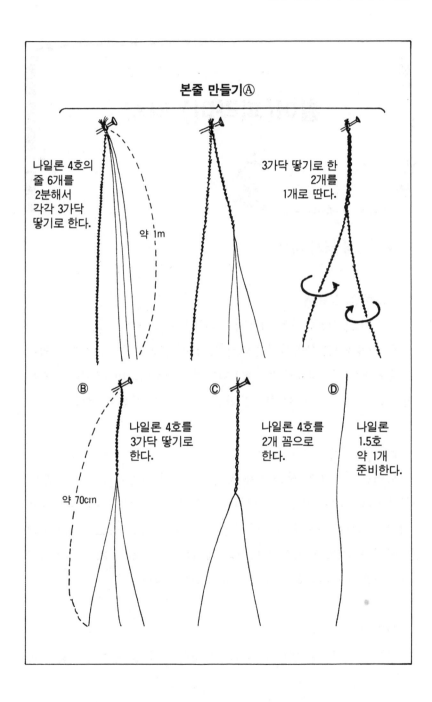

나일론 4호의
줄 6개를
2분해서
각각 3가닥
땋기로 한다.

약 1m

3가닥 땋기로 한
2개를
1개로 딴다.

Ⓑ

약 70cm

나일론 4호를
3가닥 땋기로
한다.

Ⓒ

나일론 4호를
2개 꼼으로
한다.

Ⓓ

나일론
1.5호
약 1개
준비한다.

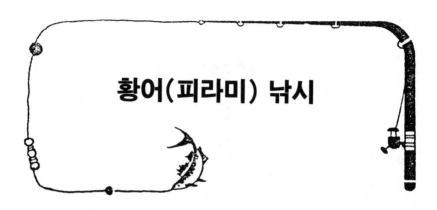

황어(피라미) 낚시

▶ 습성과 낚시 시기

대표적인 청류어

피라미(송어)와 함께 청류역을 대표하는 물고기.

학명(學名)은 황어이지만 낚시감으로서는 피라미라고 불리고 있는 경우가 많다. 그 때문에 '한(寒) 피라미', '단풍피라미' 등이라고 하는 명칭은 있지만 '한(寒) 황어', '단풍 황어' 등의 이름은 없다.

넓은 생식역

황어는 피라미가 사는 청류역, 곤들매기나 산천어가 사는 계류부, 참붕어나 잉어가 사는 하류역이나 호수에 이르기까지 생식역은 매우 넓다. 그러나 아무리 생식역이 넓다고 해도 어느 정도는 치우치기 마련이다. 지역에 따라서 다소의 차이는 있는 것 같지만 일반적인 생식역은 뭐니뭐니해도 청류역(淸流域)이 된다.

산란기

황어의 산란기는 지방에 따라서 상당한 차가 있다. 가장 빠른 지방에서는 2월 중순, 가장 느린 지역에서는 7월부터 8월 상순에 걸쳐서 약 반년간의 차이가 있다.

낚시를 즐기려면 봄과 가을

그 때문에 낚시 시기도 지방에 따라서 상당한 차이가 있는 것 같지만 원칙적으로는 1년 내내 즐길 수 있다. 그러나 묘미 깊은 낚시를 즐길 수 있는 것은 뭐니뭐니해도 봄과 가을 시즌. 또한 조금 낚시 방법이 어려워지지만 겨울의 한(寒) 피라미 낚시도 상당히 인기가 있다.

▶맥 낚시 채비Ⓐ

일반적인 채비

가장 일반적인 맥 낚시 채비이다. 원칙적으로 채비의 전체 길이를 낚싯대의 길이보다도 30cm에서 50cm 짧게 하지만 포인트에 따라서는 낚싯대와 채비의 전체 길이를 똑같이 해도 상관없다.

바늘은 사용하는 미끼에 따라서 다르며, 일반적으로는 작은 미끼에는 소매형이나 둥근 형의 작은 바늘, 큰 미끼에는 산천어 바늘이나 송어 바늘 등의 큰 바늘을 사용한다. 흔히 물고기가 작다고 해서 바늘을 소형으로 하는 낚시꾼이 있는데 바늘의 크기는 물고기보다도 사용하는 미끼에 맞추도록 한다.

맥 낚시 채비 A

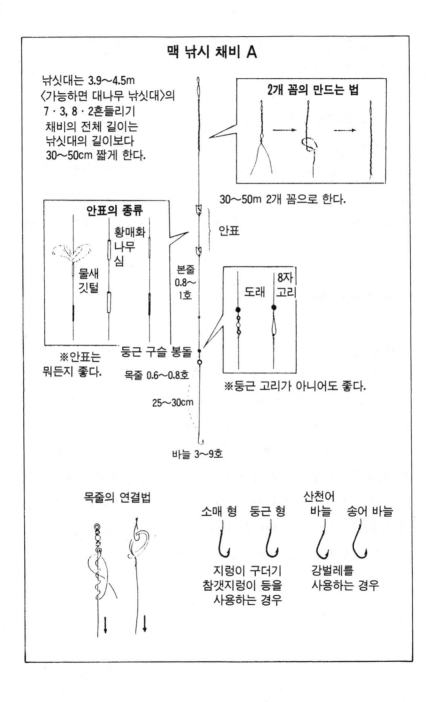

낚싯대는 3.9~4.5m
〈가능하면 대나무 낚싯대〉의
7·3, 8·2흔들리기
채비의 전체 길이는
낚싯대의 길이보다
30~50cm 짧게 한다.

2개 꼼의 만드는 법

30~50m 2개 꼼으로 한다.

안표의 종류

황매화
나무
심

물새
깃털

안표

본줄
0.8~
1호

8자
고리

도래

※안표는
뭐든지 좋다.

둥근 구슬 봉돌

목줄 0.6~0.8호

25~30cm

※둥근 고리가 아니어도 좋다.

바늘 3~9호

목줄의 연결법

소매 형   둥근 형

산천어
바늘   송어 바늘

지렁이 구더기
참갯지렁이 등을
사용하는 경우

강벌레를
사용하는 경우

맥 낚시 채비 B

낚싯대는 3.9〜5.4m 8 · 2, 7 · 3 흔들리기의 튼튼한 것.
채비의 전체 길이는 낚싯대의 길이보다 50〜80cm 짧게 한다.

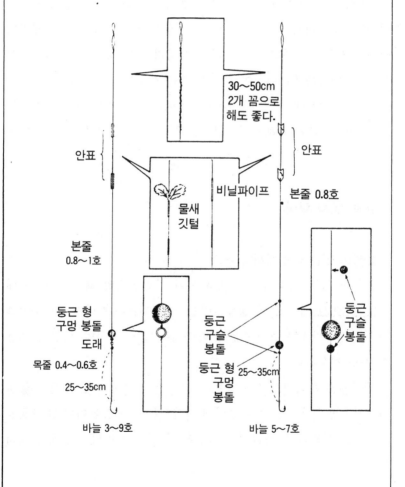

30〜50cm
2개 꼼으로
해도 좋다.

안표

안표

물새
깃털

비닐파이프

본줄 0.8호

본줄
0.8〜1호

둥근 형
구멍 봉돌
도래

둥근
구슬
봉돌

둥근
구슬
봉돌

목줄 0.4〜0.6호

둥근 형
구멍
봉돌

25〜35cm

25〜35cm

바늘 3〜9호

바늘 5〜7호

▶맥 낚시 채비®

흐름이 빠른 포인트 겨냥

물의 흐름이 빠른 포인트를 노리는 맥 낚시 채비. 어느 쪽의 채비나 0.5호에서 1호의 둥근 형 구멍 봉돌을 사용하고 있어 상당히 흐름이 급한 곳이라도 낚을 수 있다.   낚싯봉이 무겁기 때문에 채비의 전체 길이는 낚싯대의 길이보다도 상당히 짧게 하는 편이 사용하기 쉽고 그 중에는 1m 이상이나 짧게 하는 사람도 있다.

보통 맥 낚시에는 대나무 낚싯대 쪽이 좋지만 이런 채비의 경우는 낚싯대에 부담이 가해지기 때문에 글라스 로드 쪽이 좋을 것이다.

▶찌 낚시 채비Ⓐ

흐름이 있는 장소에서의 채비

흐름이 있는 장소에서 사용하는 가장 일반적인 채비. 보통은 대(3호), 소(2호나 1호)의 셀룰로이드 구슬 찌는 2개 내지 3개 조합해서 사용하지만 낚시터의 조건에 따라서는 입 찌나 구멍 찌, 또는 여울 찌 등도 사용된다.

낚싯봉은 원칙적으로는 암초에 걸리기 어려운 둥근 구슬 봉돌을 사용하지만 사용하는 찌의 부력에 따라서는 조개 봉돌이나 판 봉돌을 사용해도 상관없다. 바늘의 선택법은 맥 낚시 채비와 완전히 동일하다.

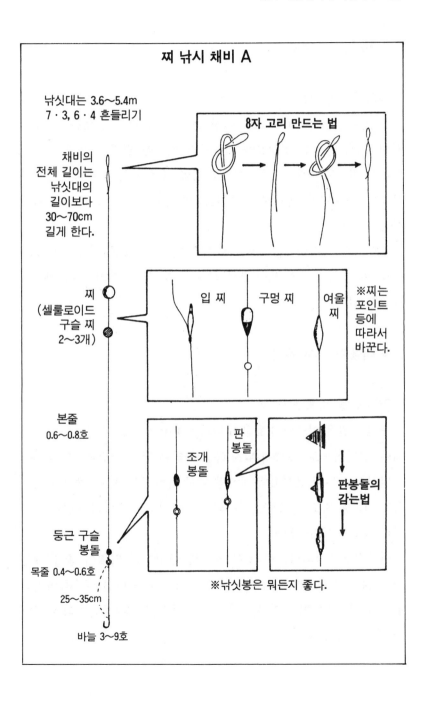

찌 낚시 채비 A

낚싯대는 3.6～5.4m
7 · 3, 6 · 4 흔들리기

8자 고리 만드는 법

채비의
전체 길이는
낚싯대의
길이보다
30～70cm
길게 한다.

찌
(셀룰로이드
구슬 찌
2～3개)

입 찌   구멍 찌   여울 찌

※찌는
포인트
등에
따라서
바꾼다.

본줄
0.6～0.8호

조개
봉돌   판
봉돌

판봉돌의
감는법

둥근 구슬
봉돌

목줄 0.4～0.6호

25～35cm

바늘 3～9호

※낚싯봉은 뭐든지 좋다.

▶찌 낚시 채비⑧

심장을 노릴 때

수심이 깊은 극히 고요한 심장 등을 노릴 때 사용하는 찌 낚시 채비. 조금 큼직한 낚싯봉을 사용해서 채비를 빨리 가라앉힌다. 그 때문에 찌도 부력이 큰 중·대형의 것을 사용한다. 이 채비는 본줄에 부담이 가해지기 때문에 보통 1호부터 1.5호로 조금 굵직한 줄을 사용한다.

포인트의 수심이 깊기 때문에 2발 바늘을 사용하는 경우가 많다. 아래 바늘의 목줄은 30cm에서 40cm로 긴 듯이 하지만 윗 바늘의 목줄은 길어도 20cm가 고작이다.

▶내뿜기 낚시 채비

얕은 여울 등을 노릴 때

수심이 얕은 여울이나 흐름이 그다지 빠르지 않은 포인트를 노리는 채비. 일반적으로 '내뿜기 낚시'라고 불리는 낚시 방법에 사용된다.

낚싯봉을 전혀 달지 않은 채비는 너무 가벼워서 초보자에게는 사용하기 어려울 지도 모르지만 미끼의 움직임이 자연스럽기 때문에 물고기의 입질은 매우 좋다.

일반적으로 목줄은 긴 듯이 하지만 물고기의 입질이 좋을 때는 조금 짧게 해도 좋다. 채비가 가볍기 때문에 지나친 끝흔들기의 낚싯대로는 흔들어 넣기 어려우며 7·3부터 6·4흔들기의 낚싯대가 사용하기 쉽다.

찌 낚시 채비 B

낚싯대는 5.4~7.2m 만능 낚싯대, 은어 낚싯대를 전용해도 좋다.
채비의 전체 길이는 낚싯대의 길이보다 0.5~1m 길게 한다.

깊은 곳용

그 밖의 찌

고추 찌

자루달린
구슬 찌

셀룰로이드
구슬 찌

대추형
구멍 찌

조금 대형의
입 찌

본줄
1~1.5호

**목줄의
연결법**

**둥근 고리를
사용하지 않는 경우**

15~20cm

조개 봉돌
(대)

목줄 0.8호
30~40cm

바늘의 종류

소매형   산천어 바늘

※미끼에 따라서 바늘을 바꾼다.

바늘 5~9호

내뿜기 낚시

낚싯대는 3〜3.9m 7 · 3흔들리기의 가벼운 낚싯대, 채비의 전체 길이는 낚싯대의 길이 보다 30〜80cm 길게 한다.

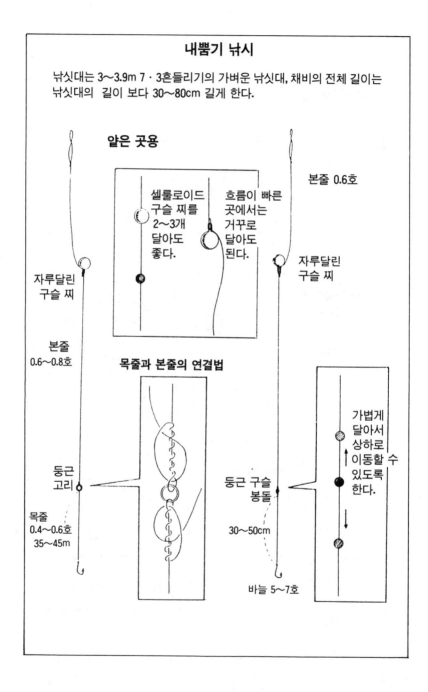

얕은 곳용

셀룰로이드 구슬 찌를 2〜3개 달아도 좋다.

흐름이 빠른 곳에서는 거꾸로 달아도 된다.

본줄 0.6호

자루달린 구슬 찌

자루달린 구슬 찌

본줄 0.6〜0.8호

목줄과 본줄의 연결법

둥근 고리

둥근 구슬 봉돌

가볍게 달아서 상하로 이동할 수 있도록 한다.

목줄 0.4〜0.6호 35〜45m

30〜50cm

바늘 5〜7호

▶ 처넣기 낚시 채비

겨울용의 채비

일반적으로 '처넣기 채비'라고 불리는 것으로 주로 겨울철에 사용된다. 주요한 포인트는 대하천에 있는 큰 호수 등으로 보통의 잇지 않은 깃 낚싯대로는 채비가 닿지 않는 장소에서 효과를 발휘한다.

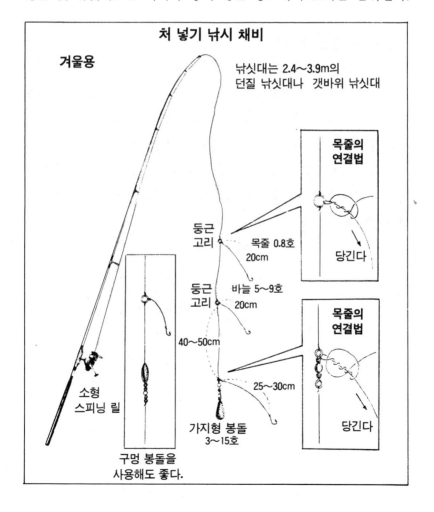

처 넣기 낚시 채비

겨울용

낚싯대는 2.4~3.9m의 던질 낚싯대나 갯바위 낚싯대

둥근 고리

목줄 0.8호 20cm

목줄의 연결법

당긴다

둥근 고리

바늘 5~9호 20cm

40~50cm

목줄의 연결법

소형 스피닝 릴

25~30cm

가지형 봉돌 3~15호

당긴다

구멍 봉돌을 사용해도 좋다.

일반적으로는 강바닥에 같은 채비를 댄 낚싯대를 몇 개인가 늘어놓
고 사용한다. 유동식의 찌를 사용하는 경우도 있지만 대부분의 경우
는 낚싯대 끝에 나타나는 변화로 입질을 캐치한다. 조석(朝夕)의
어슴푸레 할 때에는 끝대에 방울을 다는 것도 효과적이다.

▶바구니 낚시 채비

포인트는 심장의 대소

바구니 낚시 채비라고 불리는 황어 낚시 특유의 채비. 바다의 전갱
이나 고등어를 낚는 뿌림모이 낚시와 같은 요령으로 사용한다. 주요
한 포인트는 수심이 깊은 큰 호수 등이 되지만 너무 물의 흐름이
빠른 곳에서는 효과는 적고, 지수용(止水用)의 채비가 된다.

※황어 낚시의 채비에는 이외에 털 낚시의 흘림 낚시 채비와 도장
낚시식 채비가 피라미가 낚일 가능성이 높기 때문에 털 낚시 채비에
대해서는 피라미 항에서 소개한다.

바구니 낚시 채비

낚싯대는 2.4~3.9m의 던질 낚싯대나 갯바위 낚싯대.
5.4~7.2m의 튼튼한 잇지 않은 긴 낚싯대를 사용해도 좋다.

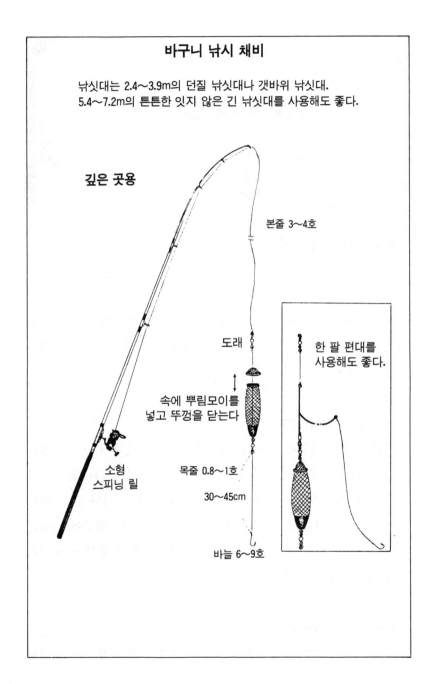

깊은 곳용

본줄 3~4호

도래

속에 뿌림모이를
넣고 뚜껑을 닫는다

소형
스피닝 릴

목줄 0.8~1호

30~45cm

바늘 6~9호

한 팔 편대를
사용해도 좋다.

뱀장어의 강 낚시

▶습성과 낚시 시기

야행성

거의 전국의 강이나 호수에 널리 분포한다. 주간은 바위 구멍안 돌 사이 등에 가만히 있고, 야간이 되면 활발히 돌아 다니는 야행성의 물고기이다.

7~12년에 성어(成魚)

예년 3월부터 4월에 걸쳐서 어린 물고기가 바다에서 강으로 올라가 7년부터 12년을 걸쳐서 담수역에서 성어로 자란다. 그리고 성어로 자란 뱀장어는 산란을 위해서 바다로 내려간다. 그러나 그 중에는 바다로 내려가지 않고, 호수 등에서 일생을 마치는 뱀장어도 있는 것 같고, 산상 호수 등의 주인이라고 불리는 듯한 것 중에는 1m급의 큰 뱀장어도 있다고 한다.

시즌은 장마 때부터

낚시 시기는 장마 때부터 10월 내내라고 여겨지고 있지만 큰 강의

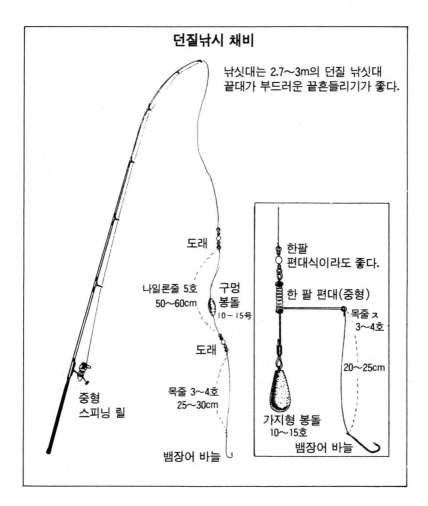

던질낚시 채비

낚싯대는 2.7~3m의 던질 낚싯대
끝대가 부드러운 끝흔들리기가 좋다.

도래

나일론줄 5호
50~60cm

구멍
봉돌
10~15号

도래

목줄 3~4호
25~30cm

뱀장어 바늘

중형
스피닝 릴

한팔
편대식이라도 좋다.

한 팔 편대(중형)

목줄 ㅈ
3~4호

20~25cm

가지형 봉돌
10~15호

뱀장어 바늘

하구 부근에서는 11월 중간까지 즐길 수 있는 곳도 있다.

내림 뱀장어의 시즌

흔히 강을 올라가는 뱀장어를 '소상(遡上) 뱀장어', 반대로 내려가
는 뱀장어를 '내림 뱀장어'라고 부른다. 소상 뱀장어는 낚시의 대상은
되지 않지만 내림 뱀장어의 경우는 이것을 전문으로 노리는 팬도

있다. 이 내림 뱀장어의 시즌은 9월부터 10월에 걸친 약 1개월간에 야간에 던질 낚시로 노린다.

점액에 주의

뱀장어는 표피가 독특한 점액으로 덮여 있어 이것이 본줄이나 목줄에 부착하면 좀체로 뗄 수 없다. 처넣기 낚시 등으로 낚아 올린 뱀장어를 끌어당긴 줄 위에라도 놓으려고 하면 큰 일이다. 줄이 흐트러져서 그 채비는 당분간 사용할 수 없게 되어 버린다.

▶ 던질 낚시 채비

일반적인 채비

가장 일반적인 뱀장어 낚시의 채비. 내림 뱀장어를 노릴 때에 사용되는 것도 이 채비이다. 보통은 구멍 봉돌을 사용한 채비를 사용하지만, 한편대식이라도 상관없다. 단, 흐름이 빠른 강 등을 노리는 경우는 구멍식 쪽이 좋고, 항아리 모양의 구멍 봉돌을 사용하면 흐름에 채비가 흐르는 일도 없다.

뱀장어의 던질 낚시는 보통 접낚싯대로 노리기 때문에 낚싯대는 입질이 나타나기 쉬운 끝대가 부드러운 것이 좋다.

▶ 처넣기 낚시 채비

독특한 채비

상당히 옛날부터 이루어지고 있는 뱀장어 낚시의 독특한 낚시 방법에 사용되는 채비로 보통 처넣기 낚시 채비라고 불리고 있다.

　큰 강의 하구 부근 등에서 흔히 이루어지는 낚시 방법으로 몇 조의
채비를 던져 넣고, 해안에 세운 방울이 달린 작은 낚싯대에 본줄을
끼우고 입질을 기다린다. 처넣기 봉돌이라고 불리는 각형(角型)의
낚싯봉을 사용하는 것은 채비가 흘러서 낚싯줄이 다른 사람의 낚싯줄
과 엉켜 버리는 것을 막기 위해서도 이 낚시 방법에 관한 한 가지형
낚싯봉은 부적합하다.

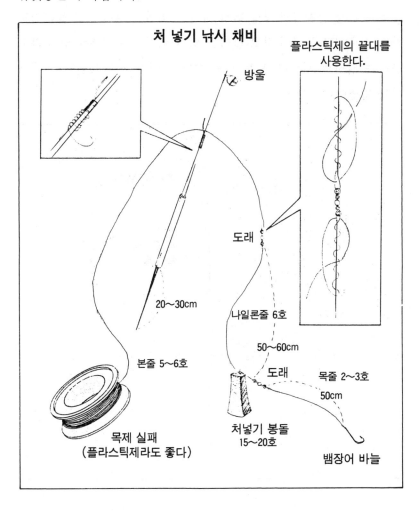

처 넣기 낚시 채비

플라스틱제의 끝대를
사용한다.

방울

도래

20~30cm

나일론줄 6호

50~60cm

본줄 5~6호

도래

목줄 2~3호

50cm

목제 실패
(플라스틱제라도 좋다)

처넣기 봉돌
15~20호

뱀장어 바늘

▶그 밖의 채비

바위 구멍이나 돌 사이에서의 채비

습성의 항에서 언급했듯이, 뱀장어는 대낮은 바위 구멍이나 돌 사이 등에 들어가서 가만히 있는다. 여기에 든 3가지의 채비는 이 바위 구멍이나 돌 사이 등에 들어가 있는 뱀장어를 낚기 위한 것.

ⓐ는 가장 일반적인 구멍 낚시 채비로 '접바늘 낚시'라고 불리기도 한다. ⓑ는 '당목 낚시'라고 불리는 낚시 채비. ⓒ는 '투륙 낚시'라고 불리는 낚시의 채비다. 모두 구멍 속에 미끼가 달린 바늘을 넣어서 낚는 방법이다.

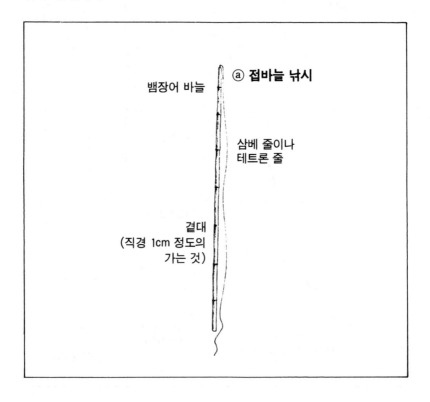

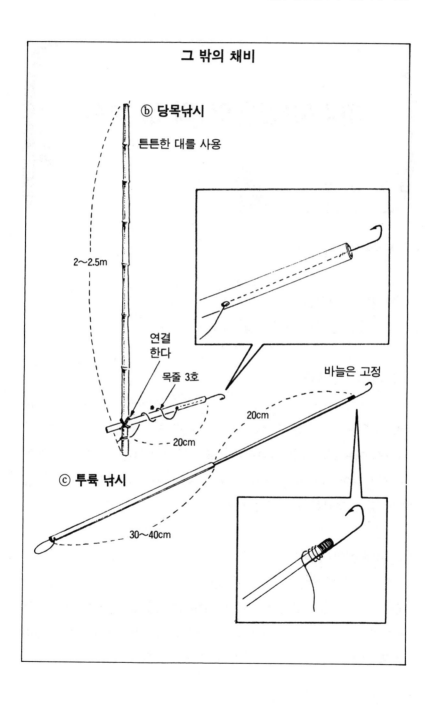

그 밖의 채비

ⓑ 당목낚시

튼튼한 대를 사용

2〜2.5m

연결
한다

목줄 3호

20cm

바늘은 고정

20cm

ⓒ 투룩 낚시

30〜40cm

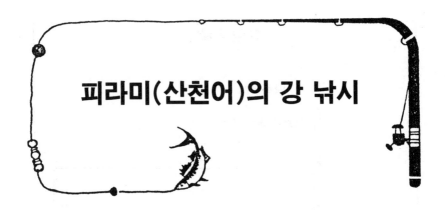

피라미(산천어)의 강 낚시

▶ 습성과 낚시 시기

인기있는 낚싯감
낚싯감으로 매우 인기가 높은 물고기이다.

노리려면 청류역
생식역은 매우 넓어 황어가 사는 청류역부터 중·소 하천의 중류역, 결국은 가운데를 흐르는 용수로나 저수지 등에도 있다. 그러나 낚아서 재미있는 것은 뭐니뭐니해도 청류역에 있는 피라미로 민첩하고 경계심이 강하며 바늘에 걸렸을 때의 당김의 세기는 호수나 늪 등에 있는 것과는 천양지차가 있다.

1년에 성어(成魚)
번식력이 왕성한 피라미는 전반적으로 성장이 빨라 보통 1년에 10cm부터 12cm의 성어로 자란다. 최대라도 18cm급이라고 하는 소형 어이지만 성질은 제법 난폭하고, 잡식성으로 강벌레류, 수조, 곤충 등 뭐든지 먹기 때문에 여러 가지 미끼로 낚을 수 있다.

4월～6월에 산란

산란기는 4월부터이고 늦은 곳이라도 6월 초순이다. 그 때문에 가장 활발히 미끼를 쫓는 것은 3월부터 4월과, 겨울에 대비해서 체력 강화를 꾀하는 10월부터 11월이다. 그러나 그 밖의 시즌이라도 낚시는 즐길 수 있고, 특히 추위 속의 낚시는 봄, 가을과 나란히 인기가 있다.

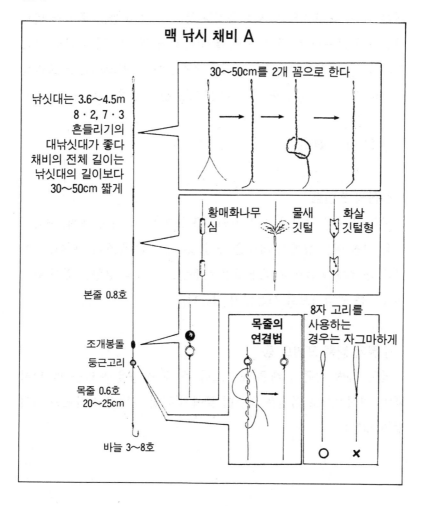

▶ 맥 낚시 채비Ⓐ

기본형 채비

맥 낚시 채비의 기본형. 안표는 물새의 깃털, 황매화나무의 심, 화살 깃털형등 뭐든지 좋지만 작게 다는 것이 요령. 특히 바람이 강한 날 등에는 큰 안표로는 미묘한 입질은 거의 캐치할 수 없으므로 주의해야 한다. 낚싯봉은 조개 봉돌이나 둥근 구슬 봉돌도 좋지만 별로 사용하지 않는다. 또한 목줄은 끝 고리로 연결하는 것 보다도 둥근 고리에 직접 연결하는 편이 미끼의 움직임이 자연스럽다. 끝 고리를 사용하는 경우는 가능한 한 작게 만드는 편이 좋을 것이다.

▶ 맥 낚시 채비Ⓑ

심장의 포인트

ⓐ는 비교적 수심이 깊은 포인트를 노리는 맥 낚시 채비. 수심이 깊은 거친 여울 등에서 대형을 중심으로 노리는데 효과적이다. 낚싯봉은 큰 조개 봉돌이나 뽕 봉돌을 사용하고 수류의 영향을 받기 쉬운 판봉돌은 원칙적으로 사용하지 않는다.

수류가 빠른 포인트 등

ⓑ는 특별 수류나 빠른 포인트나 큰 호수 등을 노리는 맥 낚시 채비. 원칙적으로 입질은 낚싯대 끝에서 직접 캐치하고 안표는 거의 달지 않는다.

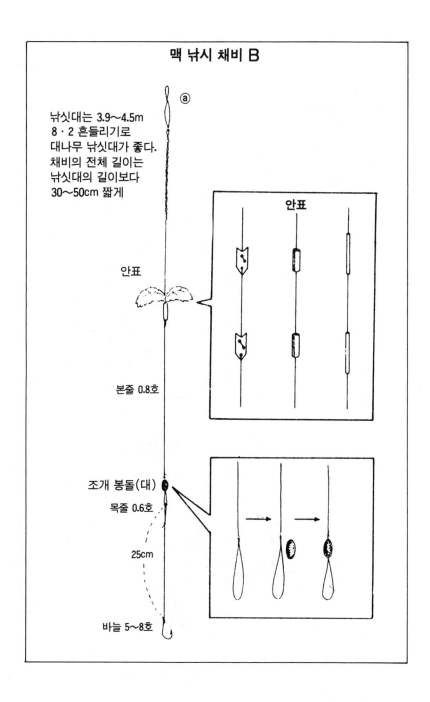

맥 낚시 채비 B

ⓐ

낚싯대는 3.9~4.5m
8·2 흔들리기로
대나무 낚싯대가 좋다.
채비의 전체 길이는
낚싯대의 길이보다
30~50cm 짧게

안표

안표

본줄 0.8호

조개 봉돌(대)

목줄 0.6호

25cm

바늘 5~8호

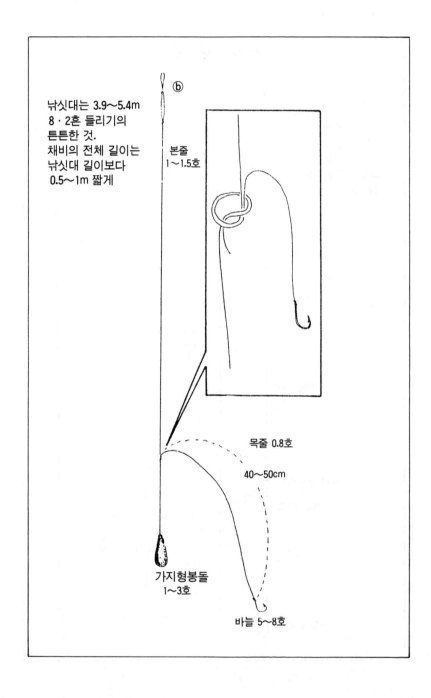

낚싯대는 3.9〜5.4m
8 · 2혼 들리기의
튼튼한 것.
채비의 전체 길이는
낚싯대 길이보다
0.5〜1m 짧게

ⓑ

본줄
1〜1.5호

목줄 0.8호

40〜50cm

가지형봉돌
1〜3호

바늘 5〜8호

▶찌 낚시 채비Ⓐ

일반적인 채비

가장 일반적인 찌 낚시 채비.

바늘은 보통 미끼에 따라서 적절히 나눠 사용하며 구더기나 상치 벌레, 참갯지렁이 등의 미끼를 사용하는 경우는 소매형, 둥근 형, 등자 형 등의 2호부터 4호. 강벌레와 같은 큼직한 미끼를 사용하는 경우는 바늘도 큼직한 송어 바늘이나 산천어 바늘의 6호부터 8호 정도를 사용한다. 작은 바늘에 큰 미끼를 달면 물고기의 걸림이 나쁘고 놓침도 많다. 또한 목줄의 길이는 입질이 나쁠 때일수록 길게 하는 것이 요령이다.

▶찌 낚시 채비Ⓑ

깊고 조용한 곳이나 큰 호수를 노린다

수심이 깊은 곳이나 큰 호수 등을 노리는 찌 낚시 채비이다. 채비의 가라앉음을 빠르게하기 위해서 약간 무거운 낚싯봉을 사용한다. 그 때문에 찌도 부력이 있는 큼직한 것이 좋아, 원칙적으로 입 찌를 사용한다. 초보자는 흔히 큰 자루가 달린 셀룰로이드 구슬 찌를 사용하고 있지만 큰 셀룰로이드 구슬 찌는 부력이 너무 커서 입질을 알아채기 어렵다.

이 채비의 포인트는 낚싯봉의 조절에 있다. 찌의 두부(頭部)가 수면에 2~3m 보이는 정도의 낚싯봉을 단다.

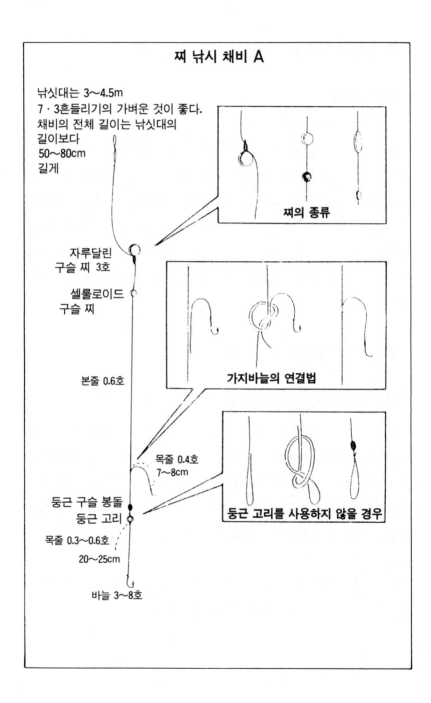

찌 낚시 채비 A

낚싯대는 3~4.5m
7·3흔들리기의 가벼운 것이 좋다.
채비의 전체 길이는 낚싯대의
길이보다
50~80cm
길게

찌의 종류

자루달린
구슬 찌 3호

셀룰로이드
구슬 찌

본줄 0.6호

가지바늘의 연결법

목줄 0.4호
7~8cm

둥근 구슬 봉돌
둥근 고리

둥근 고리를 사용하지 않을 경우

목줄 0.3~0.6호
20~25cm

바늘 3~8호

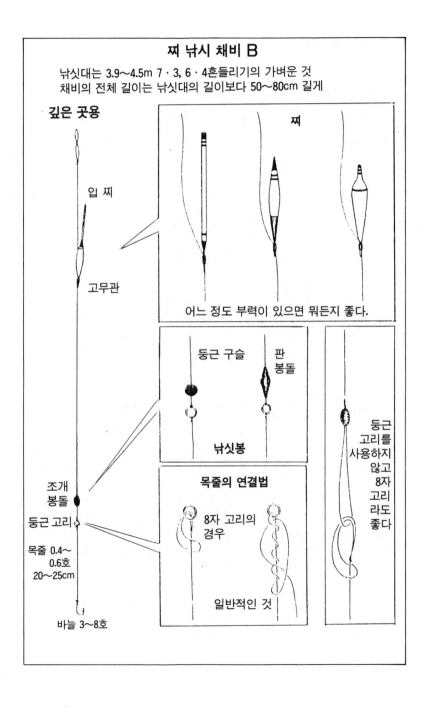

찌 낚시 채비 B

낚싯대는 3.9~4.5m 7 · 3, 6 · 4흔들리기의 가벼운 것
채비의 전체 길이는 낚싯대의 길이보다 50~80cm 길게

깊은 곳용

입 찌

고무관

찌

어느 정도 부력이 있으면 뭐든지 좋다.

둥근 구슬   판 봉돌

낚싯봉

목줄의 연결법

8자 고리의 경우

일반적인 것

조개 봉돌

둥근 고리

목줄 0.4~ 0.6호 20~25cm

바늘 3~8호

둥근 고리를 사용하지 않고 8자 고리라도 좋다

▶찌 낚시 채비ⓒ

모래땅 여울을 노린다

　모래땅 여울 등을 노리는데 유효한 채비. 보통은 극소의 둥근 구슬 봉돌을 달지만 포인트에 따라서는 전혀 낚싯봉을 달지 않아도 좋다. 낚싯봉을 뗀 채비를 사용한 낚시를 '내뿜기 낚시'라고 부르지만 미끼의 움직임이 자연스러워지기 때문에 물고기의 입질은 매우 좋다.

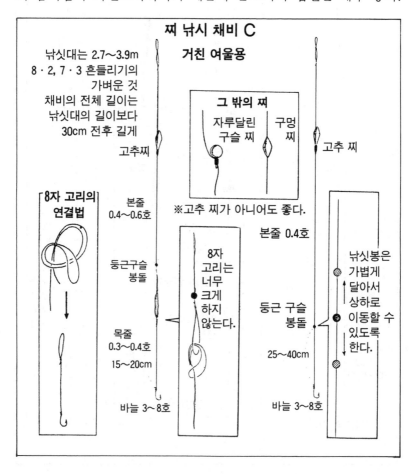

찌 낚시 채비 C
거친 여울용

낚싯대는 2.7∼3.9m
8 · 2, 7 · 3 흔들리기의
가벼운 것
채비의 전체 길이는
낚싯대의 길이보다
30cm 전후 길게

고추찌

그 밖의 찌
자루달린 구슬 찌　구멍 찌

고추 찌

8자 고리의 연결법

본줄
0.4∼0.6호

둥근구슬
봉돌

목줄
0.3∼0.4호
15∼20cm

바늘 3∼8호

※고추 찌가 아니어도 좋다.

8자 고리는 너무 크게 하지 않는다.

본줄 0.4호

둥근 구슬 봉돌

25∼40cm

바늘 3∼8호

낚싯봉은 가볍게 달아서 상하로 이동할 수 있도록 한다.

어쨌든 미끼의 가라앉음은 느리기 때문에 너무 수심이 깊은 포인트
를 노리는 데에는 부적당한 채비이다. 원칙적으로는 수심 50~60cm
의 얕은 곳 전용의 채비가 된다.

▶찌 낚시 채비①

흐름이 빠른 포인트

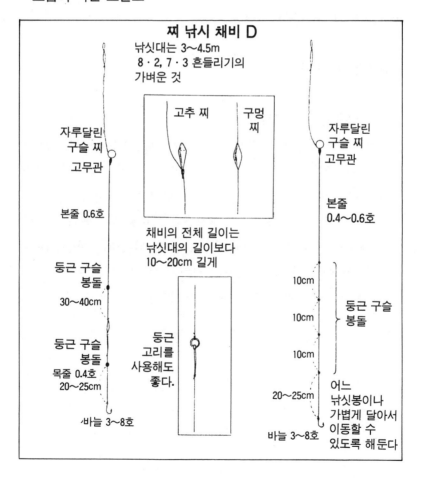

찌 낚시 채비 D

낚싯대는 3~4.5m
8 · 2, 7 · 3 흔들리기의
가벼운 것

고추 찌   구멍 찌

자루달린
구슬 찌
고무관

본줄 0.6호

둥근 구슬
봉돌
30~40cm

둥근 구슬
봉돌
목줄 0.4호
20~25cm

바늘 3~8호

채비의 전체 길이는
낚싯대의 길이보다
10~20cm 길게

둥근
고리를
사용해도
좋다.

자루달린
구슬 찌
고무관

본줄
0.4~0.6호

10cm

10cm

10cm

20~25cm

바늘 3~8호

둥근 구슬
봉돌

어느
낚싯봉이나
가볍게 달아서
이동할 수
있도록 해둔다

물의 흐름이 빠른 포인트를 노릴 때의 찌 낚시 채비. 낚싯봉의 수를 늘림으로서 수류(水流)에 의한 낚싯줄의 흔들림을 막기 위해서 고안된 채비이지만 수심이 깊은 거친 여울 등을 노리는 데에 효과적이다. 큰 낚싯봉을 한 군데에 다는 것보다도 입질이 나타나기 쉬운 것이 특징이다. 낚싯봉의 수, 크기는 수류의 강도에 따라 바꿔도 좋다.

또한 낚싯봉은 가볍게 달아 두고 포인트의 수심 변화에 대응할 수 있도록 해 두면 편리하다.

▶장님 낚시 채비

잇지 않은 긴 낚싯대로 충분

일반적으로 '장님 낚시'라고 불리는 낚시 방법에 사용되는 채비를 말한다. 어느쪽인가 하면, 아이의 '놀이 낚시'이지만 물고기의 입질이 직접 손에 느껴지므로 상당히 재미있는 낚시 방법이다.

장님 낚시의 채비에는 미끼 낚시용과 털바늘 낚시용이 있지만, 모든 채비의 전체 길이는 2m 전후로 짧다. 낚싯대는 항상 물속에 들어간 상태에서 사용되기 때문에 상하기 쉬우므로 좋은 것은 필요 없고, 가격이 싼 잇지 않은 긴 낚싯대로 충분하다.

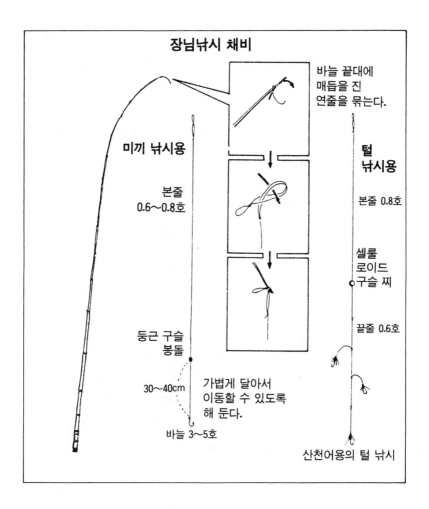

장님낚시 채비

바늘 끝대에 매듭을 진 연줄을 묶는다.

미끼 낚시용

본줄 0.6~0.8호

둥근 구슬 봉돌

30~40cm 가볍게 달아서 이동할 수 있도록 해 둔다.

바늘 3~5호

털 낚시용

본줄 0.8호

셀룰로이드 구슬 찌

끝줄 0.6호

산천어용의 털 낚시

▶ 털바늘의 훌림 낚시 채비Ⓐ

일반적인 채비

피라미는 미끼 낚시의 털바늘 낚시라도 즐길 수 있다. 이 채비는 가장 일반적인 털바늘의 훌림 낚시 채비이다. 최근에는 털바늘이 5~6개 달린 것이 시판되고 있지만 바늘 끝에 결함이 있거나 불완전한 털바늘이 연결되어 있거나 하는 경우도 있으며 가격도 비교적 비싸지기 때문에 가능하면 스스로 만드는 편이 좋을 것이다.

대표적인 털 낚시

떡잎, 아지랭이, 푸른 각시, 소리깃, 종다리, 혈환, 금혈환, 피라미, 벌, 까마귀개똥벌레, 성성이.

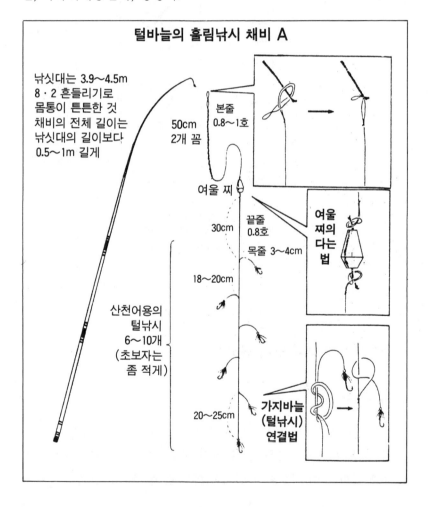

털바늘의 훌림낚시 채비 A

낚싯대는 3.9∼4.5m
8 · 2 흔들리기로
몸통이 튼튼한 것
채비의 전체 길이는
낚싯대의 길이보다
0.5∼1m 길게

본줄
0.8∼1호

50cm
2개 꼼

여울 찌

끝줄
0.8호

30cm

목줄 3∼4cm

여울 찌의 다는 법

18∼20cm

산천어용의
털낚시
6∼10개
(초보자는
좀 적게)

20∼25cm

가지바늘 (털낚시) 연결법

▶털바늘의 흘림 낚시 채비ⓑ

찌를 2개 단다

피라미의 털바늘 흘림 낚시 채비에는 보통 여울 찌를 1개 달지만 바람이 강한 날 등에는 채비의 선단에 또 한 개 찌를 다는 경우도 있다. 일반적으로는 상부에 여울 찌 선단부에 구슬 찌를 달지만 특히 바람이 강한 날에는 거꾸로 달아도 좋다.

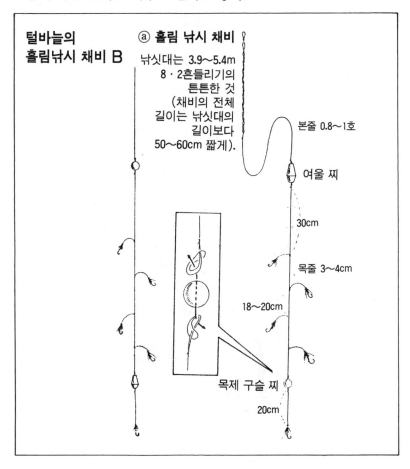

털바늘의
흘림낚시 채비 B

ⓐ 흘림 낚시 채비

낚싯대는 3.9~5.4m
8 · 2흔들리기의
튼튼한 것
(채비의 전체
길이는 낚싯대의
길이보다
50~60cm 짧게).

본줄 0.8~1호

여울 찌

30cm

목줄 3~4cm

18~20cm

목제 구슬 찌

20cm

목줄은 약간 길게 한다

ⓑ의 채비는 은어의 도랑 낚시 채비와 같은 요령으로 사용한다. 흘림 낚시의 채비에 비해서 목줄은 조금 길게 한다. 털바늘은 흘림 낚시와 완전히 같지만 지방에 따라서는 은어의 털바늘을 사용하는 곳도 있다.

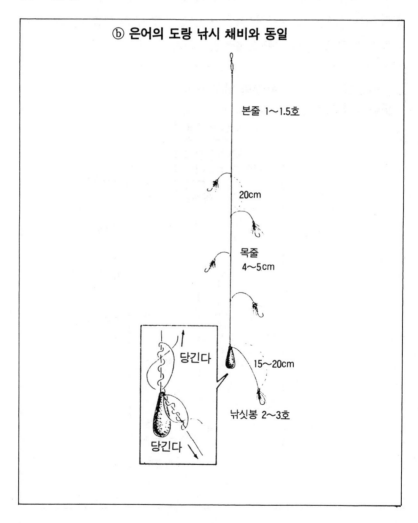

ⓑ 은어의 도랑 낚시 채비와 동일

본줄 1～1.5호

20cm

목줄 4～5cm

15～20cm

낚싯봉 2～3호

당긴다

당긴다

잉어의 강 낚시

▶습성과 낚시 시기

강 물고기의 왕

강 물고기의 왕으로서 알려지는 잉어는 최대 1m급으로 자라는 대형어, 수명도 매우 길어 그 중에는 50년 이상 사는 것도 있다고 한다.

어려운 대형 잉어

옛날의 낚시 격언에 '잉어는 1일 1치', '10일 들러서 1척 낚아라' 등이라고 하는 것이 있어 대형 잉어는 좀체로 낚을 수 없는 물고기로서 낚시꾼의 동경의 대상이었다. 최근에는 잉어의 양식이 활발해지고 양식어의 방류도 활발해졌다. 그 때문에 이전에 비하면 비교적 간단히 대형 잉어를 낚을 수 있게 되었지만, 그래도 50cm를 넘는 것 같은 큰 잉어는 좀체로 낚을 수 없다.

양식어와 천연어

구분법은 몇 가지 있지만 가장 간단한 것은 체형에 의한 구분법이

다. 일반적으로 양식어는 체고가 놓고 편평한 느낌을 주지만 천연어
는 전체적으로 둥그스름함을 띠고 있고 체고(體高)도 낮다.

산란기는 5월~7월

잉어의 산란기는 5월부터 7월. 이 산란기가 잉어의 제일 입질이
시원치 않은 계절로 이 시기를 제외하면 연간을 통해서 즐길 수 있
다. 특히 산란기를 앞둔 4월부터 5월 상순에 걸쳐서와 산란을 끝내고
체력 회복기에 해당하는 8월부터 9월은 1년 중에서 제일 거칠게 입질
하는 시즌이다. 또한 잉어는 거의 일정한 범위를 회유하는 습성이
있어 이 회유로를 찾아내는 것이 무엇보다 중요한 좋은 고기를 낚는
요령이다.

▶던질 낚시 채비

일반적인 채비

잉어 낚시의 채비로서는 가장 일반적인 것이다. 구멍 봉돌을 사용
한 것, 한팔 편대, 바다의 던질 낚시용의 ECC 봉돌 등을 사용한 것이
있다.

잉어는 미끼를 빨아들이듯이 해서 먹기 때문에 낚싯봉의 저항은
가능한 한 작게 구멍 봉돌을 사용한 채비가 가장 많이 사용되고 있
다. 한팔 편대를 사용하는 경우는 목줄의 길이를 조금 길게 하는 것이
요령이다.

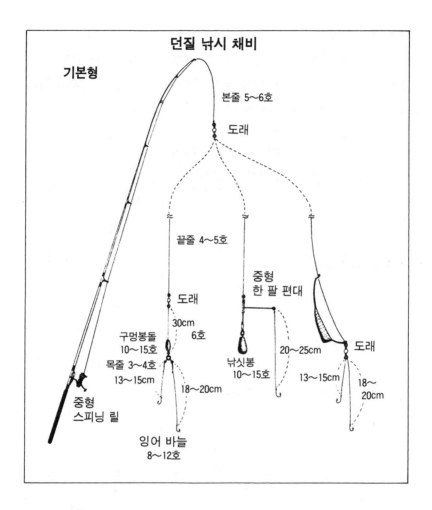

던질 낚시 채비

기본형

본줄 5~6호

도래

끝줄 4~5호

도래

30cm
6호

구멍봉돌
10~15호
목줄 3~4호
13~15cm

18~20cm

중형
스피닝 릴

잉어 바늘
8~12호

중형
한 팔 편대

낚싯봉
10~15호

20~25cm

13~15cm

도래

18~
20cm

▶ 멍텅구리 낚시 채비

여러 개의 바늘을 사용한다

 잉어의 식성을 교묘하게 이용한 멍텅구리 낚시는 여러 개의 바늘을
떡밥인 경단 모양의 것에 묻어서 사용한다. 이 경단 모양의 떡밥을
잉어가 빨아들이듯이 먹을 때, 함께 바늘도 삼키게 해 버리려고 하는

낚시 방법이다.

그 때문에 목줄의 크기는 던질 낚시에 사용하는 것보다도 약간 소형이 좋다. 미끼를 삼킬 때에 여러 개의 바늘이 걸리는 경우가 많아 대형 잉어라도 비교적 간단히 낚아 올릴 수 있다.

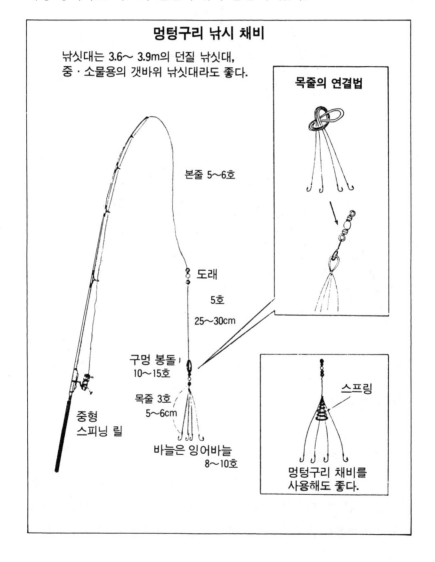

멍텅구리 낚시 채비

낚싯대는 3.6∼ 3.9m의 던질 낚싯대,
중·소물용의 갯바위 낚싯대라도 좋다.

목줄의 연결법

본줄 5∼6호

도래
5호
25∼30cm

구멍 봉돌
10∼15호

목줄 3호
5∼6cm

중형
스피닝 릴

바늘은 잉어바늘
8∼10호

스프링

멍텅구리 채비를
사용해도 좋다.

▶찌 낚시 채비

중 · 소형을 노린다

연못이나 호수에서 중, 소형을 중심으로 노리는 찌 낚시 채비이
다. 주걱붕어를 노리는 채비와 거의 다르지 않지만 본줄, 목줄 모두
만사 굵직하게 한다. 보통은 구멍 봉돌을 사용하지만 찌의 부력에

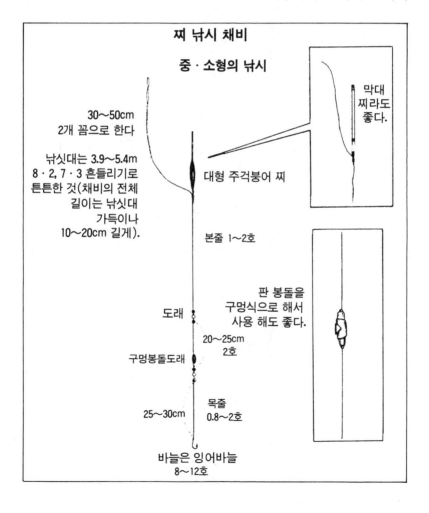

찌 낚시 채비

중 · 소형의 낚시

막대 찌라도 좋다.

30~50cm
2개 꼼으로 한다

낚싯대는 3.9~5.4m
8 · 2, 7 · 3 흔들리기로
튼튼한 것(채비의 전체
길이는 낚싯대
가득이나
10~20cm 길게).

대형 주걱붕어 찌

본줄 1~2호

판 봉돌을
구멍식으로 해서
사용 해도 좋다.

도래

20~25cm
2호

구멍봉돌도래

목줄
0.8~2호

25~30cm

바늘은 잉어바늘
8~12호

따라서는 판 봉돌을 사용해도 좋다. 또한 미끼는 보통 떡밥을 사용하여 조금 큼직하게 다는 경우가 많기 때문에 찌도 주걱붕어용의 대형이나 부력이 있는 막대 찌를 사용한다. 또한 노리는 포인트에 따라서도 다르지만 잉어는 매우 당김이 강하기 때문에 원칙적으로 채비의 전체 길이는 낚싯대의 길이와 같게 한다.

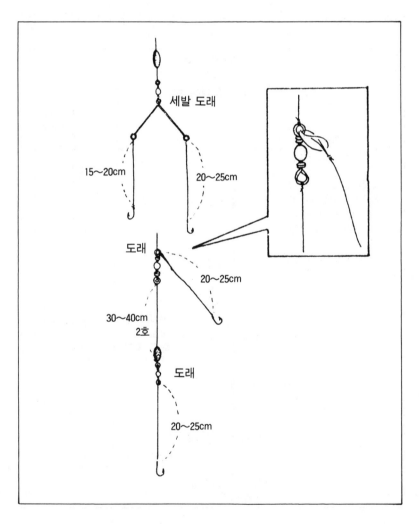

망상어의 강 낚시

▶ 습성과 낚시 시기

대상어는 2종류

망상어의 종류는 매우 많아 전부 4종류가 있다고 한다. 그러나 낚시의 대상이 되고 있는 것은 장미 망상어, 창 망상어(참망상어)의 2종류가 대부분으로 다른 종류는 전문으로 낚이는 경우는 별로 없다.

성어(成魚) 4~5cm

종류에 따라서 다소 차이는 있는 것 같지만, 가장 대형으로 자라는 참망상어조차도 최대 12~13cm, 보통 성어가 4~5cm라고 하는 초소형어로 낚시의 대상이 되는 물고기에서는 가장 소형이다.

산란기

대부분의 종류가 몸길이 3~4cm에 이르면 성어로서의 행동을 하게 된다. 산란기는 3월 하순부터 6월에 걸친 시기로 이 시기가 되면 수컷은 매우 아름다운 혼인색으로 물들고, 암컷은 배에 긴 산란관이 생긴다.

보통 산란은 마합, 돌조개, 대합 등의 쌍각패 속에서 이루어지고 약 40일만에 부화한다.

성기는 추운 시기

망상어는 늦봄부터 가을에 걸친 따뜻한 시기에는 앞바다에 흩어져 있지만 고목이 큰 소리를 칠 무렵이 되면 해안가 얕은 곳에 모여서 큰 떼를 만들게 된다. 이 무렵부터 망상어 낚시 시즌이 되어 다음해 3월 상순까지 계속된다. 즉, 망상어 낚시는 1년 중에서 가장 추운 시기가 성기라고 하게 된다.

▶ 맥 낚시 채비Ⓐ

일반적인 채비

가장 일반적인 맥 낚시 채비. 대상어가 3~4cm라고 하는 초소형어 인만큼 목줄에는 0.2호에서 0.3호라고 하는 시판 줄에서는 가장 가는 줄을 사용한다. 또한 본줄에도 0.4호라고 하는 가는 줄이 사용되어 만사가 섬세하다.

망상어의 맥 낚시용 낚싯봉에는 몇 종류가 있지만 가장 사용하기 쉽고 일반적인 것은 범종 모양의 구멍 봉돌이다. 목줄의 고정법도 간단하고, 밸런스도 좋고, 입질도 나타나기 쉽다.

맥 낚시 채비 A

낚싯대는 60cm~2.1m의 망상어 낚싯대로 끝흔들리기의 것이 좋다.
채비의 전체 길이는 거의 낚싯대 가득.

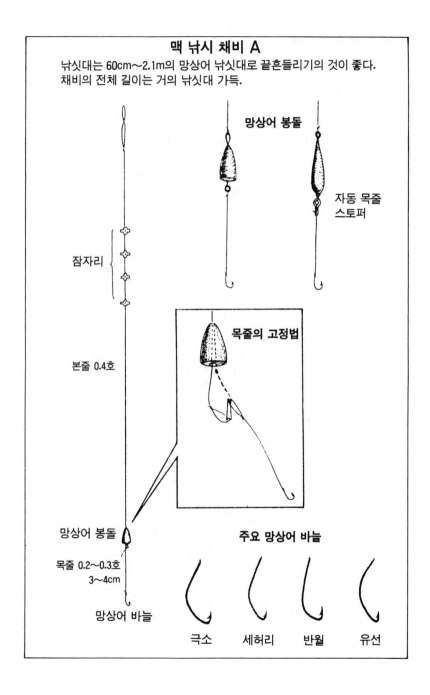

망상어 봉돌

자동 목줄
스토퍼

잠자리

본줄 0.4호

목줄의 고정법

망상어 봉돌

목줄 0.2~0.3호
3~4cm

망상어 바늘

주요 망상어 바늘

극소   세허리   반월   유선

▶ 맥 낚시 채비Ⓑ

흐름이 빠른 강 등

흐름이 빠른 강이나 특별히 수심이 깊은 포인트 등을 노리는데 효과적인 채비이다. 낚싯봉이 무겁기 때문에 보통의 맥 낚시 채비와

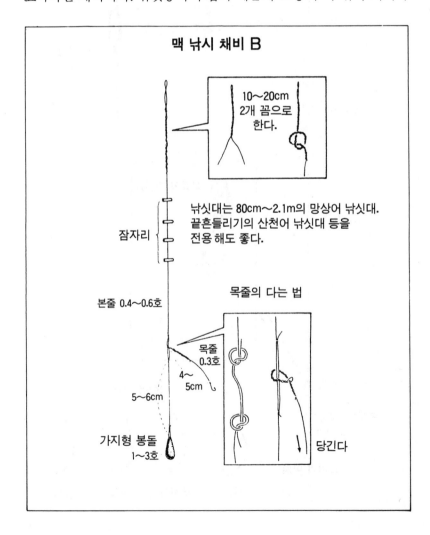

맥 낚시 채비 B

10~20cm
2개 꼼으로
한다.

낚싯대는 80cm~2.1m의 망상어 낚싯대.
끝흔들리기의 산천어 낚싯대 등을
전용해도 좋다.

잠자리

본줄 0.4~0.6호

목줄의 다는 법

목줄
0.3호

4~
5cm

5~6cm

가지형 봉돌
1~3호

당긴다

같이 낚싯봉 아래에 바늘을 다는 것이 아니라 본줄 도중에 달든가,
한판 편대를 사용하든가 둘 중의 하나가 된다.

　보통의 맥 낚시 채비에서는 낚싯봉을 바닥에 붙인 상태에서는 사용
하기 어렵지만, 이 채비라면 낚싯봉을 바닥에 붙여 두어도 입질은
알아채기 쉽다.

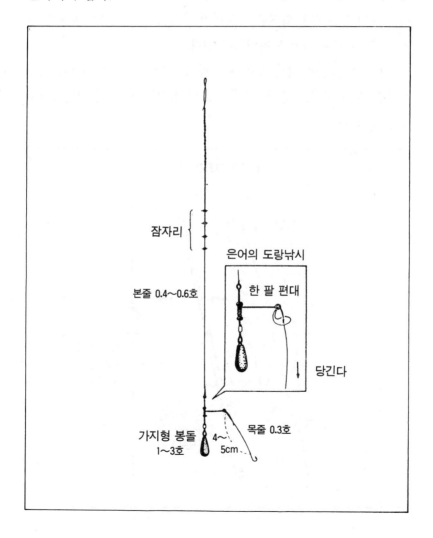

▶찌 낚시 채비Ⓐ

기본형 채비

망상어의 찌 낚시 채비의 기본형. 찌는 원칙적으로 소형 고추 찌와 줄 찌의 조합을 사용한다. 이것은 수면에 나와 있는 찌에는 느끼기 어려운 것 같은 작은 입질을 캐치하기 위해서도 줄 찌에는 보통 닭털로 만든 것 같은 가벼운 것이 사용된다.

본줄, 목줄은 맥 낚시 채비와 거의 같지만, 찌 낚시 채비의 경우 본줄은 다소 굵어도 좋다. 또한 목줄의 길이는 맥 낚시 채비보다도 조금 길게 한다.

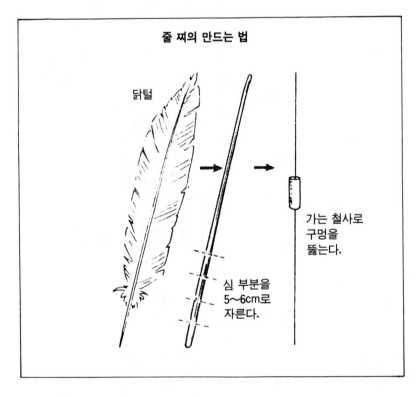

줄 찌의 만드는 법

닭털

심 부분을
5~6cm로
자른다.

가는 철사로
구멍을
뚫는다.

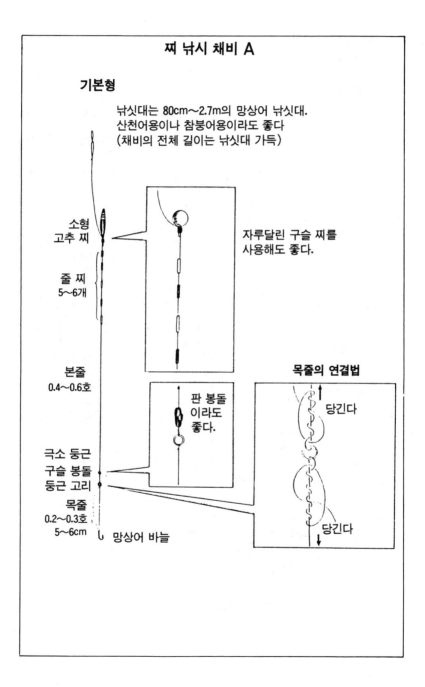

찌 낚시 채비 A

기본형

낚싯대는 80cm～2.7m의 망상어 낚싯대.
산천어용이나 참붕어용이라도 좋다
(채비의 전체 길이는 낚싯대 가득)

소형
고추 찌

줄 찌
5～6개

자루달린 구슬 찌를
사용해도 좋다.

본줄
0.4～0.6호

판 봉돌
이라도
좋다.

목줄의 연결법

당긴다

극소 둥근
구슬 봉돌
둥근 고리

목줄
0.2～0.3호
5～6cm   망상어 바늘

당긴다

▶찌 낚시 채비Ⓑ

심장의 포인트

비교적 수심이 깊은 포인트를 노릴 때에 사용하는 채비이다. 형태
적으노는 기본형과 거의 다르지 않다. 채비를 빨리 가라앉히기 위해

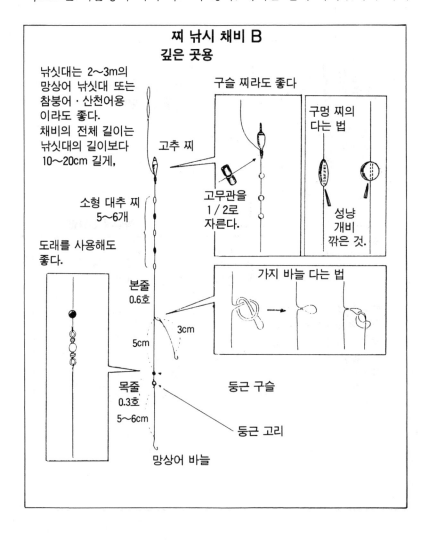

찌 낚시 채비 B
깊은 곳용

낚싯대는 2～3m의
망상어 낚싯대 또는
참붕어 · 산천어용
이라도 좋다.
채비의 전체 길이는
낚싯대의 길이보다
10～20cm 길게,

구슬 찌라도 좋다

구멍 찌의
다는 법

고추 찌

고무관을
1 / 2로
자른다.

성냥
개비
깎은 것.

소형 대추 찌
5～6개

도래를 사용해도
좋다.

가지 바늘 다는 법

본줄
0.6호

3cm

5cm

목줄
0.3호
5～6cm

둥근 구슬

둥근 고리

망상어 바늘

서 다소 무거운 낚싯봉을 사용하고 있기 때문에 찌는 조금 부력이
큰 것으로 한다. 줄 찌 대신에 소형의 대추 찌나 셀룰로이드 구슬
찌를 사용하면 적당하다.

또한 2발 바늘로 하는 것도 좋지만 그 때는, 둥근 고리나 도래는
가능한 한 사용하지 않고 그림의 방법으로 달도록 한다. 둥근 고리
등을 사용하면 그만큼 채비가 무거워지고 입질도 나타나기 어려워진
다.

▶찌 낚시 채비ⓒ

얕은 곳의 포인트
2개 모두 수심이 매우 얕은 포인트에서 사용하는 채비이다.

줄 찌만을 사용한 것은 채비 전체가 매우 가볍기 때문에 미끼의
가라앉는 법도 자연스러워서 물고기의 입질은 좋다. 그러나 미끼가
가라앉는데 그만큼 시간이 걸리기 때문에 수심이 50cm 이상의 곳에
서는 능률이 나쁘다. 반대로 소형 고추 찌만을 사용한 채비는 미끼의
가라앉음도 빨라서 능률적이지만 역시 수심이 깊어지면 미묘한 입질
을 알아챌 수 없다고 하는 결점이 생겨 버린다. 모두 수심 30~40cm
가 수비 범위의 채비다.

찌 낚시 채비 C

낚싯대는 1~2.1m의 망상어 낚싯대, 참붕어·산천어 낚싯대라도 좋다 (채비의 전체 길이는 낚싯대의 길이보다 10~20cm 길게).

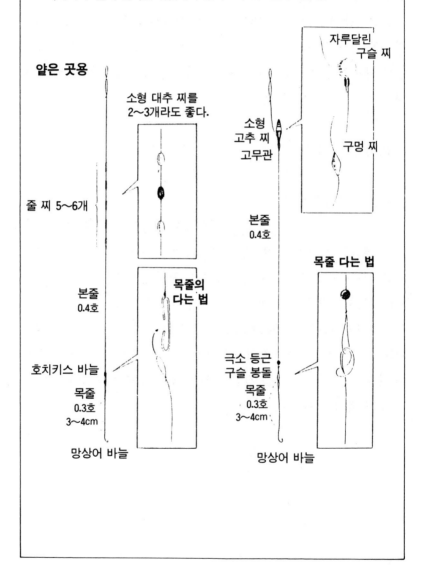

얕은 곳용

소형 대추 찌를 2~3개라도 좋다.

줄 찌 5~6개

본줄 0.4호

목줄의 다는 법

호치키스 바늘

목줄 0.3호 3~4cm

망상어 바늘

자루달린 구슬 찌

소형 고추 찌 고무관

구멍 찌

본줄 0.4호

목줄 다는 법

극소 등근 구슬 봉돌

목줄 0.3호 3~4cm

망상어 바늘

긴 팔 새우 낚시

▶ 습성과 낚시 시기

분포

하천, 호수, 늪 등에 널리 분포하고 있는 긴 팔 새우는 갑각류, 긴 팔 새우과에 속하는 절족 동물이다. 그 아름다운 팔(겸각)이 길어 수컷의 집게는 몸길이의 1.3배에 달한다.

야행성

본래 야행성이기 때문에 어두운 곳을 좋아하고 활발히 미끼를 쫓는 것은 밤이지만 흐린 날이나 비오는 날, 또는 포인트를 선택하면 대낮이라도 낚을 수 있다. 그러나 긴 팔 새우는 거의 식용으로 잡고 새용으로 이용되고 있다.

짧은 낚시 시기

긴 팔 새우는 5월부터 6월이 되면 탈피해서 산란을 위해 해안가의 얕은 곳으로 올라 오게 된다. 이 무렵부터 낚시 시기가 되지만 8월에는 깊은 곳으로 내려가기 시작해서 점점 낚이지 않게 되어 버린다.

따라서 긴 팔 새우의 낚시 시기는 매우 짧아 약 2개월간뿐이라고
하게 된다.

초보자도 많이 낚을 수 있다

야행성이기 때문에 대낮은 해초 속이나 수초의 뿌리 주변, 버림돌
주변, 난항 주변, 선착장이나 세척장 아래 등 직사 일광이 닿지 않는
곳에 있다. 따라서 포인트는 비교적 확실하기 때문에 초보자도 의외
로 간단히 낚을 수 있다.

▶ 찌 낚시 채비

복잡한 채비는 불필요

긴 팔 새우는 보통 해안으로부터 1~2m라고 하는 매우 가까운
포인트에서 낚는 경우가 많다. 그 때문에 찌 낚시 채비라고 해도 그다
지 복잡한 것은 필요없고, 가장 일반적인 채비로 충분하다.

긴 팔 새우는 그다지 대형 새우가 아니기 때문에 사용하는 바늘의
크기는 소매형이라면 1~2호, 보통은 새우 바늘이라고 불리는 소형
바늘을 사용하는 경우가 많다. 또한 원칙적으로 낚싯봉은 판 봉돌을
사용하지만 본줄에 직접 감지 않고 구멍식으로 하는 편이 좋다.

▶ 맥 낚시 채비

찌를 조합한다

긴 팔 새우는 찌 낚시 채비로 노리는 것보다도 맥 낚시 채비로
낚는 경우가 많다. 그러나 맥 낚시 채비라고는 해도 그림과 같이 찌를

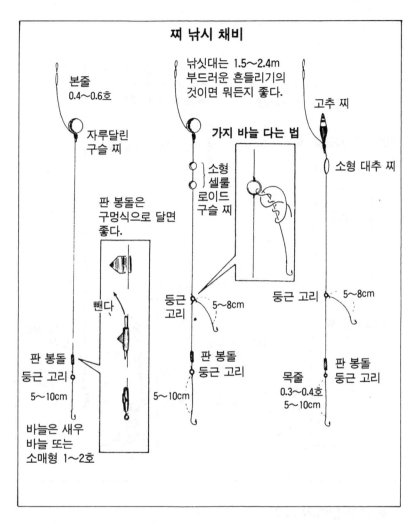

조합해서 사용하는 경우가 많고, 순수 맥 낚시 채비는 그다지 사용되지 않는다.

구멍 봉돌의 경우는 0.5호부터 1호, 가지형 낚싯봉의 경우에는 1호부터 3호 정도의 것이 가장 많이 사용된다. 이 외 둥근 구슬 봉돌도 사용되지만 최근에는 그다지 시판되고 있지 않는 것 같다.

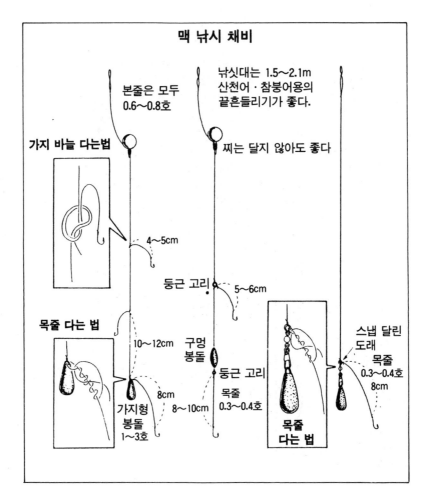

맥 낚시 채비

낚싯대는 1.5~2.1m
산천어 · 참붕어용의
끝흔들리기가 좋다.

본줄은 모두
0.6~0.8호

찌는 달지 않아도 좋다

가지 바늘 다는법

4~5cm

둥근 고리

5~6cm

목줄 다는 법

10~12cm

구멍
봉돌

둥근 고리

스냅 달린
도래

8cm

가지형
봉돌
1~3호

8cm

목줄
0.3~0.4호

8~10cm

목줄
0.3~0.4호
8cm

목줄
다는 법

▶ 낚시 방법의 요령

능률적으로 낚는다

긴 팔 새우 낚시는 손으로 하는 낚시를 즐긴다. 그러기 위해서는
능률적으로 낚는 것이 중요하고 쓸데없는 움직임을 하지 않도록 한
다.

보통 1회의 미끼 달기로 5마리에서 6마리의 긴 팔 새우를 낚을 수 있기 때문에 낚인 긴 팔 새우를 뜰채로 거둬 들이면 채비는 그대로 포인트에 되돌리고 일일이 손맡까지 올릴 필요는 없다. 낚싯대가 짧기 때문에 미끼가 달려 있는지 없는지의 확인은 손맡까지 당기지 않아도 충분히 할 수 있다.

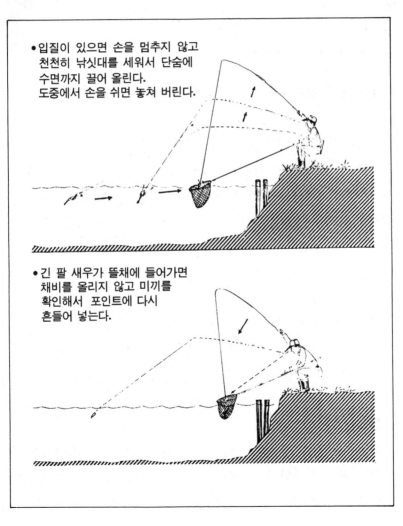

• 입질이 있으면 손을 멈추지 않고 천천히 낚싯대를 세워서 단숨에 수면까지 끌어 올린다. 도중에서 손을 쉬면 놓쳐 버린다.

• 긴 팔 새우가 뜰채에 들어가면 채비를 올리지 않고 미끼를 확인해서 포인트에 다시 흔들어 넣는다.

옥새송어의 강 낚시

▶ 습성과 낚시 시기

대부분이 양식어

북미로부터 이식된 외래어종이며, 성장이 빠르고 먹어도 맛있는 물고기로서 활발히 양식되게 되었다. 그리고 현재는 본고장 미국을 능가하는 대량 양식이 이루어지고 있다. 그 외 각지에 볼 수 있는 옥새송어는 산천어 등의 방류 때에 함께 방류된 양식어이다.

방류 직후에 낚는다

야생화한 옥새송어는 산천어나 곤들매기와 마찬가지로 민첩하고 경계심이 강해 매우 낚기 어려운 물고기이지만 방류 직후의 옥새송어는 여성이나 아이에게도 간단히 낚인다.

한정된 낚시터

산천어와 함께 방류해도 그 직후에 90% 가까이가 낚아 올려져 버리기 때문에 자연 낚시터에서는 전문으로 노릴 수 있는 정도의 무리를 남기고 있는 곳은 거의 없다. 따라서 옥새송어의 주요 낚시터

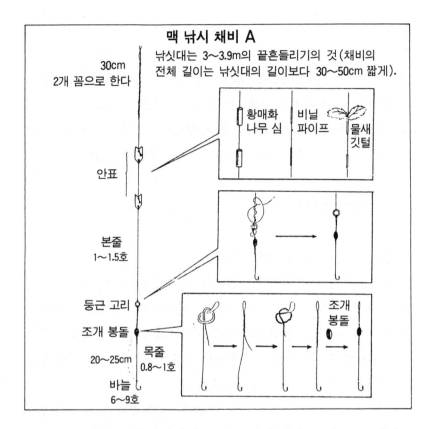

맥 낚시 채비 A

낚싯대는 3~3.9m의 끝흔들리기의 것(채비의
전체 길이는 낚싯대의 길이보다 30~50cm 짧게).

30cm
2개 꼼으로 한다

황매화
나무 심

비닐
파이프

물새
깃털

안표

본줄
1~1.5호

둥근 고리

조개 봉돌

조개
봉돌

20~25cm

목줄
0.8~1호

바늘
6~9호

라고 하면 상설 송어 낚시터라고 하는 것이 된다. 그리고 또 하나는
넓은 지역에 대량으로 방류되는 호수로 여기에서는 야생화한 옥새송
어의 강렬한 당김을 즐길 수 있다. 낚시 시기는 하천이나 호수에 따라
서 다소 다르지만 산천어 곤들매기와 거의 동일.

▶맥 낚시 채비Ⓐ

효과적인 방류 직후의 채비

옥새송어의 방류 직후에 효과적인 맥 낚시 채비. 전반적으로 줄이

굵기 때문에 줄 흔들림을 막기 위해서 조개 봉돌은 조금 큼직한 것을 사용한다. 또한 찌 낚시 채비에 비해서 미끼의 움직임이 아무래도 부자연스러워지기 쉬우므로 목줄의 길이는 찌 낚시 채비보다도 조금 길게 한다. 또한 채비의 전체 길이는 원칙적으로 낚싯대의 길이보다도 30cm부터 50cm 짧게 하지만 용소(龍沼) 등 수심이 깊은 포인트를 노리는 경우는 낚싯대 끝까지 채비를 길게 해도 상관없다.

▶ 맥 낚시 채비ⓑ

입질이 시원치 않을 때의 채비

입질이 시원치 않은 상태가 되었을 때에 사용하는 맥 낚시 채비이다. 역시, 낚싯봉의 위치는 본줄 쪽으로 이동시킨다. 그리고 원칙적으로 둥근 고리나 도래 등의 접속 기구는 사용하지 않고, 본줄과 목줄을 직결한다. 본줄과 목줄의 굵기에 별로 차이가 없을 때는 이 편이 목줄이 끊어지는 경우가 적기 때문이다.

또한 거친 여울 등 물의 흐름이 매우 빠른 곳을 노리는 경우는 둥근 형의 구멍 봉돌을 사용한 채비도 효과적이다.

▶ 찌 낚시 채비ⓐ

방류 직후에 효과적

상설 송어 낚시터에서의 방류 직후에 효과적인 찌 낚시 채비를 말한다. 본줄, 목줄을 굵게 해서 다소 강인하게 빼 올려도 괜찮은 채비이다. 방류하고 30분 지나면 점점 경계심이 강해져서 굵은 목줄로는 낚을 수 없게 되지만 방류 직후라면 이 채비로 충분히 낚을

맥 낚시 채비 B

낚싯대는 3~3.9m의
끝흔들리기의 것
(채비의 전체 길이는
낚싯대의 길이보다
30~50cm 짧게)

낚싯봉의 조절

수면

흐름　　흐름　　흐름

(너무 가볍다) (너무 무겁다) (적당)

물의 흐름이 강한 곳을
노리는 경우

안표

둥근
구멍
봉돌

본줄
0.6~0.8호

조개
봉돌

조개 봉돌

25~30cm

목줄 0.6호

수 있다. 낚싯봉을 목줄 쪽에 달고 있는 것은 바닥에 걸렸을 때에 바늘만 잃어버리고 끝내기 위해서이다. 본줄 쪽에 낚싯봉을 달면 본줄이 끊어져서 채비 전체가 못 쓰게 되어 버리는 경우가 많다.

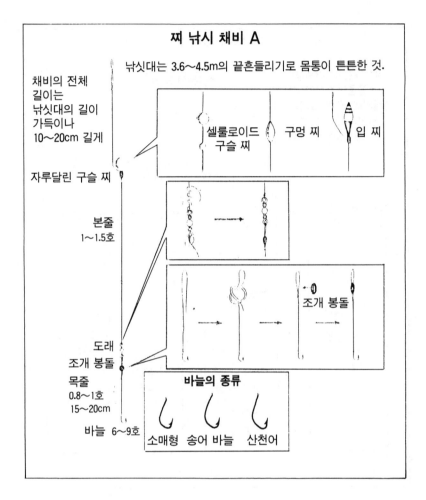

찌 낚시 채비 A

낚싯대는 3.6〜4.5m의 끝흔들리기로 몸통이 튼튼한 것.

채비의 전체
길이는
낚싯대의 길이
가득이나
10〜20cm 길게

셀룰로이드
구슬 찌   구멍 찌   입 찌

자루달린 구슬 찌

본줄
1〜1.5호

조개 봉돌

도래
조개 봉돌
목줄
0.8〜1호
15〜20cm

바늘 6〜9호

바늘의 종류

소매형 송어 바늘 산천어

▶ 찌 낚시 채비 ⓑ

방류 후 30분 이상

방류 후 30분 이상 지나 옥새송어의 입질이 시원치 않게 되기 시작
했을 때에 사용하는 채비이다. 형태로서는 찌 낚시 채비ⓐ와 거의
다르지 않지만 입질이 시원치 않을 때에 시간의 연장은 그다지 생각

할 필요가 없기 때문에 낚싯봉의 위치는 둥근 고리 위로 한다. 목줄에
낚싯봉을 다는 것보다도 미끼의 움직임이 자연스러워지기 때문에
물고기의 입질도 좋아진다.

　줄의 굵기는 찌 낚시 채비Ⓐ의 경우보다 2단계 정도 떨어뜨리고
목줄의 길이도 10cm 이상 길게 한다. 찌도 가능한 한 작은 것을 사용
한다.

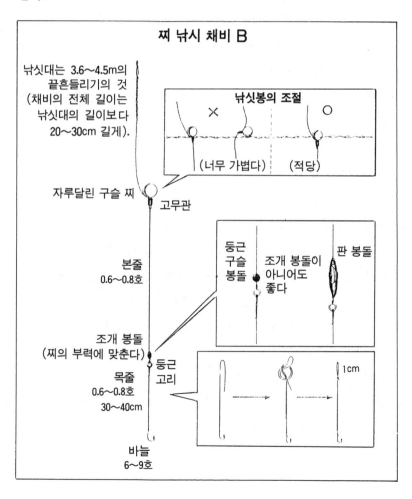

찌 낚시 채비 B

낚싯대는 3.6~4.5m의
끝흔들리기의 것
(채비의 전체 길이는
낚싯대의 길이보다
20~30cm 길게).

낚싯봉의 조절

× (너무 가볍다)　　○ (적당)

자루달린 구슬 찌
고무관

본줄
0.6~0.8호

둥근
구슬
봉돌

조개 봉돌이
아니어도
좋다

판 봉돌

조개 봉돌
(찌의 부력에 맞춘다)
둥근
고리

목줄
0.6~0.8호
30~40cm

1cm

바늘
6~9호

▶찌 낚시 채비ⓒ

호수에서 사용

호수 등에서 사용하는 찌 낚시 채비이다. 원칙적으로는 주걱붕어 찌 등의 대형 입 찌를 사용하지만 물의 움직임이 있는 듯한 포인트를 노리는 경우는 구슬 찌를 3~4개 나란히 달아도 좋다.

물고기가 지나가기를 기다려서 낚는 낚시 방법에 사용되는 경우가 많은 채비이기 때문에 바늘 수는 많은 편이 유리하다. 보통은 2발 바늘이나 3발 바늘을 사용한다. 긴 낚싯대를 사용하는 경우가 많기 때문에 채비의 전체 길이는 낚싯대의 길이보다도 1m이상 길게 해도 좋다.

▶찌 낚시 채비ⓓ

수심이 깊은 포인트

호수 등의 수심이 깊은 포인트를 노릴 때의 채비이다. 원칙적으로 유동 찌를 사용한다. 본줄 도중에 목면실로 매듭을 만들어 두면 여기에서 셀룰로이드 구슬이 멈추어 입 찌는 그 이상 위로는 올라가지 않는다. 즉, 이 목면 매듭의 위치는 이 채비의 찌 아래가 되는 것이다.

목면 매듭의 크기를 가이드에 걸리지 않을 정도로 해 두면 가령 수심이 10m 이상 있어도 쉽게 낚을 수 있다. 목면 매듭은 이동할 수 있을 정도로 조여둔다.

찌 낚시 채비 C

낚싯대는 5.4~7.2m의 끝흔들리기, 은어 낚싯대를 전용해도 좋다
(채비의 전체 길이는 낚싯대의 길이보다 80cm~1m 길게).

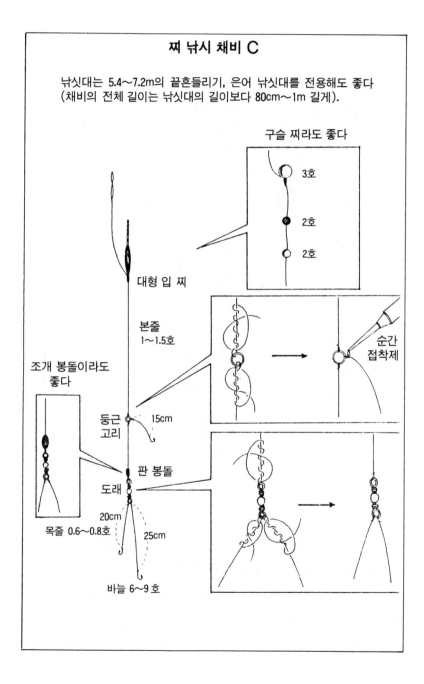

구슬 찌라도 좋다

3호

2호

2호

대형 입 찌

본줄
1~1.5호

순간
접착제

조개 봉돌이라도
좋다

둥근
고리   15cm

판 봉돌

도래

목줄 0.6~0.8호

20cm

25cm

바늘 6~9 호

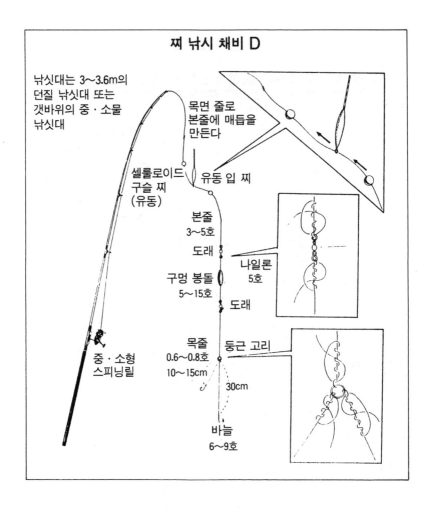

찌 낚시 채비 D

낚싯대는 3~3.6m의 던질 낚싯대 또는 갯바위의 중·소물 낚싯대

목면 줄로 본줄에 매듭을 만든다

셀룰로이드 구슬 찌 (유동)

유동 입 찌

본줄 3~5호

도래

나일론 5호

구멍 봉돌 5~15호

도래

중·소형 스피닝릴

목줄 0.6~0.8호 10~15cm

둥근 고리

30cm

바늘 6~9호

▶그 밖의 채비Ⓐ

극단적으로 입질이 시원치 않을 때

날씨가 너무 좋거나 낚시꾼이 많아 낚시터가 황폐해지는 기미가 되거나 해서 극단적으로 입질이 시원치 않을 때에 사용하는 찌 낚시·맥 낚시 채비를 말한다. 흔히 '일런'이라고 불리는 채비이지만

그 밖의 채비 A

낚싯대는 3.6~4.5m의
끝흔들리기의 것
(채비의 전체 길이는
낚싯대의 길이보다
20~30cm 길게).

어느 채비나 줄은 본줄 목줄 일련으로
0.4~0.6호를 사용한다.

찌 낚시

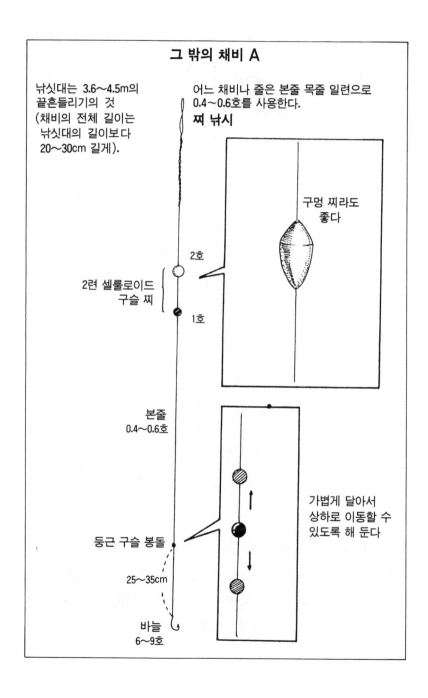

구멍 찌라도
좋다

2호

2련 셀룰로이드
구슬 찌

1호

본줄
0.4~0.6호

둥근 구슬 봉돌

가볍게 달아서
상하로 이동할 수
있도록 해 둔다

25~35cm

바늘
6~9호

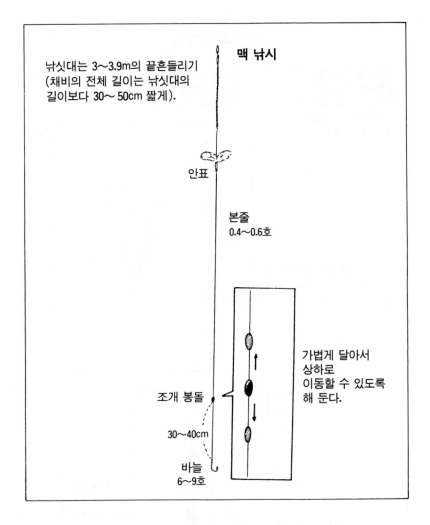

맥 낚시

낚싯대는 3~3.9m의 끝흔들리기
(채비의 전체 길이는 낚싯대의
길이보다 30~50cm 짧게).

안표

본줄
0.4~0.6호

가볍게 달아서
상하로
이동할 수 있도록
해 둔다.

조개 봉돌

30~40cm

바늘
6~9호

사용하는 줄은 보통 0.4호이다. 줄이 매우 가늘기 때문에 둥근 구슬 봉돌이나 조개봉돌을 달 때에는 충분히 주의한다. 쓸데없는 힘이 가해져서 조금이라도 줄을 다치면 거기에서 간단히 끊어져 버린다. 목줄의 길이를 바꿀 수 있도록 낚싯봉은 이동할 수 있는 정도로 가볍 게 달아둔다.

▶그 밖의 채비Ⓑ

루어는 스피너

옥새송어는 미끼 낚시 외에 루어 피싱(lure fishing)으로도 즐길 수 있다. 최근에는 상설 송어 낚시터에도 특별구가 만들어져 있는

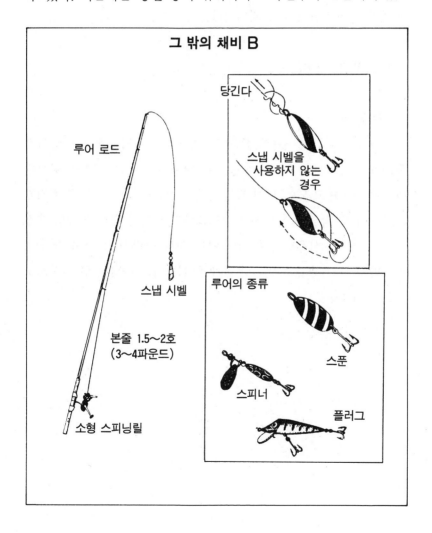

그 밖의 채비 Ｂ

당긴다

스냅 시벨을
사용하지 않는
경우

루어 로드

스냅 시벨

본줄 1.5~2호
(3~4파운드)

소형 스피닝릴

루어의 종류

스푼

스피너

플러그

곳도 많아 이전과 같이 '낚아챔 낚시'라고 하는 오해를 받는 일도
없어졌다.

보통은 본줄 선단에 스냅 시벨(스냅 도래)을 연결하고 여기에
루어를 달지만 소형 루어를 사용할 경우에는 본줄에 직접 루어를
연결하는 편이 좋다. 루어의 타입은 몇 가지 있지만 옥새송어용으로
서 가장 일반적인 것은 스피너이다.

▶그 밖의 채비ⓒ

어려운 낚시

루어 피싱과 같이 처음에 젊은이를 중심으로 상당히 인기가 높아진
플라이 피싱에서도 옥새송어는 좋은 대상어가 된다. 어려운 낚시의
대표로 여겨지고 있는 낚시 방법인만큼 간단하게는 낚을 수 없지만
그래도 방류 직후의 옥새송어라면 그다지 경험이 없는 사람도 제법
낚을 수 있다. 사용되는 털 낚시에는 웨트 플라이, 드라이 플라이,
스트리마 등의 종류가 있지만 옥새송어는 어느 타입의 털 낚시로도
낚을 수 있다.

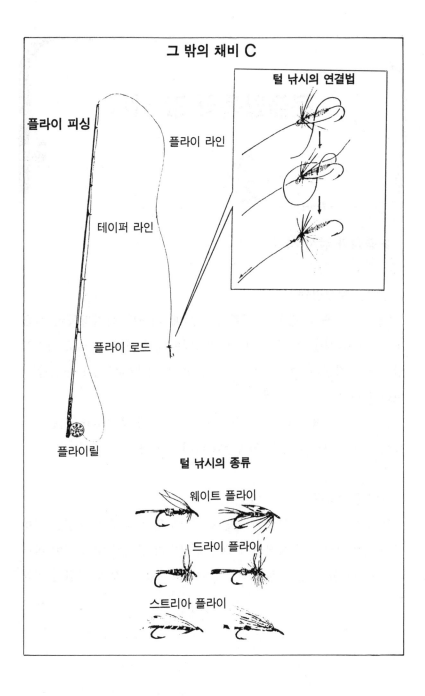

그 밖의 채비 C

플라이 피싱

플라이 라인

테이퍼 라인

플라이 로드

플라이릴

털 낚시의 연결법

털 낚시의 종류

웨이트 플라이

드라이 플라이

스트리아 플라이

문절망둑의 강 낚시

▶ 습성과 낚시 시기

당년생 문절망둑

2월부터 5월에 걸쳐서 산란하고 이때 태어난 문절망둑이 빠른 곳에서 6월 상순, 느린 곳이라도 8월에는 몸길이 6~7cm로 자라서 낚이기 시작한다. 이 문절망둑은 흔히 '당년생(堂年生) 문절망둑'이라고 한다.

문절망둑이 육지에서 낚이는 것은 이 당년생 문절망둑. 시즌부터 10월 상순까지로 다음은 배에서의 낚시가 된다.

내림 문절망둑

10월 상순을 지날 무렵이 되면 문절망둑은 강의 중앙부 깊은 곳이나 바다로 내려가기 시작해서 그렇게 간단히 낚이지 않게 되어 버린다. 이 시기를 내림 문절망둑 시즌이라고 부르며 모양도 훨씬 커진다.

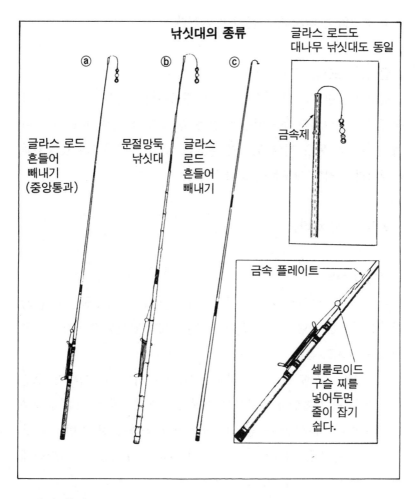

낚시 방법

문절망둑에는 크게 나눠서 배 낚시, 육지 낚시, 수중 낚시의 3가지가 있다. 이 중 강 낚시로서는 육지 낚시, 수중 낚시가 중심이 된다.

문절망둑의 낚시 방법에는 찌 낚시와 맥 낚시가 있고, 포인트나 시기에 따라서 채비도 어느 정도 달라진다.

▶ 문절망둑 낚시에 사용되는 낚싯대

글라스로드제

이전은 문절망둑 낚싯대라고 하면 대나무의 중앙통과식 낚싯대가 당연한 일이었지만 최근에는 이전과 같이 줄, 낚싯봉, 바늘이 달린 세트 낚싯대 등은 거의 없어져 버렸다. 현재는 대나무의 중앙통과 낚싯대라고 하면 대부분이 고급품이다.

▶ 맥 낚시 채비Ⓐ

정통의 채비

어느 쪽의 채비나, 가장 정통 맥 낚시 채비이다. 보통은 3덕(德)이라고 불리는 소형의 한팔 편대가 사용되지만 낚싯봉에 직접 목줄을 연결해 버려도 좋다.

문절망둑 낚시에 사용되는 바늘은 1대 부분이 유선형이지만, 소형이 많은 당년 문절망둑 시즌에는 소매형도 효과적이다. 또한 낚싯봉은 북형이나 가지형이나 좋지만 조건이 허락하는 한 가벼운 것을 사용한다. 무거운 낚싯봉은 낚싯대의 끝대에 부담을 주기 때문에 입질이 캐치하기 어렵다.

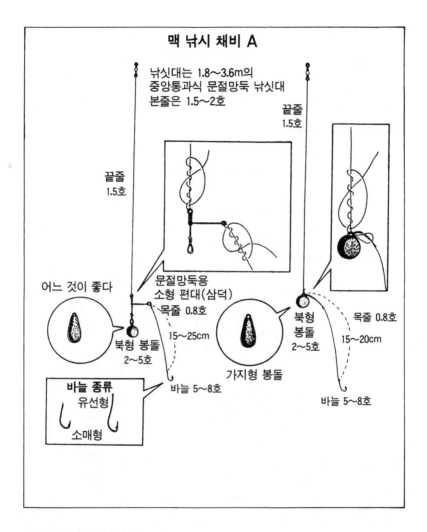

맥 낚시 채비 A

낚싯대는 1.8~3.6m의
중앙통과식 문절망둑 낚싯대
본줄은 1.5~2호

끝줄
1.5호

끝줄
1.5호

어느 것이 좋다

문절망둑용
소형 편대(삼덕)
목줄 0.8호
15~25cm

북형 봉돌
2~5호

가지형 봉돌

북형
봉돌
2~5호

목줄 0.8호
15~20cm

바늘 종류
유선형

소매형

바늘 5~8호

바늘 5~8호

▶ 맥 낚시 채비 ⓑ

변형 채비

　맥 낚시 채비의 변형이지만 기능적인 차이는 거의 없다. 단, 3덕을 사용한 채비에 비하면 목줄이 엉키기 어렵다고 하는 특징이 있다.

또한 ⓐ는 목줄의 교환이 간단하다고 하는 점과 ⓑ는 낚싯봉의 교환이 용이하다고 하는 점도 특징이라고 말할 수 있다.

목줄은 원칙적으로 직결식이 좋지만, 초보자에게는 오히려 고리 연결 쪽이 간단할지도 모른다. 단, ⓐ의 채비의 경우, 낚싯봉은 반드시 직결식으로 연결한다.

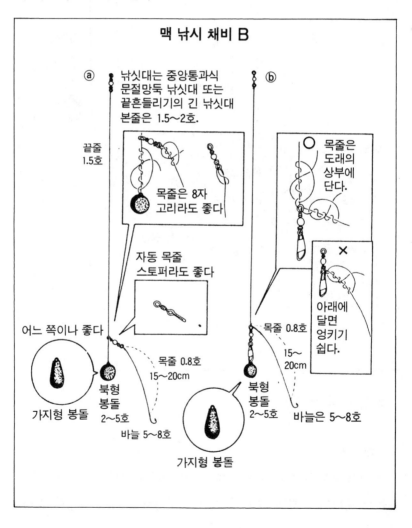

맥 낚시 채비 B

▶ 맥 낚시 채비ⓒ

구멍식

모두 구멍식의 맥 낚시 채비이다. 문절망둑은 일반적으로 입질도
커서 낚기 쉬운 물고기이지만 그래도 조수 상태나 시기에 따라서는

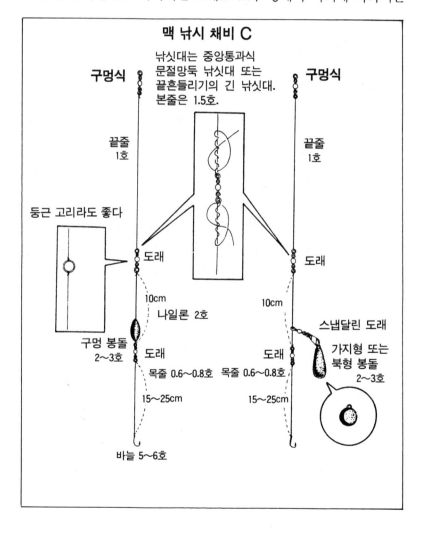

맥 낚시 채비 C

구멍식

낚싯대는 중앙통과식
문절망둑 낚싯대 또는
끝흔들리기의 긴 낚싯대.
본줄은 1.5호.

구멍식

끝줄
1호

끝줄
1호

둥근 고리라도 좋다

도래

도래

10cm

10cm

나일론 2호

스냅달린 도래

구멍 봉돌
2～3호

도래

도래

가지형 또는
북형 봉돌
2～3호

목줄 0.6～0.8호 목줄 0.6～0.8호

15～25cm

15～25cm

바늘 5～6호

입질이 작아지거나 입질이 시원치 않아지거나 하는 경우도 있다. 그런 때에는 이 구멍식 맥 낚시 채비가 효과를 발휘한다. 일반 맥 낚시 채비에 비해서 낚싯봉의 부담이 적어서 입질이 나오기 쉽기 때문이다. 그러나 이 채비에도 결점이 있어 바닥이 부드러운 진흙 모양의 곳 등에서는 낚싯봉이 잘 미끄러지지 않는다.

▶찌 낚시 채비

일반적인 채비

문절망둑의 찌 낚시에 사용되는 일반적인 채비. 문절망둑은 참붕어 등에 비하면 입질도 훨씬 크기 때문에 그다지 섬세한 채비는 필요없지만 감도는 좋을수록 바람직하다. 필요 이상으로 큰 낚싯봉이나 찌를 사용하지 않는다.

채비 ⓓ는 맥 낚시 채비와 찌 낚시 채비를 혼합한 형태의 것이지만 주로 수중 낚시에 사용된다. 일반 찌 낚시 채비보다도 목줄이 약간 짧은 것이 특징이다.

찌 낚시 채비

낚싯대는 2.4~3.9m의 끝흔들리기
(채비의 전체 길이는
낚싯대 길이보다 20~30cm 길게).

낚싯대는 1.8~2.7m의
끝흔들리기
(채비의 전체 길이는
낚싯대 가득).

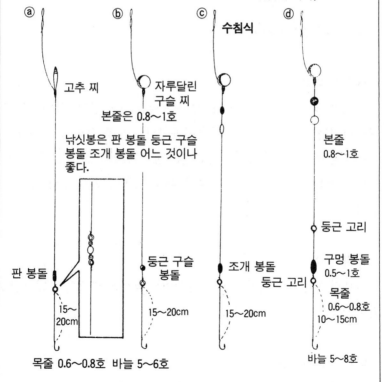

ⓐ   ⓑ   ⓒ **수침식**   ⓓ

고추 찌

자루달린
구슬 찌

본줄은 0.8~1호

낚싯봉은 판 봉돌 둥근 구슬
봉돌 조개 봉돌 어느 것이나
좋다.

본줄
0.8~1호

둥근 고리

판 봉돌

둥근 구슬
봉돌

조개 봉돌

구멍 봉돌
0.5~1호

둥근 고리

목줄
0.6~0.8호

15~
20cm

15~20cm

15~20cm

10~15cm

목줄 0.6~0.8호 바늘 5~6호

바늘 5~8호

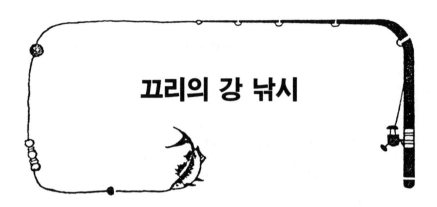

끄리의 강 낚시

▶ 습성과 낚시 시기

육식성의 물고기

최대 30cm 가까이까지 자라, 성어가 되면 입이 갈고랑이 모양으로 구부러지는 것이 특징이다. 담수어종에서는 드문 육식성 어종이다.

육식성 물고기이기 때문에 15cm급으로 자라면 작은 물고기를 쫓게 되어 미끼나 털바늘 외, 소형 루어(주로 스피너)라도 낚을 수 있게 된다.

산란 장소

봄부터 여름에 걸쳐서 강의 하류역이나 호안의 바닥이 모래자갈로 되어 있는 것 같은 곳에서 산란한다.

낚시 시기는 여름

여름이 되면 수면 가까이를 군영하게 되어 주요한 낚시 시기는 이 시즌이 된다.

끌 낚시와 던질 낚시

수면 가까이를 광범위하게 걸쳐서 유영하고 있기 때문에 미끼 낚시
보다도 보트를 타는 끌 낚시(레이크 트롤링 ; lake trolling)나 호안
등에서의 던질 낚시 쪽이 효과적이다.

하천에 생식하고 있는 것을 노리는 경우는 피라미나 황어와 같은
낚시 방법으로 낚을 수 있다.

▶찌 낚시 채비

하천의 끄리를 노린다

주로 하천에 생식하고 있는 끄리를 노리는 찌 낚시 채비. 형태로서
는 피라미의 찌 낚시 채비와 거의 같지만 피라미에 비해서 대형이
많은데다가 힘도 강하기 때문에 전반적으로 약간 큼직해진다.

ⓐ는 깊고 조용한 곳이나 호수 등의 물의 움직임이 적은 장소용,
ⓑ는 비교적 물의 움직임에 격렬한 포인트를 노릴 때의 것이다.

끄리는 피라미에 비해서 입도 크고, 미끼의 먹는 법도 대담하기
때문에 바늘은 큼직한 것이 좋고, 작은 바늘로는 놓치기 쉽다.

찌 낚시 채비

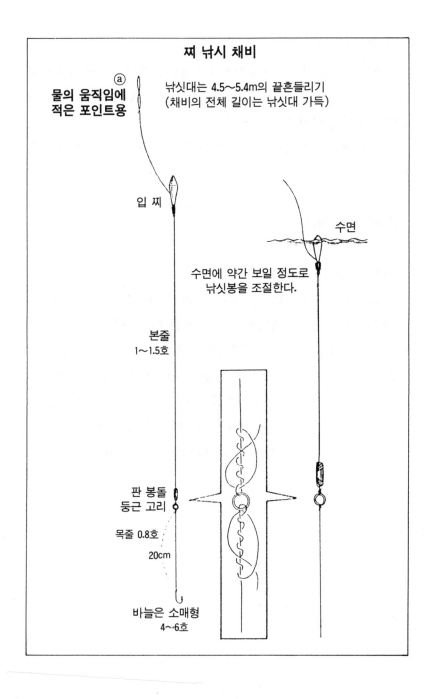

ⓐ
물의 움직임에 적은 포인트용

낚싯대는 4.5~5.4m의 끝흔들리기
(채비의 전체 길이는 낚싯대 가득)

입 찌

수면

수면에 약간 보일 정도로
낚싯봉을 조절한다.

본줄
1~1.5호

판 봉돌
둥근 고리

목줄 0.8호

20cm

바늘은 소매형
4~6호

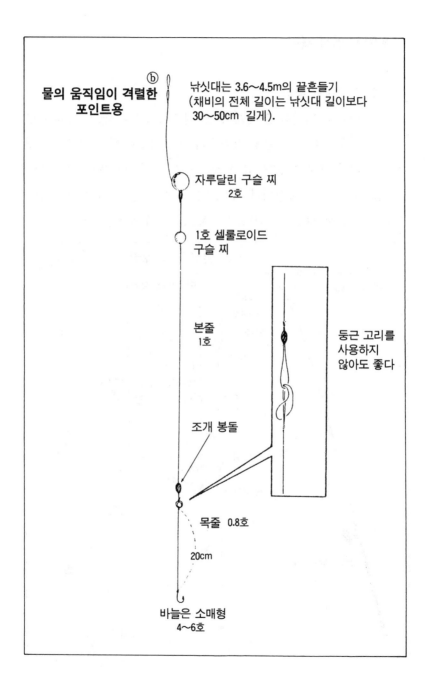

ⓑ
**물의 움직임이 격렬한
포인트용**

낚싯대는 3.6〜4.5m의 끝흔들기
(채비의 전체 길이는 낚싯대 길이보다
30〜50cm 길게).

자루달린 구슬 찌
2호

1호 셀룰로이드
구슬 찌

본줄
1호

둥근 고리를
사용하지
않아도 좋다

조개 봉돌

목줄 0.8호

20cm

바늘은 소매형
4〜6호

▶던질 낚시 채비

호수 주변에서 활발

끄리용의 털 낚시를 5~6개 몸통 찌르기식으로 달고, 목제 구슬 찌를 사용해서 던져 수면을 끌어온다. 호면(湖面)에는 청류와 같은 흐름이 없기 때문에 릴을 감는 스피드를 바꾸거나 해서 털 낚시에 자극을 주는 것이 요령이다. 초보자는 구슬 찌를 채비 선단에 달면 비교적 간단히 날릴 수 있다. 단, 물고기의 입질은 약간 떨어진다.

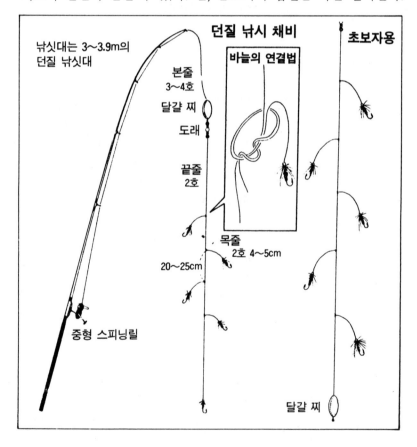

낚싯대는 3~3.9m의 던질 낚싯대

던질 낚시 채비

초보자용

본줄 3~4호

달걀 찌

도래

바늘의 연결법

끝줄 2호

목줄 2호 4~5cm

20~25cm

중형 스피닝릴

달걀 찌

▶그 밖의 채비

소형 스피너 사용

습성의 항에서 소개했듯이 끄리는 담수어 중 적은 육식성 어종이다. 최대 30cm급으로 자란다고는 하지만 낚아 올려지는 끄리의 대부분이 20cm 전후이다. 루어 피싱의 대상어로서는 약간 소형이다. 그 때문에 별로 대형 루어에 히트하는 경우는 적고, 소형 스피너가 주요 히트 루어라고 하게 된다.

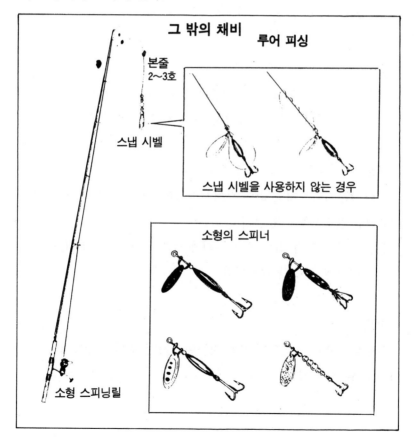

그 밖의 채비 루어 피싱

본줄 2~3호

스냅 시벨

스냅 시벨을 사용하지 않는 경우

소형의 스피너

소형 스피닝릴

중고기의 강 낚시

▶ 습성과 낚시 시기

종류는 3종

단순히 중고기라고 하는 한 어종으로서 취급되고 있지만 실제로는 둥근 중고기, 긴 얼굴 중고기, 기름 중고기의 3종류가 있다.

산란기

산란기는 4월부터 6월에 걸쳐서이지만 이 시기가 되면 수컷은 아름다운 혼인색으로 물든다.

산란은 둥근 조개, 가막 조개 등의 쌍각패 속에 이루어진다. 이것은 망상어와 매우 비슷한 습성이다.

미끼

사용되는 미끼는 거의가 가는 지렁이이지만 그 외 털진드기나 실지 렁이도 낚을 수 있다.

▶찌 낚시 · 맥 낚시 채비

낚시 방법에서 다른 낚싯대

중고기는 찌 낚시와 맥 낚시로 즐길 수 있다. 찌 낚시의 경우는 참붕어를 낚는 채비와 거의 다르지 않고 낚싯대도 참붕어나 피라미용의 것으로 좋다. 그러나 맥 낚시의 경우는 노리는 포인트에 따라서는 상당히 무거운 낚싯봉을 사용하는 경우도 있기 때문에 거기에 맞는 낚싯대가 필요하게 된다. 중고기 낚시가 이루어지고 있었을 무렵은 흔히 문절망둑의 중앙통과식 낚싯대를 사용하고 있는 것을 보았지만, 그 정도의 낚싯대 스타일이 적당하다.

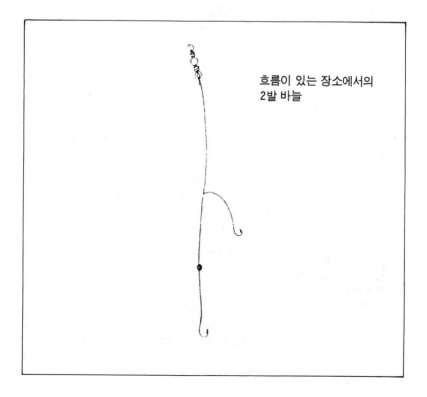

흐름이 있는 장소에서의
2발 바늘

찌 낚시·맥 낚시 채비

맥 낚시

낚싯대는 2.7~4.5m의 끝흔들리기로 허리가 튼튼한 것(채비의 전체 길이는 낚싯대의 길이보다 10~50cm 짧게).

30~50cm 2개 꼼으로 한다

본줄 1.5~2호

찌 낚시

낚싯대는 3.6~4.5m의 끝흔 들리고(채비의 전체 길이는 낚싯대의 길이보다 30cm 길게).

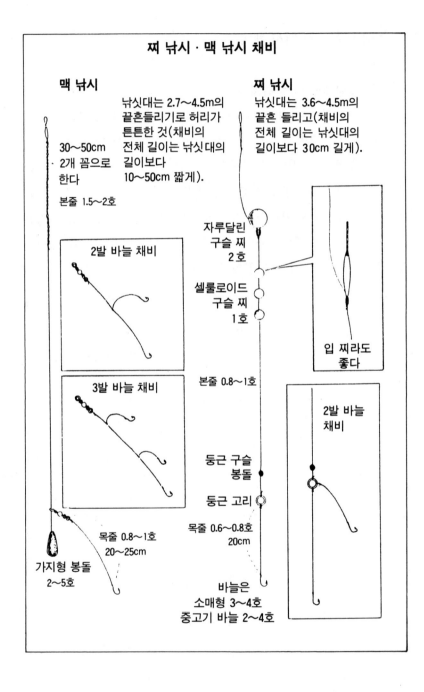

자루달린 구슬 찌 2호

셀룰로이드 구슬 찌 1호

2발 바늘 채비

3발 바늘 채비

입 찌라도 좋다

본줄 0.8~1호

2발 바늘 채비

둥근 구슬 봉돌

둥근 고리

목줄 0.6~0.8호 20cm

목줄 0.8~1호 20~25cm

가지형 봉돌 2~5호

바늘은 소매형 3~4호 중고기 바늘 2~4호

각시송어의 강 낚시

▶ 습성과 낚시 시기

붉은 살 물고기

붉은 연어의 육봉형(陸封型)이다. 연어, 송어와 마찬가지로 동물성 플랑크톤을 주식으로 하고 있기 때문에 붉은 살(호수에 따라서는 흰 살인 경우도 있다)이다.

수명은 평균 4년

생식하고 있는 호수에 따라서 다소의 차이는 있는 듯하지만, 보통 2년에 성어로 자라고 수명은 평균 4년이라고 일컬어지고 있다. 그러나 그 중에는 6년에서 8년 사는 각시송어도 있는 것 같고, 드물게 60cm 가까운 대형이 낚이는 경우도 있다.

적수온은 12도 전후

적수온은 12도 전후로 낮고, 플랑크톤을 쫓아서 떼를 지어 이동하고 있지만 수온이 높아지면 깊은 곳으로 들어가서 거의 회유하지 않게 된다.

호수에 따라 다른 시즌

각시송어의 일반적인 낚시 시기는 5월부터 11월이 되지만 호수마다 상당히 엄격한 금어 기간이 마련되어 있기 때문에 시즌 중이라고 해서 어느 때나 낚을 수 있는 것은 아니다.

어려운 낚시터 선택

앞에서도 이야기했듯이 각시송어는 플랑크톤을 쫓아서 이동하고 있다. 그 때문에 여기에 가면 반드시 낚을 수 있다고 하는 포인트는 적어, 낚시터 선정은 매우 어렵다.

단, 어느 정도의 정착성은 있기 때문에 하나의 포인트에서 낚이기 시작하면 몇 일간인가는 같은 포인트에서 계속 낚인다.

▶던질 낚시 채비

해안가의 포인트

각시송어가 해안가 포인트로 회유해 왔을 때에 노리는 던질 낚시 채비. 보통은 유동식의 대형 찌를 사용한 찌 낚시로 노리지만, 각시송어의 유영층(회유층)은 매우 불안정하기 때문에 찌 아래는 간단히 바꿀 수 있도록 해 둔다. 목면실로 매듭을 만들어 두고 이것을 이동하면 찌 아래를 간단히 바꿀 수 있다.

처음은 각각 찌 아래가 다른 낚싯대를 몇 개인가 드리우고 낚인 낚싯대의 유영층에 맞추는 것이 요령이다.

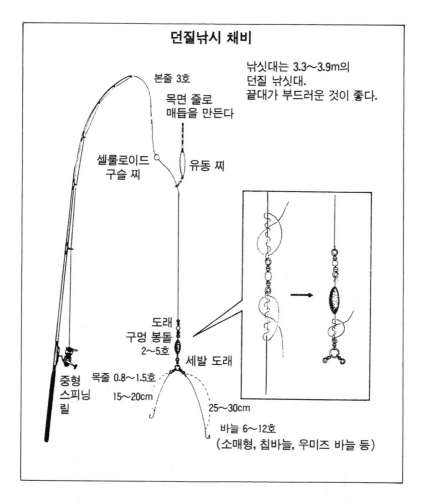

던질낚시 채비

본줄 3호

목면 줄로
매듭을 만든다

낚싯대는 3.3∼3.9m의
던질 낚싯대.
끝대가 부드러운 것이 좋다.

셀룰로이드
구슬 찌

유동 찌

도래

구멍 봉돌
2∼5호

세발 도래

중형
스피닝
릴

목줄 0.8∼1.5호

15∼20cm

25∼30cm

바늘 6∼12호
(소매형, 칩바늘, 우미즈 바늘 등)

▶몸통찌르기 채비

반제물 낚시 사용

반(半)제물 낚시를 사용한 몸통찌르기 채비. 칩바늘 등의 가는 바늘에 적색 계통의 날개를 감은 간단한 제물 낚시에 붉은 구더기 등의 미끼를 달아서 낚는다. 이 반제물 낚시는 상당히 효과적으로

붉은 구더기나 포도 벌레를 단독으로 단 경우 보다도 물고기의 입질
은 훨씬 좋은 것 같다.

　바늘 수는 많으면 많을수록 유영층을 넓게 찾을 수 있기 때문에
좋지만 물고기가 걸렸을 때의 거둬들임이 큰 일이다. 바늘과 바늘의
간격은 30cm 전후 떼어야 하기 때문에 6~7개가 적당할 것이다.

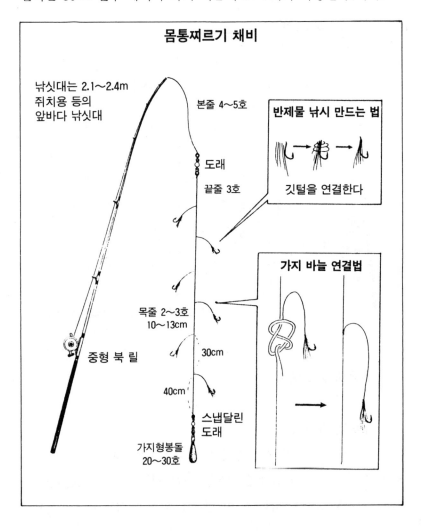

몸통찌르기 채비

낚싯대는 2.1~2.4m
쥐치용 등의
앞바다 낚싯대

본줄 4~5호

도래

끝줄 3호

반제물 낚시 만드는 법

깃털을 연결한다

가지 바늘 연결법

목줄 2~3호
10~13cm

30cm

중형 북 릴

40cm

스냅달린
도래

가지형봉돌
20~30호

▶그 밖의 채비

일정 유영층을 끈다

일반적으로 레이크 트롤링이라고 불리는 낚시 방법에 사용되는 채비이다. 엔진이 달린 보트에서 일정 유영층을 끌면서 낚는다.

보통 붉은색 또는 핑크색의 비닐조각을 연결한 반제물 낚시에 달궁대 낚시와 마찬가지로 붉은 구더기 등의 미끼를 단다. 또한, 집어판(集魚板)이라고 불리는 금속조각을 사용하는 것이 특징으로 도래의 매듭을 다치지 않기 위해서 비이즈 구슬을 넣는다. 이 집어판은 각시 송어용으로서 낚시 도구점에서 시판되고 있으니까, 그것을 이용하면 된다.

반제물 낚시 만드는 법

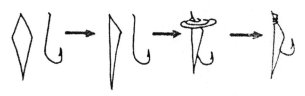

적색 또는 핑크의 비닐조각을 연결한다.

204

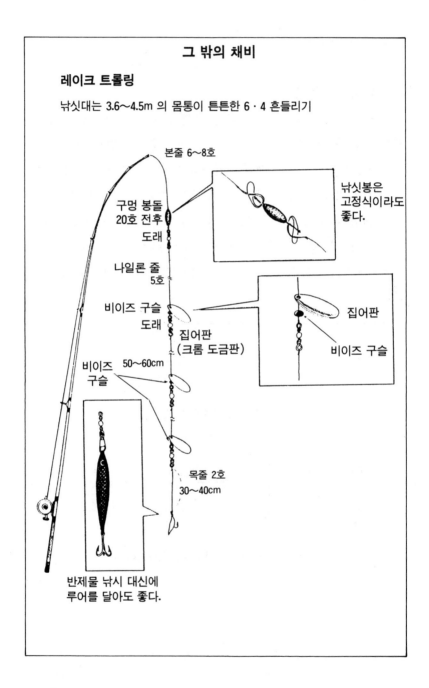

그 밖의 채비

레이크 트롤링

낚싯대는 3.6〜4.5m 의 몸통이 튼튼한 6 · 4 흔들리기

본줄 6〜8호

낚싯봉은
고정식이라도
좋다.

구멍 봉돌
20호 전후
도래

나일론 줄
5호

비이즈 구슬
도래

집어판
(크롬 도금판)

집어판

비이즈 구슬

비이즈
구슬

50〜60cm

목줄 2호
30〜40cm

반제물 낚시 대신에
루어를 달아도 좋다.

검정끄리의 강 낚시

▶ 습성과 낚시 시기

피시 이터
북미 원산의 외래 어종. 식성이 피시 이터(fish eater)이기 때문에 다른 물고기에 대한 영향을 고려해서 도외 이식이 금지되었다고 하는 까닭이 있는 물고기이다. 호수나 늪에 생식하고 있다.

온수성의 물고기
검정끄리는 정식으로는 큰 입 끄리라고 불리는 개복치과에 속하는 온수성의 물고기이다. 그 때문에 적성 수온은 높고, 수온이 내려가는 겨울은 거의 활동하지 않게 된다. 따라서 낚시 시기는 수온이 높은 시기로 4월부터 11월이 일반적인 시즌이 되고 있다.

▶ 미끼 낚시 채비

미끼로 낚는다
검정끄리라고 하면 루어 낚시의 대상어로서 너무나 유명하기 때문

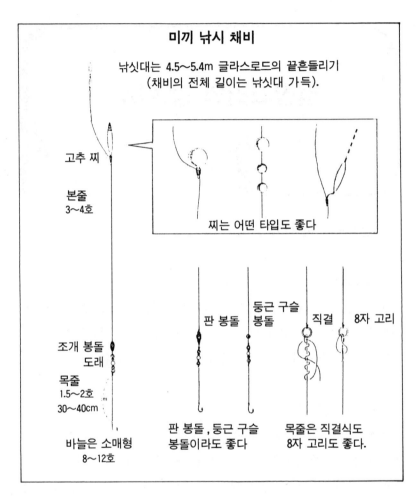

미끼 낚시 채비

낚싯대는 4.5~5.4m 글라스로드의 끝흔들리기
(채비의 전체 길이는 낚싯대 가득).

고추 찌

본줄
3~4호

찌는 어떤 타입도 좋다

판 봉돌   둥근 구슬
봉돌   직결   8자 고리

조개 봉돌
도래

목줄
1.5~2호
30~40cm

바늘은 소매형
8~12호

판 봉돌, 둥근 구슬
봉돌이라도 좋다

목줄은 직결식도
8자 고리도 좋다.

에 미끼로는 낚지 않는다고 생각하고 있는 사람도 적지 않은 것 같
다. 그러나 실제로는 지렁이, 말새우, 작은 물고기(살아 있는 것)
등의 미끼로 얼마든지 낚을 수 있다. 그러나 미끼로 낚이는 것은 일반
적으로 소형이 많기 때문에 돌아오는 길에는 가능한 한 재방류히도록
유의하기 바란다.

검정끄리는 힘이 세기 때문에 튼튼한 채비가 좋다.

▶그 밖의 채비Ⓐ

대형 낚시용

50cm를 넘는 대형 검정끄리의 당기는 맛을 한 번 맛보면 잊을 수 없다고 일컬어질 만큼 강렬한 당김을 보이는 검정끄리. 그 때문인지, 열렬한 검정끄리팬도 많아, 낚시는 끄리 피싱밖에 하지 않는다고 하는 사람도 적지 않다고 한다.

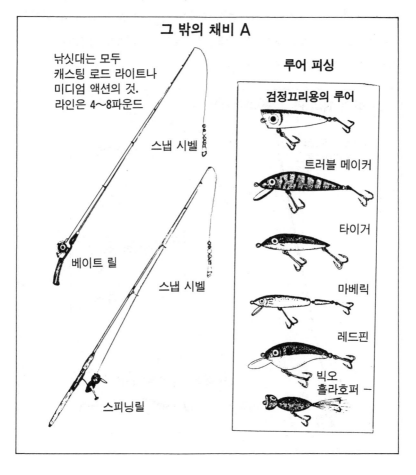

그 밖의 채비 A

낚싯대는 모두
캐스팅 로드 라이트나
미디엄 액션의 것.
라인은 4~8파운드

스냅 시벨

베이트 릴

스냅 시벨

스피닝릴

루어 피싱

검정끄리용의 루어

트러블 메이커

타이거

마베릭

레드핀

빅오
홀라호퍼 ─

▶그 밖의 채비⑧

끄리 플라이를 사용

검정끄리는 루어 외에 플라이 피싱(fishing)으로 즐길 수 있다. 하긴 플라이라고 해도 옥새송어나 곤들매기를 노리는 듯한 소형의 것을 사용하는 경우는 거의 없고, 끄리 플라이라고 불리는 대형의 것을 사용한다.

루어 피싱과 마찬가지로 검정끄리를 전문으로 노리기 위해서는 강력한 도구가 필요해서 낚싯대만을 예로 들어봐도 8.5피트에서 9피트라고 하는 긴 것을 사용한다.

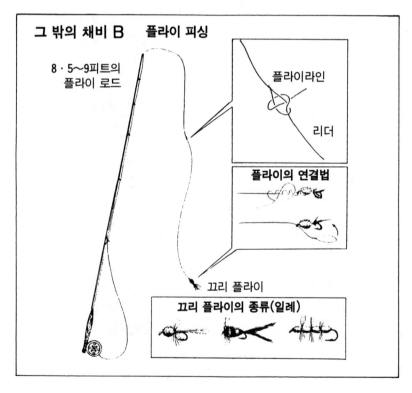

그 밖의 채비 B   플라이 피싱

8·5~9피트의 플라이 로드

플라이라인

리더

플라이의 연결법

끄리 플라이

끄리 플라이의 종류(일례)

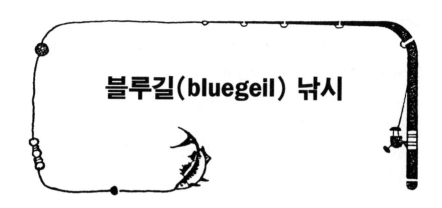

블루길(bluegeil) 낚시

▶ 습성과 낚시 시기

원산은 북미

블루길(bluegeil)은 북미원산의 물고기로 검정끄리와 같은 개복치과의 물고기이다.

적수온

수온에 대해서는 매우 민감한 물고기로 산란시의 수온은 20도에서 21도 사이로 거의 정해져 있는 것 같다. 가장 활발히 행동하는 것은 수온 23도 전후로 표층 수온이 25도를 넘으면 깊은 곳으로 들어가서 그다지 활발하지 않게 된다고 한다.

굉장한 번식력

성장은 매우 느려서 10년에 20cm에서 25cm라고 하는 정도이다. 그 때문에 좀체로 대형은 낚을 수 없는 것 같다. 그러나 성장은 느리지만 번식력은 굉장해서 미국에서는 검정끄리의 먹이로서 방류한 결과 먹이인 블루길 쪽이 수가 늘어나 버렸다고 하는 보고도 있다고 한다.

그러나 이 번식력의 세기는 수의 지나친 증가로 이어져서 성장률은 현저히 저하시키는 결과가 되는 경우가 있다.

봄과 가을이 최상의 시즌

낚시 시기는 겨울 이외의 모든 시즌이지만 최상의 시즌은 봄과 가을일 것이다.

▶ 미끼 낚시 채비

수 낚시를 즐긴다

블루길은 비교적 간단히 낚을 수 있는 플라이 피싱의 대상어로서 알려져 있다. 그리고 사실, 처음 플라이 피싱을 하는 사람이라도 낚을 수 있는 경우가 있다. 그러나 습성의 항에서 소개했듯이 낚이는 블루길은 현재 너무 작다. 이래서는 아무리 낚인다고 해도 게임 피싱으로서의 재미는 반감해 버린다. 당분간은 위와 같은 미끼 낚시 채비로 수 낚시를 즐기고 있는 편이 현명할 것이다.

미끼 낚시 채비

낚싯대는 3.6~4.5m 참붕어·산천어용 등을 전용하면 좋다
(채비의 전체 길이는 낚싯대의 길이보다도 20~30cm 길게).

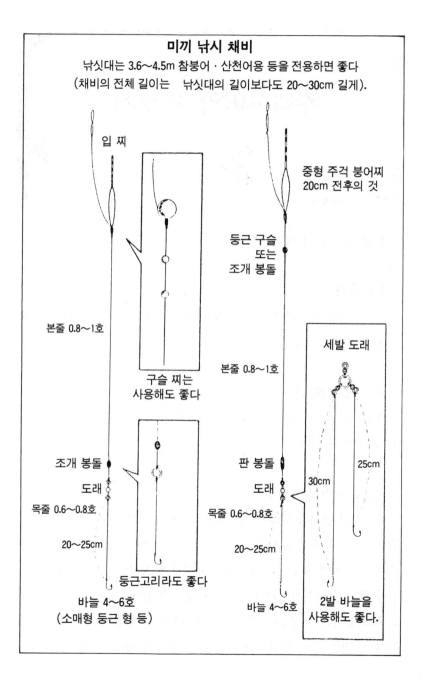

입 찌

중형 주걱 붕어찌
20cm 전후의 것

둥근 구슬
또는
조개 봉돌

본줄 0.8~1호

구슬 찌는
사용해도 좋다

본줄 0.8~1호

세발 도래

조개 봉돌

도래

목줄 0.6~0.8호

20~25cm

둥근고리라도 좋다

바늘 4~6호
(소매형 둥근 형 등)

판 봉돌

도래

목줄 0.6~0.8호

20~25cm

바늘 4~6호

30cm

25cm

2발 바늘을
사용해도 좋다.

주걱붕어의 강 낚시

▶습성과 낚시 시기

개량 어종
주걱붕어를 참붕어와 같은 자연 어종이라고 생각하고 있는 사람도 많지만 실제는 개량종이다.

높은 체고(體高)
체형적으로는 참붕어에 비해서 현저하게 체고가 높기 때문에 간단히 구분할 수 있다.

유영층 찾기가 결정수
참붕어가 연간을 통해서 거의 바닥 가까이를 회유하고 있는데 대해 주걱붕어는 부유성 동식물을 주식으로 하고 있기 때문에 겨울과 한여름 이외는 중층을 회유하고 있다. 그 때문에 참붕어를 낚기 위해서는 항상 바닥에 미끼를 떨어뜨려 주면 되는데 반해 주걱붕어의 경우는 회유하고 있는 유영층이 항상 다르기 때문에 이 유영층을 찾아내는 것이 선결이 된다. 일반적으로 참붕어 낚시보다도 주걱붕어 낚시가

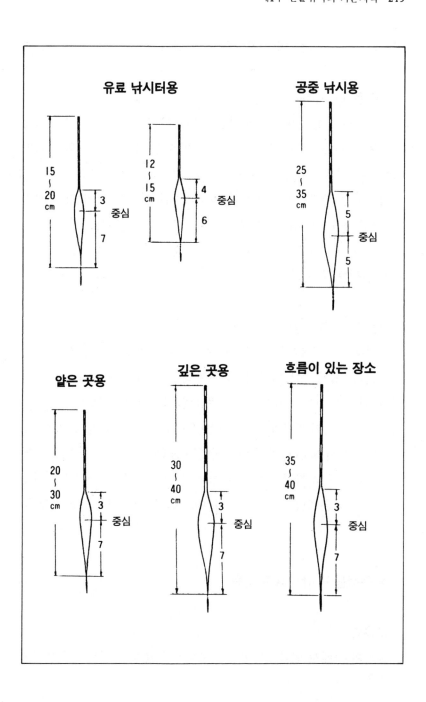

어렵다고 하는 것도 이런 점에 원인이 있다.

시즌은 1년 내내

참붕어와 마찬가지로 거의 연간을 통해서 즐길 수 있다. 소상, 내림 주걱붕어, 한(寒)주걱 붕어 등의 시즌이 있는 것도 참붕어와 같지만 참붕어에 비해서 시즌의 시작은 조금 늦다.

최근에는 주걱붕어의 방류가 활발히 이루어지고 있어 일반 하천 외, 산상 호수 등에도 많은 주걱붕어가 방류되어 있다.

▶주걱붕어 찌의 종류

이동 많은 주걱붕어 찌

주걱붕어 낚시에는 일반적으로 주걱붕어 찌라고 불리는 긴 입 찌가 사용된다. 참붕어에 비해서 입질은 작은 데다가 중층이 포인트가 되기 때문에 감도가 좋은 찌가 필요해지는 것이다. 또한 미끼에는 떡밥이 사용되기 때문에 미끼의 상태(풀리는 상태)를 알기 위해서도 긴 입 찌는 편리하다. 주걱붕어 찌에는 노리는 포인트, 시기, 낚시터의 조건 등을 생각해서 몇십 종류가 있다. 위의 내용은 대충 나눈 것이지만 같은 얕은 장소용의 찌라도 몇 종류나 있음을 기억해 두자.

▶주걱붕어 낚시의 유영층

회유층

습성의 항에서 언급했듯이 주걱붕어는 중층을 중심으로 회유하고

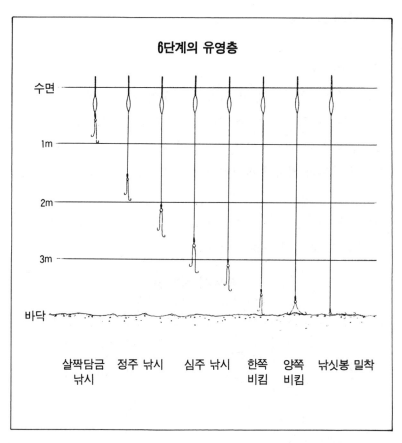

6단계의 유영층

수면								
1m								
2m								
3m								
바닥								

살짝담금   정주 낚시   심주 낚시   한쪽   양쪽   낚싯봉 밀착
낚시   비킴   비킴

있다. 주걱붕어 낚시에서는 이 회유층을 유영층이라고 부른다.

6단계의 유영층

한마디로 유영층이라고 해도 그 깊이에 따라서 몇 단계로 나눠진
다. 보통은 수중에 있어서 미끼의 위치(찌 아래)에 따라서 6단계로
나눠진다. 윗 그림은 수심 4m 전후의 낚시터에서의 예이지만 대체로
이것을 기준으로 삼는다고 생각하면 된다. 정주, 심주에 대해서는
낚시터의 수심에 따라 상당한 차이가 있다.

찌 낚시 채비Ⓐ

일반적인 채비

가방 일반적인 주걱붕어 채비. 주걱붕어 찌의 상부에 달려 있는 안표는 낚시터의 깊이를 나타내 두는 것으로 미끼를 치기 시작하기 전에 정확히 깊이를 파악해서 수면의 위치에 고정해 둔다. 이렇게 해 두면 미끼의 위치가 바닥에서부터 어느 정도의 지점에 있는지를 간단히 알 수 있다.

보통 목줄과 본줄의 접속에는 도래나 세발 도래를 사용하지만 세발 도래에는 몇 가지의 종류가 있다.

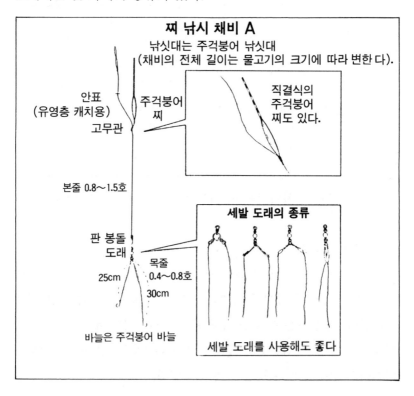

찌 낚시 채비 A
낚싯대는 주걱붕어 낚싯대
(채비의 전체 길이는 물고기의 크기에 따라 변한다).

안표
(유영층 캐치용)
고무관

주걱붕어
찌

직결식의
주걱붕어
찌도 있다.

본줄 0.8~1.5호

판 봉돌
도래
25cm

목줄
0.4~0.8호
30cm

바늘은 주걱붕어 바늘

세발 도래의 종류

세발 도래를 사용해도 좋다

▶째 낚시 채비⑧

흐름이 빠른 포인트

흐름이 빠른 포인트에서 사용하는 채비이다. 본줄 도중에 단 조개 봉돌은 줄 흔들림을 막기 위해서 효과적이고, 흐름의 빠르기에 따라서 뽕 봉돌 등의 약간 무거운 낚싯봉을 사용하는 경우도 있다.

흐름이 빠른 곳을 노리는 경우는 보통 약간 무거운 낚싯봉을 사용하지만 그 때 한 군데에 다량의 낚싯봉을 달지 않는다. 일반적으로는 둥근 구슬 봉돌, 조개 봉돌과 판 봉돌을 조합해서 사용하지만 판 봉돌을 다량으로 사용할 때에는 2개 이상으로 나눠서 달도록 한다.

▶째 낚시 채비ⓒ

수심이 깊은 포인트

산상 호수 등의 수심이 깊은 포인트를 노릴 때에 사용하는 채비. 본줄의 몇 군데인가에 나눠서 둥근 구슬 봉돌을 달지만 이것에 의해 주걱붕어 찌의 서기가 빨라지고 물의 흐름에 의한 줄 흔들림의 방지도 된다. 둥근 구슬 낚싯봉을 달 때는 가볍게 으깨는 정도로 해 두고, 이동할 수 있도록 해 두면 수심이 변했을 때 등에 편리하다.

수심이 낚싯대의 길이를 크게 넘을 만큼 깊은 경우 본줄의 길이는 낚싯대의 길이보다 상당히 길어지지만 1m 이상의 경우는 낚싯대 꼬리부터 끝의 본줄의 길이를 거둬들인다.

218

찌 낚시 채비 B

흐름이 빠른 포인트
낚싯대는 주걱붕어 낚싯대
(채비의 전체 길이는
물고기의 크기에 따라 변한다).

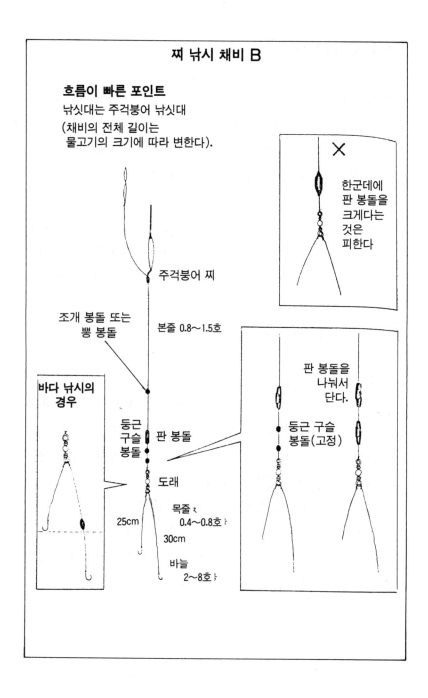

한군데에
판 봉돌을
크게다는
것은
피한다

주걱붕어 찌

조개 봉돌 또는
뻥 봉돌

본줄 0.8~1.5호

판 봉돌을
나눠서
단다.

**바다 낚시의
경우**

둥근
구슬
봉돌

판 봉돌

둥근 구슬
봉돌(고정)

도래

25cm

목줄
0.4~0.8호

30cm

바늘
2~8호

찌 낚시 채비 C

깊은 곳용

낚싯대는 주걱붕어 낚싯대
(채비의 전체 길이는 물고기의 크기에 따라 변한다).

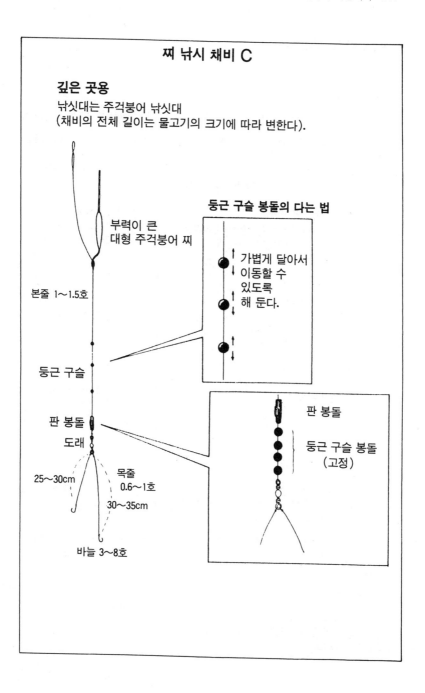

부력이 큰
대형 주걱붕어 찌

본줄 1~1.5호

둥근 구슬

판 봉돌

도래

25~30cm

목줄
0.6~1호

30~35cm

바늘 3~8호

둥근 구슬 봉돌의 다는 법

가볍게 달아서
이동할 수
있도록
해 둔다.

판 봉돌

둥근 구슬 봉돌
(고정)

220

▶그 밖의 채비Ⓐ

시렁 낚시 채비

ⓐ는 시렁 낚시용, ⓑ는 본류 줄기를 노리는 채비. 뗏목 낚시에 사용되는 채비의 특징은 본줄과 목줄의 굵기를 크게 다르게 하는

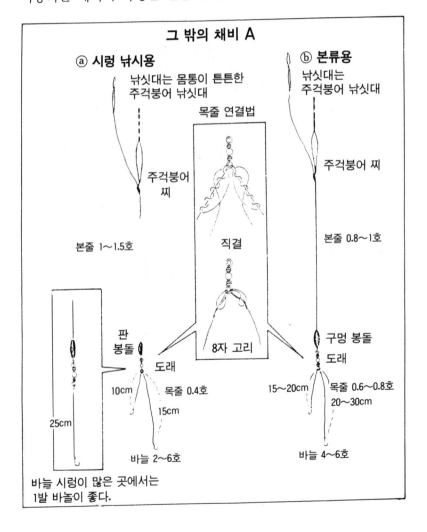

점이다. 장애물 속에서의 낚시이기 때문에 아무리 주의해도 하루
종일 낚고 있으면 몇 번인가는 바늘이 시렁에 걸려 버리는 법이다.
그런 때에 채비의 손실을 바늘만으로 그치자라고 하는 것이다.

본류용의 채비

본류용의 채비는 구멍 봉돌을 사용하는 것이 특징으로 보통은 0
.5호에서 1호를 사용하지만 장소에 따라서는 2호 이상도 사용된다.

▶그 밖의 채비Ⓑ

유영층이 극단적으로 얕은 경우

유영층이 극단적으로 얕은 경우에 사용되는 채비. ⓐ는 살짝 담금
채비, ⓑ는 물구렁 채비, ⓒ는 둥실 채비라고 불린다.

어느 채비에 사용되는 찌나, 전체 길이 10cm에서 13cm급의 주걱붕
어 찌로서는 매우 소형의 것이다. 또한 브랑코식의 것보다도 직결식
의 것이 많이 사용된다.

보통은 2발 바늘로 사용되지만 물고기의 입질이 섰을 때에는 오히
려 1발 바늘 쪽이 능률적이다.

그 밖의 채비 B

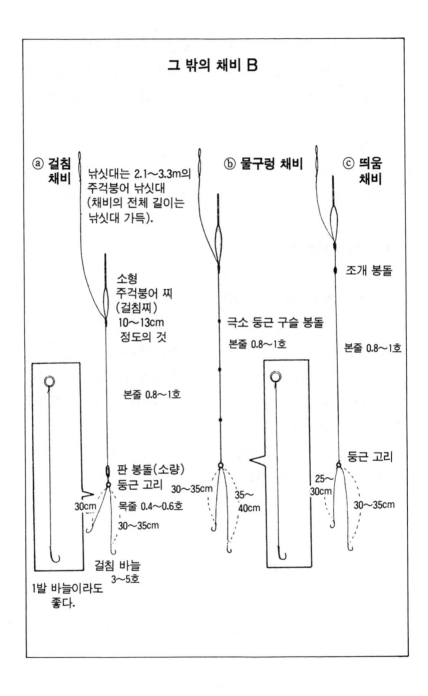

ⓐ 걸침 채비

낚싯대는 2.1~3.3m의 주걱붕어 낚싯대 (채비의 전체 길이는 낚싯대 가득).

소형 주걱붕어 찌 (걸침찌) 10~13cm 정도의 것

본줄 0.8~1호

판 봉돌(소량)
둥근 고리
목줄 0.4~0.6호
30~35cm

30cm

걸침 바늘
3~5호

1발 바늘이라도 좋다.

ⓑ 물구렁 채비

극소 둥근 구슬 봉돌

본줄 0.8~1호

30~35cm

35~40cm

ⓒ 띄움 채비

조개 봉돌

본줄 0.8~1호

둥근 고리

25~30cm

30~35cm

참붕어의 강 낚시

▶ 습성과 낚시 시기

붕어의 총칭

한마디로 참붕어라고 해도 금붕어, 알붕어, 은붕어 등의 종류가 있다. 그러나 실제로는 주걱붕어 이외의 붕어의 총칭으로서 사용되고 있다. 금붕어, 알붕어, 은붕어 모두 식성, 낚시 시기, 습성 등에는 거의 차이가 없기 때문에 여기에서는 참붕어라고 하는 하나의 어종으로서 취급하기로 한다.

강 낚시의 대표적 물고기

'낚시는 붕어로 시작되고 붕어로 끝난다'고 하는 말은 낚시꾼 사이에서 진부한 말이지만 강 낚시팬이라면 누구나 한번은 낚은 적이 있는 낚시감일 것이다. 참붕어는 그만큼 사람들에게 친숙한 물고기라고 말할 수 있는 것으로 강 낚시의 대표적인 낚시감이다.

분포

계류 이외에 하천, 호수, 늪, 연못 등 대개 물고기가 살 수 있는 곳이라면 어디에나 생식하고 있다.

느린 성장

참붕어는 주걱붕어에 비해서 성장은 상당히 느려 주걱붕어가 5~6년에 30cm에 이르는데 반해 참붕어가 30cm가 될 때까지는 10년 이상 걸린다고 한다.

시즌

한여름의 아주 일부 시기를 제외하면 거의 일년 내내 즐길 수 있다. 소상, 내림 붕어, 한(寒)붕어 등의 시즌이 있다.

▶수침 채비Ⓐ

수온에 관계 없는 찌 아래

참붕어는 일반적으로 수침 채비라고 불리는 채비로 낚는다. 이 수침 채비의 효용은 여러 가지 있지만 가장 큰 특징은 어느 정도 수심이 변해도 찌 아래를 바꿀 필요가 없다고 하는 점일 것이다. 둔덕 등이 주요한 포인트가 되는 참붕어 낚시에서는 매우 편리하다.

다음 그림은 표준적인 수침 채비이지만 긴 낚싯대를 사용할 때 등은 셀룰로이드 구슬 찌의 크기를 2호로 하고 낚싯봉을 조금 무겁게 하면 된다. 바늘의 크기는 물고기의 크기에 따라서 적절히 사용한다.

수침 채비 A

낚싯대는 2.1∼4.5m 7 · 3, 6 · 4흔들리기라면 뭐든지 좋다
(채비의 전체 길이는 낚싯대의 길이보다 30cm 전후 길게).

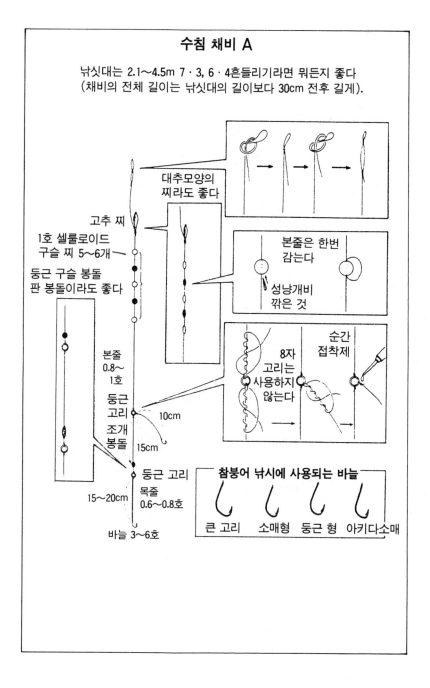

대추모양의
찌라도 좋다

고추 찌

1호 셀룰로이드
구슬 찌 5∼6개

둥근 구슬 봉돌
판 봉돌이라도 좋다

본줄은 한번
감는다

성냥개비
깎은 것

본줄
0.8∼
1호

둥근
고리

조개
봉돌

8자
고리는
사용하지
않는다

순간
접착제

10cm

15cm

둥근 고리

목줄
0.6∼0.8호

15∼20cm

바늘 3∼6호

참붕어 낚시에 사용되는 바늘

큰 고리　소매형　둥근 형　아키다소매

▶수침 채비ⓑ

빠른 수침과 느린 수침

ⓐ는 빠른 수침, ⓑ는 느린 수침이라고 한다. ⓐ는 아래의 셀룰로이드 구슬 찌가 작고, ⓑ는 반대가 된다. ⓐ는 채비 하부의 부력이 작기 때문에 가라앉는 것이 빠르고 ⓑ는 채비 하부의 부력이 크기 때문에

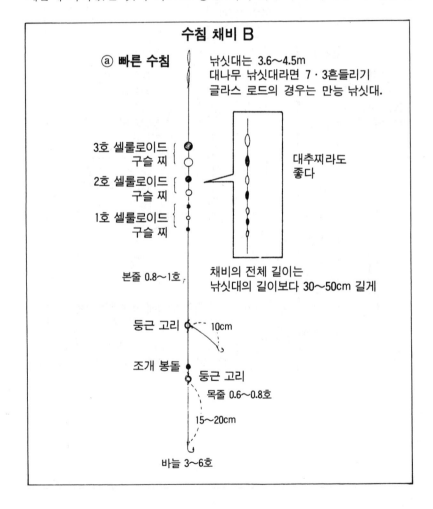

수침 채비 B

ⓐ **빠른 수침**

낚싯대는 3.6~4.5m
대나무 낚싯대라면 7·3흔들리기
글라스 로드의 경우는 만능 낚싯대.

3호 셀룰로이드
구슬 찌

2호 셀룰로이드
구슬 찌

대추찌라도
좋다

1호 셀룰로이드
구슬 찌

본줄 0.8~1호

채비의 전체 길이는
낚싯대의 길이보다 30~50cm 길게

둥근 고리 ── 10cm

조개 봉돌

둥근 고리

목줄 0.6~0.8호

15~20cm

바늘 3~6호

가라앉음이 느리다. 완전히 똑같은 크기의 셀룰로이드 구슬 찌를 같은 수만큼 사용해서 만든 채비이지만 조합 방법에 따라서 이만큼 다르다. 일반적으로는 입질이 크고 활발한 때에는 ⓐ의 채비, 입질도 작고 시원치 않을 때에는 입질이 나오기 쉬운 ⓑ의 채비를 사용한다.

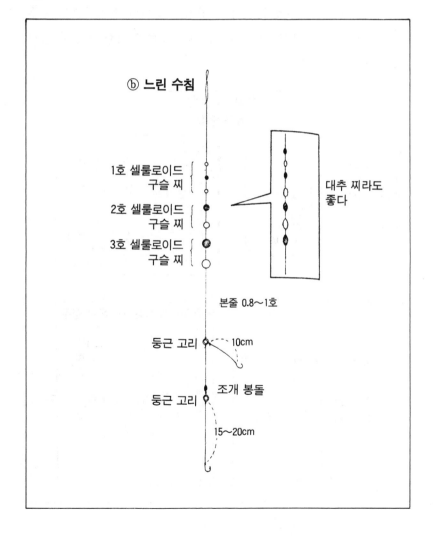

▶수침 채비ⓒ

염주 수침

흔히 '염주 수침'이라고 불리는 채비. 같은 크기의 셀룰로이드 구슬
찌(대추형)를 6~7개 단다. 찌가 늘어선 상태가 염주와 같이 보인다
고 해서 이 이름이 붙었다. 표준 수침에 가깝지만 원칙적으로 고추
찌는 달지 않는다. 셀룰로이드 구슬 찌의 수를 늘리면 상당히 급한
둔덕을 노릴 수도 있다.

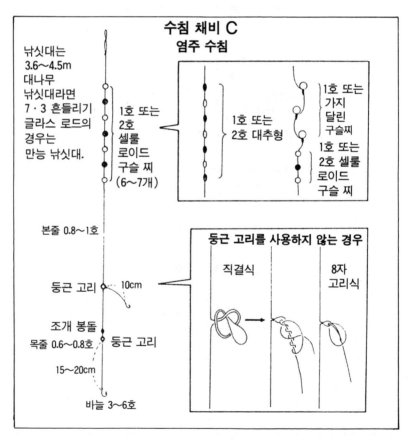

셀룰로이드 구슬 찌와 셀룰로이드 구슬 찌의 간격은 사용하는 낚싯 대의 길이나 수심에 따라서 다소 다르지만 보통은 4~5cm이다.

▶ 수침 채비 ⑩

깃털 찌를 사용한다

형태로서는 표준 수침과 전혀 다르지 않지만 셀룰로이드 구슬 찌 대신에 깃털 찌(줄 찌)를 사용하는 것이 특징이다.

어느 쪽인가 하면 수심이 얕은 세류 등을 전문으로 노리는 채비로 별로 긴 낚싯대에는 사용하지 않는다. 가을 등에 감 씨(작은 붕어) 를 낚기 위해서는 안성맞춤의 채비이다.

가볍기가 생명인 채비인 만큼 낚싯봉은 극소 둥근 구슬 봉돌을 다는 정도로 하고 극단적으로 수심이 얕은 곳에서는 낚싯봉을 달지 않아도 된다.

▶ 수침 채비 ⑪

흐름이 있는 포인트

흐름이 있는 포인트에서 사용하는 수침 채비. 셀룰로이드 구슬 찌는 그만큼 부력이 크기 때문에 5~6개의 셀룰로이드 구슬 찌를 조합해도 조금 흐름이 있으면 낚싯봉의 무게로 가라앉아 버린다. 그 때문에 흐름이 있는 곳에서 수침 채비를 사용하는 경우는 어느 정도 부력이 있는 입 찌를 조합한다. 이렇게 하면 입 찌의 부력으로 채비의 가라앉음을 막을 수 있다. 또한, 낚싯봉의 조절을 하면 강바닥 을 미끼가 기듯이 흘릴 수도 있다.

수침 채비 D

낚싯대는 1.8〜3.6m 대나무 낚싯대도 글라스 로드도 6 · 4 흔들리기가 좋다
(채비의 전체 길이는 낚싯대의 길이보다 20〜30cm 길게).

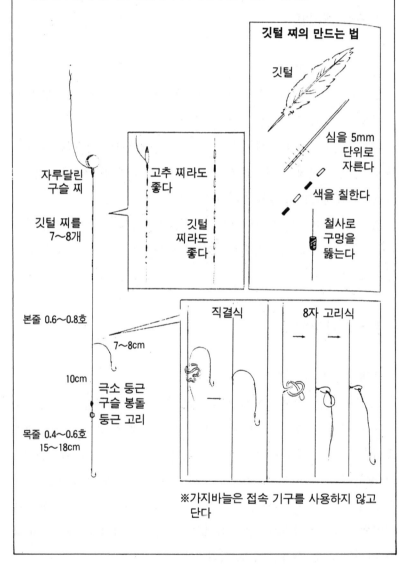

깃털 찌의 만드는 법

깃털

심을 5mm
단위로
자른다

색을 칠한다

철사로
구멍을
뚫는다

자루달린
구슬 찌

고추 찌라도
좋다

깃털
찌라도
좋다

깃털 찌를
7〜8개

본줄 0.6〜0.8호

7〜8cm

10cm

극소 둥근
구슬 봉돌
둥근 고리

목줄 0.4〜0.6호
15〜18cm

직결식

8자 고리식

※가지바늘은 접속 기구를 사용하지 않고
단다

수침 채비 E

낚싯대는 3.6~5.4m 7·3 흔들리기로 몸통이 튼튼한 것
(채비의 전체 길이는 낚싯대의 길이보다 20~30cm 길게).

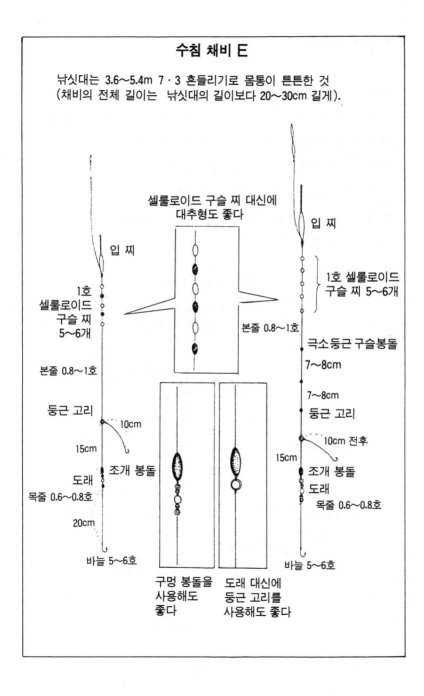

셀룰로이드 구슬 찌 대신에
대추형도 좋다

입 찌

입 찌

1호
셀룰로이드
구슬 찌
5~6개

1호 셀룰로이드
구슬 찌 5~6개

본줄 0.8~1호

본줄 0.8~1호

극소둥근 구슬봉돌

둥근 고리

7~8cm

10cm

7~8cm

둥근 고리

15cm

10cm 전후

조개 봉돌

15cm

조개 봉돌

도래

도래

목줄 0.6~0.8호

목줄 0.6~0.8호

20cm

바늘 5~6호

바늘 5~6호

구멍 봉돌을
사용해도
좋다

도래 대신에
둥근 고리를
사용해도 좋다

▶수침 채비ⓕ

응용 수침 채비

바다 낚시의 '고패질 채비'를 응용한 것으로 윗 바늘에 물고기가 걸렸을 때에 아래 바늘이 엉키지 않도록 연구되어 있다.

원리는 간단해서 윗 바늘에 물고기가 걸리면 물고기의 무게로 둥근 고리 속을 줄이 미끄러져서 아래 바늘이 윗 바늘의 위치에 온다. 따라서 항상 아래 바늘에 물고기가 걸린 상태에서 거둬 들인다. 모든 채비에 응용할 수 있다.

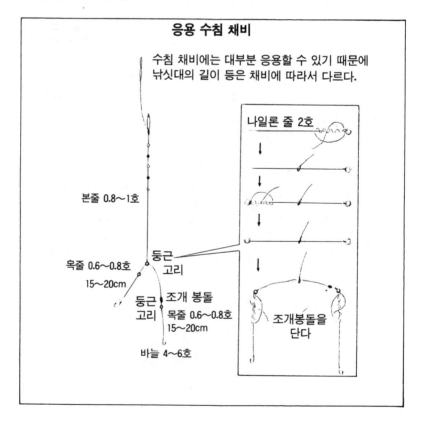

응용 수침 채비

수침 채비에는 대부분 응용할 수 있기 때문에 낚싯대의 길이 등은 채비에 따라서 다르다.

나일론 줄 2호

본줄 0.8~1호

목줄 0.6~0.8호
15~20cm

둥근 고리

둥근 고리

조개 봉돌
목줄 0.6~0.8호
15~20cm

바늘 4~6호

조개봉돌을 단다

▶수침 채비ⓒ

수중 낚시

봄의 소상 시즌에 실시하는 '수중 낚시'에 사용하는 수침 채비. 접속 기구는 전혀 사용하지 않고 낚싯봉은 채비 선단에 단다. 주로 경기회 등에서 사용되는 채비로, 그다지 일반적은 아니지만 미끼에 낚싯봉의 부담이 전혀 없기 때문에 물고기의 입질은 매우 좋다. 그러나 미끼를 단 상태에서 채비를 수중에서 올리면 목줄이 엉키기 쉬운 결점이 있다.

낚싯봉을 가볍게 하면 해초 위를 날릴 수도 있다.

▶끌 낚시 채비Ⓐ

구멍 봉돌 사용

일반적으로 '끌 낚시 채비'라고 불리는 채비. 보통은 0.5호에서 1호의 구멍 봉돌을 사용한다. 앞바다에 채비를 흔들어 넣고, 같은 간격으로 부채꼴로 채비를 질질 끌어 낚는 방법이기 때문에 낚싯봉이 가벼우면 움직일 때마다 채비가 떠 올라가 버린다.

미끼의 움직임을 좋게 하기 위해서 목줄의 길이는 보통 채비보다도 반드시 약간 길게 한다.

사용하는 낚싯대는 몸통이 튼튼한 끝흔들리기의 것이 좋다.

수침 채비 G

낚싯대는 3.9~4.5m 8 · 2, 7 · 3흔들리기
(채비의 전체 길이는 낚싯대 가득).

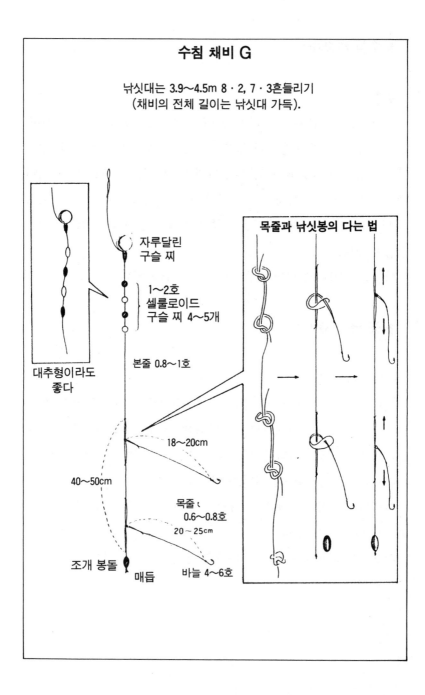

대추형이라도
좋다

자루달린
구슬 찌

1~2호
셀룰로이드
구슬 찌 4~5개

본줄 0.8~1호

18~20cm

40~50cm

목줄
0.6~0.8호

20~25cm

조개 봉돌

매듭

바늘 4~6호

목줄과 낚싯봉의 다는 법

끌 낚시 채비 A

낚싯대는 3.9~5.4m 7 · 3 흔들리기로 몸통이 튼튼한 것
(채비의 전체 길이는 낚싯대의 길이보다 30~50cm 길게).

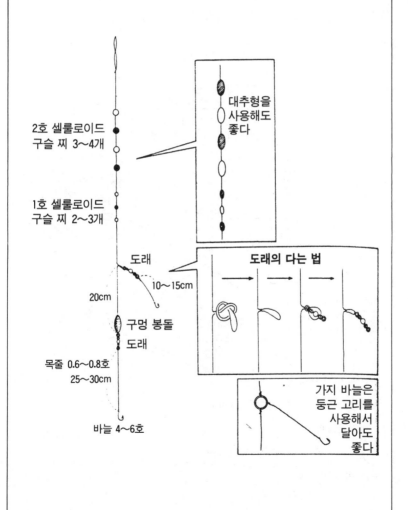

▶끌 낚시 채비⑧

비이즈 구슬 이용

끌 낚시 채비의 변형이지만 비이즈 구슬을 이용하고 있는 것이 특징이며, 붉은 장구 벌레 미끼를 사용할 때에 효과적이다.

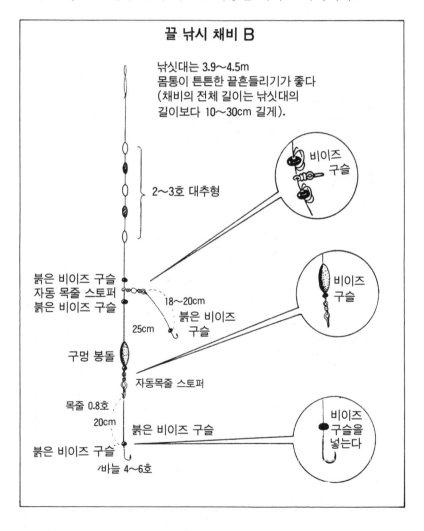

끌 낚시 채비 B

낚싯대는 3.9~4.5m
몸통이 튼튼한 끝흔들리기가 좋다
(채비의 전체 길이는 낚싯대의
길이보다 10~30cm 길게).

2~3호 대추형

비이즈 구슬

붉은 비이즈 구슬
자동 목줄 스토퍼
붉은 비이즈 구슬
18~20cm
붉은 비이즈 구슬
25cm

비이즈 구슬

구멍 봉돌

자동목줄 스토퍼

목줄 0.8호
20cm
붉은 비이즈 구슬

붉은 비이즈 구슬
바늘 4~6호

비이즈 구슬을 넣는다

▶짧은 낚싯대용 채비

작은 붕어 낚시 전용

가는 작은 붕어 낚시 전문에 사용되는 짧은 낚싯대용의 채비. 수심 20~30cm라고 하는 가장 얕은 곳을 노릴 수도 있다.

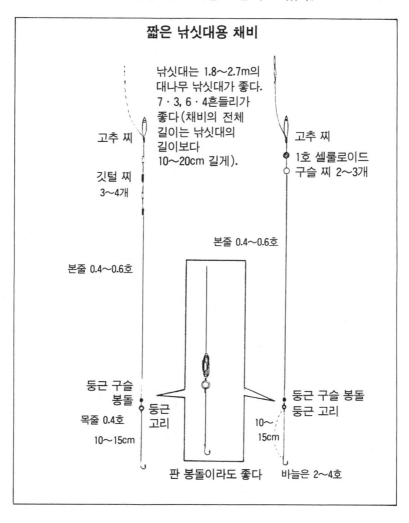

짧은 낚싯대용 채비

낚싯대는 1.8~2.7m의 대나무 낚싯대가 좋다. 7 · 3, 6 · 4흔들리가 좋다(채비의 전체 길이는 낚싯대의 길이보다 10~20cm 길게).

고추 찌

깃털 찌
3~4개

고추 찌

1호 셀룰로이드
구슬 찌 2~3개

본줄 0.4~0.6호

본줄 0.4~0.6호

둥근 구슬
봉돌

둥근
고리

목줄 0.4호

10~15cm

둥근 구슬 봉돌
둥근 고리

10~
15cm

판 봉돌이라도 좋다

바늘은 2~4호

목줄은 보통 10~15cm의 길이로 하지만, 낚시터의 수심이 얕을 때에는 5cm 전후까지 짧게 해도 좋다.

보통은 고추 찌(구슬 찌)의 머리가 수면에 약간 보이는 정도로 찌 아래를 맞추고, 입질이 시원치 않을 때는 수중에 있는 줄 찌나 셀룰로이드 구슬 찌의 움직임으로 입질을 알아챈다.

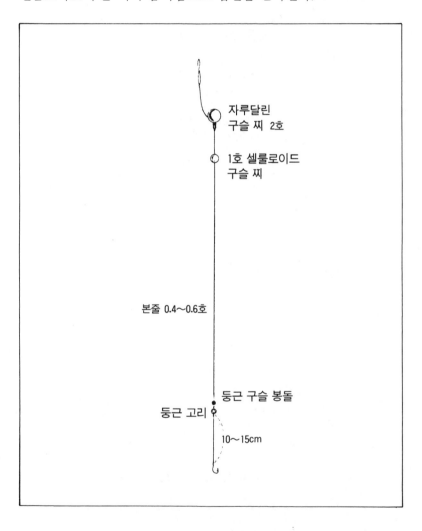

▶입찌 채비

늘어놓기 낚시에 사용

늘어놓기 낚시에 사용되는 입 찌 채비. 참붕어는 주걱붕어와 달리 중층에는 그다지 올라오지 않는다. 그 때문에 유영층은 항상 바닥으

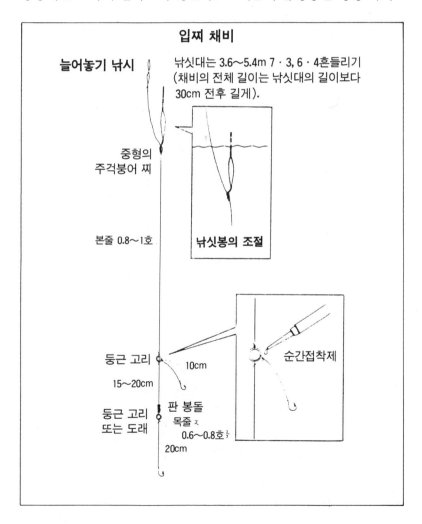

입찌 채비

늘어놓기 낚시

낚싯대는 3.6～5.4m 7 · 3, 6 · 4흔들리기 (채비의 전체 길이는 낚싯대의 길이보다 30cm 전후 길게).

중형의 주걱붕어 찌

본줄 0.8～1호

낚싯봉의 조절

둥근 고리 10cm

15～20cm

둥근 고리 또는 도래 판 봉돌 목줄 0.6～0.8호 20cm

순간접착제

로 좋고, 낚싯봉의 조절에는 그다지 신경쓸 필요는 없지만 필요 이상
으로 무거운 낚싯봉을 달면 역시 입질은 나오기 어려워진다. 유영층
을 공중으로 한 상태에서 찌의 두부가 2~3cm 수면에 보이는 정도로
조절해 둔다.

참붕어의 입질은 주걱붕어만큼 미묘하지 않기 때문에 그다지 고감
도의 찌는 필요없다.

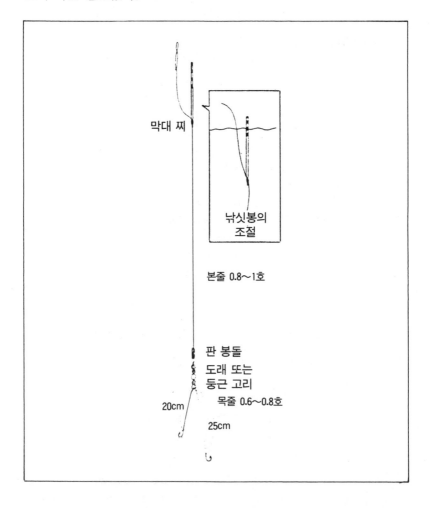

▶탁 채비

흐름이 빠른 포인트

흐름이 빠른 포인트 등을 노리는 채비. ⓐ는 일반적으로 '탁 채비' 라고 불리고 있다.

맥 낚시 채비와 찌 낚시 채비를 조합한 것이지만 흐름이 빠른 포인

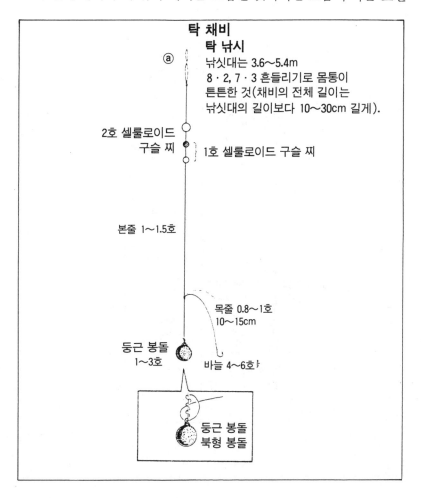

탁 채비

탁 낚시

낚싯대는 3.6~5.4m
8·2, 7·3 흔들리기로 몸통이
튼튼한 것(채비의 전체 길이는
낚싯대의 길이보다 10~30cm 길게).

ⓐ

2호 셀룰로이드
구슬 찌

1호 셀룰로이드 구슬 찌

본줄 1~1.5호

목줄 0.8~1호
10~15cm

둥근 봉돌
1~3호

바늘 4~6호

둥근 봉돌
북형 봉돌

트 외 호안가의 극변지 포인트 등을 노리는 데에도 편리하다. 보통의
수침 채비에서는 조금 바람이 불면 정한 포인트에 수직으로 채비를
내리기가 어렵지만 이 채비라면 그다지 어렵지는 않다.

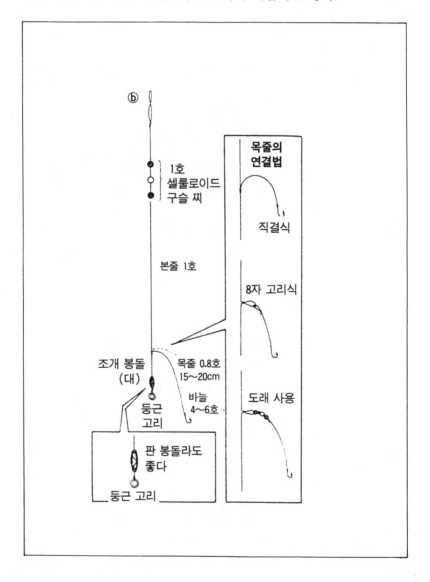

▶시렁 낚시 채비

장애물 속을 노린다

시렁 등의 장애물 속을 노리는 채비.

어느 채비나 바늘이 장애물에 걸렸을 때의 경우를 생각해서 본줄과

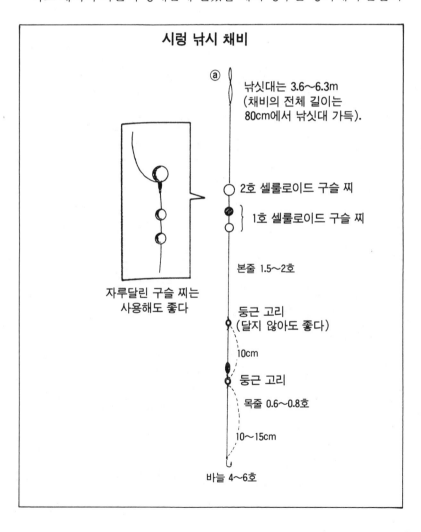

시렁 낚시 채비

ⓐ 낚싯대는 3.6~6.3m
(채비의 전체 길이는
80cm에서 낚싯대 가득).

2호 셀룰로이드 구슬 찌
1호 셀룰로이드 구슬 찌

본줄 1.5~2호

자루달린 구슬 찌는
사용해도 좋다

둥근 고리
(달지 않아도 좋다)

10cm

둥근 고리

목줄 0.6~0.8호

10~15cm

바늘 4~6호

목줄의 굵기를 2단계 이상 틀리게 한다. 예를 들면 목줄에 0.6호의 줄을 사용했을 경우는 본줄 1호, 목줄에 0.8호를 사용했을 경우는 본줄에는 1.5호를 사용한다. 목줄의 길이는 보통의 채비보다도 약간 짧게 한다.

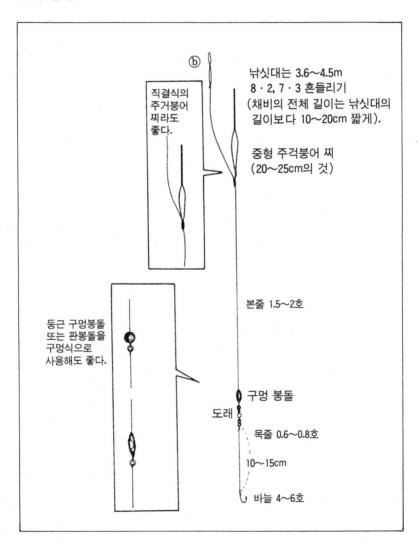

ⓑ

낚싯대는 3.6~4.5m
8 · 2, 7 · 3 흔들리기
(채비의 전체 길이는 낚싯대의
길이보다 10~20cm 짧게).

직결식의
주거붕어
찌라도
좋다.

중형 주걱붕어 찌
(20~25cm의 것)

본줄 1.5~2호

둥근 구멍봉돌
또는 판봉돌을
구멍식으로
사용해도 좋다.

구멍 봉돌

도래

목줄 0.6~0.8호

10~15cm

바늘 4~6호

▶던질 낚시 채비Ⓐ

포인트가 먼 낚시터

큰 하천 등의 큰 장소에서 포인트가 멀 때에 사용하는 던질 낚시 채비. 형태적으로는 보통의 채비와 다르지 않지만 사용하는 구멍 봉돌은 2호부터 10호로 무겁다. 이것은 채비를 원투하기 위해서이지만, 조건이 허락하는 한 가벼운 낚싯봉을 사용하는 편이 좋다. 그러나 낚싯봉이 가벼운 경우는 원줄을 팽팽히 해 두는 것이 어렵기 때문에 그만큼 입질을 알아채기 어려워져 버리므로 최저 2호 이상의 무게는 필요하다. 바닥에 걸림이 많은 장소에서는 원칙적으로 윗 바늘을 달지 않는다.

▶던질 낚시 채비Ⓑ

찌는 수침식

찌 낚시식의 던질 낚시 채비. 채비Ⓐ와 마찬가지로 포인트가 먼 낚시터에서 사용하지만 원칙적으로 찌는 수침식의 것을 사용하기 때문에 너무 수심이 깊은 낚시터에서는 사용할 수 없다(수심이 낚싯대의 길이보다도 깊은 곳에서는 상부 셀룰로이드 구슬 찌의 위치가 상당히 위가 되어 버리기 때문에 기술적으로 멀리 던지기는 무리). 암초에 걸렸을 경우를 생각해서 구멍 봉돌은 사용하지 않고 낚싯봉은 약간 가는 줄로 연결되어 있는(버림 봉돌식이라고 한다) 것이 이 채비의 특징이다.

던질낚시 채비 A

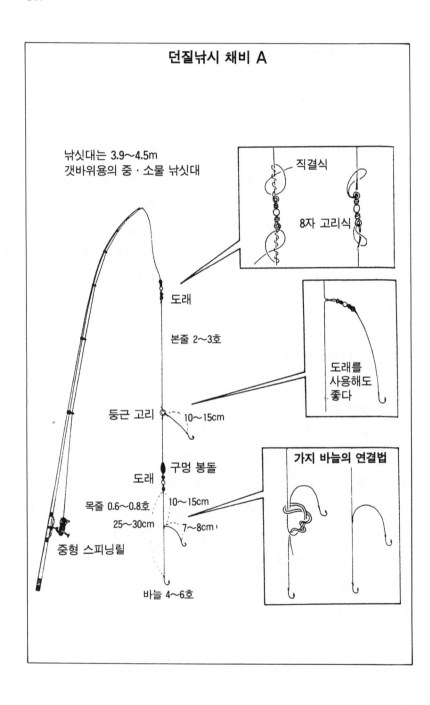

낚싯대는 3.9~4.5m
갯바위용의 중·소물 낚싯대

직결식

8자 고리식

도래

본줄 2~3호

도래를 사용해도 좋다

둥근 고리   10~15cm

구멍 봉돌

도래

가지 바늘의 연결법

목줄 0.6~0.8호   10~15cm
25~30cm   7~8cm

중형 스피닝릴

바늘 4~6호

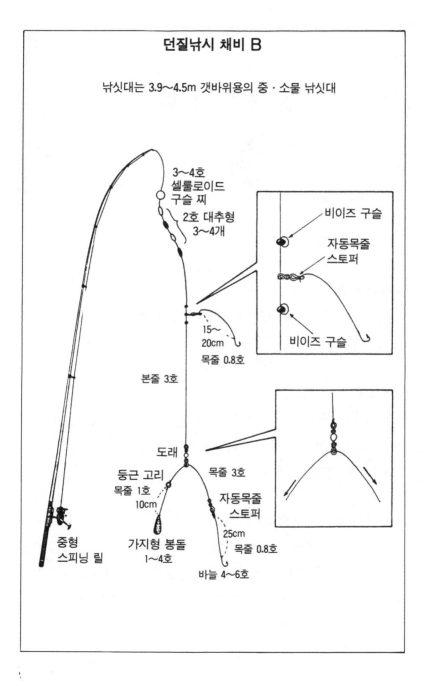

던질낚시 채비 B

낚싯대는 3.9~4.5m 갯바위용의 중·소물 낚싯대

3~4호
셀룰로이드
구슬 찌

2호 대추형
3~4개

비이즈 구슬

자동목줄
스토퍼

비이즈 구슬

15~
20cm

목줄 0.8호

본줄 3호

도래

둥근 고리

목줄 3호

목줄 1호
10cm

자동목줄
스토퍼

25cm

중형
스피닝 릴

가지형 봉돌
1~4호

목줄 0.8호

바늘 4~6호

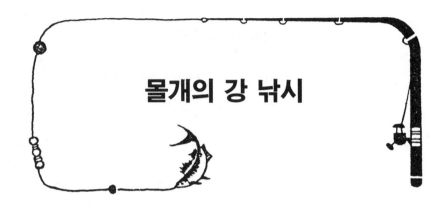

몰개의 강 낚시

▶ 습성과 낚시 시기

몰개는 총칭

본래, 몰개라고 하는 어명은 없고, 논몰개, 참몰개, 줄몰개, 눈퉁몰개, 바다몰개 등 수많은 종류의 총칭으로서 사용되고 있다.

초보자용의 물고기

최대라도 15cm급의 소형어이지만, 큰 떼를 지어 생활하고 있기 때문에 수 낚시를 즐길 수 있는 물고기. 초보자에게는 안성맞춤의 대상어라고 말할 수 있다.

겨울은 깊은 곳으로 내려간다

겨울은 수심 30m, 40m라고 하는 깊은 곳으로 내려가 버려서 3월 상순경부터 해안가의 얕은 곳에 떼를 이룬다. 겨울이 되면 해안가의 얕은 곳에 떼를 이루는 망상어와는 대조적으로 재미있다.

지방에 따라 다른 낚시 시기

일반적으로 몰개의 낚시 시기는 산란기인 4, 5월을 낀 약 4개월간 이지만 지방에 따라서는 한겨울에 낚이는 장소도 있다.

▶찌 낚시 채비Ⓐ

2발 바늘

가장 일반적인 몰개의 찌 낚시 채비. 보통은 세발 도래를 사용한 2발 바늘이지만 뽕 봉돌을 이용한 '쌍갈래 2발 바늘'을 사용하는 곳도 있다.

몰개와 같은 소형어를 낚는 경우에는 그다지 긴 낚싯대를 사용하지 않지만 호수 주변에서는 5.4m, 6.3m라고 하는 긴 낚싯대도 사용된 다. 그 때문에 사용하는 찌는 낚싯대의 길이에 따라서 종류, 크기를 생각해서 선택한다.

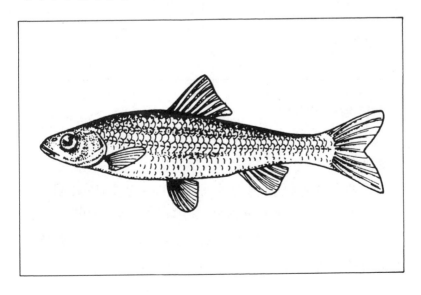

250

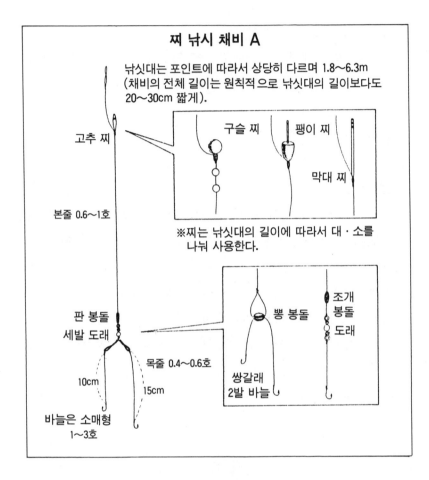

찌 낚시 채비 A

낚싯대는 포인트에 따라서 상당히 다르며 1.8~6.3m (채비의 전체 길이는 원칙적으로 낚싯대의 길이보다도 20~30cm 짧게).

고추 찌

구슬 찌   팽이 찌

막대 찌

본줄 0.6~1호

※찌는 낚싯대의 길이에 따라서 대·소를 나눠 사용한다.

판 봉돌
세발 도래

뽕 봉돌

조개 봉돌
도래

목줄 0.4~0.6호

10cm   15cm

쌍갈래
2발 바늘

바늘은 소매형
1~3호

▶찌 낚시 채비ⓑ

ⓐ의 채비

　ⓐ는 짧은 낚싯대용의 찌 낚시 채비. 채비의 전체 길이는 낚싯대의 길이보다도 약간 짧게 되어 있고, 일반적으로 '초롱 채비'라고 불린다. 해안가의 얕은 곳에 있는 몰개는 갈대 등의 장애물 속에 들어가 있는 경우가 많아 이것을 낚기 위해서 생각된 것이다.

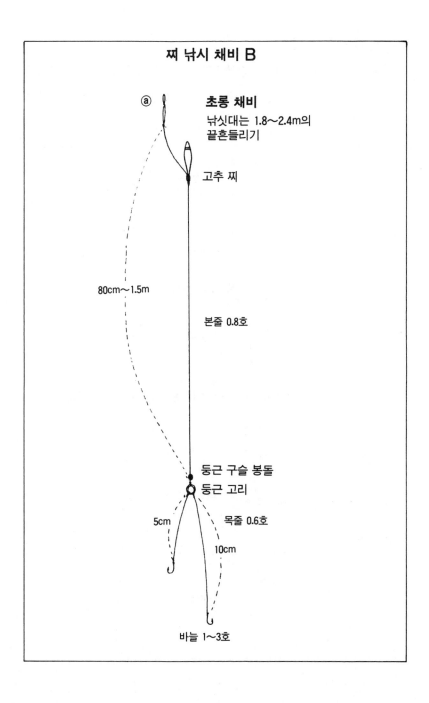

ⓑ와 ⓒ의 채비

ⓑ와 ⓒ의 채비는 채비의 전체 길이를 더욱 짧게 한 것으로 보통은 끝대만을 사용해서 낚는 것 같다. 이것은 망상어 낚시와 매우 비슷하지만 전체적으로 조잡한 느낌을 준다.

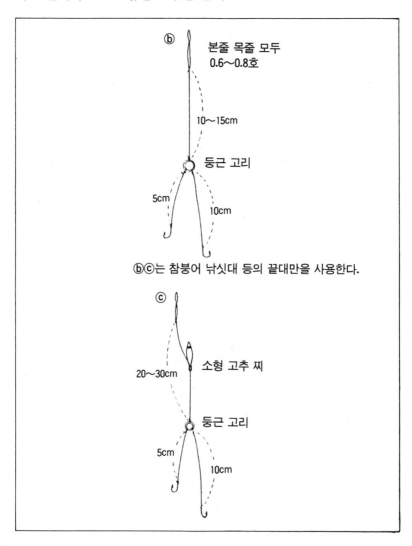

ⓑ 본줄 목줄 모두
0.6~0.8호

10~15cm

둥근 고리

5cm

10cm

ⓑⓒ는 참붕어 낚싯대 등의 끝대만을 사용한다.

ⓒ

20~30cm 소형 고추 찌

둥근 고리

5cm

10cm

▶그 밖의 채비

ⓐ의 채비

ⓐ는 통통 낚시라고 불리는 맥 낚시 채비. 둑 밑 등의 물구덩이나 흐름이 빠른 곳에서 사용된다. 형태는 문절망둑의 맥 낚시 채비와 비슷하지만 원칙적으로 안표를 단다.

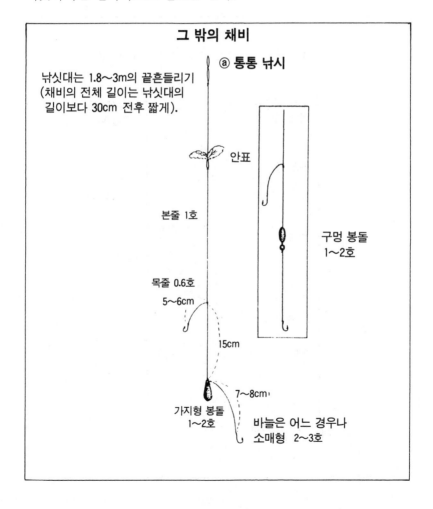

그 밖의 채비

ⓐ **통통 낚시**

낚싯대는 1.8~3m의 끝흔들리기
(채비의 전체 길이는 낚싯대의
길이보다 30cm 전후 짧게).

안표

본줄 1호

구멍 봉돌
1~2호

목줄 0.6호
5~6cm

15cm

가지형 봉돌
1~2호

7~8cm

바늘은 어느 경우나
소매형 2~3호

ⓑ의 채비

ⓑ는 접낚싯대로 몰개를 낚을 때의 맥 낚시와 찌 낚시의 채비. 맥 낚시 채비도 찌를 달지만 이것은 접낚싯대로 하기 때문으로 잉어 낚시 등의 맥 낚시(처넣기 낚시)에서 사용하는 방울 대신이라고 생각하면 된다. 찌 낚시의 경우는 찌 바로 밑에 낚싯봉을 다는 것이 특징이다.

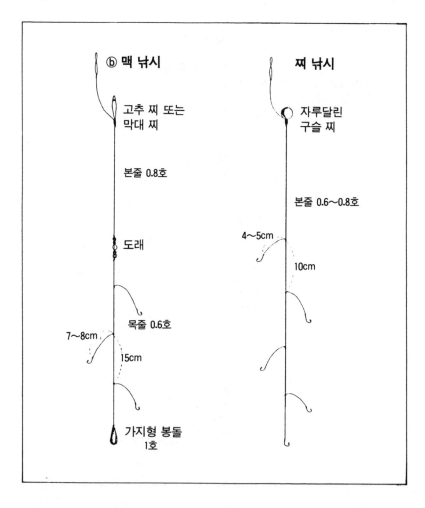

산천어의 강낚시

▶ 습성과 낚시 시기

계류의 여왕

산천어는 그 이름에 부끄럽지 않은 매우 아름다운 어체를 하고 있다. 몸쪽에 펄 마크를 아로새긴 그 어체는 '계류의 여왕'이라고 불리는데 어울리는 기품을 갖추고 있다.

산천어와 비파송어

비파송어를 산천어와 동일시하고 있는 사람이 많지만, 본래 산천어와 비파송어는 별종이다. 구별법은 비파송어에는 산천어에 없는 붉은 점이 있기 때문에 판별은 쉽다.

많은 아종(亞種), 변종(變種)

이 외 산천어 또는 비파송어로서 취급되고 있는 물고기 중에도 아종, 변종은 많다. 그러나 거기에 대해서는 산천어와 비파송어와 같은 확실한 판별 재료가 부족하기 때문에 상당히 주의 깊게 보지 않으면 모르는 것이 대부분이다. 그러나 실제로 종류는 달라도 습성, 낚시 방법, 낚시 시기 등은 거의 차이는 없고, 어체의 아름다움이라고 하는 점에서도 산천어와 비파송어(아종, 변종도 동일)는 우열을 가리기 어려울 정도이다. 그래서 여기에서는 이 전부를 포함해서 산천어라고 하는 하나의 어종으로서 다루기로 한다.

▶ 맥 낚시 채비Ⓐ

가느다란 채비

산천어의 채비는 곤들매기의 채비와 형태적으로는 거의 비슷하다. 그러나 산천어는 일반적으로 곤들매기보다도 민첩하고 경계심이 강한 물고기라고 여겨지고 있어 전체적으로 한층 가늘어져 있다. 실제로 산천어가 곤들매기보다도 민첩하고 경계심이 강한지 아닌지는 차치하고도 생식역(곤들매기에 비해서 조금 하류역이 된다), 물고기의 크기(장소에 따라서도 다르지만, 일반적으로 곤들매기 쪽이 대형이 많다) 등에서 산천어 쪽이 가느다란 채비로 좋은 것은 확실하다.

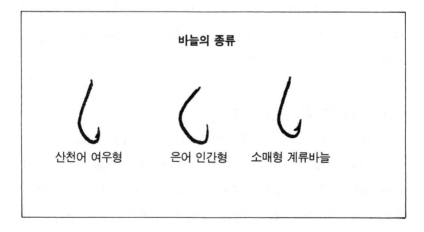

바늘의 종류

산천어 여우형   은어 인간형   소매형 계류바늘

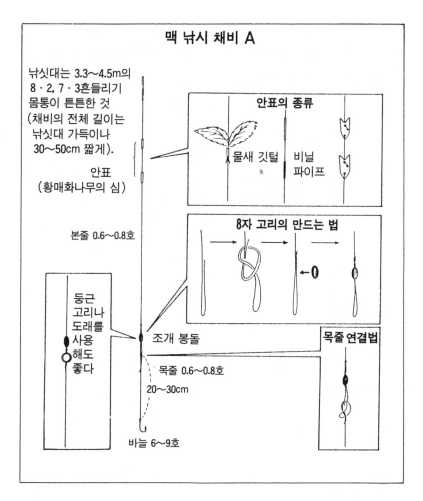

맥 낚시 채비 A

낚싯대는 3.3~4.5m의
8·2, 7·3흔들리기
몸통이 튼튼한 것
(채비의 전체 길이는
낚싯대 가득이나
30~50cm 짧게).

안표
(황매화나무의 심)

본줄 0.6~0.8호

둥근
고리나
도래를
사용
해도
좋다

안표의 종류

물새 깃털   비닐
파이프

8자 고리의 만드는 법

조개 봉돌

목줄 0.6~0.8호
20~30cm

바늘 6~9호

목줄 연결법

▶맥 낚시 채비ⓑ

수류가 빠른 포인트 등

매우 수류가 빠른 포인트나 물의 기세가 강한 장소에서 사용되는
채비. 물의 흐름에 견딜 수 있도록 구멍 봉돌이나 뿅 봉돌, 대형의
조개 봉돌을 사용한다.

　채비Ⓐ와 마찬가지로 본줄과 목줄은 끝고리 연결이라도 좋지만 물의 움직임이 격렬한 포인트에서는 바늘이 암초에 걸리기 쉬우므로 원칙적으로는 둥근 고리, 도래라고 하는 접속 기구를 사용한다. 또한 목줄이 끊어지기 쉽도록 본줄과의 굵기의 차를 크게 하면 좋다.

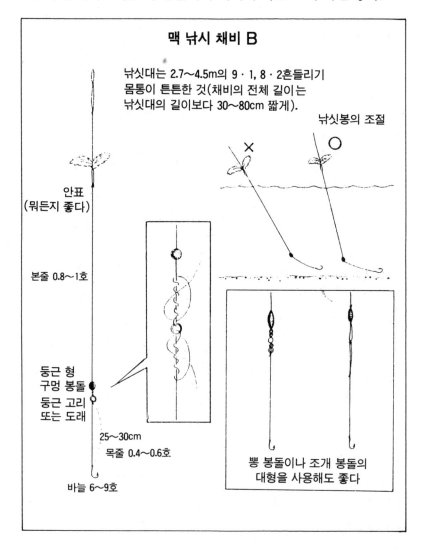

맥 낚시 채비 B

낚싯대는 2.7~4.5m의 9 · 1, 8 · 2흔들리기 몸통이 튼튼한 것(채비의 전체 길이는 낚싯대의 길이보다 30~80cm 짧게).

낚싯봉의 조절

안표
(뭐든지 좋다)

본줄 0.8~1호

둥근 형
구멍 봉돌
둥근 고리
또는 도래

25~30cm
목줄 0.4~0.6호

바늘 6~9호

뽕 봉돌이나 조개 봉돌의 대형을 사용해도 좋다

▶맥 낚시 채비ⓒ

수풀이 많은 포인트

곤들매기 낚시의 항에서도 소개한 '초롱 채비'라고 불리는 채비.

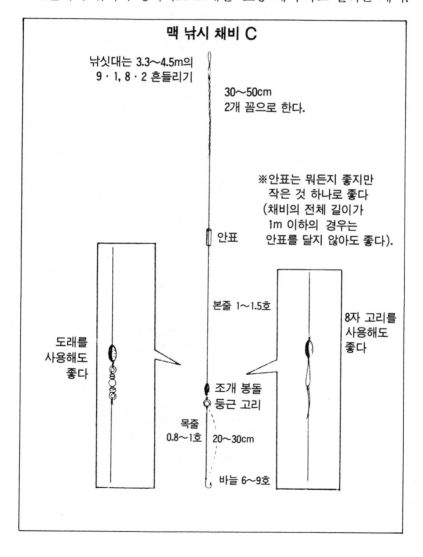

맥 낚시 채비 C

낚싯대는 3.3~4.5m의
9·1, 8·2 흔들리기

30~50cm
2개 끔으로 한다.

※안표는 뭐든지 좋지만
작은 것 하나로 좋다
(채비의 전체 길이가
1m 이하의 경우는
안표를 달지 않아도 좋다).

안표

본줄 1~1.5호

8자 고리를
사용해도
좋다

도래를
사용해도
좋다

조개 봉돌
둥근 고리

목줄
0.8~1호 20~30cm

바늘 6~9호

수풀 등이 많은 포인트에서 사용하는 채비인 만큼, 전체적으로 굵직
하게 만든다.

본줄의 처음을 2개 꼼으로 하는 것은 채비를 포인트에 떨어뜨리기
쉽게 하기 위해서이지만 채비의 전체 길이가 너무 짧아질 때에는
무리할 필요는 없다. 또한 안표도 채비의 전체 길이가 1m 이하가
되면 물고기의 눈에 띄기 쉬워지므로 달지 않아도 좋다.

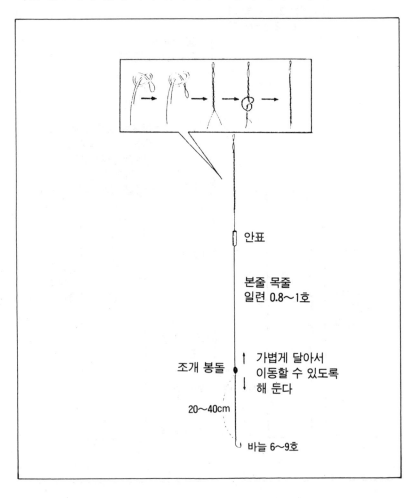

맥 낚시 채비①

입질이 시원치 않을 때

모두 물고기의 입질이 시원치 않을 때에 효과적인 채비이다. ⓐ는 0.4호부터 0.6호 라고 하는 가는 줄을 본줄, 목줄 일련으로 사용하는 것이지만 물고기를 걸었을 때에 무리할 수 없기 때문에 주변이 어느

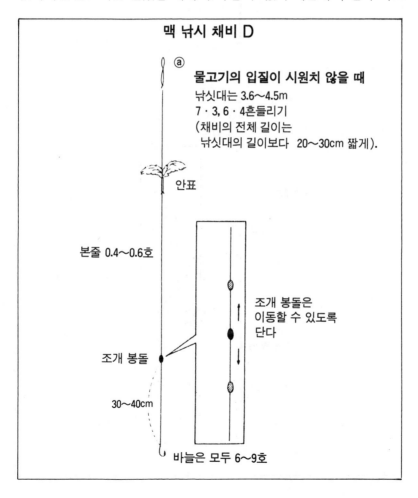

맥 낚시 채비 D

ⓐ **물고기의 입질이 시원치 않을 때**
낚싯대는 3.6~4.5m
7 · 3, 6 · 4흔들리기
(채비의 전체 길이는
낚싯대의 길이보다 20~30cm 짧게).

안표

본줄 0.4~0.6호

조개 봉돌은
이동할 수 있도록
단다

조개 봉돌

30~40cm

바늘은 모두 6~9호

정도 트여 있는 포인트가 아니면 사용할 수 없다. ⓑ도 무리할 수 없다고 하는 점에서는, ⓐ와 그다지 다르지 않지만 암초 등에 걸렸을 경우, 보통은 안표가 달려 있는 부분은 살려준다. ⓐ가 채비 전체를 바꾸어야 하는데 대해, ⓑ는 선단의 가는 부분만을 연결하면 된다.

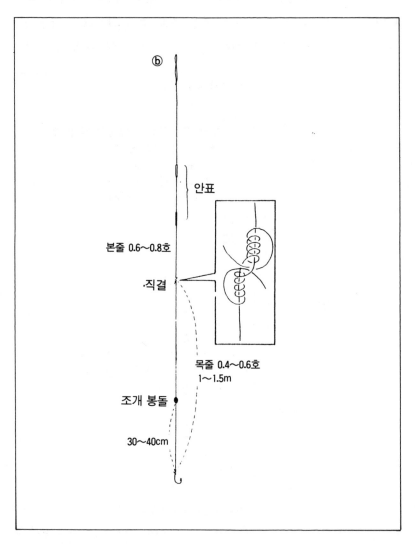

▶찌 낚시 채비

호수나 깊고 고요한 곳

곤들매기의 항에서 언급했듯이 계류 낚시에서는 찌 낚시 채비를

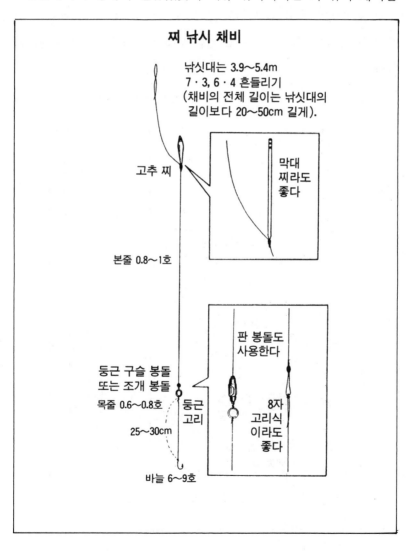

찌 낚시 채비

낚싯대는 3.9~5.4m
7·3, 6·4 흔들리기
(채비의 전체 길이는 낚싯대의
길이보다 20~50cm 길게).

막대
찌라도
좋다

고추 찌

본줄 0.8~1호

판 봉돌도
사용한다

둥근 구슬 봉돌
또는 조개 봉돌

목줄 0.6~0.8호

둥근
고리

8자
고리식
이라도
좋다

25~30cm

바늘 6~9호

사용하는 경우가 거의 없다. 사용한다고 하면 큰 호수나 용소(龍沼) 등을 노릴 때 뿐이지만, 산천어의 경우는 곤들매기에 비해 찌 낚시 채비를 사용할 기회가 많다. 이것은 곤들매기에 비해서 산천어가 어느 정도 하류에 생식하고 있기 때문이고, 호수나 깊고 고요한 곳 등의 포인트가 많기 때문이다. 또한, 낚시터에 따라서는 여울 등의 포인트를 노리는 경우라도 구슬 찌를 사용한 채비를 사용하는 경우가 있다.

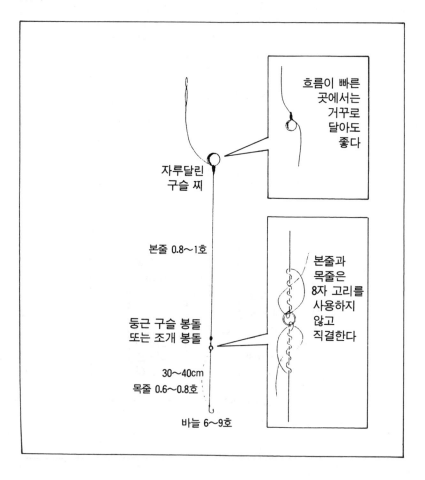

가물치의 강낚시

▶ 습성과 낚시 시기

외래 어종
중국, 대만에서의 외래 어종으로, 대만계의 것을 타이완 미꾸라지라고 한다.

탐욕스러운 식성
평야부의 수심이 얕은 호수나 늪, 흐름이 느린 강 등에 생식하고 있다. 작은 물고기, 새우, 개구리 등을 먹는 탐식으로 검정끄리와 함께 다른 물고기를 먹어 황폐시키는 해어로서 취급되고 있는 지방도 있다. 그러나 가물치의 행동 범위는 매우 좁다고 여겨지고 있으며 실제로는 그다지 넓은 지역을 회유하는 경우는 없다. 그 때문에 가물치에 의해서 주걱붕어나 참붕어 피라미라고 하는 물고기가 격감 하는 경우는 거의 생각할 수 없다.

최대 90cm의 대형어
가물치는 최대 90cm급이나 자라는 대형어로 힘도 세고, 낚싯감으로서는 매력이 있는 물고기다. 6월부터 7월에 걸쳐서 20,000개부터 50,000개의 부유란(浮游卵)을 낳고, 주변에 부초 등을 모아서 알을 보호하는 부소를 만든다고 한다.

미끼 추적 활발한 여름

주요한 낚시 시기는 늦봄부터 초가을에 걸친 시즌으로 특히 한여름에는 얕은 곳으로 나와 활발히 미끼를 쫓는다. 70cm, 80cm라고 하는 대형을 낚을 수 있는 것이 거의 여름 시즌이다.

▶딱 낚시 채비

오락으로서의 낚시 방법

'딱 낚시'라고 불리는 낚시 방법에 사용되는 채비. 원래 농촌 등에서의 오락으로서 이루어지고 있던 낚시 방법으로 채비라고 해도 매우 간단한 것이다. 본줄과 목줄을 나누지 않아도 좋지만, 목줄 부분을 물어 뜯기는 경우도 많기 때문에 일단 도래 등을 사용해서 나눠 두는 편이 좋을 것이다.

보통 미끼 개구리는 참개구리를 사용하지만, 없을 때는 다른 개구리라도 좋다.

딱 낚시 채비

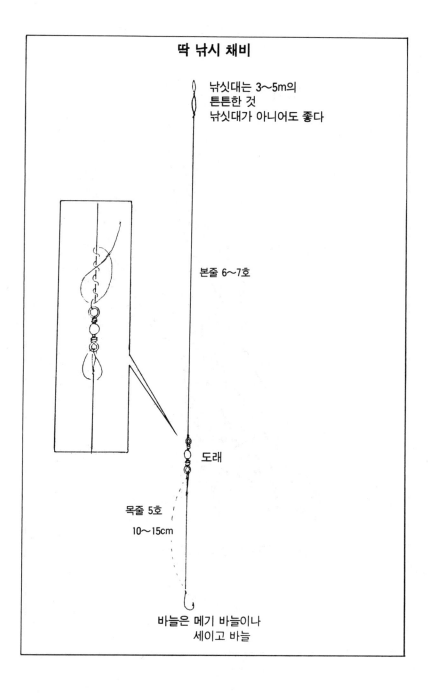

낚싯대는 3~5m의
튼튼한 것
낚싯대가 아니어도 좋다

본줄 6~7호

도래

목줄 5호
10~15cm

바늘은 메기 바늘이나
세이고 바늘

바늘 다는 법

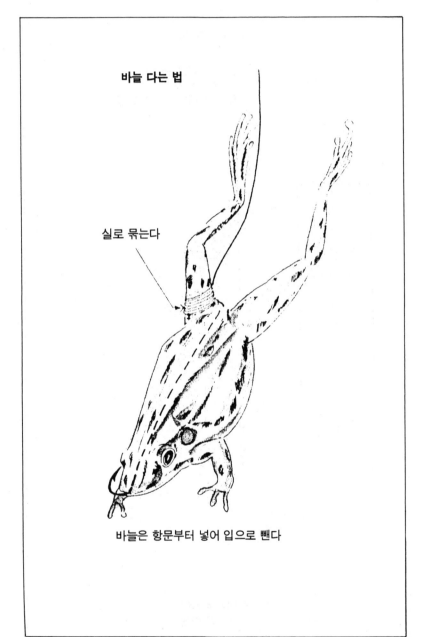

실로 묶는다

바늘은 항문부터 넣어 입으로 뺀다

▶미끼 낚시 채비

지렁이나 작은 물고기

가물치는 딱 낚시 외, 지렁이나 작은 물고기 등을 미끼로 한 낚시로도 낚을 수 있다.

ⓐ는 맥 낚시, ⓑ는 찌 낚시 채비이지만, 모두 본줄에는 5호 이상의

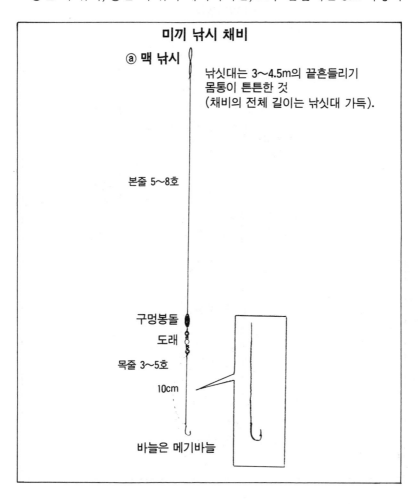

미끼 낚시 채비

ⓐ 맥 낚시

낚싯대는 3~4.5m의 끝흔들리기
몸통이 튼튼한 것
(채비의 전체 길이는 낚싯대 가득).

본줄 5~8호

구멍봉돌
도래
목줄 3~5호
10cm

바늘은 메기바늘

굵은 줄을 사용한다. 또한, 목줄에는 보통 3호에서 5호의 나일론줄이 사용되지만 가물치의 이빨은 매우 날카롭기 때문에 이빨이 닿는 부분을 굵게 하거나 특히 대형이 많은 곳에서는 갯바위 낚시용의 와이어를 사용하는 경우도 있다.

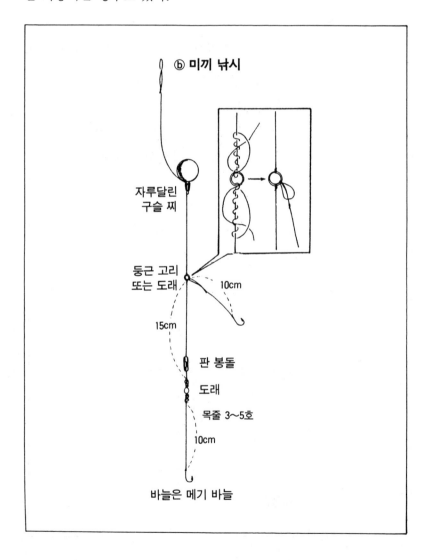

ⓑ 미끼 낚시

자루달린 구슬 찌

둥근 고리 또는 도래

10cm

15cm

판 봉돌

도래

목줄 3∼5호

10cm

바늘은 메기 바늘

▶그 밖의 채비

검정끄리와 비슷한 식성

습성의 항에서 뇌어의 식성이 검정끄리와 비슷하다는 점을 소개했지만 모두 루어 피싱의 대상어라고 하는 점도 공통하고 있다.

가물치가 즐겨 생식하고 있는 곳은 소위 '릴리 퍼트'라고 불리는 수초나 해초가 밀생한 수심이 얕은 늪 등이지만, 이것은 그대로 검정끄리의 생식역이기도 하다. 가물치와 검정끄리는 전혀 다른 어종이지만 매우 공통점이 많은 물고기이다.

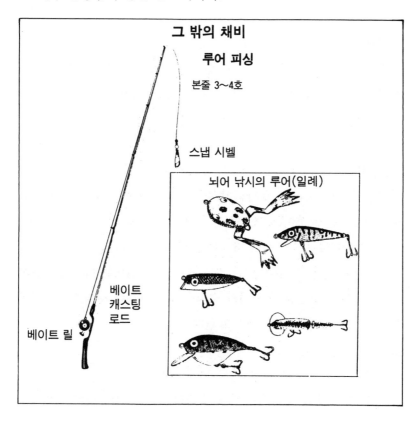

그 밖의 채비
루어 피싱
본줄 3~4호
스냅 시벨
뇌어 낚시의 루어(일례)
베이트 캐스팅 로드
베이트 릴

빙어의 강낚시

▶습성과 낚시 시기

겨울의 낚싯감

빙어는 겨울의 낚싯감으로서 알려져 있듯이 수온이 내려갈수록 움직임이 활발 해지는 물고기이다. 그런 까닭에 냉수를 좋아해서 생식역은 어느 정도 한정되어 있다.

1년어

완전한 담수어라고 생각되기 쉽지만, 실제는 강해성(降海性)의 물고기로 1년에 성어(成語)가 되어 산란 후는 죽어 버리는 1년어이다. 마찬가지로 1년에 죽어 버리는 은어와 매우 비슷하다.

빙어에는 육봉화(陸封化)된 것도 있어 그런 빙어는 바다로 내려가지 않는다. 이 육봉화된 빙어의 수명은 강해형보다 길어, 2, 3년부터 4년에 걸쳐서 사는 것도 있다고 한다.

산란기

강해형의 것도 육봉화된 것도 형태적으로는 거의 다르지 않지만 산란기에는 다소의 차이가 있어 강해형의 산란기가 4월부터 5월인데 반해서, 육봉형의 그것은 1월부터 3월로 조금 빠르다.

낚시의 대상은 육봉형

어느 타입의 빙어나 낚시의 대상이 되고 있지만 어느 쪽인가 하면, 호수에 사는 육봉형 쪽이 인기가 있는 것 같다. 각지의 겨울의 풍물시가 되고 있는 얼음 위의 구멍 낚시도 대부분의 경우, 육봉형의 빙어가 대상이 되고 있다.

▶ 빙어 낚시의 낚싯대

낚시 방법에 따라 다른 낚싯대

빙어의 낚시 방법에는 육지 낚시, 배(보트) 낚시, 얼음 위의 구멍 낚시의 3가지가 있다. 이 중 육지 낚시에는 산천어나 참붕어를 낚는 것과 같은 낚싯대가 사용되지만, 배 낚시와 빙상의 구멍 낚시에는 빙어 낚시 독특의 낚싯대가 사용된다.

배 낚시에는 보통 외통의 낚싯대가 사용되지만 문절망둑의 중앙통과 낚싯대라도 대용이 된다. 또한 빙상의 구멍 낚시용에는 실패가 달린 길이 50cm 정도의 것이 사용되지만 간단히 만들 수 있다.

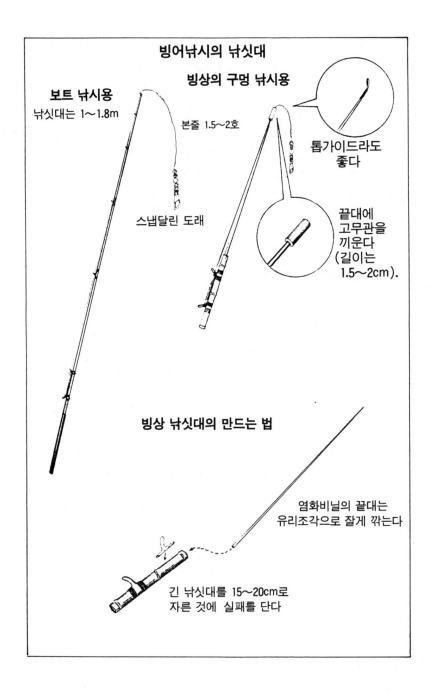

빙어낚시의 낚싯대

빙상의 구멍 낚시용

보트 낚시용
낚싯대는 1∼1.8m

본줄 1.5∼2호

톱가이드라도 좋다

스냅달린 도래

끝대에 고무관을 끼운다 (길이는 1.5∼2cm).

빙상 낚싯대의 만드는 법

염화비닐의 끝대는 유리조각으로 잘게 깎는다

긴 낚싯대를 15∼20cm로 자른 것에 실패를 단다

▶ 맥 낚시 채비

보트 낚시

보트 낚시에 사용되는 맥 낚시 채비. 목줄은 0.4호, 본줄도 0.6호에서 0.8호로 약간 가는 것이 좋다. 목줄의 길이는 보통 7cm~8cm이지만, 물고기의 입질이 좋을 때에는 조금 더 짧아도 좋다.

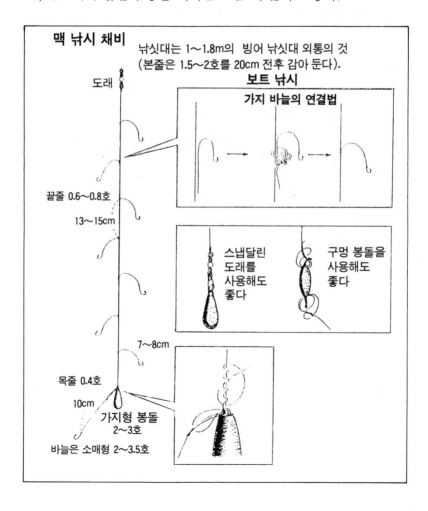

맥 낚시 채비

낚싯대는 1~1.8m의 빙어 낚싯대 외통의 것
(본줄은 1.5~2호를 20cm 전후 감아 둔다).

도래

보트 낚시

가지 바늘의 연결법

끝줄 0.6~0.8호

13~15cm

스냅달린 도래를 사용해도 좋다

구멍 봉돌을 사용해도 좋다

7~8cm

목줄 0.4호

10cm

가지형 봉돌
2~3호

바늘은 소매형 2~3.5호

바늘 수는 낚시터의 수심에 따라서도 다르기 때문에 일률적으로는 말할 수 없지만 보통은 7, 8개에서 10개, 베테랑의 경우는 12개에서 15개라고 하는 것이다. 그러나 초보자의 경우는 너무 바늘 수를 늘리면 채비가 엉키거나 해서 오히려 능률이 나쁘다. 처음은 5, 6개가 좋을 것이다.

▶육지 낚시 채비

육지에서 노리는 경우

육지에서 빙어를 노리는 경우의 찌 낚시 채비와 맥 낚시 채비. 어느 쪽의 채비나 형태로서는 맥 낚시 채비와 거의 다르지 않지만 채비의 길이에는 한도가 있기 때문에 바늘 수는 그다지 많게 할 수 없다. 특히 찌 낚시의 경우는 찌의 위치가 너무 위가 되어 버리면 맞추기 어려워지기 때문에 바늘 수는 고작 4개 정도이다.

육지에서 빙어를 노릴 수 있는 포인트는 잔교(棧橋), 댐의 측면, 강의 흘러 들어가는 곳 등이다.

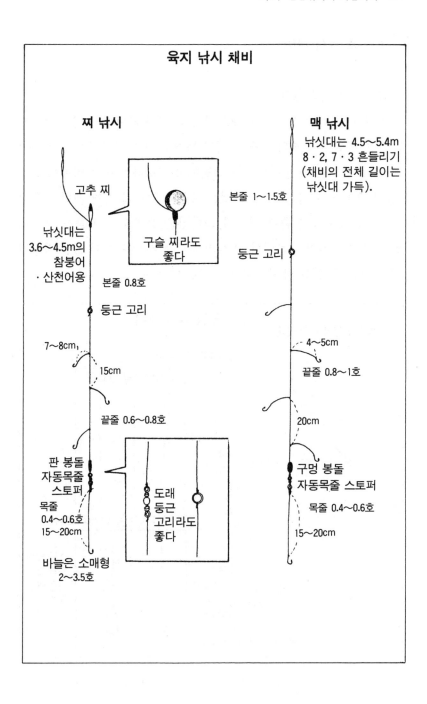

육지 낚시 채비

찌 낚시

고추 찌

낚싯대는 3.6〜4.5m의 참붕어 ·산천어용

구슬 찌라도 좋다

본줄 0.8호

둥근 고리

7〜8cm

15cm

끝줄 0.6〜0.8호

판 봉돌
자동목줄
스토퍼

목줄
0.4〜0.6호
15〜20cm

도래
둥근
고리라도
좋다

바늘은 소매형
2〜3.5호

맥 낚시

낚싯대는 4.5〜5.4m
8 · 2, 7 · 3 흔들리기
(채비의 전체 길이는
낚싯대 가득).

본줄 1〜1.5호

둥근 고리

4〜5cm

끝줄 0.8〜1호

20cm

구멍 봉돌
자동목줄 스토퍼

목줄 0.4〜0.6호

15〜20cm

▶구멍 낚시 채비

목줄의 간격과 길이

빙상의 구멍 낚시 채비. 형태로서는 맥 낚시 채비Ⓐ와 전혀 다르지 않지만, 목줄과 목줄의 간격, 게다가 목줄 자체의 길이가 다소 짧아지고 있다. 이것은 겨울에 빙어의 입질이 활발하다고 하는 이유도 있지만, 또 하나의 이유가 있다. 그것은 목줄의 길이가 길면 채비를 올렸을 때에 목줄이 본줄에 엉켜서 묻어있는 물방울로 목줄이 본줄에 얼어 붙어 버리기 때문이다. 빙상의 구멍 낚시의 경험이 없는 사람에게는 믿을 수 없는 얘기겠지만 실제로 있을 수 있는 일이다.

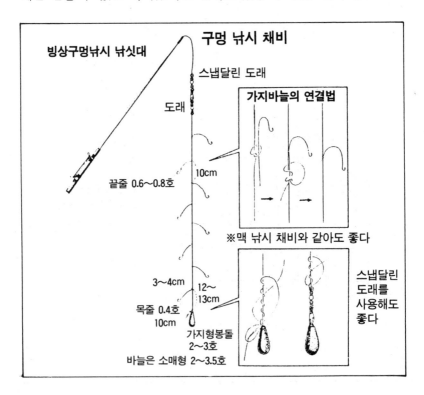

구멍 낚시 채비

빙상구멍낚시 낚싯대

스냅달린 도래

도래

가지바늘의 연결법

끝줄 0.6~0.8호

10cm

※맥 낚시 채비와 같아도 좋다

3~4cm 12~
13cm

목줄 0.4호
10cm

스냅달린
도래를
사용해도
좋다

가지형봉돌
2~3호

바늘은 소매형 2~3.5호

제4장
소도구 만들기의 실기와 즐거움

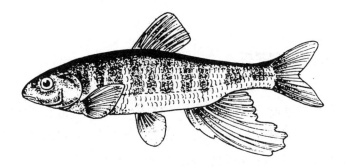

스스로 만드는 소도구

채비 만들기에 필요한 줄, 바늘, 낚싯봉, 찌, 접속 기구라고 하는 소도구에 대해서는 제1장에서 소개했다. 그러나 제1장에서 소개한 그런 소도구들은 낚시 도구점에 가면 누구나 입수할 수 있는 기성품일 뿐이다.

▶ 우선은 기본부터

그래서 이번은 그런 소도구를 스스로 만드는 방법을 소개한다. 물론 스스로 만든다고 해도 모두 손조작으로 충분하다고 하는 것은 아니다. 줄이나 바늘이라고 하는 것은 스스로 만들려고 하면 만들 수 없는 것도 아니지만, 특수한 도구도 필요해져서 도저히 비전문가가 감당할 수 있는 것이 아니다. 그러나 찌나 안표, 게다가 루어, 던질 낚시에 사용하는 루어나 플라이(털 낚시) 등은 기본적인 것만 확실히 익혀 두면 그다지 어렵지 않게 만들 수 있다.

▶ 직접 만드는 즐거움

스스로 만들 찌나 안표를 사용해서 만든 채비로 물고기를 낚아
올렸을 때의 기쁨은 한층 더하다.

▶ 소도구 만들기에 필요한 것

있으면 편리한 도구상자

찌나 안표를 만들기 위해서는 그다지 대규모의 도구는 필요없다.
그러나 어느 정도의 것은 필요해서 위의 도구 정도는 갖춰 두면 편리
하다. 소도구 만들기 전용의 도구 상자를 만들어 한군데 정리해 두면
좋을 것이다.

▶ 발사(balsa)재로 만든 찌

대형 찌에는 부적당

발사(balsa)재로 만드는 찌에는 고추 찌, 구슬 찌 외에도 여러 가지
가 있다. 자루가 달린 구슬 찌부터 줄 찌, 막대 찌, 결국은 여울 찌까
지 강 낚시에 사용하는 찌는 거의 만들 수 있다고 해도 과언은 아닐
것이다. 그러나, 발사재는 원래 그다지 튼튼한 재질이 아니기 때문에
대형 찌에는 적합치 않다. 부서지기 쉽기 때문이다.

편도 면도칼 · 청각채 · 샌드페이퍼 · 각종 줄(목면 · 견) · 각종 접착제 · 가위 · 줄 · 나이프 작은 칼 · 각종 도료 · 쇠망치(나무망치)

찌의 여러 가지

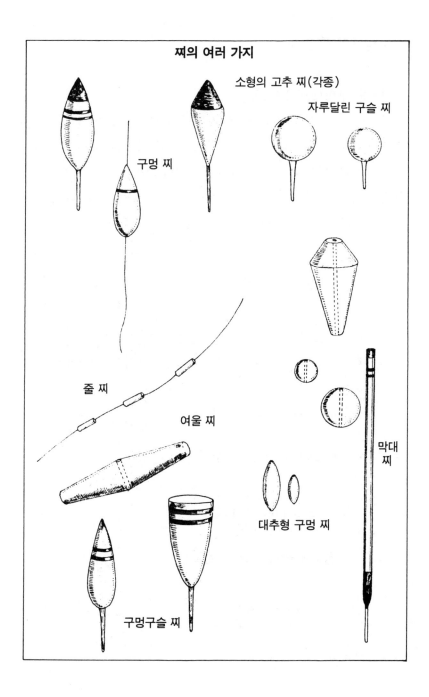

소형의 고추 찌(각종)

자루달린 구슬 찌

구멍 찌

줄 찌

여울 찌

막대 찌

대추형 구멍 찌

구멍구슬 찌

▶ 발사의 구슬 찌

어려운 구형(球型) 만들기

정4각주의 발사재를 정방형으로 잘라서 사용한다. 완전한 구형을 만드는 것은 매우 어렵기 때문에 그림④의 단계는 시간을 들여서 신중히 한다. 또한 그림⑤의 단계에서 비닐 파이프가 지나가기 어려운 경우는 재봉 바늘 등을 비닐 파이프에 통과시켜서 구멍에 넣으면 좋다. 윗칠을 할 때에 구멍을 막지 않도록 주의한다.

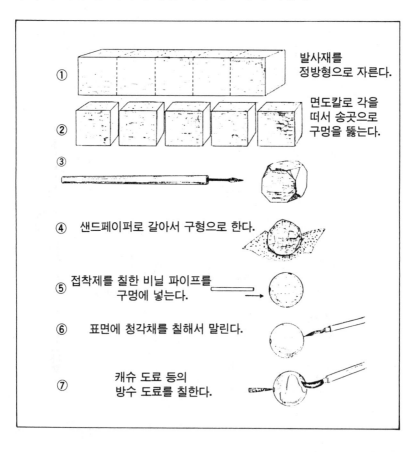

① 발사재를 정방형으로 자른다.

② 면도칼로 각을 떠서 송곳으로 구멍을 뚫는다.

③

④ 샌드페이퍼로 갈아서 구형으로 한다.

⑤ 접착제를 칠한 비닐 파이프를 구멍에 넣는다.

⑥ 표면에 청각채를 칠해서 말린다.

⑦ 캐슈 도료 등의 방수 도료를 칠한다.

▶ 발사의 고추 찌

충분한 방수가공 필요

발사재는 모형 비행기를 만드는 재료로서 알려진 매우 부드러운 재질의 나무이다. 가공하기 쉬운데다가 어디에나 팔고 있기 때문에 간단히 입수해서 찌를 만드는 재료로서는 안성맞춤이다. 단, 한가지 주의해야 할 점은, 물을 흡수하기 쉬운 재질이기 때문에 마무리 단계에서 충분한 방수가공을 잊지 않도록 하는 것이다.

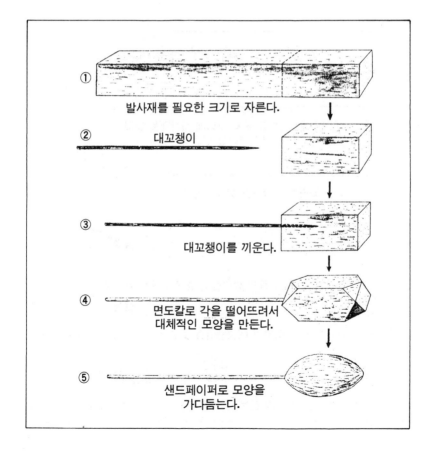

① 발사재를 필요한 크기로 자른다.

② 대꼬챙이

③ 대꼬챙이를 끼운다.

④ 면도칼로 각을 떨어뜨려서 대체적인 모양을 만든다.

⑤ 샌드페이퍼로 모양을 가다듬는다.

만드는 법의 주의

그림⑦의 단계에서 대꼬치에 접착제를 충분히 발라서 구멍 입구 부분까지 배어 나올 정도로 한다. 구멍과 꼬치 사이에 조금이라도 틈이 벌어져 있으면 거기로 물이 들어가서 찌를 못쓰게 만들어 버린다. 또한, 그림⑨의 단계에서 윗칠을 할 때에는 반드시 찌 전체를 바른다. 그 때 진한 도료를 1회 바르는 것보다도 엷은 도료를 2번, 3번 칠하도록 한다. 진한 도료를 칠하면 찌가 무거워진다.

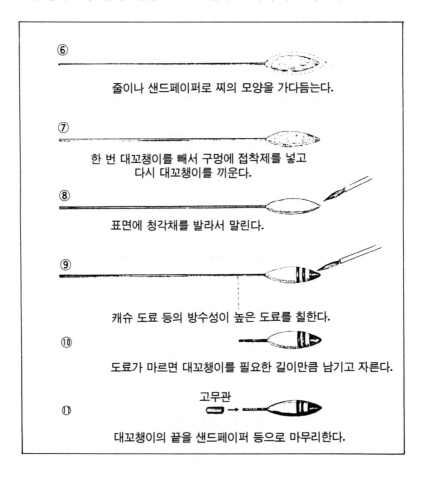

⑥ 줄이나 샌드페이퍼로 찌의 모양을 가다듬는다.

⑦ 한 번 대꼬챙이를 빼서 구멍에 접착제를 넣고 다시 대꼬챙이를 끼운다.

⑧ 표면에 청각채를 발라서 말린다.

⑨ 캐슈 도료 등의 방수성이 높은 도료를 칠한다.

⑩ 도료가 마르면 대꼬챙이를 필요한 길이만큼 남기고 자른다.

고무관

⑪ 대꼬챙이의 끝을 샌드페이퍼 등으로 마무리한다.

▶발사의 주걱붕어 찌

균형이 생명

주걱붕어 찌의 몸을 발사재로 만드는 것이지만 만드는 법은 고추 찌를 만드는 경우와 그다지 다르지 않다.

주걱붕어 찌는 균형이 생명이기 때문에 그림③의 단계는 신중히 한다.

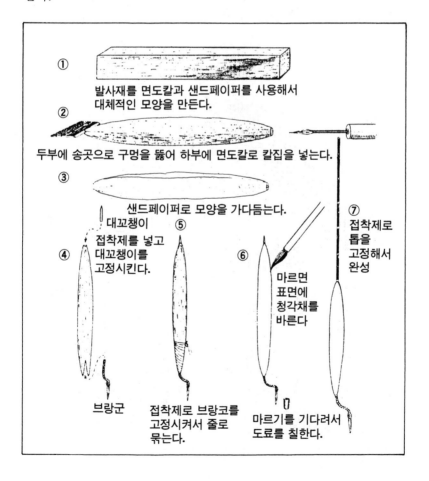

① 발사재를 면도칼과 샌드페이퍼를 사용해서 대체적인 모양을 만든다.

② 두부에 송곳으로 구멍을 뚫어 하부에 면도칼로 칼집을 넣는다.

③ 샌드페이퍼로 모양을 가다듬는다.

④ 대꼬챙이 접착제를 넣고 대꼬챙이를 고정시킨다.

브랑군

⑤ 접착제로 브랑코를 고정시켜서 줄로 묶는다.

⑥ 마르면 표면에 청각채를 바른다

마르기를 기다려서 도료를 칠한다.

⑦ 접착제로 톱을 고정해서 완성

▶깃털 주걱붕어 찌Ⓐ

어려운 밸런스

주걱붕어 찌의 몸이 공작 깃털로 만들어지게 되었을 때, 제일 처음에 만들어진 것이 이 타입이다. 나중에 소개하는 겹 2장, 겹 3장에 비해서 만드는 법이 간단해 보이지만 사실은 가장 어렵다. 그림④의 단계에서 어느 정도 모양을 갖출 수 있지만, 자연 깃털을 그대로 사용하므로 균형을 잡기가 어렵기 때문이다.

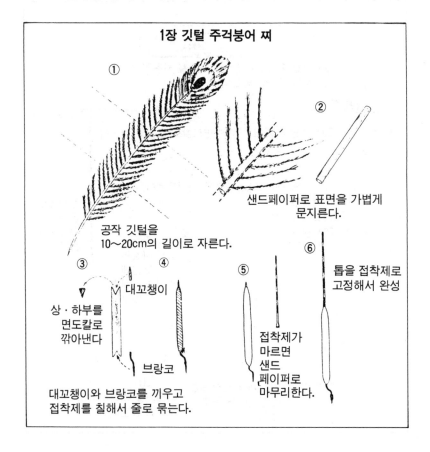

1장 깃털 주걱붕어 찌

① 공작 깃털을 10~20cm의 길이로 자른다.

② 샌드페이퍼로 표면을 가볍게 문지른다.

③ 상·하부를 면도칼로 깎아낸다

④ 대꼬챙이 / 브랑코 / 대꼬챙이와 브랑코를 끼우고 접착제를 칠해서 줄로 묶는다.

⑤ 접착제가 마르면 샌드페이퍼로 마무리한다.

⑥ 톱을 접착제로 고정해서 완성

▶ 깃털 주걱붕어 찌ⓑ

재료 선택할 수 있는 이점

1개로는 균형을 잡기 어려운 이유에서 생각된 것이 몇 개인가의 깃털의 좋은 부분만을 2장, 3장으로 나눠서 만드는 방법이다.

이 방법이라면 그림①의 단계에서 2장, 혹은 3장의 재료를 조합했을 때에 완전에 가까운 원추형이 되도록 재료를 선택할 수 있다.

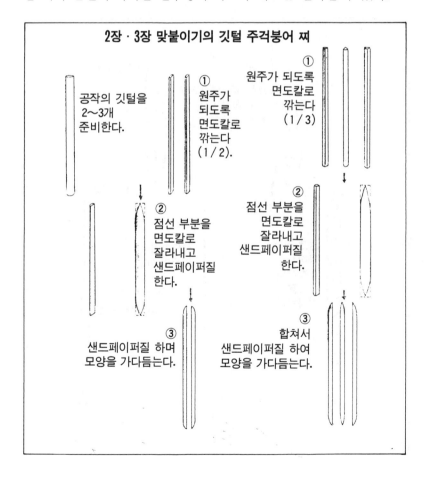

2장 · 3장 맞붙이기의 깃털 주걱붕어 찌

공작의 깃털을 2~3개 준비한다.

① 원주가 되도록 면도칼로 깎는다 (1/2).

② 점선 부분을 면도칼로 잘라내고 샌드페이퍼질 한다.

③ 샌드페이퍼질 하며 모양을 가다듬는다.

① 원주가 되도록 면도칼로 깎는다 (1/3)

② 점선 부분을 면도칼로 잘라내고 샌드페이퍼질 한다.

③ 합쳐서 샌드페이퍼질 하여 모양을 가다듬는다.

접착제의 사용법

이 방법으로 주걱붕어 찌를 만들 때의 어려움은 그림④의 단계에 있다. 아무리 완전에 가까운 재료를 사용해도 접착제가 치우쳐 버리거나 얼룩이 지거나 하면 외견상은 균형이 잡혀 있는 듯이 보여도 중심이 틀어져 버린다. 사용하는 접착제는 가능한 한 액상 타입을 선택해서 신중히 맞붙인다.

브랑코의 뿌리에 줄을 감아서 고정해도 좋다.

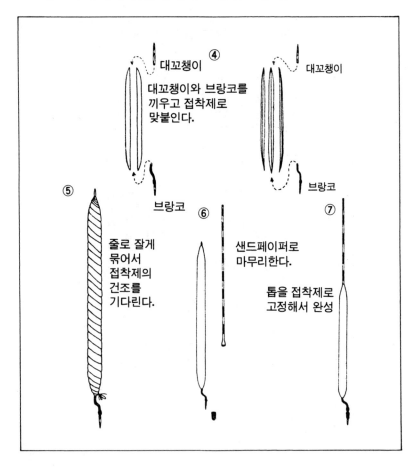

▶ 황매화나무의 심 안표

윗 칠은 충분히 한다

황매화나무의 가지 속에는 수숫대와 같은 심이 들어 있기 때문에 이것을 이용해서 안표를 만든다. 최근에는 황매화나무의 심을 사용한 안표가 상당히 많이 시판되고 있지만 가격은 제법 비싸다. 재료만 있으면 만드는 법은 그다지 어렵지 않기 때문에 꼭 스스로 만들어 보자.

황매화나무의 심은, 물을 흡수하기 때문에 윗칠은 확실히 한다.

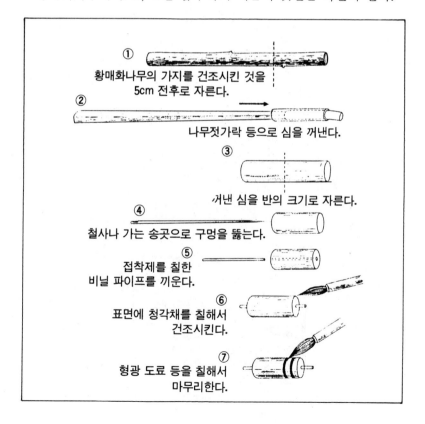

① 황매화나무의 가지를 건조시킨 것을 5cm 전후로 자른다.

② 나무젓가락 등으로 심을 꺼낸다.

③ 꺼낸 심을 반의 크기로 자른다.

④ 철사나 가는 송곳으로 구멍을 뚫는다.

⑤ 접착제를 칠한 비닐 파이프를 끼운다.

⑥ 표면에 청각채를 칠해서 건조시킨다.

⑦ 형광 도료 등을 칠해서 마무리한다.

▶물새의 깃털 안표

소형으로 만든다

 재료의 입수가 조금 어렵지만 재료만 있으면 만드는 법은 간단하다. 물새의 깃털은 표면에 유상의 것이 있어 물을 튀겨 버린다. 그 때문에 잘못해서 흐름 속에 담궈 버려도 닭털과 같이 뭉쳐 버리는 일은 없어 매우 사용하기 쉽다. 깃털의 안표는 물고기에게 털 낚시라고 착각시키기 쉬우므로 소형으로 만드는 것이 요령이 된다.

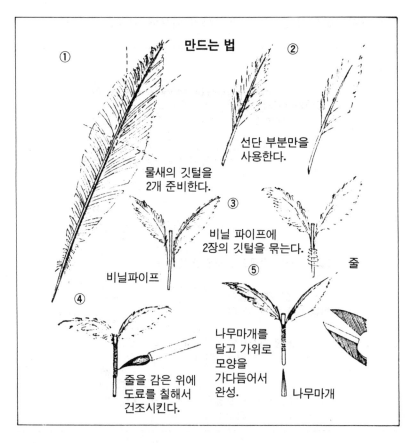

만드는 법

① 물새의 깃털을 2개 준비한다.

② 선단 부분만을 사용한다.

③ 비닐 파이프에 2장의 깃털을 묶는다.

비닐파이프

줄

④ 줄을 감은 위에 도료를 칠해서 건조시킨다.

⑤ 나무마개를 달고 가위로 모양을 가다듬어서 완성.

나무마개

▶구멍 봉돌의 가공

양옆을 줄로 고정시킨다

은어의 놀림 낚시에 사용하는 낚싯봉이나 참붕어의 맥 낚시에 사용하는 낚싯봉은 양옆을 줄로 고정할 수 있는 편이 편리한 경우가 있다. 시판 낚싯봉 중에도 그런 낚싯봉은 있지만 의외로 수는 적은 것 같다. 그런 때 구멍 봉돌에 그림과 같은 가공을 해서 사용하면 좋다. 뱀장어, 잉어의 버림 봉돌식의 채비에는 대용 낚싯봉이 경제적이다.

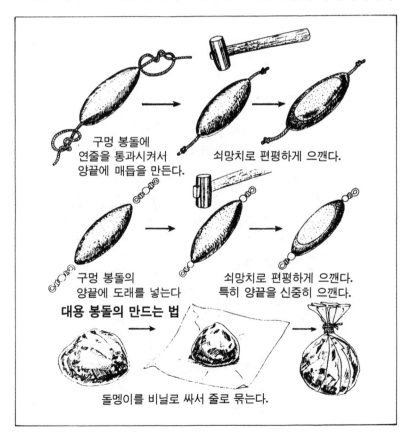

구멍 봉돌에 연줄을 통과시켜서 양끝에 매듭을 만든다.

쇠망치로 편평하게 으깬다.

구멍 봉돌의 양끝에 도래를 넣는다

쇠망치로 편평하게 으깬다. 특히 양끝을 신중히 으깬다.

대용 봉돌의 만드는 법

돌멩이를 비닐로 싸서 줄로 묶는다.

▶털 낚시의 감는 법

시험해 보기 바라는 곤들매기 낚시

털 낚시의 감는 법에는 매우 많은 종류가 있어 도저히 다 소개할 수 없다. 위의 감는 법은 가장 일반적인 털 낚시의 감는 법이지만 비전문가가 만든 털 낚시라도 물고기는 제법 낚이는 방법이다. 곤들매기는 비교적 간단히 낚을 수 있기 때문에 한번 시험해 보면 좋을 것이다. 자신이 감은 털 낚시에 물고기가 물렸을 때의 기쁨은 한층 더하다.

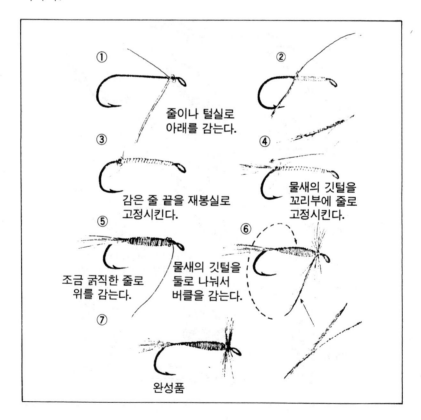

① 줄이나 털실로 아래를 감는다.

②

③ 감은 줄 끝을 재봉실로 고정시킨다.

④ 물새의 깃털을 꼬리부에 줄로 고정시킨다.

⑤ 조금 굵직한 줄로 위를 감는다. 물새의 깃털을 둘로 나눠서 버클을 감는다.

⑦ 완성품

▶ 플러그의 만드는 법

한마디로 플러그라고 해도 모양, 움직임, 성질 등에 따라서 매우 많은 종류가 있다.

플로팅 타입

여기에 소개하는 플러그, 플로팅 타입(물에 뜬다)의 플러그 만드는 법이지만 원칙적으로는 이 만드는 법으로 대부분의 플러그를 만들 수 있다. 즉, 만일 싱킹 타입(물에 가라앉는다)의 플러그를 만들고

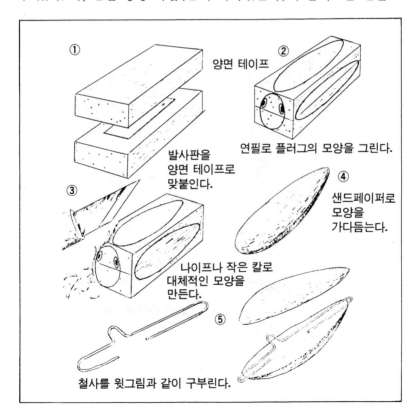

① 발사판을 양면 테이프로 맞붙인다.

양면 테이프

② 연필로 플러그의 모양을 그린다.

③ 나이프나 작은 칼로 대체적인 모양을 만든다.

④ 샌드페이퍼로 모양을 가다듬는다.

⑤ 철사를 윗그림과 같이 구부린다.

싶으면 그림⑥의 단계에서 넣는 낚싯봉을 크게 하면 되고, 또한 립 (저항판)을 달아서 움직임에 변화를 줄 수도 있다.

맞붙임은 빈틈없이

플러그를 만들 때에 주의해야 하는 것은 그림⑦의 단계에서 맞붙일 때에 틈을 두지 않는다고 하는 점이다. 또 하나는 재량이 물을 흡수하는 발사재이기 때문에 윗칠을 확실히 한다.

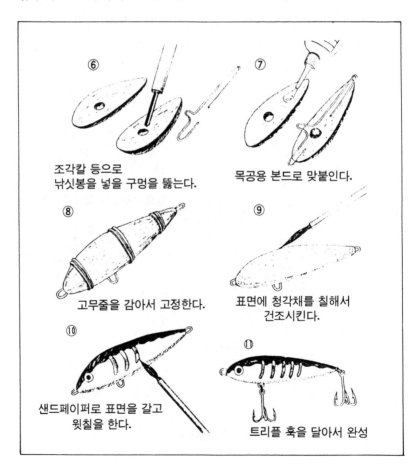

⑥ 조각칼 등으로
낚싯봉을 넣을 구멍을 뚫는다.

⑦ 목공용 본드로 맞붙인다.

⑧ 고무줄을 감아서 고정한다.

⑨ 표면에 청각채를 칠해서
건조시킨다.

⑩ 샌드페이퍼로 표면을 갈고
윗칠을 한다.

⑪ 트리플 훅을 달아서 완성

▶스푼의 만드는 법

스푼으로 만드는 루어

루어의 기원은 스푼(숟가락)에 있다고 하는 것은 유명한 이야기이
지만 이것은 거짓말과 같은 사실이다. 현재 시판되고 있는 루어(스
푼) 중에도 그대로 숟가락 으로서 사용하는 듯한 형태를 하고 있는
것이 몇 가지 있다. 따라서 우리들이 일상 생활에서 사용하고 있는
숟가락에 바늘을 달아서 당겨보니 물고기가 낚였다고 해도 아무것도
이상할 것 없다.

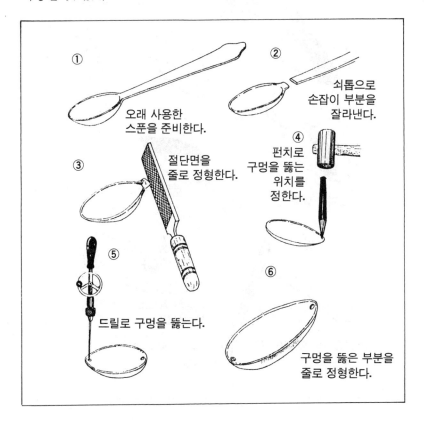

① 오래 사용한 스푼을 준비한다.

② 쇠톱으로 손잡이 부분을 잘라낸다.

③ 절단면을 줄로 정형한다.

④ 펀치로 구멍을 뚫는 위치를 정한다.

⑤ 드릴로 구멍을 뚫는다.

⑥ 구멍을 뚫은 부분을 줄로 정형한다.

본체와 자루로 2종류의 루어

오래 사용한 숟가락을 사용해서 수제 스푼을 만들어 보자. 원래 현재의 스푼(루어)의 원형을 하고 있다고 일컬어지고 있으니까 모양을 바꿀 필요는 없다. 그러나 자루가 달린 채로는 아무래도 모양새가 좋지 않다. 그래서 자루를 떼서 본체와 자루 2개의 루어를 만들어 보자. 이미 시험한 사람도 많고 옥새송어 등에는 상당히 효과적이라고 한다.

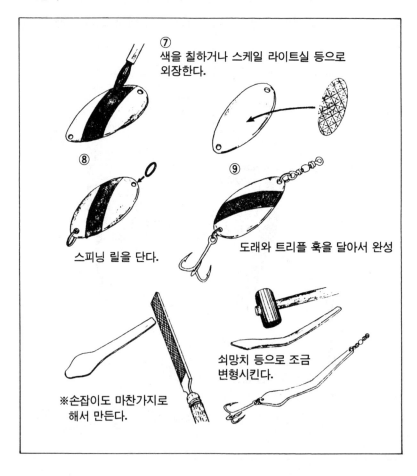

⑦ 색을 칠하거나 스케일 라이트실 등으로 외장한다.

⑧ 스피닝 릴을 단다.

⑨ 도래와 트리플 훅을 달아서 완성

※손잡이도 마찬가지로 해서 만든다.

쇠망치 등으로 조금 변형시킨다.

□꼭 알아두어야 할 상식
낚시꾼의 매너

▶좁아지는 낚시터

많은 낚시꾼이 레저로서 낚시를 즐기기 위해서는 그 나름대로의 룰이 필요하게 된다. 특히 강 낚시에 있어서는 해마다 늘어나는 택지 조성이나 매립 등의 영향으로 그렇지 않아도 낚시터는 좁아져서 물고기들은 나날이 적어지고 있다. 현재와 같은 반방치 상태가 계속되면 물고기 낚시는 가까운 장래에 전혀 즐길 수 없게 되어 버릴지도 모른다.

▶기준 없는 낚시 규제

낚시의 선진국이라고 일컬어지는 서양 여러 나라에서는 상당히 이전부터 엄격한 규제가 마련되어 있어 미국이나 캐나다 등에서는 라이센스제(차를 운전하는데 면허증이 필요한 것처럼 물고기를 낚기 위해서는 라이센스의 취득이 의무지워져 있다)가 확립해 있다. 그러나 국내에서는 아직 미비한 점이 많으므로, 앞으로 규제를 강화해 나가야 할 것이다.

▶ 중요한 한 사람 한 사람의 자각

규칙이나 법률이 있든 없든 상관없이 한 사람 한 사람의 낚시꾼이 확실한 자각을 갖고, 지켜야 하는 룰은 확실히 지킨다고 하는 점이 현재에 있어서 최선책이라고 말할 수 있다.

▶ 위험물의 처리

청 · 계류의 낚시 등에서 강 속을 걷고 있다가 빈 병 파편이나 빈 깡통 뚜껑 등으로 장화를 찢어뜨리거나, 발을 다치거나 하는 경우가 흔히 있다. 낚시터는 낚시를 사랑하는 낚시꾼 전원의 것이다. 공유 재산인 중요한 낚시터에 위험물이나 쓰레기를 버리는 것은 스스로 자신의 재산을 방기하는 것과 같다. 빈 병이나 빈 깡통 등을 강 속이나 강바닥에 버리는 행동을 절대로 삼가하고 반드시 정해진 장소에 버린다.

▶ 모닥불의 뒷처리

추운 시기의 낚시에서는 손이 시리거나 발이 차가와지거나 하므로 모닥불을 쬐고 싶어지는 법이다. 장소를 선택해서 하면 절대로 해서는 안 된다고 할 수도 없을 것이다. 그러나 뒷처리만큼은 확실히 해야 한다. 특히 계류 지역에서는 산불의 원인도 될지 모르니까 신중히 해야 할 것이다.

또한 농가에서 보존하고 있는 짚 등을 멋대로 태우는 행동은 절대로 삼가하자.

▶논밭을 짓밟지 말라

참붕어 낚시 등에서 흔히 논이나 밭 속을 걷고 있는 낚시꾼을 보는데 지름길이라고 해서 논이나 밭 속을 걸어서는 절대로 안 된다. 타인에게 폐를 끼치면 낚시꾼으로서 실격이다.

제 2 부

강낚시의
채비지식

제1장
강 · 호수 낚시의 지식

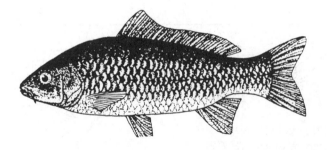

강·호수 낚시의 즐거움

낚시는, 매우 즐거운 레저이다.

특히 최근은 도시화가 진행되어, 때로는 자연이 크게 파괴되어 있는 경우도 적지 않다. 자연 속에서 지내는 경우가 많은 낚시는,

상실되고 있는 자연을 되찾는 원동력이 될 수 있다고 하는 의미에서
도, 재평가되고 있는 존재이다.

동시에, 생활의 다양화에 따라서 레저로서의 낚시를 즐기는 데에
덧붙여서, 그 주위에 있어나는 여러 가지 부산물적인 즐거움을 찾는
경향이 강해지고 있는 것도 사실이다.

예를 들면, 낚시의 계획을 세우는 것부터 시작되어, 준비를 하고,
여행을 생각하고, 귀중한 자연을 접하고, 물고기를 낚고, 낚시터에서
는 쿠킹을 즐기고, 커피까지 끓이기 때문에, 야외 생활의 하루는 무한
한 즐거움을 갖는다. 그리고 더욱, 어탁을 떠서, 낚은 물고기의 기록
을 남기거나, 가지고 돌아온 물고기를 정성껏 요리해서 먹고, 동료와
이야기하는 등, 여러 가지 점을 생각하면, 이 즐거움은 한없이 넓어지

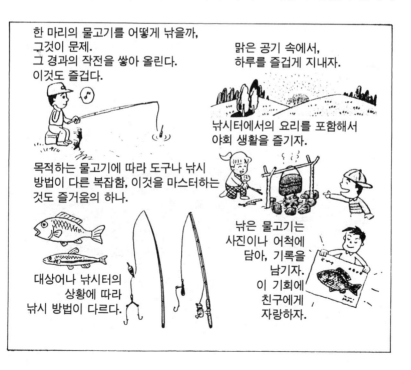

는 것이다.

단, 강과 호수 낚시에도, 여러 가지 분야가 있다. 대상어에 따라서, 각각 다른 낚시 방법이 있음과 동시에, 같은 종류의 물고기라도, 그 사는 장소나 상황에 따라서 낚시 방법을 바꾸어야 한다. 물론, 도구도 다르다. 성가신 것 같지만, 익숙해지면 이것도 즐거움의 하나가 된다.

어쨌든, 맑은 공기의 아름다운 자연환경 속에서 지내는 하루는, 물고기를 낚는 데에 덧붙여서, 귀중한 체험이 될 것이다. 단순한 레저로부터 벗어나서, 대자연 속에 녹아 드는 마음과 연구 의욕이 있으면, 춘풍에 흔들리는 벌거벗은 나무의 새싹, 눈을 찌르는 여름의 녹음, 붉게 불타는 가을 단풍, 온통 하얀 겨울 경치를 간과할 리가 없다.

큰 마음으로 여유 있게 즐기는 법, 그것이 앞으로의 낚시에는 중요하다.

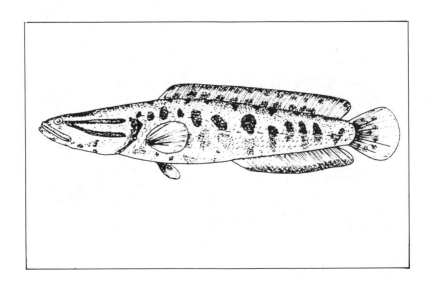

낚시의 룰을 알자

  우리나라는 좁은 국토인데 비해 그 지형상 수질자원이 풍부하고, 어종이 풍부해서, 훌륭한 낚시터를 형성하고 있다. 그렇지만, 룰을 지키지 않고 무모하게 휘두르면, 이 낚시터들은 순식간에 멸망한다. 이런 일이 없도록, 또 낚시의 즐거움을 오래 자손에게 물려주기 위해서 룰을 지켜, 낚시터나 물고기를 중요시 여기는 마음 가짐이 필요하다.

  동시에, 즐거운 낚시의 하루를 지내기 위해서도 룰을 지켜, 타인에게 폐를 끼치지 않는 것도 중요하다.

〈먼저 들어간 사람이 우선〉

낚시터에 사람이 있으면,
그 사이에 무리하게 비집고
들어가지 않도록 하자.
특히, 미끼를 뿌려서 물고기를
모으고 있는 곳에는 들어가지
않는 편이 기본.

이 외에도, 여러 가지 룰이 있어요.
어쨌든, 타인에게 폐를 끼치지
않는다.

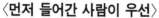

비켜요!

〈계류에서는 추월하지 않는다〉

계류에서는 선행자가 유리하지만,
낚고 있는 사람을 추월하는 행동은
하지 않는다.

앞으로 가려고

30분에서 1시간 정도 기다리면,
또 낚이는데……

이영차! 이영차!

좀 더 멀리 향하면
좋을텐데…….

조용히 낚고 있는 사람의 앞을
보트로 난폭하게 가로지르지 말 것.

강과 호수의 특징

강의 낚시터

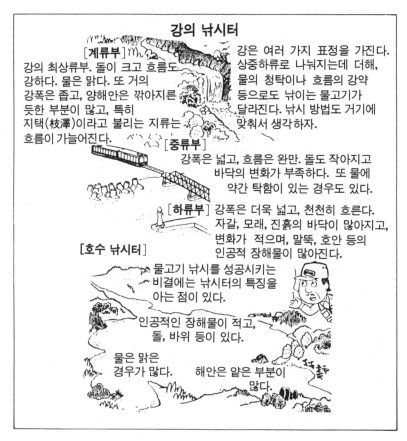

[계류부]

강의 최상류부. 돌이 크고 흐름도
강하다. 물은 맑다. 또 거의
강폭은 좁고, 양해안은 깎아지른
듯한 부분이 많고, 특히
지택(枝澤)이라고 불리는 지류는
흐름이 가늘어진다.

강은 여러 가지 표정을 가진다.
상중하류로 나눠지는데 더해,
물의 청탁이나 흐름의 강약
등으로도 낚이는 물고기가
달라진다. 낚시 방법도 거기에
맞춰서 생각하자.

[중류부]

강폭은 넓고, 흐름은 완만. 돌도 작아지고
바닥의 변화가 부족하다. 또 물에
약간 탁함이 있는 경우도 있다.

[하류부] 강폭은 더욱 넓고, 천천히 흐른다.
자갈, 모래, 진흙의 바닥이 많아지고,
변화가 적으며, 말뚝, 호안 등의
인공적 장해물이 많아진다.

[호수 낚시터]

물고기 낚시를 성공시키는
비결에는 낚시터의 특징을
아는 점이 있다.

인공적인 장해물이 적고,
돌, 바위 등이 있다.

물은 맑은
경우가 많다.   해안은 얕은 부분이
많다.

〈연못 · 늪의 낚시터〉

연못과 늪은 대개 호수만큼 넓지 않아, 낚이는 어종에도 한계가 있다.

해안에는 갈대 등이 밀생하는 장소가 많다.

[연못]
흘러 듦, 흘러 나감을 기다리는 경우도 있다.

인가에 가깝기 때문에 생활 잡폐수의 영향을 받는 경우도 있다.

[늪]

해안은 얕은 부분이 많다.

말뚝이나 잔교 등 인공적인 장해물이 있다.

여름철은 침수 식물군이 밀생한다.

규모의 크고 작음이 심하다. 또는 독립적인 것, 수로로 연결된 것 등이 있지만, 대개 해안은 얕은 대신에 연약하고, 위험을 수반하는 경우도 있기 때문에 주의한다. 또 해안에는, 갈대 등이 밀생하는 장소가 많아, 장소에 따라서는 접근할 수 없는 경우도 있다.

[자연 호수]
반드시 흘러 듦을 갖는다. 이 때문에, 상류부의 강우량이 호수의 상태를 변화시키는 경우가 있다.

해안은 곶이나 후미가 많아 복잡. 면적에 비해 해안선이 길다.

물의 투명도는 낮아 약간 탁함이 있는 경우가 많다.

바닥의 요철이 심하고 침수한 인가 흔적 등이 있다.

[인공 호수]

고목이나 허물어지기 쉬운 급사면을 갖고, 포인트 구성은 복잡.

댐의 근처는 들어갈 수 없는 호수가 많다.

호안은 급하고, 그대로 깊어지고 있는 경우가 많다.

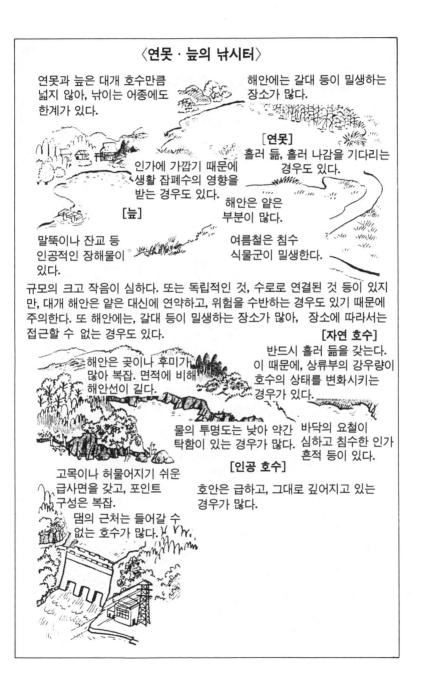

어떤 곳에서, 어떤 물고기가 낚이는가

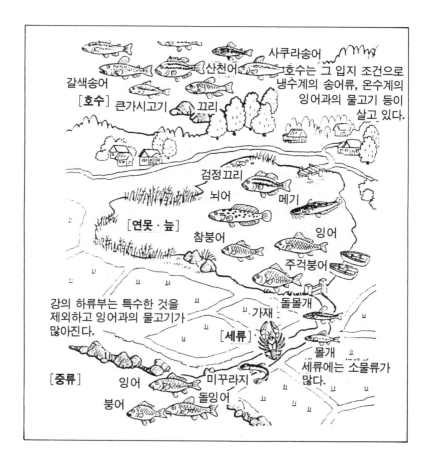

사쿠라송어
산천어
갈색송어
[호수] 큰가시고기
끄리

호수는 그 입지 조건으로 냉수계의 송어류, 온수계의 잉어과의 물고기 등이 살고 있다.

검정끄리
뇌어
메기
[연못·늪]
참붕어
잉어
주걱붕어

강의 하류부는 특수한 것을 제외하고 잉어과의 물고기가 많아진다.

돌몰개
가재
[세류]
몰개
세류에는 소물류가 많다.

[중류]
잉어
미꾸라지
붕어
돌잉어

강과 호수의
물고기를 낚는 방법

강과 호수의 낚시에서는, 낚으려는 물고기를 어떤 방법에 의해 낚느냐, 도구는 어떤 것을 사용하느냐, 채비는 어떤 종류가 적절하느냐 등을 알고 낚시 방법을 생각해야 한다.

그 최대의 포인트는 물론 낚으려는 물고기를 낚기 쉽다, 바꿔 말하자면 물고기의 습성을 알고, 그 낚시터에 맞는 방법을 이용하는 것이 가장 좋은 것은 당연하고, 낚시 방법의 원리를 잘 이해하고, 잘못된 방법을 사용하지 않으면, 물고기는 저쪽에서 자연히 걸려와 버린다.

그러나, 낚시는 많은 취미 중에서도 그 내용은 매우 복잡해서, 그렇게 간단히 결론이 나지 않는 어려움을 갖는 세계이다. 낚는 물고기의 종류가 많아서 강과 호수로 그 범위를 한정해도, 맥 낚시, 찌 낚시, 던질 낚시, 내뿜기 낚시, 몸통 찌르기 낚시, 루어낚시, 플라이 피싱, 텐카나 낚시…… 헤아려 가면 그 방법은 한없고, 더욱 각각에 대해서 세분화할 수 있다.

이와 같이 물고기의 종류나 낚시터, 또는 사용하는 도구에 따라 낚시 방법이 다르기 때문에, 일생을 허비해도 한 어종을 깊이 연구하기는 어렵고, 모든 어종에 대해서 마스터하는 것은 불가능하다고도 생각되어, 이 취미의 깊이를 알 수 있을 것이다.

단, 그 복잡함을 벗어 던지고 물고기를 낚는 전제를 정리해 보면, 대상어의 습성을 알고, 낚시터의 특성을 파악해서, 가장 적정한 방법으로 낚시한다고 하게 된다. 그렇게 하면, 당신도 능숙한 낚시꾼 대열에 낀다. 기초가 되는 방법을 잘 알고, 그 위에서의 응용을 생각하여, 능숙한 피셔맨(fisherman)이 되어 보자.

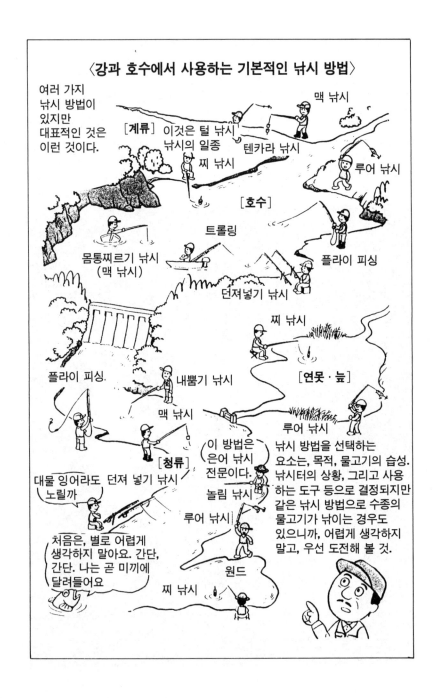

	맥 낚시	내뿜기 낚시	찌 낚시
낚시방법	낚싯대 / 본줄 / 안표 / 낚싯봉 (약간 큼) / 바늘	낚싯대 / 본줄 / 목줄 / 바늘	본줄 / 낚싯대 / 찌 / 낚싯봉 (소) / 바늘
특징	약간 무거운 낚싯봉을 사용하고, 본줄을 당기는 기미로 미끼를 흘린다. 입질은 안표로 캐치한다.	낚싯봉을 사용하지 않고, 미끼를 자연의 상태로 흘리는 것이 특징. 입질은 소형 찌나 본줄의 변화로 안다.	막대 찌, 구슬 찌 등 반드시 찌를 사용하는 것이 특징. 미끼를 물고기의 유영층에 맞추고, 입질은 찌의 변화로 캐치한다.
강에서 낚이는 물고기	황어, 피라미, 산천어, 비파송어, 곤들매기, 옥새송어	황어, 피라미, 옥새송어, 곤들매기, 은어	황어, 피라미, 망상어, 참붕어, 옥새송어, 중고기, 돌잉어
호수에서 낚이는 물고기		황어, 피라미, 긴팔새우, 미꾸라지, 메기, 중고기 몰개	황어, 피라미, 옥새송어, 참붕어, 주걱붕어, 참붕어, 몰개, 검정끄리

플라이 피싱	루어 낚시	몸통찌르기 낚시	던져넣기 낚시
플라이 로드 리더 (목줄) 플라이 플라이 릴	본줄 루어 낚싯대 루어 릴	본줄 릴 낚싯대 바늘 낚싯봉(대)	던질 낚싯대 본줄 편대 낚싯봉(대) 릴
양식의 플라이를 사용하여, 송어류를 낚는다. 단, 최근은 응용범위가 넓어져서, 다른 어종에도 도전	각종의 루어를 사용해서, 던지고는 당겨, 루어의 움직임으로 물고기를 낚는다.	크게 나누면, 맥 낚시의 일종. 짧은 바늘이 몇 개나 달려 있어, 한번에 여러 마리 낚인다.	던져 넣어 미끼를 바닥에 붙이고, 본줄을 당겨서 입질을 기다린다. 대물용
산천어, 비파송어, 곤들매기,옥새송어, 황송어, 황어, 피라미	산천어, 홍송어, 곤들매기, 옥새송어, 큰가시고기, 황어, 메기, 비파송어		황어, 뱀장어, 매기, 잉어, 참붕어, 농어
옥새송어, 갈색송어, 검정끄리, 큰가시고기, 곤들매기, 가물치	검정끄리, 곤들매기, 옥새송어, 송어, 가물치, 큰가시고기, 갈색송어	빙어, 각시송어	잉어, 참붕어, 옥새송어, 곤들매기, 황어

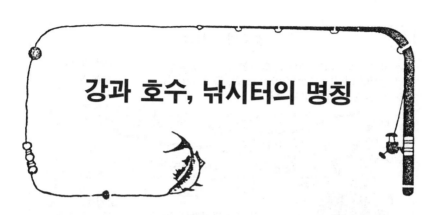

강과 호수, 낚시터의 명칭

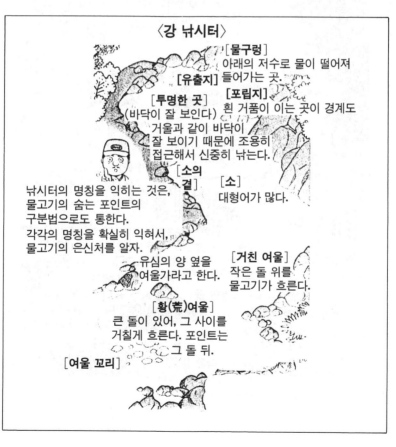

〈강 낚시터〉

[물구렁]
아래의 저수로 물이 떨어져
[유출지] 들어가는 곳.

[투명한 곳]
(바닥이 잘 보인다)
거울과 같이 바닥이
잘 보이기 때문에 조용히
접근해서 신중히 낚는다.

[포립지]
흰 거품이 이는 곳이 경계도

[소의 결]
[소]
대형어가 많다.

낚시터의 명칭을 익히는 것은,
물고기의 숨는 포인트의
구분법으로도 통한다.
각각의 명칭을 확실히 익혀서,
물고기의 은신처를 알자.

유심의 양 옆을
여울가라고 한다.

[거친 여울]
작은 돌 위를
물고기가 흐른다.

[황(荒)여울]
큰 돌이 있어, 그 사이를
거칠게 흐른다. 포인트는
그 돌 뒤.

[여울 꼬리]

322

호수의 낚시터

넓은 낚시터이기 때문에, 어디를 낚아야 좋을지 망설여 버린다. 그런 일이 없도록, 물고기가 있는 장소(포인트)를 알아 두자.

[백 워터]
모든 물고기가 모이는 곳. 초봄과 초가을에는 대물이

[유입지]

[웅덩이]
양쪽의 흐름이 부딪쳐서 웅덩이를 만든다. 물론 먹이도 모이고, 이것을 노린 물고기도 많다.

[유입지]

[고입목]
물고기들의 절호의 은신처

[폭포가 떨어지는 입구]
물을 휘저어, 산소를 잘 녹인다. 건강한 물고기가 많은 곳.

[섬]
주위의 둔덕은 좋은 포인트.

[급사면]
인조호에 많은 산이 무너진 부분.

변화가 있는 곳, 그곳이 우리들의 은신처이다.

[변지]
아침 저녁에는 물고기가 잘 회유한다.

[급심]
여름의 낚시터. 바닥 쪽에 대형어가 많다.

[수풀]

[잔교]

[말뚝]
이 주변에 물고기가 모인다.

얕은 둔덕 조건이 좋을 때는, 이 경사지에서 물고기가 논다. 단 조용히 낚을 것.

[수문]

[U계곡]
바닥이 깊이 패여 있다. 이 변화에 물고기가 모인다.

[쌓인 돌]

[번조대]
새우나 작은 물고기가 숨는다. 이것을 노리는 대형어도 많다.

[수련밀생대]

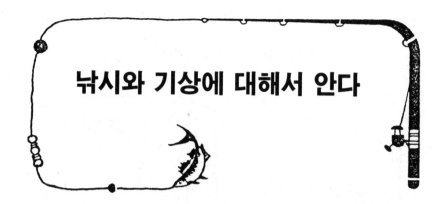

낚시와 기상에 대해서 안다

낚시는 자연을 대상으로 하는 것이기 때문에 기상 변화를 무시할
수 없다.

기후를 무시했기 때문에 위험한 봉변을 당하는 경우도 적지 않고,
잘못하면 목숨조차 잃을지도 모른다. 나가기 전에는, 반드시 일기예
보를 확인하자. 가능하면 일기도의 해독 정도는 할 수 있도록 해
두기 바란다. 다행히, 현재는 기상학이 발달하고 컴퓨터의 도입 등으
로 광범위한 조사가 과학적으로 이루어져서, 기상 현상이 정확하다.
이것을, 적극적으로 낚시에 활용하지 않을 수는 없다.

〈텔레비전, 라디오의 기상현황〉

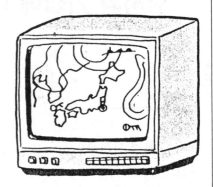

신문의 일기예보는, 발표 후 10시간 정도 지나고 나서 눈에 보이는데 반해, 텔레비전, 라디오의 일기예보는, 바로 현황이라고 부르는데 어울리는 가장 새로운 것. 단, 정보를 정리해서 재빨리 해독할 수 있도록 훈련할 것.

〈신문의 일기도〉

일기도가 매일 조간, 석간에 나온다. 각지의 일기가 며칠 몇 시 현재의 형태로 나오기 때문에, 일기 기호, 풍향, 풍력, 전선 기호 등을 해독해서 참고로 한다.

〈일기도를 읽기 위한 참고〉

기상의 변화는, 낚시에 큰 영향을 준다. 기압이 변해서, 물고기가 갑자기 미끼를 먹지 않게 되는 경우도 있다. 이런 미묘하게 변화하는 자연을 이해할 수 있으면 물속의 생물을 상대로 해서는, 거의 승부가 되지 않는다. 이 기상 변화를 가장 확실히 아는 것은, 보도된 일기 예보나 일기도의 해독, 이것이 중요하다.

[일기 기호]

비   안개비   안개   비설   풍진   흐림   맑음   쾌청

뇌우   진눈깨비   우박   싸라기눈   소낙눈   눈   강풍   소낙비

[풍력 기호]

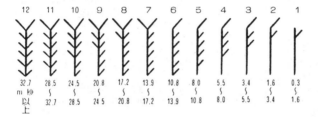

12	11	10	9	8	7	6	5	4	3	2	1
32.7 m秒 以上	28.5 ~ 32.7	24.5 ~ 28.5	20.8 ~ 24.5	17.2 ~ 20.8	13.9 ~ 17.2	10.8 ~ 13.9	8.0 ~ 10.8	5.5 ~ 8.0	3.4 ~ 5.5	1.6 ~ 3.4	0.3 ~ 1.6

[전선 기호]

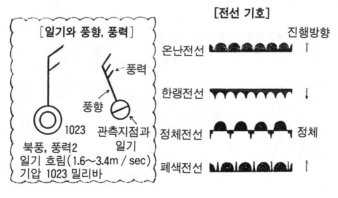

[일기와 풍향, 풍력]

풍력
풍향
1023   관측지점과 일기
북풍, 풍력2
일기 흐림(1.6~3.4m / sec)
기압 1023 밀리바

진행방향
온난전선
한랭전선
정체전선   정체
폐색전선

〈부분적인 일기를 아는 방법〉

강, 호수 낚시에서
좋은 성적을 올리기 위해서는

최근에 낚시를 복합적으로 즐기는 경향이 늘고 있는데, 이것은 좋은 현상이다. 요리를 하거나, 들새 관찰을 하거나, 낚시 틈틈히 야외 생활을 만끽하기 때문에, 그 즐거움은 광범위하게 넓어진다.

그래도, 중심은 낚시이기 때문에, 낚이지 않는 것보다 낚이는 편이 으레 좋고, 누구나가 그렇게 바랄 것이다.

단, 물고기가 낚인다, 낚이지 않는다는 절대 단순한 이유가 아니라,여러 가지 요소가 복잡하게 관계하고 있다. 특히, 과학적 분야에서 낚시를 바라보고, 많은 불가해한 점을 과학적인 눈으로 보려고 하면, 때로는, 지금까지 알지 못했던, 새로운 발견을 하는 경우도 적지 않다. 이 깨닫지 못한 점이 해명되고, 이것이 발화점이 되어, 좋은 성적으로 발전한다.

〈물고기의 습성을 아는 것〉

[회유로도 물고기에 따라서 다르다]

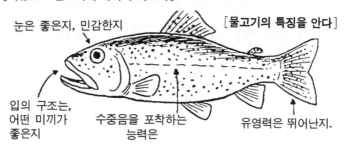

눈은 좋은지, 민감한지

[물고기의 특징을 안다]

입의 구조는, 어떤 미끼가 좋은지

수중음을 포착하는 능력은

유영력은 뛰어난지.

물고기에게는, 각각 특유한 성질이 있어, 이 성질을 아는 것은 목적 물고기를 낚는데 있어서 중요한 의미를 갖는다.

[포인트 선정도 물고기의 습성에 맞춰서]

흐름을 좋아하는 물고기는 흐름 속을.

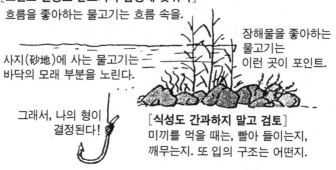

장해물을 좋아하는 물고기는 이런 곳이 포인트.

사지(砂地)에 사는 물고기는 바닥의 모래 부분을 노린다.

그래서, 나의 형이 결정된다!

[식성도 간과하지 말고 검토]

미끼를 먹을 때는, 빨아 들이는지, 깨무는지. 또 입의 구조는 어떤지.

[미끼도 물고기의 습성이 중심]

날물고기   소세지

나는 초식성 모두 좋아하지 않는다.

〈낚시터에 정통할 것〉

낚시터에 서서, 물고기가 모이는 곳을 판단할 수 있다.
낚시용어로 '낚시터를 읽는다'
'포인트를 파악한다'고
말하지만, 이것도 물고기를
낚는 전제로서 중요한
부분이다.
한 낚시터에 다니며,
철저하게 그 낚시터를
안다.

[홈 그라운드를 갖는다]

**흐름으로
물고기의
휴식점을
찾는다.**

유심에서는 흐름이 너무
강해서, 멈춰 있는데
지쳐 버린다.

[장해물 그 수면 아래는]

나무나 돌의 장해물은
좋은 포인트.
문제는 그 수면 아래가
어떻게 되어 있느냐.
이것을 모르면 안 됨.
짐작이 어긋나도
낚을 수
없다.

바위나 나무 뒤의 완류부,
그곳이 물고기가
모이는 곳.

수면 아래의 상태를
모르면, 채비를 조절할 수
없을 뿐만 아니라,
물고기도 낚을 수
없다.

[자연조건으로 집합지를 판단]

계절, 기후, 시간,
수질 등으로 물고기
층이 변한다.

해안이 날카롭게
깎아지르면 수중도
깊이 떨어져 들어가
있을 것.

〈채비에 주의할 것〉

채비에 무관심한 사람이 많은 것도 곤란하다. 이것도 과학적으로
생각된 것이니까, 물고기에게 맞는 것을 사용할 것. 이것이 중요하다.
베테랑의 채비는, 아름다울 뿐만 아니라 이론적으로 되어 있다.

**[사람이 많이 들어가는
낚시터에서는]**

줄을 가늘게, 바늘도
한층 작게 하는
연구도 필요.

[채비는 신경을 써서 만든다]

채비는 최초로
물고기에게
닿는 것. 신경을
써서 만들자.

**[채비는 목적 물고기에게
맞는 것을]**

목적 물고기에게 맞는
합리적인 것, 물고기를
낚기 쉽게 한다.

[채비란]

줄, 찌, 바늘,
낚싯봉 등을
조합해서,
곧 사용할 수
있도록 한 것,
그것을 채비라
고 한다.

〈낚시의 기술을 익힐 것〉

목적 물고기에 따라 기술이 다르다는 사실을 알 것

낚시의 기술은, 기본적으로는 동일.
그래도, 목적 물고기에 따라 미묘하게 다르다고 하는 사실은 알면, 기술의 진보도 빠르다.

공부할 것

기술을 진보시키는 전제로서 여러 가지 지식을 익히자.

아무리 우수한 낚싯대나 도구를 갖고 있어도, 그 사람의 기술이 따르지 않으면 고양이에 편자, 쓸모없다.

[도구를 다룰 것]

우수한 도구는, 당신의 기술을 도울 뿐……

[낚시터에 뻔질나게 다닐 것]

뭐니뭐니해도, 직접 낚시터에서 실전적인 경험을 쌓는 것이, 제일의 지름길.

〈신선한 미끼를 이용할 것〉

[신선한 미끼와 그렇지 않은 것 결과에 역력히 차이가 생긴다]

신선하지 않은 미끼   신선한 미끼

신선한 미끼일수록 물고기가 잘 낚인다.

쓸쓸하구나

[신선하고 대상어에게 맞는 것]

[부패 직전의 냄새가 강한 것]

냄새가 강한 미끼가 효과적인 경우가 있다.

신선한 데다가 목적 물고기에게 맞는 미끼, 이 2점이 갖춰지면 미끼에 관해서는 만점.

[미끼는 현장 조달이 기본]

현장에서 잡는 미끼는 항상 신선. 따라서 물고기도 잘 낚인다고 하는 것. 떡밥 등도 낚시터에서 만들면 좋다.

강벌레나 낚시터 근처에서 잡는 거미나 메뚜기는, 물고기에게 있어서도 효과있는 미끼.

여름은, 미끼의 신선도를 유지하는데 쿨러 등을 사용하면 좋다.

〈낚시 정보를 활용할 것〉

[동료끼리 정보교환을 한다]

낚시를 좋아하는 동료끼리라면,
그 정보 교환도 중요한
작업 중 하나.

현대는 정보사회, 이것을 활용하지
않는 방법은 없다. 특히 낚시 정보가,
각 스포츠지에 게재된다.
이것을 참고로 해서 계획을
세우는 것도 좋다.

[정보를 정확히 읽는다]

낚시 성과가 많은 쪽에 눈이 가기 쉽다.
그러나, 이것은 베테랑의 것이 많기
때문에, 누구나 낚을 수 있다고
착각하지 않는 편이 무난.

[정보가 많으니까 휘둘리지 않도록]

정보가 많기 때문에 망설이기 쉽다.
정확히 읽고, 판단할 수 있는 능력을
기르자.

〈컨디션을 조절할 것〉

[최상의 컨디션으로]

지친 몸으로 낚시터에 가도,
절대 좋은 성적은 올릴 수 없다.

언뜻 유유히 하고 있는 것 같지만, 입질을
캐치하는 승부는 순간에 결정된다.

[체력을 키운다]

[수면 부족은 큰 적]

욱 – 낚시
할 형편이
아니다.

[보트 낚시에서도]

연일 밤샘을 한 몸은,
낚시에 적합치 않다.

보트에서 낚을 때는,
컨디션이 나쁘면
배멀미하는
경우도 있다.

낚시 중에서도
계류 낚시나
던질 낚시는,
체력을 필요로
한다.
컨디션을 조절하
는 것과 동시에,
체력도 키워둔다.

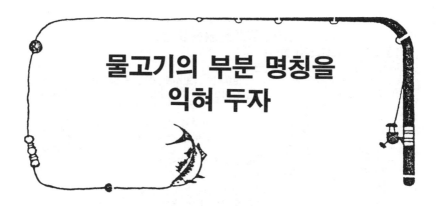

물고기의 부분 명칭을 익혀 두자

강, 호수의 물고기 뿐만 아니라, 어떤 물고기라도 각각에 공통한 부분적인 이름이 있다. 머리, 몸통, 꼬리, 지느러미 등, 잘 알려진 일반 적인 이름부터, 친숙하지 않은 물고기까지 있다. 이것들은, 낚시꾼의 상식으로서, 알아 둘 필요가 있다.

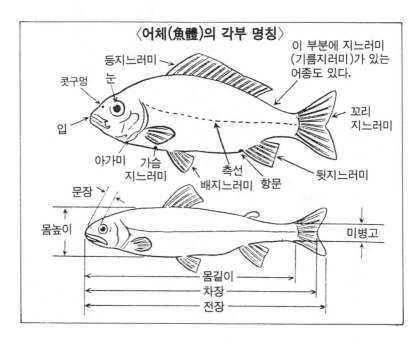

〈어체(魚體)의 각부 명칭〉

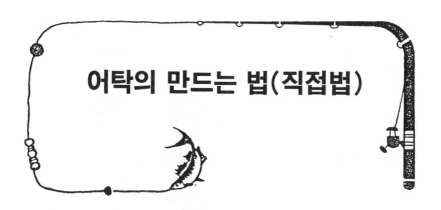

어탁의 만드는 법(직접법)

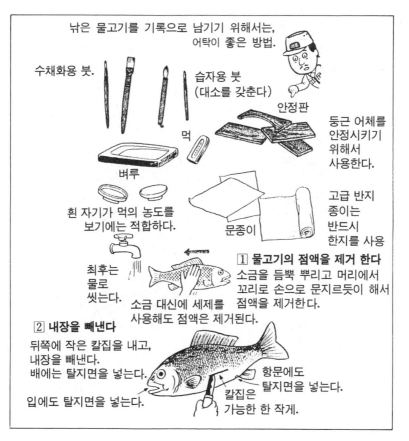

낚은 물고기를 기록으로 남기기 위해서는, 어탁이 좋은 방법.

수채화용 붓.

습자용 붓
(대소를 갖춘다)

먹

벼루

흰 자기가 먹의 농도를 보기에는 적합하다.

안정판

둥근 어체를 안정시키기 위해서 사용한다.

문종이

고급 반지 종이는 반드시 한지를 사용

① 물고기의 점액을 제거 한다
소금을 듬뿍 뿌리고 머리에서 꼬리로 손으로 문지르듯이 해서 점액을 제거한다.

최후는 물로 씻는다.

소금 대신에 세제를 사용해도 점액은 제거된다.

② 내장을 빼낸다

뒤쪽에 작은 칼집을 내고, 내장을 빼낸다.
배에는 탈지면을 넣는다.

입에도 탈지면을 넣는다.

항문에도 탈지면을 넣는다.

칼집은 가능한 한 작게.

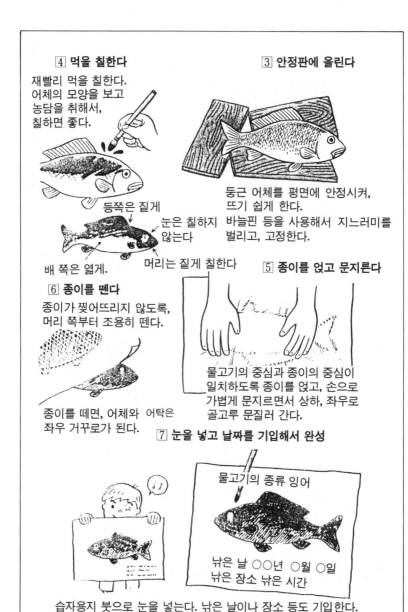

4 먹을 칠한다

재빨리 먹을 칠한다.
어체의 모양을 보고
농담을 취해서,
칠하면 좋다.

등쪽은 짙게
배 쪽은 엷게.
눈은 칠하지 않는다
머리는 짙게 칠한다

3 안정판에 올린다

둥근 어체를 평면에 안정시켜,
뜨기 쉽게 한다.
바늘핀 등을 사용해서 지느러미를
벌리고, 고정한다.

5 종이를 얹고 문지른다

물고기의 중심과 종이의 중심이
일치하도록 종이를 얹고, 손으로
가볍게 문지르면서 상하, 좌우로
골고루 문질러 간다.

6 종이를 뗀다

종이가 찢어뜨리지 않도록,
머리 쪽부터 조용히 뗀다.

종이를 떼면, 어체와 어탁은
좌우 거꾸로가 된다.

7 눈을 넣고 날짜를 기입해서 완성

물고기의 종류 잉어
낚은 날 ○○년 ○월 ○일
낚은 장소 낚은 시간

습자용지 붓으로 눈을 넣는다. 낚은 날이나 장소 등도 기입한다.

어탁의 만드는 법(간접법)

이 방법은 물고기에 종이를 쒸우고, 위에서 솜방망이로 두들겨, 물고기의 모양을 종이에 찍는 법.

그림물감

그림접시

솜방망이

분무기

드라이어

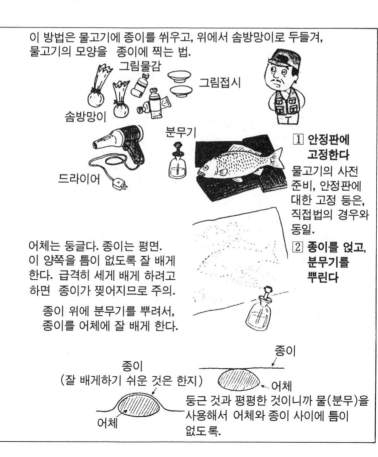

1 안정판에 고정한다
물고기의 사전 준비, 안정판에 대한 고정 등은, 직접법의 경우와 동일.

2 종이를 얹고, 분무기를 뿌린다

어체는 둥글다. 종이는 평면. 이 양쪽을 틈이 없도록 잘 배게 한다. 급격히 세게 배게 하려고 하면 종이가 찢어지므로 주의.

종이 위에 분무기를 뿌려서, 종이를 어체에 잘 배게 한다.

종이

종이
(잘 배게하기 쉬운 것은 한지)

어체

어체

둥근 것과 평평한 것이니까 물(분무)을 사용해서 어체와 종이 사이에 틈이 없도록.

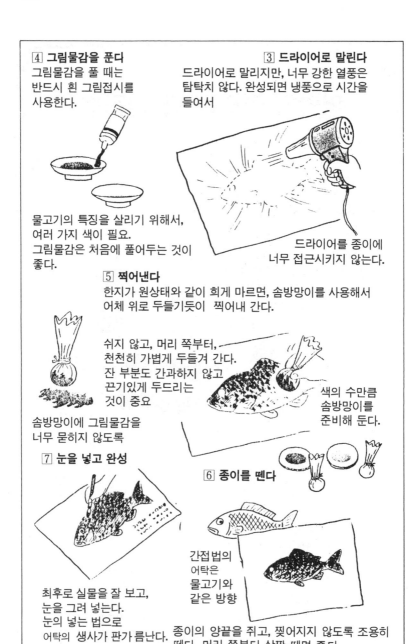

4 그림물감을 푼다
그림물감을 풀 때는 반드시 흰 그림접시를 사용한다.

3 드라이어로 말린다
드라이어로 말리지만, 너무 강한 열풍은 탐탁치 않다. 완성되면 냉풍으로 시간을 들여서

물고기의 특징을 살리기 위해서, 여러 가지 색이 필요. 그림물감은 처음에 풀어두는 것이 좋다.

드라이어를 종이에 너무 접근시키지 않는다.

5 찍어낸다
한지가 원상태와 같이 희게 마르면, 솜방망이를 사용해서 어체 위로 두들기듯이 찍어내 간다.

쉬지 않고, 머리 쪽부터, 천천히 가볍게 두들겨 간다. 잔 부분도 간과하지 않고 끈기있게 두드리는 것이 중요

솜방망이에 그림물감을 너무 묻히지 않도록

색의 수만큼 솜방망이를 준비해 둔다.

7 눈을 넣고 완성

6 종이를 뗀다

간접법의 어탁은 물고기와 같은 방향

최후로 실물을 잘 보고, 눈을 그려 넣는다. 눈의 넣는 법으로 어탁의 생사가 판가름난다.

종이의 양끝을 쥐고, 찢어지지 않도록 조용히 뗀다. 머리 쪽부터 살짝 떼면 좋다.

물고기의 박제 만드는 법

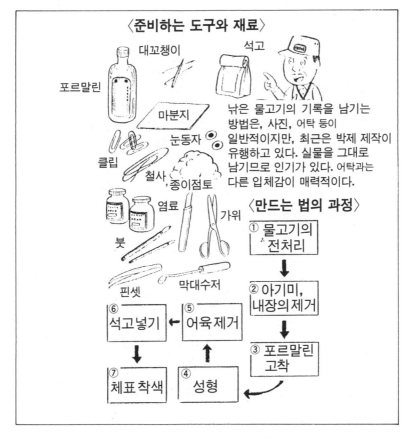

〈준비하는 도구와 재료〉

포르말린
대꼬챙이
석고
마분지
눈동자
클립
철사, 종이점토
염료
가위
붓
핀셋
막대수저

낚은 물고기의 기록을 남기는 방법은, 사진, 어탁 등이 일반적이지만, 최근은 박제 제작이 유행하고 있다. 실물을 그대로 남기므로 인기가 있다. 어탁과는 다른 입체감이 매력적이다.

〈만드는 법의 과정〉

① 물고기의 전처리

↓

② 아기미, 내장의 제거

↓

③ 포르말린 고착

④ 성형

⑤ 어육제거

⑥ 석고넣기

⑦ 체표 착색

338

① 물고기의 전처리
물고기를 소금이나 중성세제로 닦아, 점액을 잘 제거한다.

손바닥으로 정성껏 닦는다. 비늘을 떨어뜨리지 않도록 주의해서.

아가미도 제거해 두면 좋다.　눈동자도 제거하고 잘 씻는다.

② 아가미, 내장의 제거
배 뒤쪽을 메스로 둥글게 자르고, 내장을 제거한다.

배 뒤쪽은, 너무 크게 벌리지 않는 편이 좋다.

핀셋을 사용하여, 남김없이 내장을 깨끗이 제거한다.

③ 포르말린 고착
바닥이 편평한 용기에 포르말린과 물을 넣는다. 물100에 대해 포르말린 1의 비율.

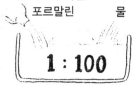

포르말린은 극약. 취급에는 충분히 주의하자.

④ 어체의 성형
포르말린액에서 꺼내어, 수분을 닦는다.

내장의 부분에 솜을 넣고, 모양을 가다듬고 나서 건조시킨다.

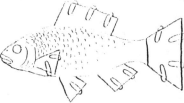 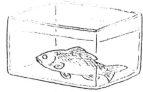

지느러미는 벌려서 마분지를 대고, 클립으로 고정해서 건조시킨다.　물고기가 바닥에 편평해지도록 해서, 하루에서 2일간, 이 포르말린액에 담가 둔다.

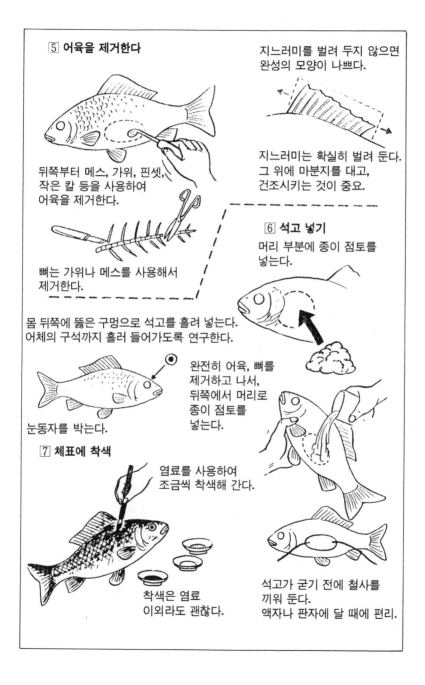

5 어육을 제거한다

지느러미를 벌려 두지 않으면 완성의 모양이 나쁘다.

뒤쪽부터 메스, 가위, 핀셋, 작은 칼 등을 사용하여 어육을 제거한다.

지느러미는 확실히 벌려 둔다. 그 위에 마분지를 대고, 건조시키는 것이 중요.

6 석고 넣기

머리 부분에 종이 점토를 넣는다.

뼈는 가위나 메스를 사용해서 제거한다.

몸 뒤쪽에 뚫은 구멍으로 석고를 흘려 넣는다. 어체의 구석까지 흘러 들어가도록 연구한다.

완전히 어육, 뼈를 제거하고 나서, 뒤쪽에서 머리로 종이 점토를 넣는다.

눈동자를 박는다.

7 체표에 착색

염료를 사용하여 조금씩 착색해 간다.

착색은 염료 이외라도 괜찮다.

석고가 굳기 전에 철사를 끼워 둔다. 액자나 판자에 달 때에 편리.

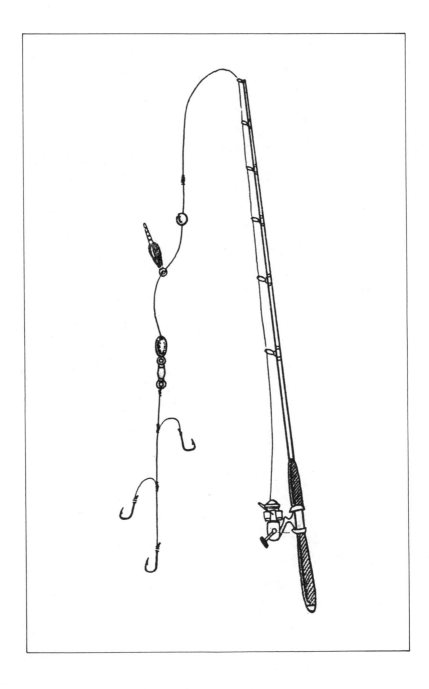

제2장
강과 호수 낚시의 도구들

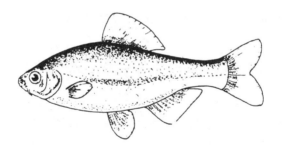

강과 호수 낚시의 낚싯대

낚싯대는, 낚시 도구 중에서도 가장 중요한 위치를 차지한다. 단, 물고기의 종류가 많고, 낚시 방법에도 여러 가지 방법이 있는데다가, 물고기의 대소, 포인트의 원근 등의 조건에 따라서도, 사용하는 낚싯대의 종류가 달라진다. 이것은, 강과 호수의 낚시에서도 다르지는 않다.

이렇게 되면, 이제 어떤 낚싯대를 사용해야 좋을지 망설여 버릴 것이다. 그러나, 사실은 그다지 어렵지 않다.

낚싯대 본래의 역할은, 그 굴곡성이나 탄력성에 의해, 미끼를 목표 지점에 정확히 휘둘러 넣거나, 무리없이, 그것도 확실하게 물고기를 낚아 올릴 수 있다고 하는 것이 큰 목적이다. 그래서, 그 역할을 해주는 낚싯대가 필요하지만, 그 기준이 되는 것은 역시, 어떤 물고기를 낚느냐, 낚시 방법은 어떤 방법을 이용하느냐, 이 두 가지에 의해 선택된다.

물고기를 주체로 생각하느냐, 낚는 방법을 우선시키느냐는 낚시꾼의 자유이지만, 만일 여기에 낚는 계절, 기후, 시간, 수질, 낚시터의 상태 등, 몇 가지의 조건을 가미해서 낚싯대 선택을 할 수 있으면, 이미 어엿한 낚시꾼이 된 것이다.

〈낚싯대의 외관과 부분명칭〉

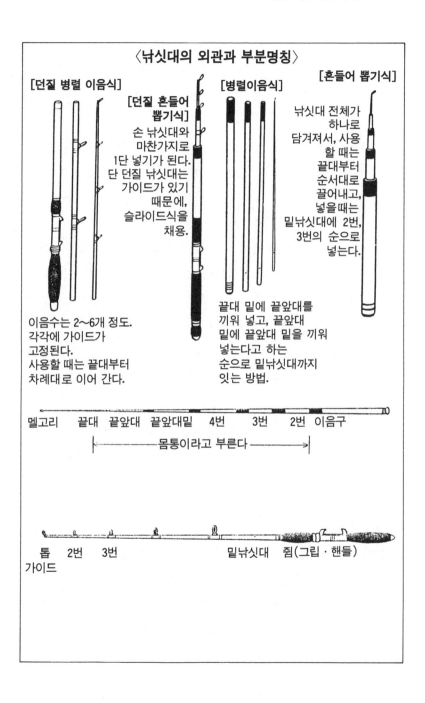

[던질 병렬 이음식]

[던질 흔들어 뽑기식]
손 낚싯대와 마찬가지로 1단 넣기가 된다. 단 던질 낚싯대는 가이드가 있기 때문에, 슬라이드식을 채용.

[병렬이음식]

[흔들어 뽑기식]
낚싯대 전체가 하나로 담겨져서, 사용할 때는 끝대부터 순서대로 끌어내고, 넣을때는 밑낚싯대에 2번, 3번의 순으로 넣는다.

이음수는 2~6개 정도. 각각에 가이드가 고정된다. 사용할 때는 끝대부터 차례대로 이어 간다.

끝대 밑에 끝앞대를 끼워 넣고, 끝앞대 밑에 끝앞대 밑을 끼워 넣는다고 하는 순으로 밑낚싯대까지 잇는 방법.

멜고리 끝대 끝앞대 끝앞대밑 4번 3번 2번 이음구

|←————— 몸통이라고 부른다 —————→|

톱 2번 3번 밑낚싯대 쥠(그립·핸들)
가이드

그리고, 이런 여러 가지 역할을 확실히 해 주는 우수한 낚싯대는, 물고기를 낚는 미묘한 감촉에서 낚는 즐거움이 생기거나, 조작성이 한층 더 좋기 때문에, 낚시 기술을 빨리 숙달시키거나 하는 이점도 갖추게 된다.

강가의 대나무를 잘라서 낚싯대 대용으로 하는 것도 향수가 있어서 절대 나쁘다고는 생각하지 않지만, 미묘한 감촉을 얻을 수 있고, 또 기술을 숙달시켜, 물고기 낚시의 재미를 보다 한층 즐기기 위해서는 역시 우수한 낚싯대가 필요하다.

낚싯대는, 사용하는 목적에 따라서 흔들리기가 다른 것을 사용한다. 크게 구부러지는 부분이 선단에 있느냐 몸통 부분에 있느냐로, 각각 끝흔들리기, 통흔들리기라고 부르고 있다. 이것을, 더욱 낚싯대 전체의 길이를 기준으로, 흔들리기가 있는 부분을 숫자로 나타내어 8 · 2흔들리기, 7 · 3흔들리기 등이라고 부르며, 5 · 5흔들리기라고 하면 구부러지는 부분이 낚싯대 정확히 중간에 있다고 하는 의미가 된다.

그래서, 이런 각 흔들리기의 낚싯대는, 대상어나 낚시터의 상황에 맞춰서 적절한 것을 선택하지만, 끝흔들리기의 낚싯대는 몸통이 세게 앞쪽만 구부러지고, 맞추기가 잘 듣는 데다가, 물고기의 거둬들임 등도 빠른 이점이 있다. 또한, 통흔들리기의 낚싯대는 한가운데 부근이 부드럽게 구부러지기 때문에, 물고기가 미끼를 먹었을 때에 낚싯대의 저항을 느끼는 경우가 적어서 파고 듦이 좋고, 물고기가 걸리고 나서는 그 우수한 탄력으로 다루어 약화시킨다.

또, 저항을 완화시키기 위해, 가는 줄을 사용할 수 있는 이점도 있다. 장해물로 도망치지 않도록 하면, 매우 즐거운 기분을 맛볼 수 있다.

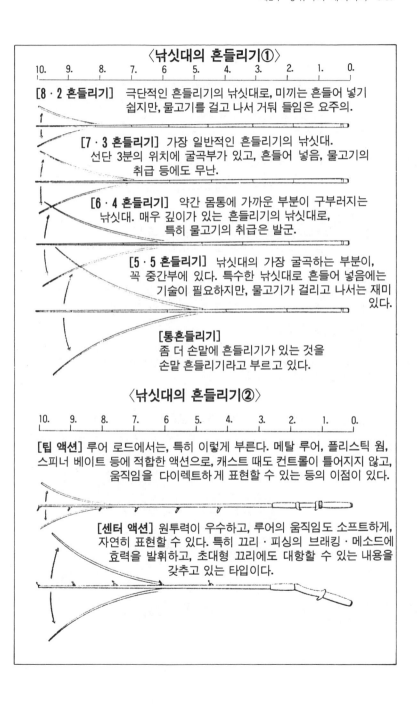

〈낚싯대의 흔들리기①〉

10.　9.　8.　7.　6　5.　4.　3.　2.　1.　0.

[8·2 흔들리기]　극단적인 흔들리기의 낚싯대로, 미끼는 흔들어 넣기 쉽지만, 물고기를 걸고 나서 거둬 들임은 요주의.

[7·3 흔들리기]　가장 일반적인 흔들리기의 낚싯대. 선단 3분의 위치에 굴곡부가 있고, 흔들어 넣음, 물고기의 취급 등에도 무난.

[6·4 흔들리기]　약간 몸통에 가까운 부분이 구부러지는 낚싯대. 매우 깊이가 있는 흔들리기의 낚싯대로, 특히 물고기의 취급은 발군.

[5·5 흔들리기]　낚싯대의 가장 굴곡하는 부분이, 꼭 중간부에 있다. 특수한 낚싯대로 흔들어 넣음에는 기술이 필요하지만, 물고기가 걸리고 나서는 재미 있다.

[통흔들리기] 좀 더 손맡에 흔들리기가 있는 것을 손맡 흔들리기라고 부르고 있다.

〈낚싯대의 흔들리기②〉

10.　9.　8.　7.　6　5.　4.　3.　2.　1.　0.

[팁 액션] 루어 로드에서는, 특히 이렇게 부른다. 메탈 루어, 플리스틱 웜, 스피너 베이트 등에 적합한 액션으로, 캐스트 때도 컨트롤이 틀어지지 않고, 움직임을 다이렉트하게 표현할 수 있는 등의 이점이 있다.

[센터 액션] 원투력이 우수하고, 루어의 움직임도 소프트하게, 자연히 표현할 수 있다. 특히 끄리·피싱의 브래킹·메소드에 효력을 발휘하고, 초대형 끄리에도 대항할 수 있는 내용을 갖추고 있는 타입이다.

346

〈낚싯대의 재질〉

낚시꾼의 요구를 만족시키는 하나의 조건에, 재질의 문제가
있다. 각각에 특징이 있고, 그 기능을 바꾸지만, 예리한
감도도 포함해서, 낚싯대 선정의 기본에 이 재질의 점도
덧붙이자.

대나무제

현재는 취호적인 분야에 들어가서, 희소가치의 낚싯대.
수 작업으로 제작하기 때문에 고가이지만, 이 낚싯대의 팬도 많다.

글라스제

폴리에스텔(페놀) 수지의 것이 많아, 흔히 글라스 낚싯대라고 불리는 것.
굵고 무거운 것이 난점이지만, 탄력이 있고 싼 점이 각광받고 있다.

카본제(글라파이트)

현재의 주류를 이루는 낚싯대. 카본 소재를 여러 가지로 조합해서
낚시꾼의 욕망을 만족시키는 작품이 속속 탄생하고 있다.
가늘어도 강도가 뛰어나다.

보론제

텅스텐 와이어에, 금속 보론을 증착한 섬유를 사용한 낚싯대.

낚시꾼이 요구하는 낚싯대의 기능은,
1. 가볍고 강하다.
2. 감도가 좋고, 탄력이 있다.
3. 가늘어서 묵직하지 않아,
   사용하기 쉽다.
4. 고장 때, 곧 보충할 수 있다.

가늘고 부드럽다.
굴곡성, 탄력성이
뛰어나며, 사용하기
쉬운 것도 재질이
위력을 발휘한다.

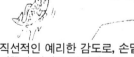

직선적인 예리한 감도로, 손맡부터 끝대까지
이쪽의 의지를 다이렉트로 전달할 수 있는 재질.

〈강과 호수에서 사용하는 낚싯대〉

낚싯대의 명칭은, 낚시터에 의한 것, 낚시 방법에 의한 것,
대상어에 의한 것 3종이 있다. 목적을 잘 생각하고 선택하자.

[은어 낚싯대]
은어 낚시 전용의
낚싯대.
단, 낚시 방법에 따라서
흔들리기가 다르고,
놀림 낚시는 끝대가
가는 탄력 있는
끝흔들리기의 것.
도랑 낚시는 끝대가
굵은 통흔들리기.
굴림 낚시는
7·3 정도의
끝흔들리기가 좋다.
길이는 7~10m까지.

[피라미 낚싯대]
피라미(산천어), 황어 등을
낚는 낚싯대.
외관은 계류 낚싯대와
비슷하지만, 전체적으로
부드럽고 소형어에 대해
감도가 좋게 만들어져 있다.
길이는 4.5m가 표준.

[주걱붕어 낚싯대]
호수, 늪, 연못 등에서
주걱붕어용으로
만들어진 낚싯대.
완전한 통흔들리기의
낚싯대로 구부러짐이
좋고, 가는 줄로 대물의
당김을 즐길 수 있다.
8척(2.4m)부터
21척(6.3m)까지.

[계류 낚싯대]
산천어, 곤들매기,
옥새송어 등에
사용되는 낚싯대.
끝흔들리기의 것이
대부분으로,
작은 이음의
흔들어 뽑기식이
많다.
길이는 3.6~4.5m
정도가 사용하기
쉽다.

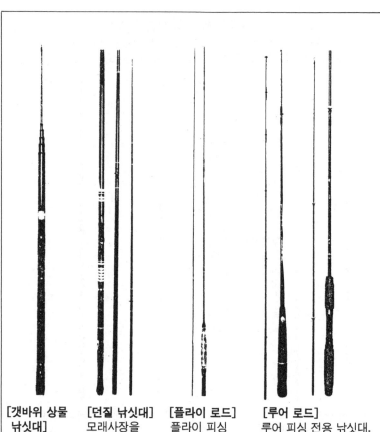

**[갯바위 상물
낚싯대]**
바다의 갯바위
낚시에서
중층을
헤엄치는
물고기를 낚는
낚싯대.
호수나 늪, 또는
강의 하류역에서
잉어, 초어, 연어 등의
대물 낚시에 대용할 수 있다.
이 경우는 길이 4.5~5.4m 정도.

[던질 낚싯대]
모래사장을
던질 낚싯대로,
해안에서
사용하는 것이지만,
잉어, 메기, 붕어 외,
다어종의 던져 넣기 낚시로
유용할 수 있다.

[플라이 로드]
플라이 피싱
전용 낚싯대.

[루어 로드]
루어 피싱 전용 낚싯대.
강, 호수, 늪에서는
산천어, 곤들매기,
옥새송어, 검정끄리,
갈색송어 등을 대상으로
사용한다.
사용 루어나 그 대상에
따라 길이나 흔들리기가
변하면, 긴 것은 2.1m,
짧은 것은 1.3m 정도가,
이 낚시용.

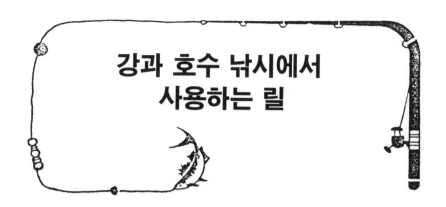

강과 호수 낚시에서 사용하는 릴

　강, 호수 낚시에서도, 낚시터나 낚시 방법에 따라서는 릴이 필요하다.

　릴에는 여러 가지 형식이 있지만, 모두 긴 줄을 감아 두고, 짧은 낚싯대로는 미치지 않는 먼 부분을 낚거나, 걸린 물고기의 강한 당김에 대항해서, 낚싯대의 굴곡성, 탄력성 등의 한계를 돕는 역할이 있어, 낚시 도구 중에서도 빼 놓을 수 없는 중요한 위치를 차지한다. 낚시 방법에 따라서는, 불가결한 도구라고 해도 좋을 것이다.

　단, 이런 목적을 이루기 위해서는, 수많은 릴 중에서 적절한 것을 선택해야 한다. 릴이라면 뭐든지 상관없다고 하는 것이 아니라, 각각에 특징이 있으니까, 이것을 잘 이해하고 사용하는 것이 중요하다.

　예를 들어, 릴을 그 구조로 분류해 보면, '회전식 릴'과 '고정식 릴'로 나눠진다. 모두 줄을 감는 점은 다르지 않지만, 한쪽은 줄을 감는 스풀 부분이 회전하고, 고정식은 스풀이 고정된 채, 여기에 부속한 다른 부분이 회전해서 줄을 감는다고 하는 구조로 되어 있다. 구조적 특징은 전혀 다르다.

　또, 릴은 낚싯대에 장착했을 경우, 무게가 1점에 집중한다. 이 때문에, 낚싯대와의 중량 균형을 생각한다. 이것이 무너지면, 낚고 있어도

즐거움이 상실될 뿐만 아니라, 기술의 숙달 등은 바랄 수 없다. 릴의
특징에는, 그 무게도 포함된다고 하는 예이다.

　어쨌든, 낚시 도구 중에서는 정밀성이 높고, 기계적 요소가 강한
것이다. 이 점도 생각해서 릴 선택을 하자.

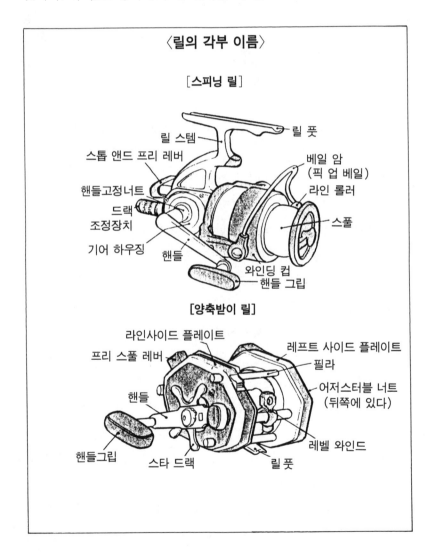

〈릴의 각부 이름〉

[스피닝 릴]

릴 스템 — 릴 풋
스톱 앤드 프리 레버
베일 암
(픽 업 베일)
핸들고정너트 — 라인 롤러
드랙
조정장치 — 스풀
기어 하우징 — 핸들
와인딩 컵
핸들 그립

[양축받이 릴]

라인사이드 플레이트
프리 스풀 레버 — 레프트 사이드 플레이트
필라
핸들 — 어저스터블 너트
(뒤쪽에 있다)
핸들그립 — 레벨 와인드
스타 드랙 — 릴 풋

〈특징과 성능〉

[조력(단위……Kg)]

릴의 드랙 장치를 가득 조이고, 줄을 당겼을 때에 드랙이 미끄러지기 시작했을 때의 하중을 나타낸 것.
최근의 릴은 A, B방식을 받아들여서 조력에도 폭이 생겼다.

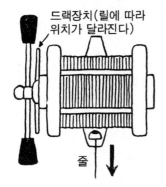

드랙장치(릴에 따라 위치가 달라진다)

드랙장치는 느슨하게 해 두면,
가는 줄로 대물도 괜찮다.

줄

[기어비]

본체에 짜여진 톱니바퀴에 의해,
핸들 회전 사이에 스풀이 되는
횟수를 나타낸 것.

〈예〉기어비 1 : 3.5
핸들 회전 중에 스풀이
3.5 회전하는 릴.

스풀

핸들

스풀

〈문제〉원주를 구해, 핸들 회전으로 몇 cm의 줄을 감을 수 있을까. 계산해 보자.

기어비가 높을수록 감기 속도는 빨라진다고 하는 것.
사용하는 데 있어서 중요한 포인트

〈강과 호수에서 사용하는 릴〉

[플라이 릴]

구조적으로는 한축받이로
각부는 고정식.
특별한 타입을 제외하고,
기어비는 1 : 1의 것이 많다.
플라이 피싱 전용.

[하이스피드 릴]

각부가 회전식으로,
횡전 릴이라고도 불린다.
강보다 호수에서 사용하는
경우가 많다.

[베이트 릴]

양축받이의 릴. 일반적으로
튼튼하고 조력도 강한 것이 특징.
호수의 깊은 곳 낚시나 트롤링에
적합하고, 루어 피싱에도 사용할 수 있다.

[스피닝 릴]

각부가 긴 독특한 모양의 릴.
강과 호수에서도 보급률이 높아,
가장 일반적인 것으로, 왼손 감기,
오른손 감기의 2종류가 있다.

[픽스드 스풀 릴]

스피닝 릴과 스핀 캐스팅 릴을
조합한 특수 릴. 양쪽의 장점을
보완해서 사용이 간단,
조작성도 좋다.

[스핀 캐스팅 릴]

클로즈드 페이스
릴이라고도 부른다.
강·호수에 전반적인 릴
사용의 낚시에도 적합하다.

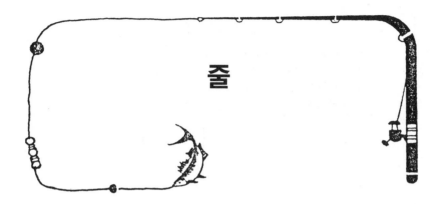

물고기를 낚을 때, 낚시꾼과 물고기 사이에 2가지의 요소가 있다. 낚싯대와 줄이다. 그런데, 보통 낚싯대는 손에 들고 있기 때문에, 낚시꾼의 의지를 전달하기 쉬운데 반해, 줄은 더욱 긴 낚싯대 끝에 있기 때문에, 자칫하면 생각대로 다룰 수 없는 경우도 있다. 그 때문에, 미끼를 목적하는 장소에 떨어뜨릴 수 없거나, 부자연스러운 상태에서 미끼가 흐르거나 해서 물고기에게 경계심을 일으켜서, 때로는 물고기를 쫓아내는 경우도 있다.

그래서, 이 부자연스러움을 없애고, 물고기를 잘 낚기 위해서, 줄은 상질(上質)의 것을 선택하고, 또 가능한 한 가는 것을 사용하는 것이 이상적이다. 가는 줄은 물의 저항을 적게 하고, 흐름으로부터 받는 영향도 줄인다. 그 때문에 미끼의 조작은 하기 쉽고, 그 외 여러 가지 점에서 유리해지지만, 물고기가 걸리고 나서는 줄이 가는 만큼 고도의 기술이 요구된다.

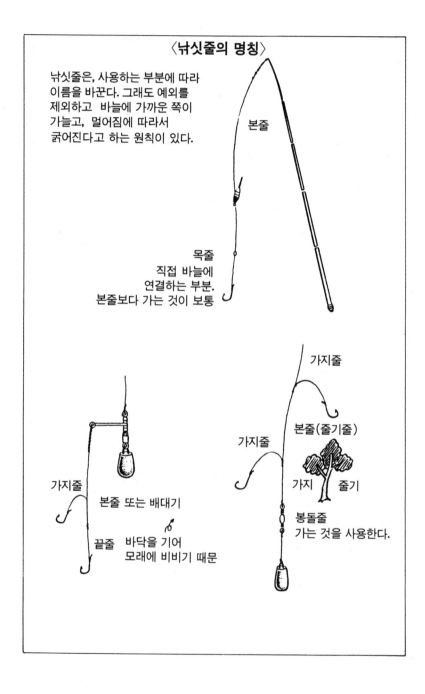

〈낚싯줄의 명칭〉

낚싯줄은, 사용하는 부분에 따라
이름을 바꾼다. 그래도 예외를
제외하고 바늘에 가까운 쪽이
가늘고, 멀어짐에 따라서
굵어진다고 하는 원칙이 있다.

본줄

목줄
직접 바늘에
연결하는 부분.
본줄보다 가는 것이 보통

가지줄

본줄(줄기줄)

가지줄

가지줄

가지   줄기

본줄 또는 배대기

봉돌줄
가는 것을 사용한다.

끝줄   바닥을 기어
모래에 비비기 때문

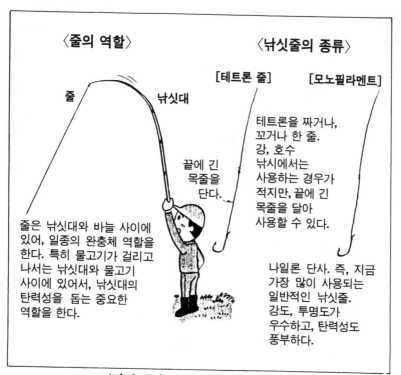

<줄의 역할>

줄

낚싯대

끝에 긴
목줄을
단다.

줄은 낚싯대와 바늘 사이에
있어, 일종의 완충체 역할을
한다. 특히 물고기가 걸리고
나서는 낚싯대와 물고기
사이에 있어서, 낚싯대의
탄력성을 돕는 중요한
역할을 한다.

<낚싯줄의 종류>

[테트론 줄] [모노필라멘트]

테트론을 짜거나,
꼬거나 한 줄.
강, 호수
낚시에서는
사용하는 경우가
적지만, 끝에 긴
목줄을 달아
사용할 수 있다.

나일론 단사. 즉, 지금
가장 많이 사용되는
일반적인 낚싯줄.
강도, 투명도가
우수하고, 탄력성도
풍부하다.

<강과 호수의 대상어와 줄의 굵기>

대상어	본줄(호)	목줄(호)	비 고
산천어·곤들매기	0.8~1.0	0.4~0.8	맥 낚시
옥새송어	0.8~1.2	0.6~0.8	맥 낚시, 던져넣기 낚시
	2.0~3.0	0.8~1.0	
황 어	0.6~0.8	0.4~0.6	맥 낚시, 던져넣기 낚시
	2.0~3.0	0.6~0.8	
피라미	0.6~0.8	0.4~0.6	찌 낚시
잉 어	4.0~5.0	2.0~3.0	찌 낚시, 던져넣기 낚시
	5.0~6.0	3.0~4.0	
주걱붕어	1.0~1.5	0.6~1.0	찌 낚시
검정끄리	2.0~3.0		루어 낚시
빙 어	0.8~1.0	0.4~0.6	맥 낚시

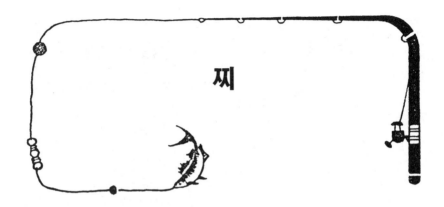

찌는, 매우 아름다운 것이다.

찌의 종류는 수가 많아, 오직 실용적인 것부터 미술 공예품적인 것까지, 여러 가지 있다.

그런데, 찌의 최대의 역할은, 물고기가 미끼를 먹은 '입질'을 아는 것이지만, 이 외에도 흐름을 태워서 미끼를 자연스럽게 흘리거나, 미끼를 일정 수심에 고정시키거나, 휘둘러 넣기 때 낚싯봉의 역할을 하거나 한다.

그런데, 찌의 생명인 부력과 감도의 관계에는, 사실은 상반하는 요소를 갖고 있다. 즉, 부력을 늘리면 입질을 아는 감도가 둔해지고, 감도를 우선시키면 부력이 줄어든다고 하는 관계이다. 그러나, 어디까지나 보기 좋고, 가볍고 부력이 있다고 하는 것이 찌의 조건이기 때문에, 어종이나 목적에 따라 특징을 이해하고 그 낚시에 맞는 찌 선택이 중요하다.

〈찌의 위치〉

찌를 본줄에 직접 단다.
찌는 이동 가능하게 해 두고,
찌 아래의 조절을 한다.

찌를 고정시키기 위해서는,
입 찌의 경우는 '고무관'
구슬 찌의 경우는 '이쑤시개',
'비심' 등

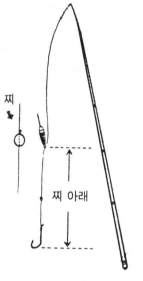

〈찌의 사용법〉

흐름 속에서는, 그 영향을 받기 어려운
구슬 찌를 사용한다.

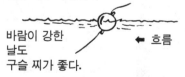

바람이 강한
날도
구슬 찌가 좋다.

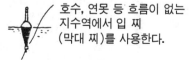

호수, 연못 등 흐름이 없는
지수역에서 입 찌
(막대 찌)를 사용한다.

대형에는 큰 찌를 사용한다.
잉어, 초어, 연어, 검정끄리,
매기 등.

소형어에는 작은 찌를
사용한다.
피라미, 황어, 작은 붕어, 몰개,
돌몰개, 중고기 등

〈강과 호수에서 사용하는 찌의 종류〉

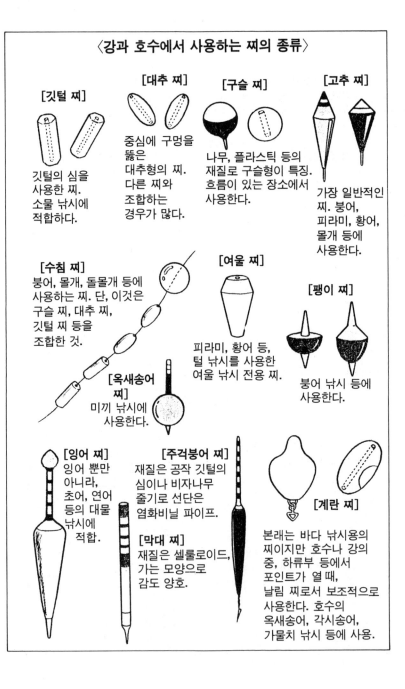

[깃털 찌]
깃털의 심을
사용한 찌.
소물 낚시에
적합하다.

[대추 찌]
중심에 구멍을
뚫은
대추형의 찌.
다른 찌와
조합하는
경우가 많다.

[구슬 찌]
나무, 플라스틱 등의
재질로 구슬형이 특징.
흐름이 있는 장소에서
사용한다.

[고추 찌]
가장 일반적인
찌. 붕어,
피라미, 황어,
몰개 등에
사용한다.

[수침 찌]
붕어, 몰개, 돌몰개 등에
사용하는 찌. 단, 이것은
구슬 찌, 대추 찌,
깃털 찌 등을
조합한 것.

[여울 찌]
피라미, 황어 등,
털 낚시를 사용한
여울 낚시 전용 찌.

[팽이 찌]
붕어 낚시 등에
사용한다.

**[옥새송어
찌]**
미끼 낚시에
사용한다.

[잉어 찌]
잉어 뿐만
아니라,
초어, 연어
등의 대물
낚시에
적합.

[주걱붕어 찌]
재질은 공작 깃털의
심이나 비자나무
줄기로 선단은
염화비닐 파이프.

[막대 찌]
재질은 셀룰로이드,
가는 모양으로
감도 양호.

[계란 찌]
본래는 바다 낚시용의
찌이지만 호수나 강의
중, 하류부 등에서
포인트가 열 때,
날림 찌로서 보조적으로
사용한다. 호수의
옥새송어, 각시송어,
가물치 낚시 등에 사용.

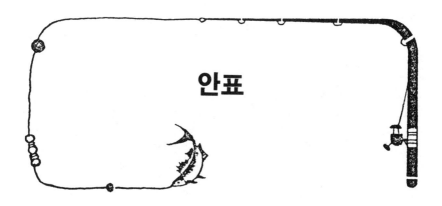

안표

맥 낚시라고 하는 방법이 있다. 격류에서 낚기 때문에, 찌가 통용하지 않는다. 그런 때의 입질을 아는데, 이 안표가 사용된다. 줄을 당기면서 미끼를 흘리고, 안표의 변화로 맞춘다.

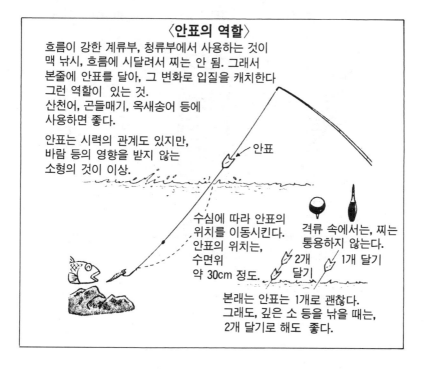

〈안표의 역할〉

흐름이 강한 계류부, 청류부에서 사용하는 것이 맥 낚시, 흐름에 시달려서 찌는 안 됨. 그래서 본줄에 안표를 달아, 그 변화로 입질을 캐치한다 그런 역할이 있는 것. 산천어, 곤들매기, 옥새송어 등에 사용하면 좋다.

안표는 시력의 관계도 있지만, 바람 등의 영향을 받지 않는 소형의 것이 이상.

안표

수심에 따라 안표의 위치를 이동시킨다. 안표의 위치는, 수면위 약 30cm 정도.

격류 속에서는, 찌는 통용하지 않는다.

2개 달기   1개 달기

본래는 안표는 1개로 괜찮다. 그래도, 깊은 소 등을 낚을 때는, 2개 달기로 해도 좋다.

〈안표의 종류〉

[물새의 깃털]

[셀룰로이드 화살 깃털]

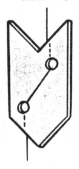

깃털이 큰 경우는,
조금 잘라서 모양을
가다듬는다.

보기 쉬운 색을
선택한다.

[나무의 잔가지]

[깃털의 심]

[황매화나무의 심]

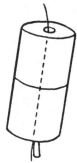

베테랑이 되면
강가의 작은 가지를
사용한다.

재봉 바늘로
중심에 구멍을 뚫고,
줄을 통과시킨다.

눈에 띄는 색으로
나눠 칠해진 것이
좋다.

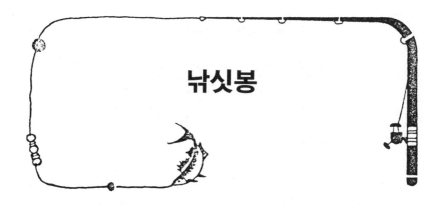

낚싯봉

　낚싯봉의 역할은, 미끼를 목적 장소에 가라앉히거나, 멀리 던지거나, 가라앉힌 미끼를 흐르지 않도록 하는 것이다. 이 때문에, 비중이 큰 납을 사용하는 경우가 많고, 무게를 자유롭게 조절할 수 있는 것, 일정 무게를 가진 것이 있다.

　무게의 표시는 1호수로 나타낸다. 호수가 커질수록 낚싯봉의 무게는 무거워진다. 1호는 약 3.75그램이다.

　낚싯봉의 종류와 마찬가지로, 그 무게는 대상어나, 물고기를 낚는 조건 등으로 복잡하게 변하기 때문에, 목적에 맞는 낚싯봉을 사용하는 것이 중요하다.

　단, 낚싯봉은, 물고기가 미끼를 먹었을 때 저항을 느끼지 않도록, 가능한 한 가벼운 것을 사용하는 것이 요령으로, 이것이 낚시를 즐겁게 하는 비결이기도 하다.

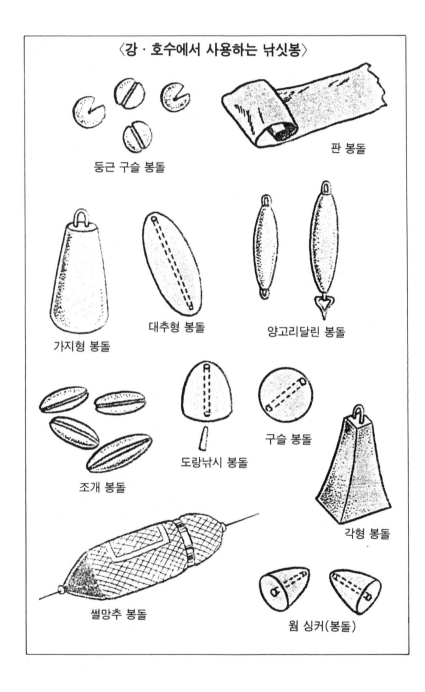

〈강·호수에서 사용하는 낚싯봉〉

둥근 구슬 봉돌

판 봉돌

가지형 봉돌

대추형 봉돌

양고리달린 봉돌

조개 봉돌

도랑낚시 봉돌

구슬 봉돌

각형 봉돌

썰망추 봉돌

웜 싱커(봉돌)

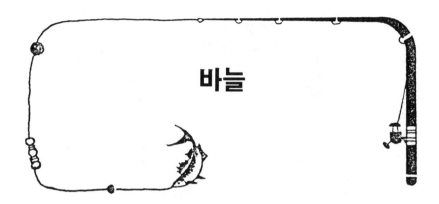

바늘

바늘은, 그 형이나 재질이 문제로, 낚으려고 하는 물고기의 입 모양이나 습성에 따라 선택된다. 예를 들면, 미끼를 빨아 들이는 물고기에게는, 빨아 들이기 쉬운 모양의 바늘을 선택하고, 미끼를 깨무는 물고기에게는, 튼튼하고 굵은 바늘을 선택한다. 또, 미끼를 먹어도 곧 토해 내는 물고기에게는, 바늘 끝에 비틈을 덧붙인, 내뱉기 어려운 바늘을 선택한다.

이와 같이, 바늘에는 각각 특징이 있어 이것에 의해 선택하지만, 바늘의 종류가 많은 까닭에 망설인다. 그래서, 처음에는 바늘에 표시되어 있는 대상어명을, 그대로 사용하면 좋을 것이다. 망상어 바늘, 산천어 바늘, 잉어 바늘, 뱀장어 바늘이라고 하는 식이다. 그리고, 이 구분 사용으로 기술이 진보하면, 각각의 바늘의 특징을 이해하고, 바늘을 선택하도록 하면 좋을 것이다.

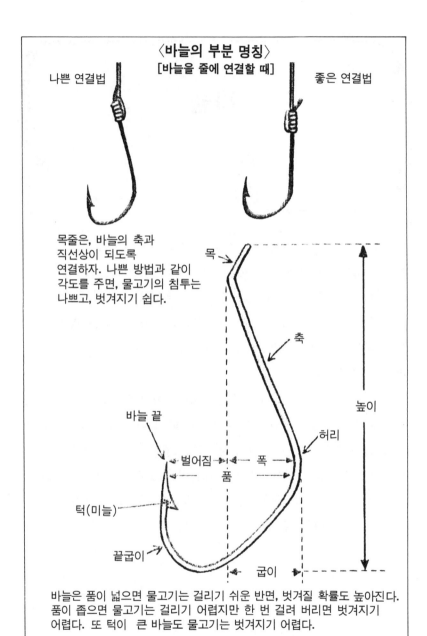

〈바늘의 부분 명칭〉
[바늘을 줄에 연결할 때]

나쁜 연결법

좋은 연결법

목줄은, 바늘의 축과 직선상이 되도록 연결하자. 나쁜 방법과 같이 각도를 주면, 물고기의 침투는 나쁘고, 벗겨지기 쉽다.

목

축

높이

바늘 끝

허리

벌어짐 | 폭

품

턱(미늘)

끝굽이

굽이

바늘은 품이 넓으면 물고기는 걸리기 쉬운 반면, 벗겨질 확률도 높아진다. 품이 좁으면 물고기는 걸리기 어렵지만 한 번 걸려 버리면 벗겨지기 어렵다. 또 턱이 큰 바늘도 물고기는 벗겨지기 어렵다.

〈강 · 호수 낚시의 바늘 종류〉

바늘의 종류와 동시에 물고기의 크기에 따라
바늘의 크기도 선택하자. 끝이 날카로운
찌르기 쉬운 것……이것도 중요하다.

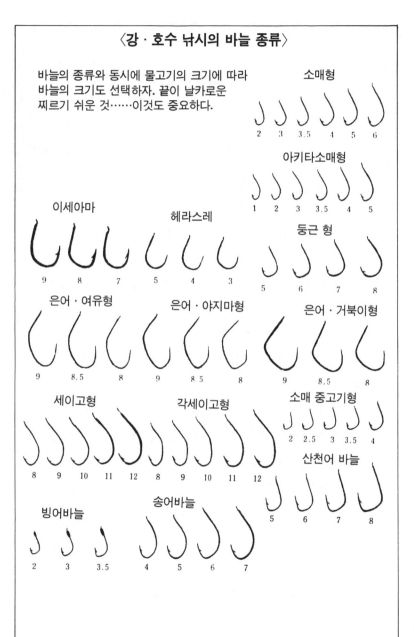

소매형
2 3 3.5 4 5 6

아키타소매형
1 2 3 3.5 4 5

이세아마
9 8 7

헤라스레
5 4 3

둥근 형
5 6 7 8

은어 · 여유형
9 8.5 8

은어 · 야지마형
9 8.5 8

은어 · 거북이형
9 8.5 8

세이고형
8 9 10 11 12

각세이고형
8 9 10 11 12

소매 중고기형
2 2.5 3 3.5 4

산천어 바늘
5 6 7 8

빙어바늘
2 3 3.5

송어바늘
4 5 6 7

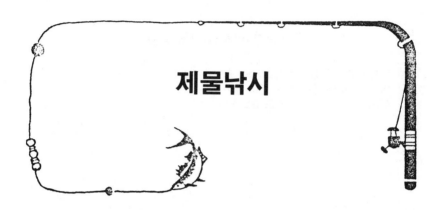

제물낚시

　제물낚시는, 미끼를 달지 않고, 그것 자체로 물고기를 낚는 바늘이다.

　물론, 바늘이라고 하면서도 특수한 것에 속하고, 바늘의 역할 뿐만 아니라, 미끼의 역할도 겸비하고 있는 것이다.

　그런데, 이 제물 낚시는, 수중에서 '움직인다'고 하는 것이 전제이다. 날미끼와 달리, 정지한 상태에서는 물고기가 달려 들지 않는다. 제물 낚시의 종류에 따라서 그 움직이는 법이 다르지만, 수중에서 움직이는 제물 낚시를 미끼로 착각하고 달려들어 물기 때문에, 이 움직이는 법에 기술이 필요하다. 미끼 낚시보다 조금 어려움은 있지만, 이것이 재미라고 해서, 지금 강·호수 낚시에서는 이 제물 낚시를 사용하는 낚시가 한창이다.

〈강 · 호수에서 사용하는 제물 낚시〉

[빙어, 치까용 제물 낚시]

[피라미, 황어용 털 낚시]

[검정끄리용 루어]

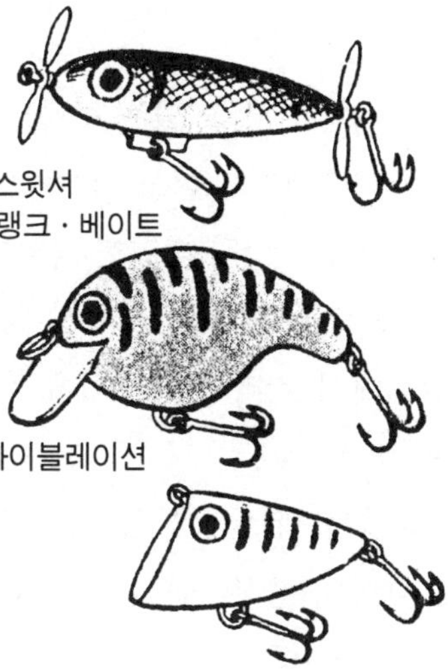

스윗셔
크랭크 · 베이트

바이블레이션

[곤들매기 브라운용 루어]

스푼

스피너

[검정끄리용 플라이]

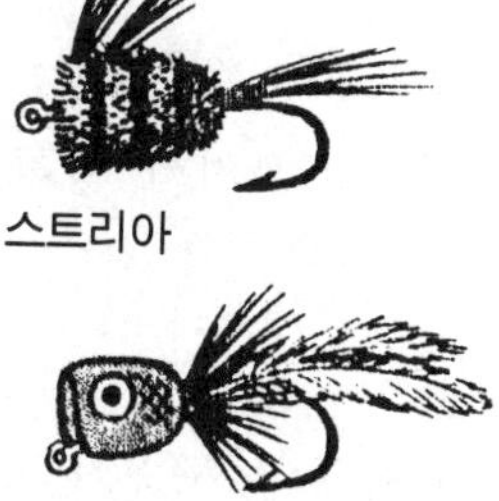

스트리아

[은어용 털 낚시]

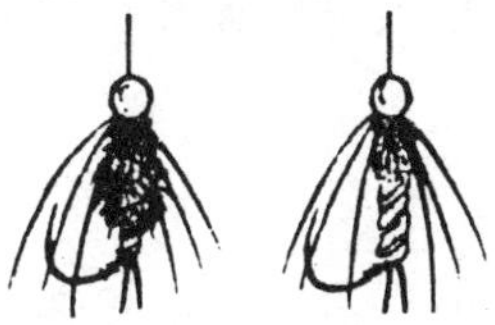

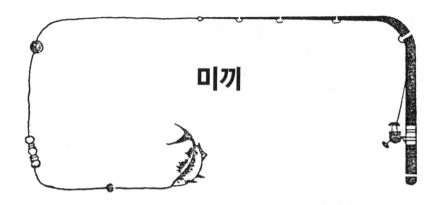

미끼

낚시의 미끼는, 어떤 경우라도 그 물고기가 살고 있는 곳에서 채집하는 것이 가장 좋다. 평소부터 먹어 익숙해져 있다고 하는 것이 그 이유이지만, 실제로는 그것을 준비하기가 상당히 대단한 작업이다.

그래서, 강과 호수 낚시의 미끼를 생각할 때, 크게 나눠서 '동물질의 것' '식물질의 것'으로, 그 범위내에서 각각의 물고기에 적합한 미끼를 선택하도록 하면, 어느 정도 통용한다.

대상어가 많기 때문에, 미끼 선택에는 망설이기 쉽지만, 어렵게 생각하지 말고, 보존에 주의하여, 항상 신선한 미끼를 사용하도록 유의하면 괜찮다.

강벌레류

하루살이 등의 유충으로, 강 속의 돌 뒤에 붙어 있다. 갯장구, 핀갯장구 등이라고 불려서, 황어, 피라미, 산천어, 옥새송어 등에 최적.

구더기

파리의 유충인 구더기. 고등어의 머리에 쇠파리의 알을 낳아서 만들기 때문에, 고등어 벌레라고도 부르지만, 황어, 피라미, 빙어 등에 좋은 미끼이다.

털진드기

진흙 바닥의 늪 등에 산다. 새빨간 작은 벌레이다. 부드럽기 때문에 바늘에 찌를 때 찌부러지기 쉽고, 취급이 어렵지만, 참붕어, 망상어, 돌몰개, 빙어 등, 작은 물고기에게 최적이다.

지렁이

강, 호수에서는 대부분의 물고기에 통용하는 만능 미끼로, 참붕어, 잉어, 황어, 산천어, 곤들매기, 작게 잘라서 긴팔 새우, 미꾸라지, 또 크고 굵은 지렁이 종류는, 뱀장어, 메기, 검정끄리 등에 좋은 미끼이다.

번데기

누에의 번데기이다. 호수에서는 1개 채, 잉어, 메기, 황어 등을 낚는 경우도 있지만, 건조시켜서 분말로 한 것은, 떡밥에 섞거나, 진흙과 섞어서 뿌림 모이로 사용해서, 여러 가지 물고기에 적합한 용도가 넓은 미끼이다.

포도벌레

포도 덩굴에 기생하는 노란 벌레로, 고가인 것이 난점이지만, 산천어, 곤들매기, 옥새송어 등의 특효 미끼이다.

밤벌레

밤 속에 있는 작고 흰 벌레로, 황어, 피라미의 미끼이다.

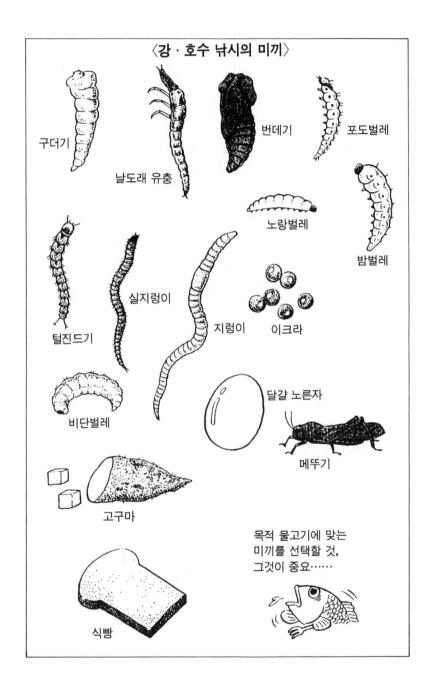

〈강 · 호수 낚시의 미끼〉

구더기

날도래 유충

번데기

포도벌레

노랑벌레

밤벌레

털진드기

실지렁이

지렁이

이크라

비단벌레

달걀 노른자

메뚜기

고구마

목적 물고기에 맞는 미끼를 선택할 것, 그것이 중요⋯⋯

식빵

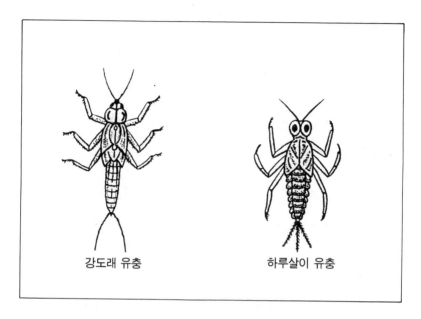

강도래 유충　　　　　하루살이 유충

비단벌레

겨울에서 이른봄에 걸쳐, 벚나무, 매화, 감 등의 작은 가지에 붙는
털벌레의 유충이다. 정확하게는, 계란형의 껍질에 들어 있는 쐐기나
방의 번데기로, 1마리라도 사용할 수 있지만, 껍질이나 내장은 망상어
낚시에 가장 적합하다.

줄지렁이

금붕어 가게에서 팔고 있는 줄지렁이이다. 바늘에 다는데 고생하지
만, 한겨울의 참붕어나 망상어 낚시에 사용한다.

노랑벌레

국화과의 식물 줄기에 기생하는 노란 작은 벌레로, 피라미, 황어에
적합하다.

치자벌레

때죽나무 열매 속에 있는 흰 벌레로, 피라미에 가장 좋다.

미국가재

꼬리의 살을 떼어내고, 잘라서 사용하면 잉어, 메기, 산 채 1마리로 검정끄리에 사용한다.

이크라

연어의 성숙란. 산천어, 옥새송어, 황어에 이용한다.

고구마

수분이 적은 것을 쪄서, 작은 각뜨기나, 떡밥에 사용한다. 잉어, 붕어, 황어 등에 적합하다.

미꾸라지

산 것은 검정끄리용.

식빵

귀의 딱딱한 부분을 작게 잘라서 황어 낚시에 사용한다.

떡밥

우동가루를 주체로, 매시포테이토, 새우 가루, 번데기 가루 등도 섞으면, 각종의 물고기에 사용할 수 있는 용도 넓은 미끼가 된다.

그외, 강·호수에서 사용하는 도구류

낚싯대, 줄, 찌, 낚싯봉, 바늘, 미끼. 옛날부터 이것을 '낚시의 6물' 이라고 불러서, 낚시에서는 필요 불가결한 도구로 여겨져 왔다. 확실히, 이것들은 기본적인 도구임에 틀림없지만, 최근의 낚시는 더욱 많은 도구가 필요하다.

낚시를 광범위하게 즐긴다고 하는 의미도 있지만, 낚는 물고기의 종류에 따라서, 또 같은 물고기라도 낚는 방법에 따라서 여러 가지로 나눠져 있기 때문에, 도구도 여러 가지 것이 있다. 각각의 특징을 알고, 목적에 맞는 도구를 사용하는 낚시를 즐겁게 하는 요령이다.

또한, 기본적인 도구 외, 잔 도구도 많기 때문에 잊는 물건이 없도록, 출발 전에는 충분히 점검한다. 가위 하나 잊고 하루 종일 불편을 느끼는 것 같아서는, 낚시의 즐거움이 반감한다.

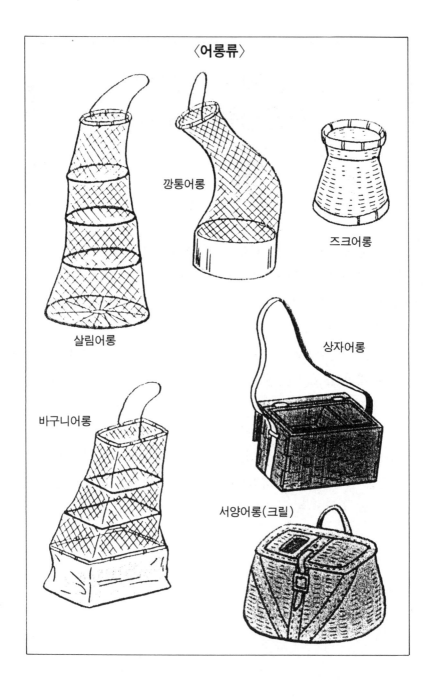

〈어롱류〉

깡통어롱

즈크어롱

살림어롱

상자어롱

바구니어롱

서양어롱(크릴)

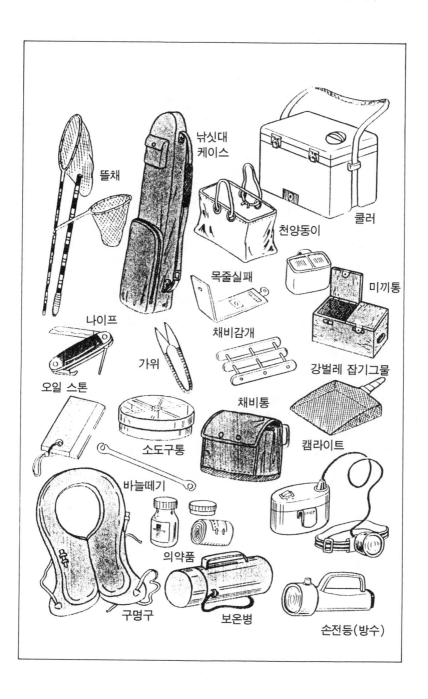

뜰채

낚싯대
케이스

쿨러

천양동이

목줄실패

미끼통

나이프

채비감개

가위

강벌레 잡기그물

오일 스톤

채비통

소도구통

캠라이트

바늘떼기

의약품

구명구

보온병

손전등(방수)

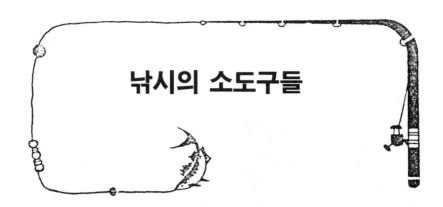

낚시의 소도구들

낚시의 채비는, 섬세하고 또 합리적으로 되어 있다. 그 내용을 돕는 것이, 이 소도구들이다.

그런데, 이 낚시만큼 잔 도구가 필요한 것은 없다. 바늘, 낚싯봉, 찌 등은 물론, 이런 주요한 도구 외에, 도래나 편대 등의 접속 기구를 비롯해서, 찌를 고정하는 고무관이나 목줄 스토퍼 등, 많은 소도구류가 필요하다.

게다가, 이런 소도구류는, 낚시의 종류에 따라 크기나 형태를 나눠서 사용해야 한다. 그래도, 생각해 보면, 이것이 물고기를 죽이는 이상적인 채비로 발전하기 때문에, 소홀히 할 수 없다. 잔 도구이기 때문에, '소도구통' 등에 넣어서 정리해 두자.

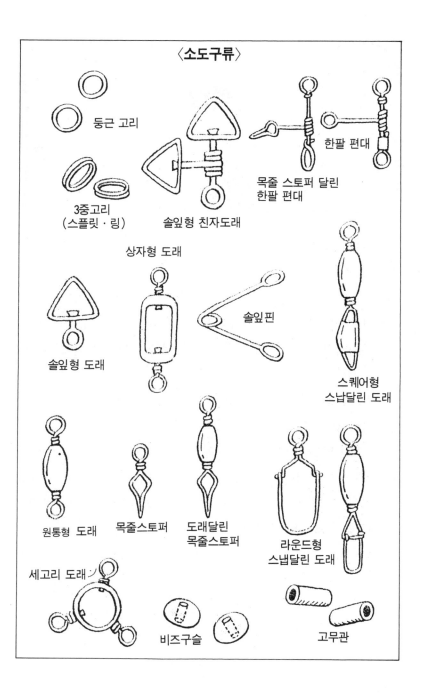

〈소도구류〉

둥근 고리

3중고리
(스플릿 · 링)

솔잎형 친자도래

목줄 스토퍼 달린
한팔 편대

한팔 편대

상자형 도래

솔잎형 도래

솔잎핀

스퀘어형
스냅달린 도래

원통형 도래

목줄스토퍼

도래달린
목줄스토퍼

라운드형
스냅달린 도래

세고리 도래

비즈구슬

고무관

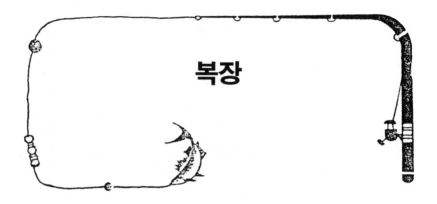

복장

　최근의 낚시복은, 경쾌하고 활동하기 쉽다고 하는 점 뿐만 아니라, 호화스러움도 더해져서 입는 사람의 마음을 북돋는다. 옛날부터 '낚시 거지' 등이라고 일컬어져서, 어차피 더러워지니까라고 복장에 무신경한 사람이 많았지만 지금은 그런 경향이 적어지고, 낚시터에서는 물론, 낚시터에의 왕복도 포함해서, 멋을 즐기는 사람이 많아졌다.

　또한, 각 메이커에서도, 그 경향에 부응하기 위해서 우수한 제품이 발매되고 있다. 즐거운 일이다.

　단, 이런 멋 중에도, 낚시에는 기능성을 중시한 독특한 요점이 있다. 몸에 맞아서 활동하기 쉽고, 여름은 통기성이 풍부하고, 겨울은 보온성을 중시하고, 모두 포켓이 많은 점 등도 필요하다. 또, 방수성도 불가결한 요점으로, 모자는 반드시 쓴다.

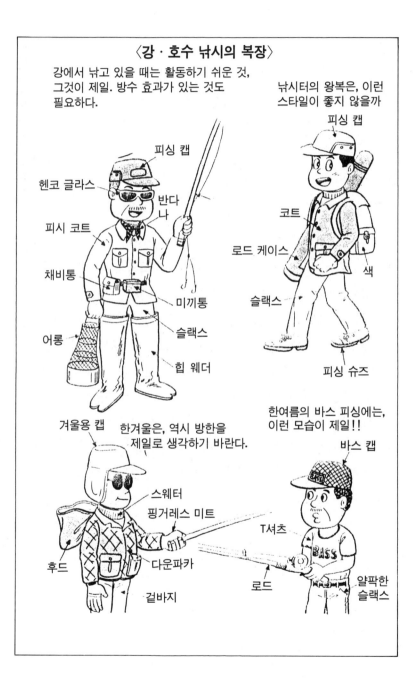

〈강 · 호수 낚시의 복장〉

강에서 낚고 있을 때는 활동하기 쉬운 것,
그것이 제일. 방수 효과가 있는 것도
필요하다.

낚시터의 왕복은, 이런
스타일이 좋지 않을까

피싱 캡

헨코 글라스

피싱 캡

반다나

코트

피시 코트

로드 케이스

채비통

색

미끼통

슬랙스

슬랙스

어롱

힙 웨더

피싱 슈즈

겨울용 캡

한겨울은, 역시 방한을
제일로 생각하기 바란다.

한여름의 바스 피싱에는,
이런 모습이 제일!!

바스 캡

스웨터

핑거레스 미트

T셔츠

후드

다운파카

로드

얄팍한
슬랙스

겉바지

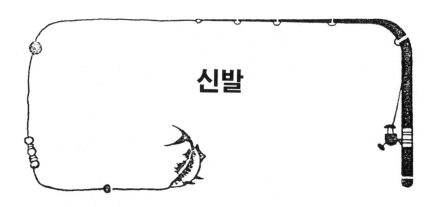

신발

낚시를 하는 사람 중에, 발밑에 무관심한 사람이 많은 데에는 놀란다. 이것은, 위험으로도 이어지기 때문에 주의하자.

발밑이 확실치 않으면 야외에서 활동을 할 수 없다. 이 때문에 일어나는 사고도 매우 많고, 발밑의 안전 보호는 중요한 것이다. 강, 호수 낚시에서도 미끄러져서 구르거나, 흐르거나 해서 위험을 초래하고, 실수하면 목숨조차 잃을지도 모른다. 발밑은 지나치게 신중할 정도로 신중히 하고, 낚시터에 임하도록 습관을 갖자.

장화류는 그 형태에도 의하지만, 사계절용, 버선류는 수온이 높은 여름용, 햄프셔의 방한 신발은 한겨울용, 논슬립 신발은 바위발용, 스니커는 평탄한 낚시터용이라고 하는 것 같은 구분 사용이 필요하다.

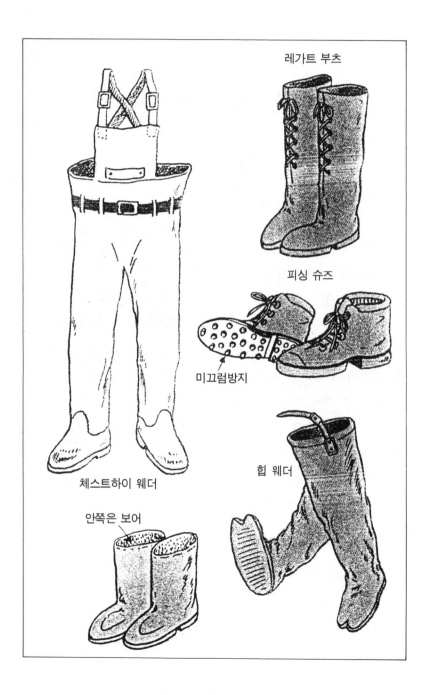

레가트 부츠

피싱 슈즈

미끄럼방지

체스트하이 웨더

힙 웨더

안쪽은 보어

야외 생활을 돕는 도구들

낚시는, 전혀 물고기만을 노리는 것은 아니다. 대자연 속에서 푸른 봄을 구가하고, 살아 있는 기쁨을 이야기하고 시간을 보낼 수 있으면 이런 훌륭한 일은 없다.

모처럼 대자연에 몸을 맡기는 것이기 때문에, 단순히 무턱대고 물고기를 낚으며 돌아다니는 것은 더없이 어리석다. 물고기와 만나는 것은, 진짜 황금 시간의 한때, 나머지는 정적 속에 혼자서 피부를 조르는 냉기 속에서 유유히 보낸다.

만일, 그런 때에 몇 가지의 소도구가 손맡에 있으면, 자연과의 대화도 즐거움을 더해 만족스럽고 충실한 시간을 보낼 수 있을 것이다. 이것은 간과할 수는 없다. 낚시의 세계를 떠난 것이라도 상관없기 때문에, 전통 있는 캠핑용품을 크게 활용해야 한다.

제3장

강과 호수낚시의
기본 기술

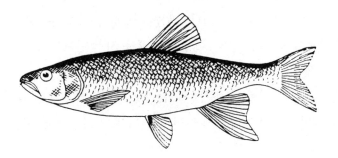

채비의 만드는 법

채비는, 줄부터 바늘까지를 연결해서, 낚시터에서 곧 사용할 수 있도록 장치한 것이다.

최근은, 이 채비가 마을의 낚시 도구점에서 판매되고 있다. 이 인스턴트 채비는 싸게 낚시를 즐길 수 있기 때문에 편리하지만, 낚시의 내용이 달라지면 줄이 굵거나, 바늘이 크거나 해서 부조화가 눈에 띄어 만족할 수 없다. 또한, 스스로 부품을 사서 만드는 것보다 훨씬 비싸고, 경비도 드는 것이 보통이다.

또한 하나의 채비로 하루종일 안심할 수도 없어, 줄이 끊어지거나, 바늘이 부러지거나의 고장이 낚시터에서 일어난다. 이런 때는 수리가 필요하다.

이 때문에, 채비 만들기의 기본을 알고, 낚시터에서 활용할 수 있도록 해 두는 것이 좋다.

채비 만들기의 즐거움과, 그것으로 물고기를 낚는 만족감은 최고다.

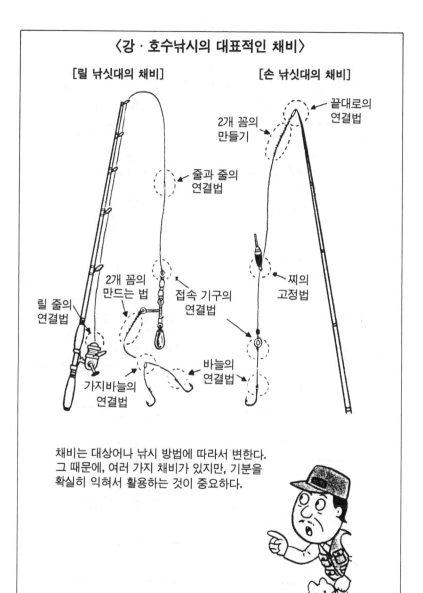

〈강·호수낚시의 대표적인 채비〉

[릴 낚싯대의 채비]   [손 낚싯대의 채비]

끝대로의
연결법

2개 꼼의
만들기

줄과 줄의
연결법

릴 줄의
연결법

2개 꼼의
만드는 법

접속 기구의
연결법

찌의
고정법

가지바늘의
연결법

바늘의
연결법

채비는 대상어나 낚시 방법에 따라서 변한다.
그 때문에, 여러 가지 채비가 있지만, 기분을
확실히 익혀서 활용하는 것이 중요하다.

〈줄과 줄의 연결법〉

오래된 줄을 바꿔 연결해서 사용하는 등은 없지만, 본줄과 목줄의
직결이나 릴 줄 중 본줄과 힘줄 등을 연결할 때는, 이 방법이 사용된다.

[인천(人天) 묶기]

간이 묶기를 더욱 복잡하게 한 방법.
단 안쪽을 상대방의 줄과 2회
통과시킴으로서, 미끄러져서 빠지지
않도록 연구되어 있다.

[블러드 묶기]

매우 우수한 방법으로, 매듭이 작고,
줄의 강도도 거의 원래대로라고 한다.
너무 세게 졸라서, 줄을 가늘게 하지 않도록.

[간이 묶기]

줄끼리의 연결법으로서는,
아주 옛날부터 이용된 방법.
단 나일론 줄의 경우는,
미끄러져서 빠지는 경우가 있기
때문에 주의하자.

[리더 묶기]

나일론 줄을 연결하는 데에는
이상적인 방법.

〈접속 기구에 대한 연결법〉

낚시의 채비에는, 부속에 여러 가지 기구를 사용하는 경우가 많다.
채비가 합리적으로, 더구나 편리하게 완성되는 것이 그 이유이지만,
이 접속 기구에 대한 연결법도 중요한 기술이다. 도래, 둥근 고리,
스플릿 링 등 외, 낚싯봉의 머리나 루어의 헤드에 연결하는 것도
이런 방법이 활용된다.

Ⓐ
8자 고리 묶기라고
부르는 방법.
우선 줄에 고리를
만들고, 이것을 금구의
고리에 통과시켜서
조를 뿐. 매듭이 있는
만큼, 순간의 강한
힘으로 끊어지는
경우가 있다.

Ⓑ
나일론 줄의
연결법으로서는 우수하다.
2회 기구의 고리에
통과시켜서, 그 고리와
줄의 안쪽을 더욱
통과시켜서 조른다.

Ⓒ
가장 일반적으로
이용되는 방법으로
끝매듭도 깨끗하고
강한 것이 특징.

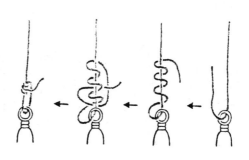

〈끝고리의 만드는 법〉

끝고리는, 채비 중에서도, 여러 가지 부분에 사용된다. 본줄과 목줄의 연결, 가지바늘의 연결, 접속 기구에 대한 연결 등의 이용이 있다.

단, 이 경우의 최대의 주의점은, 8자 고리의 고리가 미끄러져서 움츠러들어, 2회째부터 고리의 역할을 못하도록 하지 말 것. 잘 맞도록 연결하자.

최후의 D법은 '8자 끝고리'라고 한다.

〈바늘의 연결법〉

[바깥 걸이 변형묶기]   [바깥 걸이 묶기]   [기본 묶기]

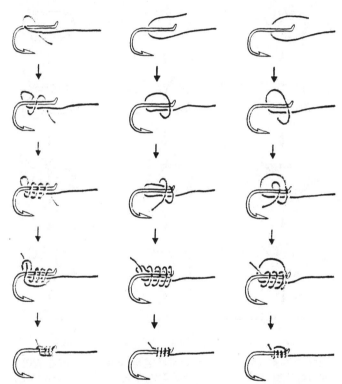

바깥 걸이 묶기의 변형으로, 돌리는 줄을 그대로 감고, 한 번 되돌려서 최초의 고리에 통과시켜서 조른다.

기본 묶기에 대해서, 이쪽은 돌리는 줄을 바깥쪽으로 감는다.

가장 기본적으로, 널리 보급되어 있는 일반적인 방법. 안쪽을 4～회 통과시켜서 조른다.

〈바늘의 연결법〉

[토쿠리 묶기]   [어부 묶기]   [바깥 걸이 변형 묶기]

어부 묶기를 더욱 복잡화한 방법. 대물부터 소물 낚시까지 이용 범위가 넓다.

어부가 흔히 사용하는 실천적인 묶는 법. 재빨리 묶을 수 있는 것이 특징으로, 끝매듭도 상당히 강하다.

바깥 걸이 묶기이지만, 바깥쪽의 줄을 위에서 아래로 감아 넣고 조르는 것이 특징.

〈구멍귀 바늘의 연결법〉

바늘에는, 여러 가지 형태가 있다. 전체의 형태나 크기는 물론, 잘 보면
세밀한 부분적인 형태가 다른 사실을 깨달은 것이다.
예를 들면, 줄을 연결하는 품 부분도 예외는 아니고, 편평하게 된 '평치기'
각진 '각치기' 둥근 '둥근치기' 등 외, 특수한 바늘로서 이 부분에 구멍을
뚫은 바늘이 있다.
강이나 호수에서는, 사용할 기회가 적은 바늘이지만, 최근 활발한 루어,
플라이 피싱에서는 흔히 사용되는 바늘이다.

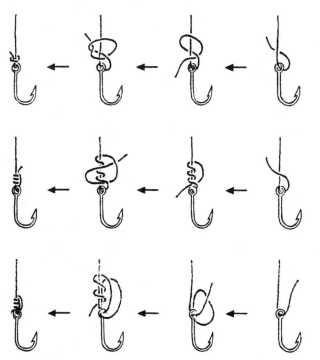

이 연결법은, 앞 페이지의 방법은
통용하지 않는다. 독특한 연결법이
있으니까, 이것도 연습해 두자.

〈가지 바늘의 연결법〉

1개의 본줄에 대해, 옆으로 내다는 목줄을 '가지줄',
바늘 전체를 '가지 바늘'이라고 부르고 있다.
즉, 나뭇가지와 같은 의미를 갖고, 몇 개나 바늘을
달아서 효율 좋은 낚시를 목적으로 한 채비다.

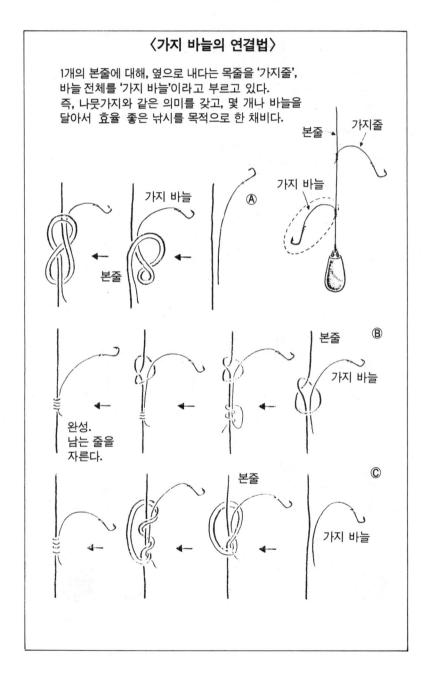

〈도래 한 팔 편대의 만드는 법〉

이것도 가지 바늘의 연결법이지만, 이쪽은 본줄에 도래 한 팔 편대를 만들기 때문에, 가지줄이 끊어졌을 경우라도 가지 바늘의 교환 자유라고 하는 특징이 있다. 매우 편리하다.

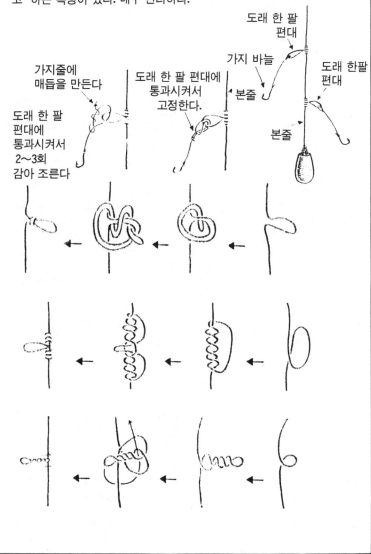

〈꼰 줄의 만드는 법〉

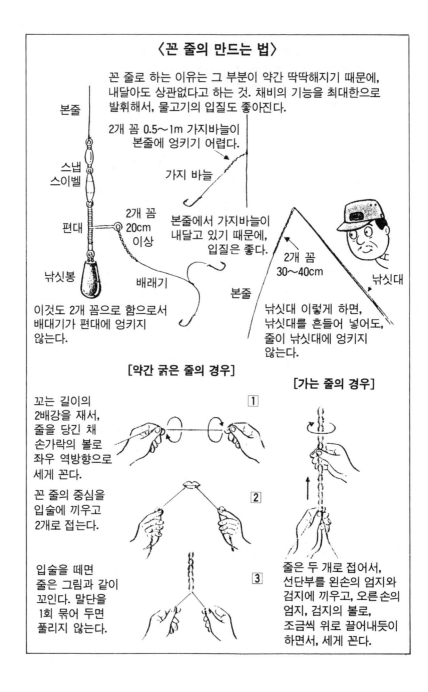

꼰 줄로 하는 이유는 그 부분이 약간 딱딱해지기 때문에, 내달아도 상관없다고 하는 것. 채비의 기능을 최대한으로 발휘해서, 물고기의 입질도 좋아진다.

본줄

2개 꼼 0.5~1m 가지바늘이 본줄에 엉키기 어렵다.

스냅
스이벨

가지 바늘

편대

2개 꼼 20cm 이상

본줄에서 가지바늘이 내달고 있기 때문에, 입질은 좋다.

2개 꼼 30~40cm

낚싯봉

배래기

본줄

낚싯대

이것도 2개 꼼으로 함으로서 배대기가 편대에 엉키지 않는다.

낚싯대 이렇게 하면, 낚싯대를 흔들어 넣어도, 줄이 낚싯대에 엉키지 않는다.

[약간 굵은 줄의 경우]

[가는 줄의 경우]

꼬는 길이의 2배강을 재서, 줄을 당긴 채 손가락의 볼로 좌우 역방향으로 세게 꼰다.

1

꼰 줄의 중심을 입술에 끼우고 2개로 접는다.

2

입술을 떼면 줄은 그림과 같이 꼬인다. 말단을 1회 묶어 두면 풀리지 않는다.

3

줄은 두 개로 접어서, 선단부를 왼손의 엄지와 검지에 끼우고, 오른 손의 엄지, 검지의 볼로, 조금씩 위로 끌어내듯이 하면서, 세게 꼰다.

낚싯대의 잇는 법

낚싯대의 좋고 나쁨은, 낚시의 즐거움을 변화시킨다. 그만큼 큰 비중을 갖지만, 그 중에서도 낚싯대가 정확히 연결되어 있지 않으면, 그 능력을 충분히 발휘할 수 없어, 낚싯대로서의 역할을 하지 못한다.

최근은 카본, 보른 등 과학적 소재의 낚싯대가 늘고 튼튼해졌다. 그래도 낚시터에서 사고를 일으키지 않거나, 낚은 물고기를 놓치지 않고 낚싯대를 파손시키지 않는 등, 나쁜 결과를 초래하지 않기 위해서는, 낚싯대를 정확히 잇는 것이 중요하다.

396

[혼들어 뽑기 낚싯대의 경우]

혼들어 뽑기식 낚싯대를 이을
때는, 끝대부터 순서대로
정성껏 끌어낸다. 확실히 멈추는
데까지 끌어내고 나서, 낚싯대를
끌어내도록. 또한, 넣을 때는,
손맡의 밑낚싯대부터
차례대로 넣어 간다.

[릴 낚싯대의 경우]

릴을 달아서 낚는 낚싯대는, 대개
'던진다'고 하는 동작이 전제로서
덧붙는다. 이 때의 순간적인 힘은
큰 것으로, 이 힘을 무시하지 않기
위해서도, 낚싯대의 잇는 법은
신중히 하자.

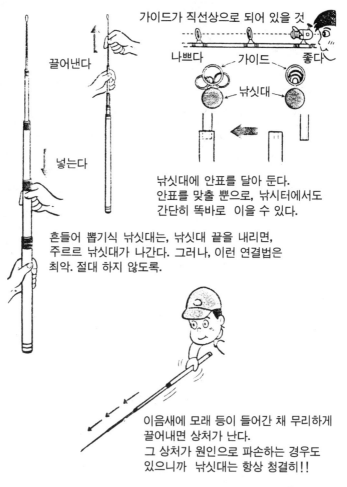

가이드가 직선상으로 되어 있을 것

나쁘다   가이드   좋다

낚싯대

끌어낸다

넣는다

낚싯대에 안표를 달아 둔다.
안표를 맞출 뿐으로, 낚시터에서도
간단히 똑바로 이을 수 있다.

혼들어 뽑기식 낚싯대는, 낚싯대 끝을 내리면,
주르르 낚싯대가 나간다. 그러나, 이런 연결법은
최악. 절대 하지 않도록.

이음새에 모래 등이 들어간 채 무리하게
끌어내면 상처가 난다.
그 상처가 원인으로 파손하는 경우도
있으니까 낚싯대는 항상 청결히!!

릴의 취급 방법

[릴의 다는 법]

릴 다리를 A, B에 끼우고
로킹 · 나사를 조여서 고정.
로킹 나사
A
B
릴 다리

릴 시트의 D를 세우고,
다리를 C에 끼워서,
D를 쓰러뜨려서
고정한다.
릴 시트
C
D
릴 다리

E
F
릴 다리

릴 시트에 다리를 놓고,
E를 회전시키면
F가 화살표 방향으로
이동하여 조여서 고정
릴 시트

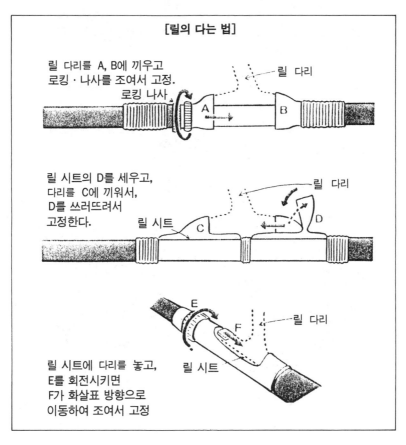

강과 호수의 낚시에서도 릴을 사용하는 낚시는 많다. 그런데, 릴을 다는
위치나 방법이 조금씩 다르므로, 확실히 익혀 두자.
정해진 위치에 릴의 다리를 단단히 끼워서 고정하고, 부속 기구로
조여서, 낚고 있는 중에 덜커덕거리지 않도록 다는 것이 중요하다.

[낚싯대 아래쪽에 다는 릴]

플라이 릴

스피닝 릴

[낚싯대 위쪽에 다는 릴]

스핀 캐스트 릴
(클로즈드 페이스 릴)

베이트 릴

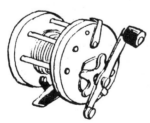

횡전릴

낚싯대의 휘두르는 법

바늘 가까이를 쥐고, 낚싯대 끝의 탄력을 이용해서 채비를 튀겨내듯이 해서 휘둘러 넣는다. 포인트에는, 미끼를 사뿐히 떨어뜨린다.
계류의 산천어 낚시나 상설 옥새송어 낚시터 등에서 유효한 방법.

왼손으로 바늘 가까이를 쥐고, 낚싯대를 앞으로 쓰러뜨려서 탄력을 살려, 미끼를 포인트에 휘둘러 넣는다. 조용히 휘둘러 넣을 것.

[돌려 휘두르기]

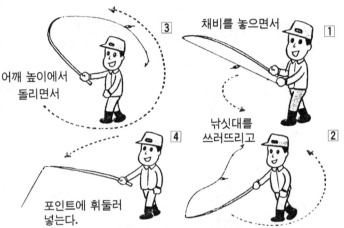

③ 어깨 높이에서 돌리면서

① 채비를 놓으면서

② 낚싯대를 쓰러뜨리고

④ 포인트에 휘둘러 넣는다.

바늘 가까이를 왼손으로 쥔다. 뗌과 동시에 어깨 높이에서 호를 그리듯이 돌리면서, 그 높이 채 포인트에 휘둘러 넣는다. 낚싯대를 크게 돌리기 때문에 공간이 필요하지만, 원심력이 작용해서 익숙해지면 멀리까지 휘둘러 넣을 수 있다.

[머리 위 돌려 휘두르기]

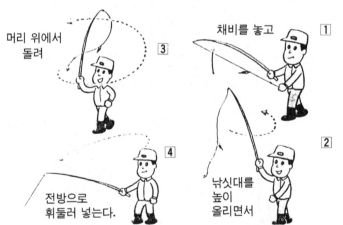

③ 머리 위에서 돌려

① 채비를 놓고

② 낚싯대를 높이 올리면서

④ 전방으로 휘둘러 넣는다.

위의 방법보다, 낚싯대를 휘둘러 돌리는 위치가 높아진다. 즉 머리위 돌리기. 낚싯대의 회전을 머리 위에서 하고, 채비를 놓는다.
머리 위에서 원을 그리듯이 낚싯대의 탄력을 이용하여 휘둘러 넣는다.

릴 낚싯대의 휘두르는 법도, 이 머리위 던지기부터 언더 핸드,
회전투법까지 여러 가지 있지만, 이 머리위 던지기가 모든 기본.
나는 거리에는 한계가 있지만, 컨트롤이 틀어지지 않아 혼잡한
낚시터에서도 위험이 적다.

[릴 낚싯대의 휘두르는 법(머리위 던지기)]

4 오른손을 앞으로 밀어내면서,
왼손을 하복부로
끌어당길
준비를
한다.

1 목표를 향해서 왼손을
잔뜩 올리고, 오른손은 머리의
약간 후방에 준비한다.

5 줄을 놓음과 동시에,
왼손을 하복부로 끌어당긴다.

2 오른발의 중심을 왼발에
옮기고, 낚싯대 끝을
이동하기 시작한다.

6 오른손은 어깨의 위치에서
멈추고, 낚싯봉의 방향을 확인한다.

3 눈을 목표에서 떼지 않고,
중심을 완전히 왼발에 옮긴다.

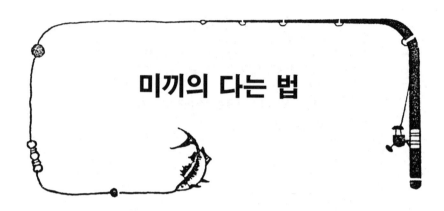

미끼의 다는 법

강과 호수의 낚시에서는 여러 가지 종류의 미끼가 사용된다. 물고기의 식성이 다르기 때문에, 대상어에 따라서 미끼를 바꾸는 것은 당연하고, 이 외 낚시 방법이나 계절에 따라서도 미끼를 바꾸는 경우가 생긴다. 한 종류의 미끼로 사계절을 계속하는 경우도 없지 않지만, 이래서는 자연계에 사는 물고기 상대의 작전으로서는 재미가 부족하고, 자연의 변화에 민감한 물고기를 낚는 방법으로서는, 빗나가고 있다.

따라서, 낚시터에는 그 장소에 맞는 미끼를 갖고 가지만, 그것과 동시에 그 미끼를 어떻게 바늘에 다느냐. 이것이 중요하다. 여기에서는 벌레나, 알이나, 떡밥이나 모두 다는 법이 다르고, 그 중에서도 벌레류는 그 형이나 크기에 따라, 다는 법이 미묘하게 변한다.

그래서, 그 특징을 알고, 미끼 달기의 방법을 확실히 익혀 두지 않으면, 낚시터에서 당황할 뿐만 아니라, 적당한 방법이라면 물고기에게 경계당해, 채비가 아무리 우수해도 물고기가 낚이지 않는다고 하는 결과를 낳는다. 강과 호수의 낚시는 섬세함이 요구되는 만큼, 신경을 써서, 신중한 미끼 달기가 필요하다. 미끼 달기는 낚시의 중요한 기본 기술이기 때문에, 각각의 방법을 확실히 마스터한다.

기본적인 미끼 달기의 명칭

[걸쳐 꿰기]

바늘을 깊이 찌르지 않는다.
바늘 끝에 살짝 걸치기 때문에
이 이름이 있고, 벌레류는
이때문에 죽지 않고 잘 움직인다.
물고기의 입질이 좋을 때는
강, 호수 모두 효과적인 방법.

[여러 마리 꿰기]

미끼를 3마리, 4마리
송이 모양으로 단다.
다는 법은 걸침 꿰기와
올려 꿰기를 병용하는
경우도 있지만, 미끼를
크게 보여서 물고기를
유혹하는 점이 주목적으로
작은 미끼의 경우,
대물을 노리는 경우에
효과가 있다.

[누벼 꿰기]　　　[올려꿰기]

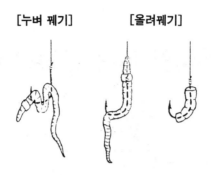

말 그대로, 벌레의 몸통에 바늘을 깊이 찌른다. '올려 꿰기'는
몸통의 중심을 지나도록, '누벼꿰기'는 바늘로 몸통을
누비듯이 찌른다. 모두 벌레의 움직임은 나빠지지만, 바늘을
전체적으로 숨기는 형태가 되기 때문에, 물고기의 기분이 나쁠
때에 사용하면 좋다. 또한, 확실히 통과시키고 있기 때문에,
미끼를 빼앗길 확률도 적다.

[꽁지걸침 꿰기] [배걸침 꿰기] [등걸침 꿰기]

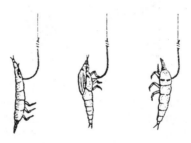

정확하게는, 이것도 걸침 꿰기의 일종이지만, 벌레의 어느 부분에
바늘을 찌르느냐로, 각각의 명칭이 된다. 등, 배, 꽁지 등 찌르는
부분에 따라서 이름이 변한다. 어느 부분을 찌르느냐는, 벌레의
종류나 낚시터의 상황에 따라서 변하지만, 벌레를 죽이지 않고
물속에서도 움직이도록 다는 것이 중요.

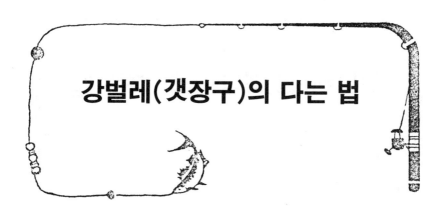

강벌레(갯장구)의 다는 법

[2마리 걸쳐 꿰기]

수염, 다리, 꼬리 등을
다치지 않고,
정성껏 찌르는
것이 요령.

[1마리의 걸쳐 꿰기]

하루살이의
유충으로,
강낚시의
미끼로서는
매우 유효한 것.

[2마리의 올려 꿰기]

걸쳐 꿰기와 달리,
강벌레의 머리에서
꼬리를 향해 찔러
통과시킨다.

[3마리의 여러 마리 꿰기]

머리에 가까운 부분을
바늘과 직각으로
찔러서,
바늘의 굽이 부분에
3마리의 강벌레가
늘어지도록 달자.

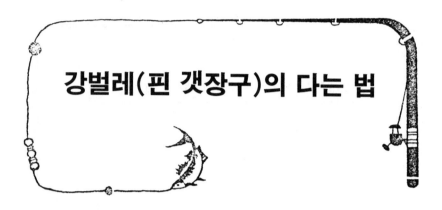

강벌레(핀 갯장구)의 다는 법

[등의 걸쳐 꿰기]

등이 약간 딱딱한
부분에서부터,
바늘 끝의 굽이
부분을 따라서
배로 뺀다.

[배의 걸쳐 꿰기]

피라미, 황어 등의
좋은 미끼이지만,
약간 부드럽고
약하다.
취급에는 주의.

[2마리의 걸쳐 꿰기]

머리를 가지런히
하든가, 머리와 꼬리를
역방향으로 하는
방법이 있다.

[올려 꿰기]

꽁지에서부터 찔러,
머리를 바늘의
선단부에
고정시키는 방법이
좋고, 이거라면
미끼의 파먹기는 좋다.

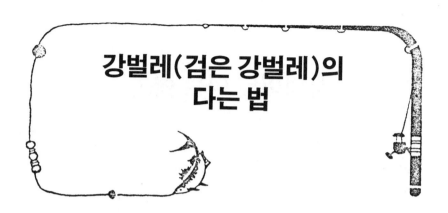

강벌레(검은 강벌레)의 다는 법

[등 걸쳐 꿰기]

가슴 걸쳐 꿰기와 함께, 가장 많이 이용되는 방법. 모두, 바늘끝부터 굽이 부분에 걸쳐서 찌르는 것이 좋다.

흑갈색, 또는 암녹색의 유충상의 것으로, 큰 것은 전체 길이 3.5cm 정도.

[가슴 걸쳐 꿰기]

[올려 꿰기]

꽁지의 중심에서부터 바늘을 찌르고, 바늘 끝에 약간 나오도록 찌른다.

꽁지의 안쪽에서부터, 꽁지의 선단을 향해 바늘을 찌른다. 이때, 바늘 끝은 약간 내보내도록 찌르면 좋다.

[꽁지 걸쳐 꿰기]

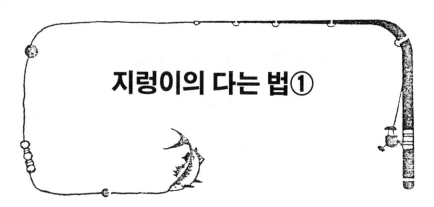

지렁이의 다는 법①

[목의 걸쳐 꿰기] 가장 많이 이용되는 방법으로, 곤들매기, 산천어, 황어 등에 효과적.

[머리의 걸쳐 꿰기] 바늘에 다는 법은 걸쳐꿰기가 가장 많고 일반적으로 이용가치도 높다.

[꽁지의 걸쳐 꿰기] 미끼의 움직임은 매우 좋지만, 그 때문에 바늘로부터 벗어나기 쉽다.

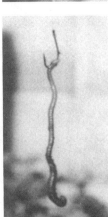

[몸통의 걸쳐 꿰기] 몸통의 거의 중간점에 바늘을 찌른다. 물속에서 눈에 잘 띄는 특징이 있다.

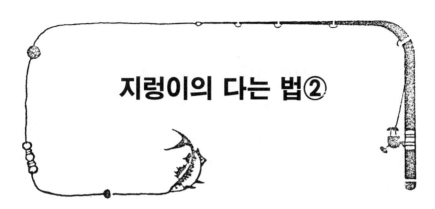

지렁이의 다는 법②

[올려 꿰기]
미끼를 크고 길게 보이기 때문에, 목줄 끝까지 지렁이를 훑어 올리는 것이 특징.

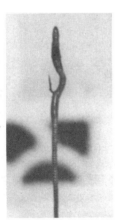

[누벼 꿰기]
흐름이 강한 계류 등에 적합하고, 미끼가 벗어나는 일도 적다. 물고기의 파고듦도 비교적 좋다.

[3마리의 여러 마리 꿰기]
이 방법이라면 대형어가 낚일 확률이 높지만, 이 경우는 더욱 잘 파고 들게 하고 나서 맞출 것.

[2마리의 여러 마리 꿰기]
미끼를 크게 보이는 것이 목적으로, 움직임도 2마리가 동시에 흔들려, 복잡해진다. 물고기에게는 충분히 파고들게 할 필요가 있다.

구더기의 다는 법

[2마리의 걸쳐 꿰기]

바늘에 찌르는 방법은
1마리의 경우와 같고,
입 부분에 가볍게
찌른다.

[걸쳐 꿰기]

가볍게 누르면
입 부분이 튀어나오기
때문에, 여기에 얕게
바늘을 찌른다.

[걸쳐 꿰기와 올려 꿰기]

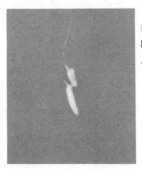

바늘축을 따라서
미끼가 늘어지기
때문에 미끼가 크게
보여서 유리.

[올려 꿰기]

머리에서부터 꽁지를
향해, 몸통의 중심을
찔러 통과시킨다.
작은 물고기나,
입질이 시원치 않을
때에는 유리한 방법.

포도 벌레의 다는 법

[머리의 걸쳐 꿰기]

가장 많이 이용되는
일반적인 미끼다는 법.
머리의 딱딱한 부분을
찔러, 그 바로 밑을
걸쳐 꿰기로 한다.

[포도 벌레가 들어간 포도덩굴]

포도벌레는
야생 포도덩굴 등에
들어 있다.
몸길이 약 2.5cm
정도의 노란 벌레.

[올려 꿰기]

몸통의 중심을 찔러
통과시킨다.

[꽁지의 걸쳐 꿰기]

머리를 밑으로 해서,
꽁지의 부드러운 부분을
걸쳐꿰기로 한다.
이 때문에, 수중
에서의 벌레의 움직임은
좋다.

털진드기의 다는 법

[올려 꿰기]

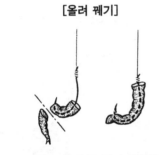

털진드기는 부드럽기 때문에,
찌르고 있는 한창 중에 찌부러
지는 경우가 많다.
잘 찌를 수 있으면 입질은 뛰어남

[걸쳐 꿰기]

가장 많은 미끼의 다는 법.
부드러운 털진드기를
찌부러뜨리지 않도록 달면
소물 낚시에는 효과가 있다.

[여러 마리 꿰기]

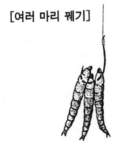

추운 시기의 참붕어, 입질이
나쁠 때의 빙어 등에
효과가 있다.

[걸쳐 꿰기]

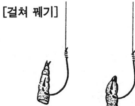

망상어나 돌몰개 등 초소물을 낚을 때의
걸쳐 꿰기. 자른 것을 바늘에 찌르는
것이 아니고, 찌르고 나서 자르는 것이
요령.

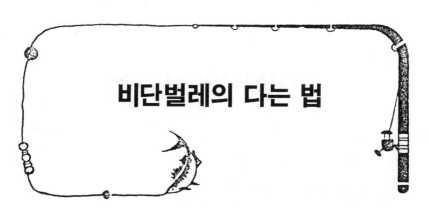

비단벌레의 다는 법

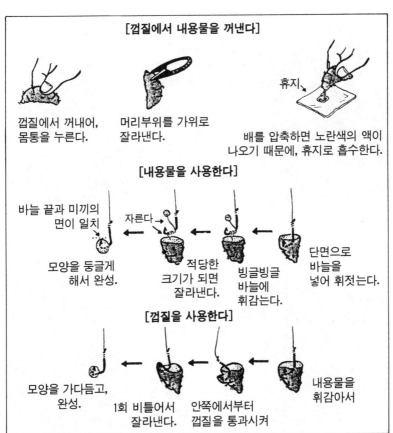

[껍질에서 내용물을 꺼낸다]

껍질에서 꺼내어,
몸통을 누른다.

머리부위를 가위로
잘라낸다.

휴지

배를 압축하면 노란색의 액이
나오기 때문에, 휴지로 흡수한다.

[내용물을 사용한다]

바늘 끝과 미끼의
면이 일치

자른다

모양을 둥글게
해서 완성.

적당한
크기가 되면
잘라낸다.

빙글빙글
바늘에
휘감는다.

단면으로
바늘을
넣어 휘젓는다.

[껍질을 사용한다]

모양을 가다듬고,
완성.

1회 비틀어서
잘라낸다.

안쪽에서부터
껍질을 통과시켜

내용물을
휘감아서

치자벌레의 다는 법

[올려 꿰기]

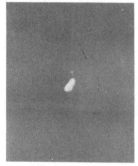

바늘이 잘 드는,
즉 끝이 날카로운 것을
사용하는 것이 비결.

때죽나무 열매에
집을 짓는 유충.
작은 구멍을 뚫고
집을 짓는다.

**[치자벌레가 들어있는
때죽나무 열매]**

[머리의 걸쳐 꿰기]

엄지와 검지로 가볍게
쥐고, 찌부러뜨리지
않도록 허리 부분에
바늘 끝을 얕게 찌른다.

물고기의 입질을
유혹하거나,
약간 형이 좋은
물고기가 많을 경우는,
이것도 유리.

[2마리의 걸쳐 꿰기]

새우류의 다는 법

[머리 걸쳐 꿰기]

아래턱에서부터 바늘
끝을 넣어 머리로 빼지만,
이 때 바늘 끝이 뇌천을
관통하면 오래 살지
못하므로, 주의한다.

[꽁지 걸쳐 꿰기]

새우를 미끼로서
사용하는 경우,
흔히 이용되는 방법.

[2마리 걸쳐 꿰기]

새우가 작을 때나,
큰 물고기를 노리는
경우에 효과적.
1마리씩 정성껏
바늘에 찌르도록.

[아가미 걸쳐 꿰기]

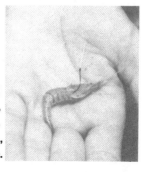

바늘 끝을 아가미
안쪽에서부터 찔러,
등으로 빼는 방법.
축이 가는 것을 사용하여,
확실히 찌른다.

육지에 사는 곤충류의 다는 법

[잠자리 다는 법]

날개는 조금 자르고, 꽁지 부분에 바늘을 찌른다.

강바닥에서 부화한 벌레류, 강가에 사는 곤충류 등은, 계절에 따라 모두 물고기의 좋은 미끼가 된다.

[나비의 다는 법]

[거미의 다는 법]

좋은 것은 땅거미로, 꽁지 부분에 가볍게 찔러서, 수면 혹은 수중에서 움직이도록 하는 것이 요령.

등을 얇게 찌르거나, 꽁지부터 찔러 바늘 끝을 가슴으로 빼는 등의 방법이 있다.

[메뚜기의 다는 법]

작은 어류의 다는 법

[등 걸쳐 꿰기]

가장 일반적인 방법. 바늘을 찌르는 위치는 등지느러미 앞이나 뒤로, 미끼는 오래 가고, 움직임도 좋은 것이 특징. 단, 찌르는 법이 나쁘면, 벗겨지는 경우가 있다.

[꽁지 걸쳐 꿰기]

작은 물고기의 움직임은 매우 좋다. 잘 헤엄치는 옥새송어, 브라운·알락곰치 등에 유효한 방법으로, 약간 느린 맞추기가 필요하고 충분히 파고 들게 할 것.

[아가미 걸쳐 꿰기]

대상어의 파고 듦은 좋지만, 미끼인 작은 물고기는 움직임이 나쁘고, 빨리 죽어버린다. 또한, 작은 물고기가 바늘에서 벗겨지는 경우가 있다.

[손자바늘을 사용하는 미꾸라지의 다는 법]

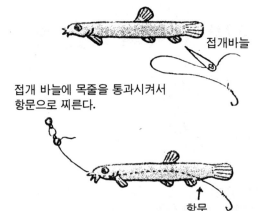

접개바늘

접개 바늘에 목줄을 통과시켜서
항문으로 찌른다.

항문

입으로 꺼내서, 선단을 도래에 연결한다.

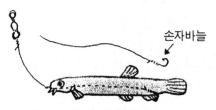

손자바늘

그 밖에 손자 바늘을 준비해서,
선단을 목줄에 연결한다.

슬라이드식으로
연결한다.

미꾸라지에게 무리가 가지 않도록
슬라이드식으로 연결하고, 손자 바늘을 등으로
통과시켜서 완성.

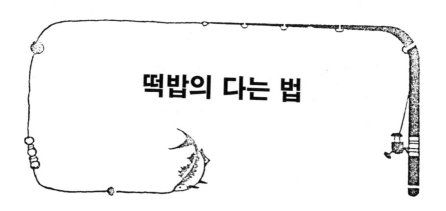

떡밥의 다는 법

[둥근 형 달기]

떡밥을 사용하는 경우, 가장 흔히 이용
되는 것이 이 방법.
바늘 전체를 감싸듯이 둥글게 단다.

[작은 알 둥근 형 달기]

작은 바늘을 사용하여 작은 물고기를
낚는 경우, 물고기가 닿고 있는 경우 등
에 효과적. 바늘 끝에 작고 둥글게 만
떡밥을 살짝 단다.

[낙수물형 달기]

목 주변이 가늘고, 끝을 굵게 다는 것이
이 방법.   마치 빗방울과   같은 모양이
된다.

[떡밥 만드는 법]

① 재료를 준비한다.
으깬 감자 번데기 밀가루 새우
으깬 감자를 주체로

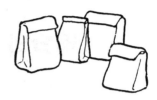

② 그릇에 으깬 감자 등을 넣고,
미지근한 물이나 찬물을 넣어서
갠다.

겨울은 미지근한 물
봄, 여름, 가을은 찬물

③ 손가락 끝으로 어렵지 않게
둥글리는 정도로 개는 것이 이상적.

〈으깬 감자를 많이 사용하는 경우〉

헝겊자루(손수건 등으로 만든다)에 으깬
감자를 넣고, 물에 몇 초 담궈서, 그대로
개도 좋다.

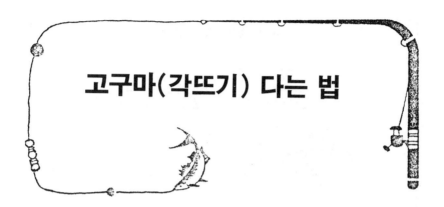

고구마(각뜨기) 다는 법

고구마의 각뜨기는, 호수, 늪, 연못 등에서 대물 겨냥에 사용하는 미끼. 특히 잉어 낚시 등에는 발군이다. 단, 던질 때, 흩어지지 않도록 던지는 것이 중요!

[1개 달기]

[4개 달기]

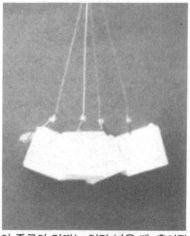

고구마의 각뜨기를 미끼로 달 때, 가장 중요한 것은, 주사위 모양의 미끼가 무너지지 않도록 찌를 것. 미끼의 중심을 빗나가지 않도록 깊이 찌르고, 바늘 끝을 조금 내밀도록 하면 좋다. 맞추기는 충분히 파고들게 하고 나서.

이 종류의 미끼는 던져 넣을 때, 흩어질 우려가 있으므로 주의해야 한다. 4개의 바늘에 1개씩 달기 때문에 수중에서 눈에 잘 띄고, 특히 큰 잉어 낚시 등에서 위력을 발휘한다.

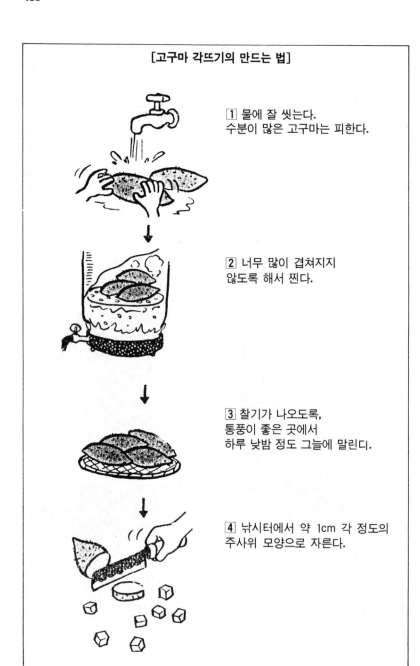

[고구마 각뜨기의 만드는 법]

1 물에 잘 씻는다.
수분이 많은 고구마는 피한다.

2 너무 많이 겹쳐지지
않도록 해서 찐다.

3 찰기가 나오도록,
통풍이 좋은 곳에서
하루 낮밤 정도 그늘에 말린다.

4 낚시터에서 약 1cm 각 정도의
주사위 모양으로 자른다.

고구마(떡밥) 만드는 법

보통은 고구마만으로 사용하지만, 경우에 따라서, 밀가루, 새우가루, 번데기 가루 등을 섞는 경우가 있다.

[1발 바늘의 경우]

[멍텅구리 바늘의 경우]

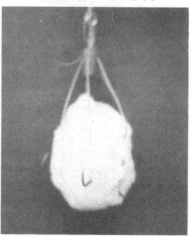

보통의 떡밥의 경우와 달리, 크게 탁구공 정도로 단다. 바늘 목까지, 바늘 전체를 감싸듯이 다는 것이 좋다. 바늘이 떡밥의 중심이 되도록 주의하자. 더구나 풀려서 뿌림 모이의 역할도 겸하기 때문에, 같은 포인트에 몇 번이나 되치는 것도 효과적.

떡밥의 중심에 나선상의 철사를 사용하여 여기에 탁구공 정도의 고구마 떡밥을 단다. 바늘은 이 바깥쪽에 묻지만, 이 경우 바늘 끝은 반드시 외향이 되도록 묻는 것이 중요. 이것도 뿌림 모이의 역할을 하기 때문에, 포인트를 벗어나지 않도록.

[고구마 떡밥 만드는 법]

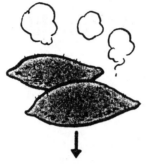

① 수분이 적은 먹음직스러운 고구마가 최적. 이것을 찐다.

② 껍질을 벗기고 체로 받는다. 눈이 가는 철망 등의 위에 꽉 누르고 전후로 고구마를 간다.

③ 채로 받은 고구마를, 손바닥으로 찰기가 생길 때까지, 잘 갠다.

뿌림모이 만드는 법

뿌림 모이 재료

양동이에 볶은 겨와
번데기 가루를 넣는다.

막대기로 잘 섞는다.

필요에 따라서
흙과 물을 넣고 갠다.

가볍게 손으로 쥘 수 있을
정도로 단단하게 한다.

뿌림모이의 사용법

작은 미끼를 하나 떨어뜨려도, 좀체로 물고기에게 발견되지 않아, 곧 달려 들지 않는 경우가 있다.

그런데, 물고기를 한 군데에 모으는 예비적인 미끼를 사용하면 어떨까? 뿌림 모이이다. 이렇게 되면 상황은 일변해서, 작은 미끼 1개로는 모이지 않았는데, 이 뿌림 모이를 사용함으로써 많은 물고기를 모아, 이것을 낚을 수 있다. 따라서, 뿌림 모이의 만드는 법이나 사용법도, 낚시 기술의 일보라고 생각해도 좋을 것이다.

단, 뿌림 모이를 사용할 때, 몇 가지 주의점이 있다.

우선, 한 번에 너무 많은 양을 사용하지 않는다. 물고기를 모으는 점만 생각하고, 너무 많이 사용하면, 물고기는 포식 상태가 되어 바늘에 찌른 미끼를 먹지 않게 되어 버린다. 이래서는 뿌림 모이의 의미가 없다. 적절한 양을 사용하는 것이 중요하다.

다음이, 주성분에 대해, 싼 증량제의 문제이다. 증량제라고 해도 그다지 대규모가 아니고, 보통 겨, 기울, 흙(흑토, 적토, 모래) 등이 여기에 해당한다. 겨나 기울은 물에 가라앉지 않기 때문에 습기를 주어서 사용하지만, 수중에서 넓게 흩어지기 때문에 물고기의 움직임이 활발한 때에 효과를 올린다. 또 흙을 섞으면, 뿌림 모이는 잘 가라

앉는다. 단, 흙의 종류로 뿌림 모이의 침강 속도, 용해도, 확산 상태가
다르다. 따라서, 증량제의 성격을 확인하는 것이 중요하다.

이와 같이, 뿌림 모이는 낚시터의 상태에 따라 나눠서 사용하고,
더구나, 효과적으로 사용해 가지 않으면, 다른 사람에게 물고기가
모여 버리는 경우도 일어난다. 주의하자.

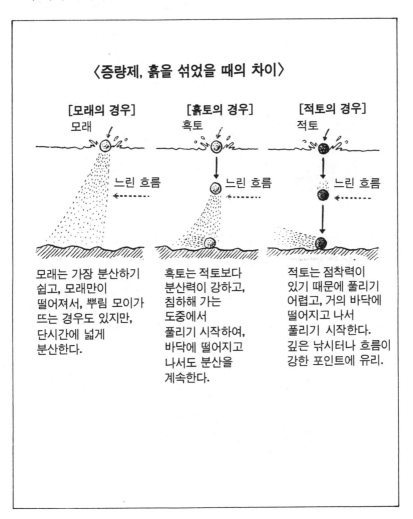

〈증량제, 흙을 섞었을 때의 차이〉

[모래의 경우]　　　[흙토의 경우]　　　[적토의 경우]

모래는 가장 분산하기 쉽고, 모래만이 떨어져서, 뿌림 모이가 뜨는 경우도 있지만, 단시간에 넓게 분산한다.

흑토는 적토보다 분산력이 강하고, 침하해 가는 도중에서 풀리기 시작하여, 바닥에 떨어지고 나서도 분산을 계속한다.

적토는 점착력이 있기 때문에 풀리기 어렵고, 거의 바닥에 떨어지고 나서 풀리기 시작한다. 깊은 낚시터나 흐름이 강한 포인트에 유리.

〈뿌림 모이의 뿌리는 법〉

수심이 얕은 낚시터, 조석의 물고기가 활발히 움직일 때는,
뿌림 모이도 넓게 뿌리도록.

이른 봄 무렵, 또 겨울의 한창 중,
수온이 낮을 때는, 물고기가
바닥 가까이에 있다. 뿌림 모이를
가라앉혀서.
맑은 날, 낚시꾼이 많을 때에도
바닥 가까이를.

뿌림 모이는 최초는 약간
많이 뿌려서 물고기를 모으고,
물고기가 모이면 양을 줄여서,
물고기를 흩뜨리지 않도록
계속 뿌린다.

강낚시의 포인트

물고기가 숨어 있는 장소를, '포인트' 또는 '스폿'이라고 부른다.

낚시에서는, 이 물고기가 숨어 있는 장소를 모르면, 아무리 우수한 도구와 신선한 미끼를 사용해도 물고기는 낚을 수 없다. 낚시터에 서서 물고기가 숨는 장소를 구분하는 것도, 기본적인 낚시 기술의 하나이다. 아니, 오히려 낚시의 원점은 여기에 있다고 해도 과언이 아니다.

그런데, 강의 낚시터라도, 상류부터 하류까지 절대 표정이 같지 않고, 돌이 크고 흐름이 거친 계류역부터, 모래나 돌이 많은 청류역, 그리고 평지를 천천히 흐르는 강폭이 넓은 하류역으로 변하며, 각각에 독특한 포인트를 갖고, 그 구성이 다르다. 물론, 사는 대상어도 다르고, 그 습성상 숨는 장소도 다르지만, 목적 물고기가 어떤 곳에 숨어 있는지, 그것을 구분하는 눈을 기르는 것이 중요하다.

'강을 읽는다'고 하는 말대로, 표면뿐만 아니라, 그 바닥이 어떻게 되어 있는지, 그리고, 그 상태에 따라서 물고기가 어느 부분에 숨어 있는지, 이것을 일목 요연하게 판단할 수 있으면 이미 그 물고기는 낚인거나 다름없다. 포인트의 구분법, 이것은 매우 중요한 기술이다.

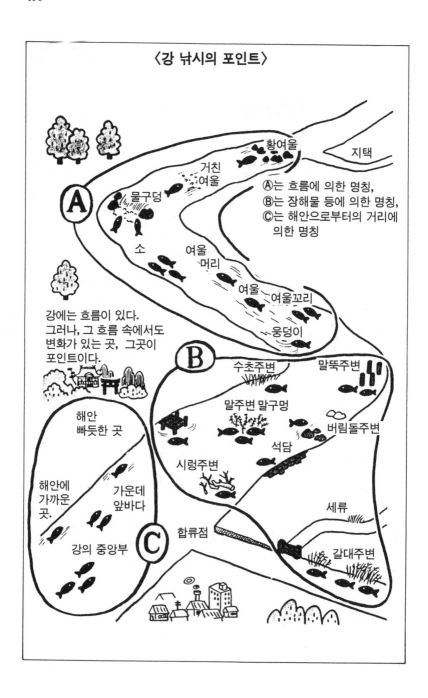

〈강 낚시의 포인트〉

황여울

지택

거친
여울

Ⓐ는 흐름에 의한 명칭,
Ⓑ는 장해물 등에 의한 명칭,
Ⓒ는 해안으로부터의 거리에
의한 명칭

물구덩

Ⓐ

소

여울
머리

여울

여울꼬리

강에는 흐름이 있다.
그러나, 그 흐름 속에서도
변화가 있는 곳, 그곳이
포인트이다.

웅덩이

Ⓑ

수초주변

말뚝주변

말주변 말구멍

버림돌주변

석담

해안
빠듯한 곳

시렁주변

해안에
가까운
곳.

가운데
앞바다

세류

합류점

Ⓒ

강의 중앙부

갈대주변

호수낚시의 포인트

호수의 낚시터는, 강의 그것에 비해, 복잡한 흐름을 갖지 않기 때문에, 언뜻 간단한 듯이 생각되지만, 호수에는 호수의 특징이 있고, 독특한 복잡함이 있다. 그 중에서도, 제일 어려운 것은 '넓이'와 '수심'의 문제이다. 호수의 낚시는, 이것들을 무시하고는 성립하지 않는다. 물고기를 낚는 포인트를 구분할 때, 이것이 의외로 난관이 되어 낚시꾼의 앞에 떡 버티고 서기 때문에, 조심해서 도전하자.

예를 들면, 수심이 있는 호수에서는, 계절, 시간, 기후, 수황(수온, 청탁, 수질 등) 등의 조건에 따라서, 물고기의 헤엄치는 층이 다르다. 냉수성의 옥새송어, 빙어 등이 활발히 헤엄쳐 돌아다닐 때는, 온수계의 붕어, 잉어, 검정끄리 등은 물바닥에서 가만히 참고 있다. 이 때문에 여름의 수온이 높을 때는 빙어가 낚이지 않고, 겨울 수온이 낮을 때에 붕어, 잉어를 낚는 것은 어려워진다. 즉, 자연조건에 따라서 물고기는 영층을 바꾸기 때문에, 습성 등으로 이것을 알고 포인트를 파악한다.

또한, 넓은 호수에서도 주의해 보면 반드시 변화가 있다. 물의 흐름의 변화, 장해물의 유무 등은 모두 물고기가 모이는 포인트이기 때문에, 세밀하게 관찰하고, 이것들을 놓치지 않는다.

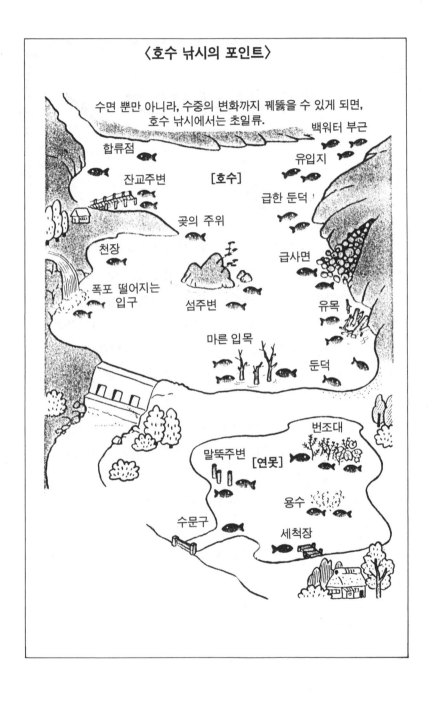

〈호수 낚시의 포인트〉

수면 뿐만 아니라, 수중의 변화까지 꿰뚫을 수 있게 되면,
호수 낚시에서는 초일류.

백워터 부근

합류점

유입지

잔교주변　　　[호수]

급한 둔덕

곶의 주위

천장

급사면

폭포 떨어지는
입구

섬주변

유목

마른 입목

둔덕

번조대

말뚝주변　[연못]

용수

수문구

세척장

제3부

민물낚시의
이론과
실제

제1장
민물 낚시의 지식과 준비

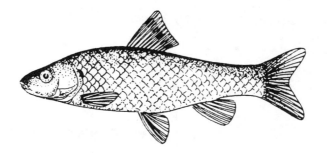

민물 낚시의 종류

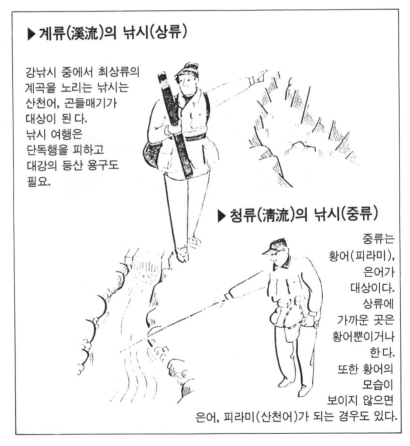

▶계류(溪流)의 낚시(상류)

강낚시 중에서 최상류의 계곡을 노리는 낚시는 산천어, 곤들매기가 대상이 된다.
낚시 여행은 단독행을 피하고 대강의 등산 용구도 필요.

▶청류(淸流)의 낚시(중류)

중류는 황어(피라미), 은어가 대상이다. 상류에 가까운 곳은 황어뿐이거나 한다. 또한 황어의 모습이 보이지 않으면 은어, 피라미(산천어)가 되는 경우도 있다.

▶ 호수의 낚시

표고가 있는 호수에서는 동계의 빙어가
주체가 되고 여름은 산천어, 주걱붕어
낚시 등을 즐길 수 있다.
댐, 호수 즉 인공으로 만든 인조 호수도
이 호수 낚시의 하나라고 생각할 수 있다.

▶ 평야의 낚시(하류)

강 폭도 넓어지는
평야부에서는 은어, 피라미,
산천어, 참붕어, 주걱붕어,
잉어, 뱀장어 등 대상어도
늘어나서 사계를 통해
즐길 수 있다.

▶ 늪 연못의 낚시

평야부의 늪 연못에는 참붕어, 주걱붕어,
잉어, 산천어, 긴팔새우 등이 많고 때로 는
빙어도 방류에 의해 번식한다.

▶하구의 낚시

상류로 갈수록 염분도 적어지고
간만의 차는 남는다.
잉어, 산천어, 주걱붕어, 초어, 뱀장어라고 하는
물고기가 중류와
마찬가지로 낚인다.

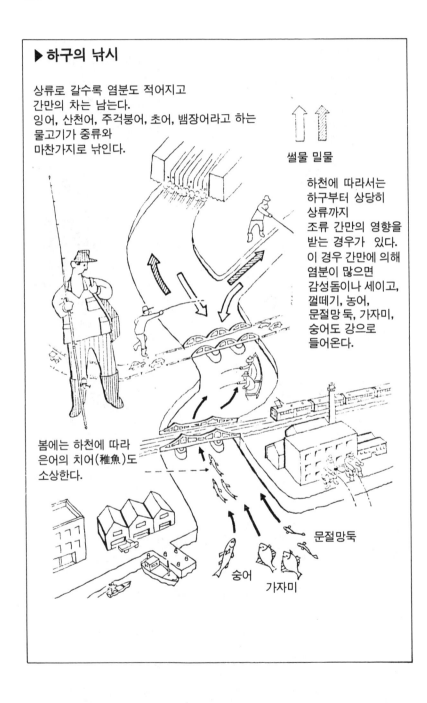

썰물 밀물

하천에 따라서는
하구부터 상당히
상류까지
조류 간만의 영향을
받는 경우가 있다.
이 경우 간만에 의해
염분이 많으면
감성돔이나 세이고,
껄떼기, 농어,
문절망둑, 가자미,
숭어도 강으로
들어온다.

봄에는 하천에 따라
은어의 치어(稚魚)도
소상한다.

문절망둑

숭어

가자미

민물낚시에 필요한 용구

▶ 낚시의 복장

한여름이라도 긴소매 셔츠

조끼

(몸통장화) 몸통까지의 바지식 고무장화

넓적 다리까지의 고무장화 (가랑이 장화)

속은 여름은 메시, 겨울은 보아부착.

비옷은 맑은 날이라도 필수품.

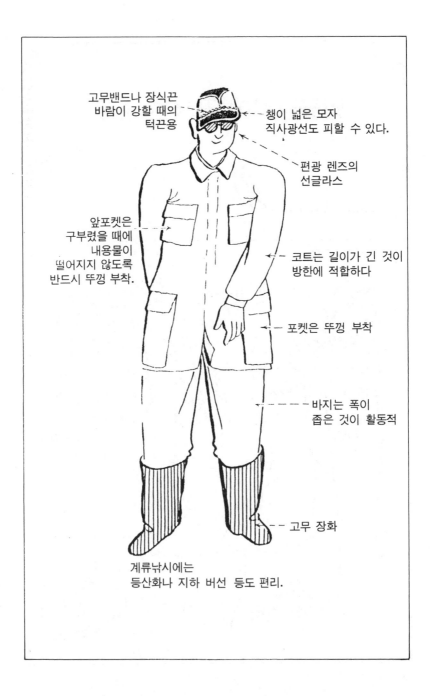

고무밴드나 장식끈
바람이 강할 때의
턱끈용

챙이 넓은 모자
직사광선도 피할 수 있다.

편광 렌즈의
선글라스

앞포켓은
구부렸을 때에
내용물이
떨어지지 않도록
반드시 뚜껑 부착.

코트는 길이가 긴 것이
방한에 적합하다

포켓은 뚜껑 부착

바지는 폭이
좁은 것이 활동적

고무 장화

계류낚시에는
등산화나 지하 버선 등도 편리.

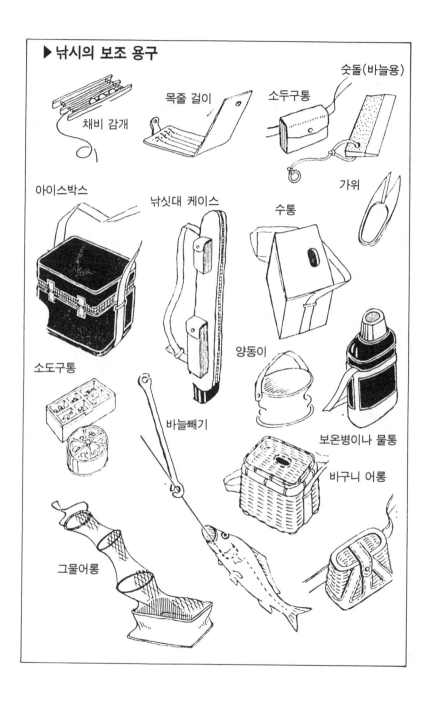

▶ 낚시의 보조 용구

낚싯대와 릴

▶ 낚싯대의 종류

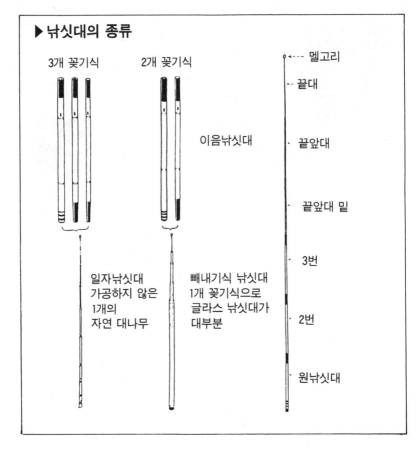

3개 꽂기식

2개 꽂기식

이음낚싯대

일자낚싯대
가공하지 않은
1개의
자연 대나무

빼내기식 낚싯대
1개 꽂기식으로
글라스 낚싯대가
대부분

멜고리

끝대

끝앞대

끝앞대 밑

3번

2번

원낚싯대

▶좋은 낚싯대와 나쁜 낚싯대

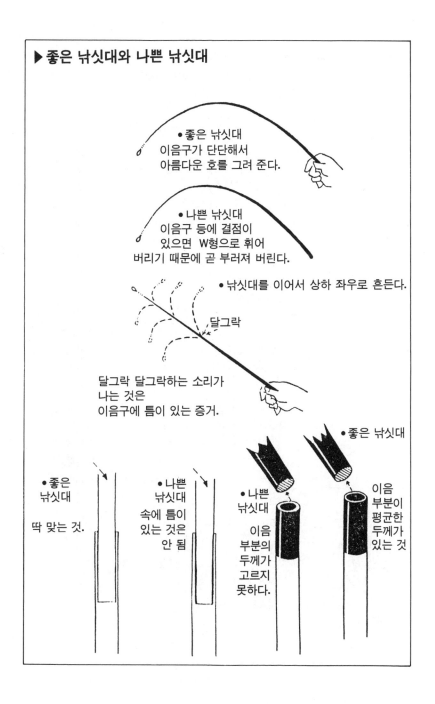

• 좋은 낚싯대
이음구가 단단해서
아름다운 호를 그려 준다.

• 나쁜 낚싯대
이음구 등에 결점이
있으면 W형으로 휘어
버리기 때문에 곧 부러져 버린다.

• 낚싯대를 이어서 상하 좌우로 흔든다.

달그락

달그락 달그락하는 소리가
나는 것은
이음구에 틈이 있는 증거.

• 좋은
낚싯대

딱 맞는 것.

• 나쁜
낚싯대
속에 틈이
있는 것은
안 됨

• 나쁜
낚싯대
이음
부분의
두께가
고르지
못하다.

• 좋은 낚싯대

이음
부분이
평균한
두께가
있는 것

▶릴 낚싯대의 각부와 스피닝 릴

종래의 북형 릴 외 스피닝 릴이 잉어나 황어(피라미)의
처넣기 낚시에 사용된다.

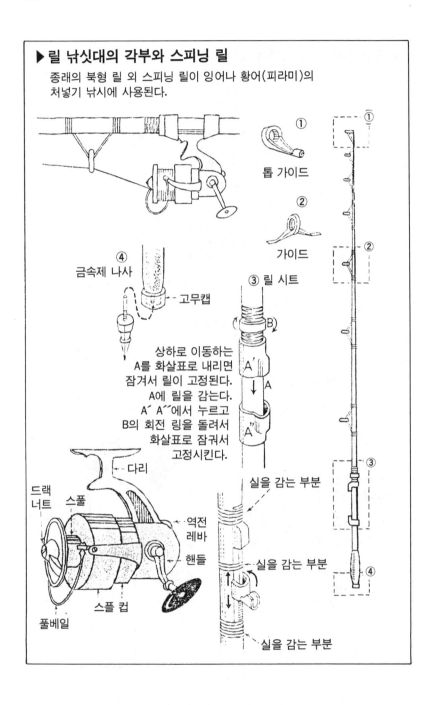

① 톱 가이드

② 가이드

③ 릴 시트

④ 금속제 나사

고무캡

상하로 이동하는
A를 화살표로 내리면
잠겨서 릴이 고정된다.
A에 릴을 감는다.
A´ A´´에서 누르고
B의 회전 링을 돌려서
화살표로 잠궈서
고정시킨다.

다리

드랙
너트

스풀

역전
레바

핸들

스플 컵

풀베일

실을 감는 부분

실을 감는 부분

실을 감는 부분

▶ 스피닝 릴의 조작법

① 오른손 중지와 약지 사이로 쥐고 줄은 오른손 검지의 제1관절에 가볍게 걸친다.

② 왼손으로 베일을 일으킨다. 스풀은 가장 앞에 나간 위치로 한다.

③ 끝대에 줄이 엉키지 않도록 해서 낚싯대를 일으킨다.

④ 낚싯대가 머리 위를 넘는 순간에 오른손 검지를 뗀다.

⑤ 줄의 행방을 쫓아 낚싯봉이 떨어져 가는 것을 기다린다.

⑥ 핸들을 돌려 베일이 일어나서 감기에 들어간다.

▶ 스풀에 감는 실의 양

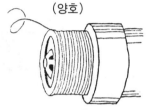

(양호)

테두리에 평행히 감으면 본줄은 잘 난다.

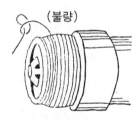

(불량)

너무 부풀어서는 안 됨 실이 엉키게 된다.

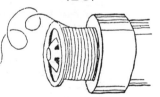

(불량)

실이 적으면 테두리에 부딪쳐서 날지 않는다.

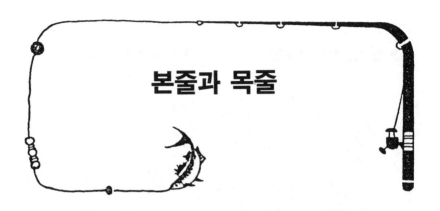

본줄과 목줄

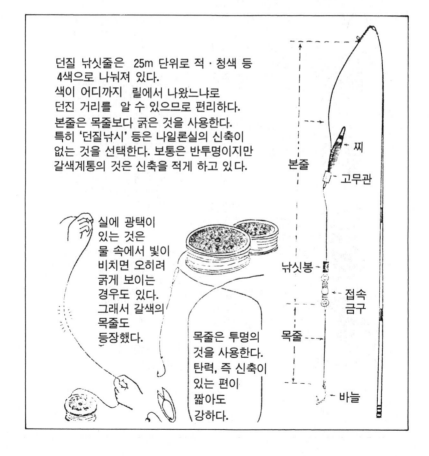

던질 낚싯줄은 25m 단위로 적·청색 등 4색으로 나눠져 있다.
색이 어디까지 릴에서 나왔느냐로 던진 거리를 알 수 있으므로 편리하다.
본줄은 목줄보다 굵은 것을 사용한다.
특히 '던질낚시' 등은 나일론실의 신축이 없는 것을 선택한다. 보통은 반투명이지만 갈색계통의 것은 신축을 적게 하고 있다.

실에 광택이 있는 것은 물 속에서 빛이 비치면 오히려 굵게 보이는 경우도 있다. 그래서 갈색의 목줄도 등장했다.

목줄은 투명의 것을 사용한다. 탄력, 즉 신축이 있는 편이 짧아도 강하다.

찌

고무관

본줄

낚싯봉

접속 금구

목줄

바늘

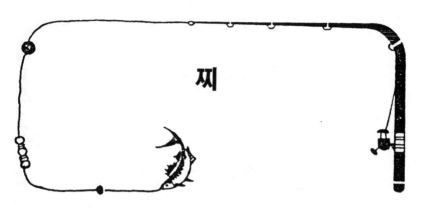

찌

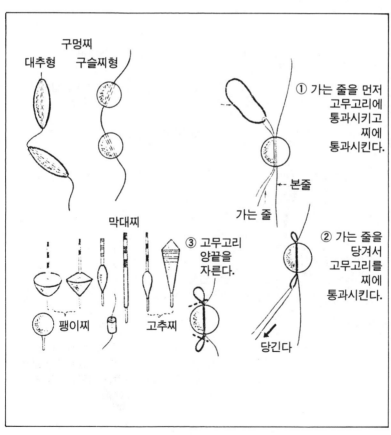

구멍찌

대추형　구슬찌형

① 가는 줄을 먼저
고무고리에
통과시키고
찌에
통과시킨다.

← 본줄

가는 줄

막대찌

③ 고무고리
양끝을
자른다.

팽이찌　고추찌

② 가는 줄을
당겨서
고무고리를
찌에
통과시킨다.

당긴다

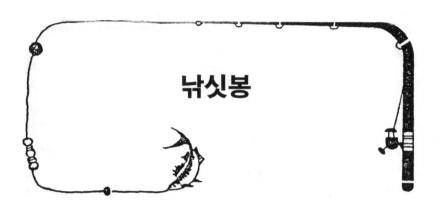

낚싯봉

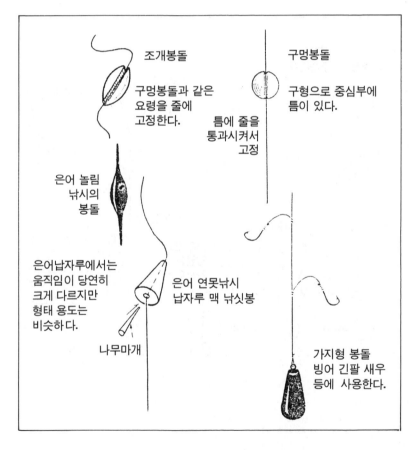

조개봉돌

구멍봉돌과 같은 요령을 줄에 고정한다.

구멍봉돌

구형으로 중심부에 틈이 있다.

틈에 줄을 통과시켜서 고정

은어 놀림 낚시의 봉돌

은어납자루에서는 움직임이 당연히 크게 다르지만 형태 용도는 비슷하다.

은어 연못낚시 납자루 맥 낚싯봉

나무마개

가지형 봉돌 빙어 긴팔 새우 등에 사용한다.

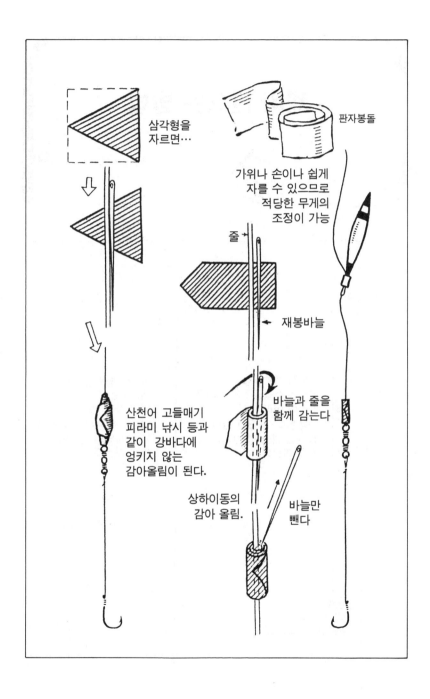

삼각형을
자르면…

판자봉돌

가위나 손이나 쉽게
자를 수 있으므로
적당한 무게의
조정이 가능

줄 →

← 재봉바늘

산천어 고들매기
피라미 낚시 등과
같이 강바다에
엉키지 않는
감아올림이 된다.

바늘과 줄을
함께 감는다

상하이동의
감아 올림.

바늘만
뺀다

채비 만드는 방법

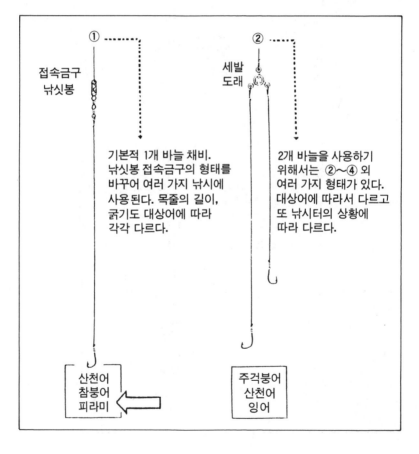

① 접속금구 낚싯봉

② 세발 도래

기본적 1개 바늘 채비. 낚싯봉 접속금구의 형태를 바꾸어 여러 가지 낚시에 사용된다. 목줄의 길이, 굵기도 대상어에 따라 각각 다르다.

2개 바늘을 사용하기 위해서는 ②~④ 외 여러 가지 형태가 있다. 대상어에 따라서 다르고 또 낚시터의 상황에 따라 다르다.

산천어 참붕어 피라미

주걱붕어 산천어 잉어

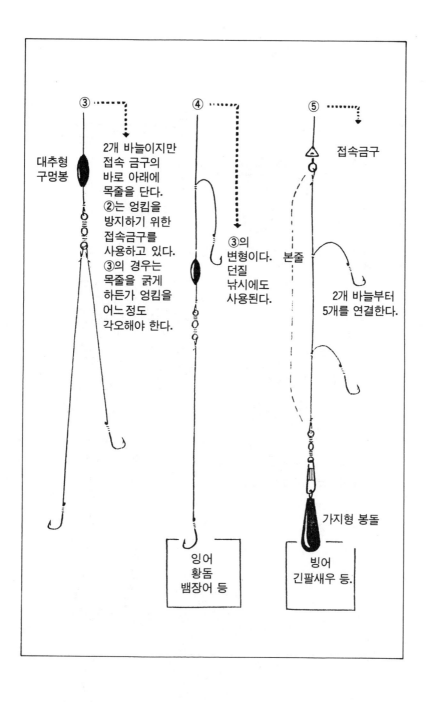

③

대추형
구멍봉

2개 바늘이지만
접속 금구의
바로 아래에
목줄을 단다.
②는 엉킴을
방지하기 위한
접속금구를
사용하고 있다.
③의 경우는
목줄을 굵게
하든가 엉킴을
어느 정도
각오해야 한다.

④

③의
변형이다.
던질
낚시에도
사용된다.

잉어
황돔
뱀장어 등

⑤

접속금구

본줄

2개 바늘부터
5개를 연결한다.

가지형 봉돌

빙어
긴팔새우 등.

▶바늘의 묶는 법(1)

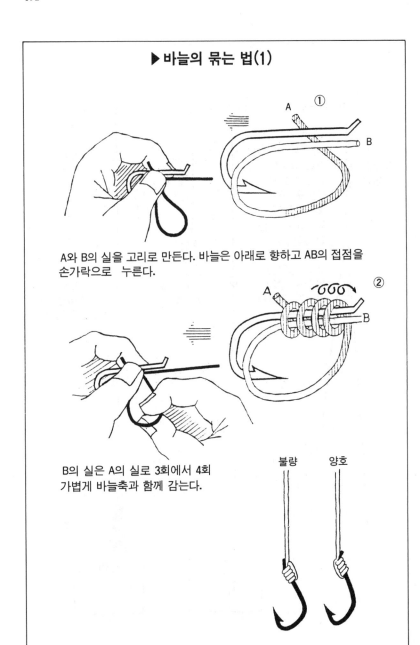

A와 B의 실을 고리로 만든다. 바늘은 아래로 향하고 AB의 접점을
손가락으로   누른다.

B의 실은 A의 실로 3회에서 4회
가볍게 바늘축과 함께 감는다.

▶바늘의 묶는 법(2)

①

고리를 만들어 바늘축에
가지런히 한다.

②

A의 실로 바늘축과 고리를
감는다.

③

2～3회 감으면 A를
고리 속에 통과시킨다.

④

A가 통과한 장면

⑤ 화살표로 조르고

①

바늘 축에 목줄을 걸친다.

②

①의 상태에서 축을 강하게
조르고 다시 한 번 돌려서

③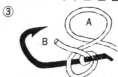

이것을 A와 같이 고리로
만든다.

④

A의 고리를 바늘과 B의 실을
동시에 통과시킨다.

⑤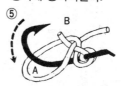

④에서 통과시킨 장면

⑥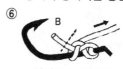

화살표로 조른다.

연결 고리 매듭 끝에 본줄을 묶는 방법

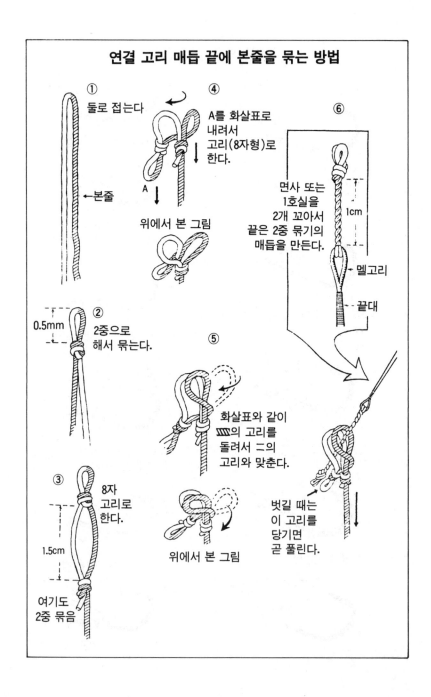

① 둘로 접는다

← 본줄

② 2중으로 해서 묶는다.

0.5mm

③ 8자 고리로 한다.

1.5cm

여기도 2중 묶음

④ A를 화살표로 내려서 고리(8자형)로 한다.

A

위에서 본 그림

⑤ 화살표와 같이 ▨의 고리를 돌려서 ⊐의 고리와 맞춘다.

위에서 본 그림

⑥ 면사 또는 1호실을 2개 꼬아서 끝은 2중 묶기의 매듭을 만든다.

1cm

멜고리

끝대

벗길 때는 이 고리를 당기면 곧 풀린다.

▶실과 실을 연결하는 방법

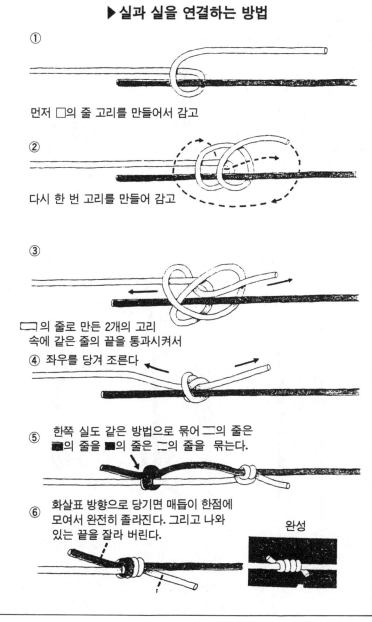

① 먼저 □의 줄 고리를 만들어서 감고

② 다시 한 번 고리를 만들어 감고

③ ⟬⟭의 줄로 만든 2개의 고리
속에 같은 줄의 끝을 통과시켜서

④ 좌우를 당겨 조른다

⑤ 한쪽 실도 같은 방법으로 묶어 ⟬⟭의 줄은
■의 줄을 ■의 줄은 ⟬⟭의 줄을 묶는다.

⑥ 화살표 방향으로 당기면 매듭이 한점에
모여서 완전히 졸라진다. 그리고 나와
있는 끝을 잘라 버린다.

완성

▶가지바늘 묶는법

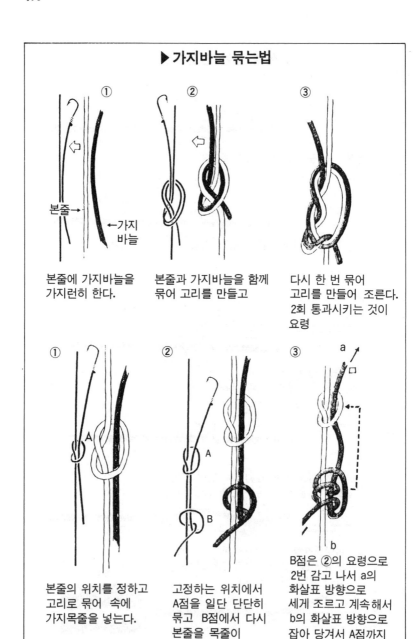

①

본줄→
←가지
바늘

본줄에 가지바늘을
가지런히 한다.

②

본줄과 가지바늘을 함께
묶어 고리를 만들고

③

다시 한 번 묶어
고리를 만들어 조른다.
2회 통과시키는 것이
요령

①

A

본줄의 위치를 정하고
고리로 묶어 속에
가지목줄을 넣는다.

②

A

B

고정하는 위치에서
A점을 일단 단단히
묶고 B점에서 다시
본줄을 목줄이
감는다.

③

a
□

b

B점은 ②의 요령으로
2번 감고 나서 a의
화살표 방향으로
세게 조르고 계속해서
b의 화살표 방향으로
잡아 당겨서 A점까지
가져오면 완성.

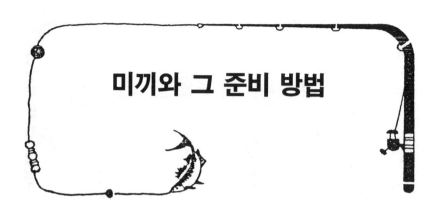

미끼와 그 준비 방법

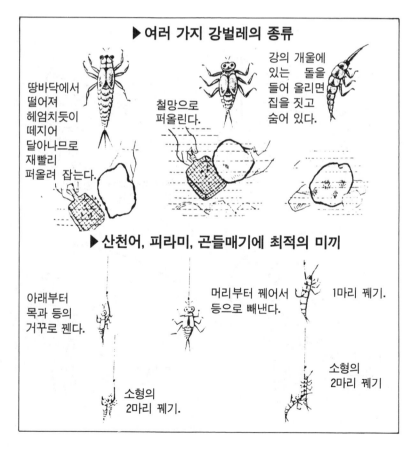

▶여러 가지 강벌레의 종류

강의 개울에 있는 돌을 들어 올리면 집을 짓고 숨어 있다.

철망으로 퍼올린다.

땅바닥에서 떨어져 헤엄치듯이 떼지어 달아나므로 재빨리 퍼올려 잡는다.

▶산천어, 피라미, 곤들매기에 최적의 미끼

아래부터 목과 등의 거꾸로 꿴다.

머리부터 꿰어서 등으로 빼낸다.

1마리 꿰기.

소형의 2마리 꿰기

소형의 2마리 꿰기.

낚싯대 휘두르는 법

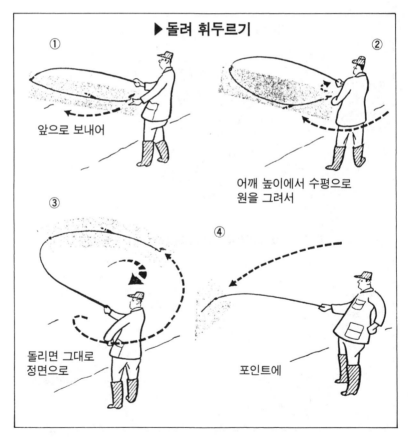

▶돌려 휘두르기

① 앞으로 보내어

② 어깨 높이에서 수평으로 원을 그려서

③ 돌리면 그대로 정면으로

④ 포인트에

▶ 보내주기

바늘 가까이를 쥔다.
끝대의 탄력을 주듯이
자기 앞쪽으로 당긴다. ①

③ 그대로 포인트로

②

그 탄력으로 앞으로
채비를 보내어
낚싯대를 보낸다.

▶ 머리위 돌려 휘두르기

낚싯대 끝의 탄력으로
앞으로 보낸다. ①

② 동시에
낚싯대를
머리위로

④

③

계속해서
원을
그린다.

머리위 혹은 비스듬히 옆에서
스냅을 이용하여 앞으로 보낸다.

▶걸쳐 휘두르기

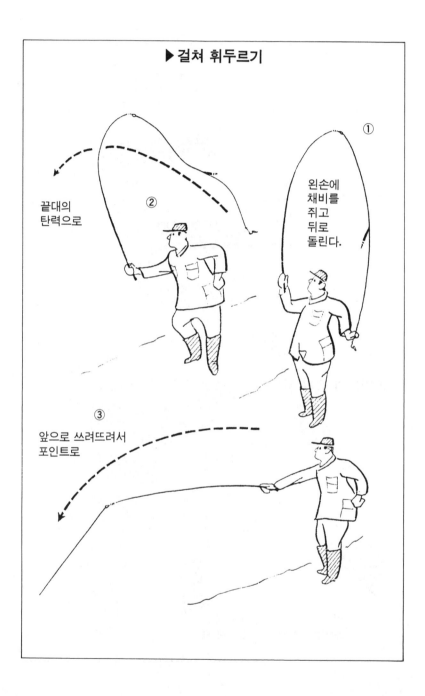

① 왼손에 채비를 쥐고 뒤로 돌린다.

② 끝대의 탄력으로

③ 앞으로 쓰려뜨려서 포인트로

제2장
민물 낚시의 실기

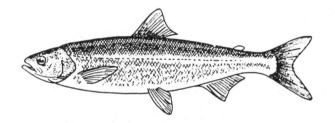

은어 낚시

▶특징

담수어. 독특한 향기와 아름다운 자태는 보고 있어도 황홀하다. '향어' '연어' 등이라고도 쓴다.

▶습성

한반도, 대만북부, 중국, 일본에도 분포하고 있다.

봄에 수온이 올라가기 시작하면 이 무렵은 동물성의 플랭크톤이나 벌레 등도 포식하지만 성장함에 따라서 강바닥의 돌에 부착한 새로운 미끼를 상식으로 한다. 여름도 마지막에 가까와질 무렵에는 산란을

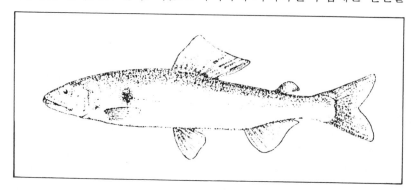

초기(6월)의 포인트

후기의 포인트(9~10월)

큰소

거친
여울

갱여울
흐름도
느리다.

갱여울　　여울의 소리도　　갱여울
　　　　　높은 거친 여울

● 아직 세련권 의식을 갖지 않는 은어가 많다.
● 거친 여울보다도 그 전후의 갱여울과 여울
가는 좋은 포인트
● 거친 여울에서 걸쭉한 여울이 되어 이 여
울꼬리에서의 움푹 들어가는 어깨 부근은 간
과할 수 없다.

중기(7~8월)의 포인트

여울　　　　소　　　큰돌

● 홍수 등으로 상류의
은어도 하류에 모여서
여울에 뿌리내리기 시
작한다.
● 흐름이 느린 갱여울
로 상류에 여울이 있
는 곳은 포인트
● 남은 은어나 홍수로
새 은어가 뿌리내릴
때가 목적이지만 불규
칙한 날이 계속 된다.
● 여울 뿌리내림도 끝
나면 낚시도 끝이 된다.

● 초기에 노린 갱여울이나 여울머리 여울가
는 은어도 내려가기 시작해서 부조.
● 소(沼)에서 여울로 바뀌는 곳이나 부딪쳐서
소용돌이치고 있는 위 쪽은 포인트
강바닥이 모래로 된 곳은 바람직하지 않지만
급류로 모래가 소용돌이치는 것 같은 곳은
대형이 나온다.
● 8월도 중순이 지나면 일찌감치 포란한 은
어도 나오고 이것은 소에서 깊고 조용한 여
울로 이동한다.

위해서 강을 내려가 얕고 작은 돌 주변의 거친 여울에 모인다. 이것이
'여울붙이'라고 부르는 시기이다.

　산란이 끝난 은어는 색도 향기도 퇴색하여 이윽고 사망한다. 보통
수명은 1년이지만 드물게 2년 사는 것도 있다.

▶낚는 법

은어는 자신이 사는 장소를 지키는 습성이 있다. 외부에서 들어오는 은어에 대해서는 몸을 부딪치는 듯이 해서 쫓아 내는 동작을 보인다. 이것을 이용한 것이 '돌림낚시'라고 부르는 낚시 방법이다.

이 외 걸개바늘을 사용한 굴림낚시, 제물낚시를 사용한 연못 낚시, 앙감질낚시, 제물낚시의 흘림낚시, 특수한 하천에만 허락되고 있는 미끼 낚시가 있다. 산천어, 정어리와 마찬가지로 거의 6월 1일부터 10월말까지가 낚시 시기가 되고 있다.

▶낚시 시기

초기, 즉 6월을 가리키며 중기는 7~8월로 9~10월은 말기.
이런 기간에 따라서 다소 놀림 낚시의 포인트도 변한다.

▶초기

6월에는 천연 소상할 뿐인 강에서는 상류까지 이르지 못하는 경우가 많기 때문에 하류가 목표

▶성기(盛期)

7~8월이 가장 재미있는 낚시. 세력권을 가진 은어는 다른 은어를 보면 등지느러미를 세우고 가슴 지느러미를 펴서 입을 크게 벌리고 격렬하게 쫓는다. 끈덕지게 깊이 쫓는 일은 없이 고작 2~3m.

▶ 은어의 일생

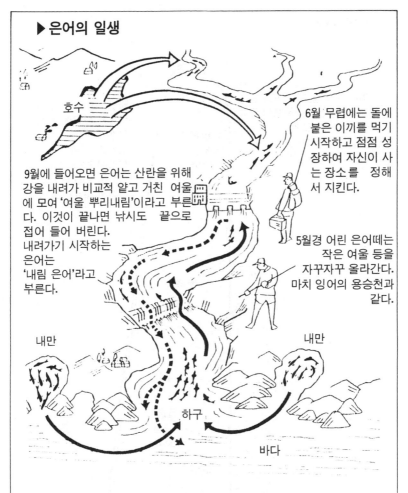

6월 무렵에는 돌에 붙은 이끼를 먹기 시작하고 점점 성장하여 자신이 사는 장소를 정해서 지킨다.

9월에 들어오면 은어는 산란을 위해 강을 내려가 비교적 얕고 거친 여울에 모여 '여울 뿌리내림'이라고 부른다. 이것이 끝나면 낚시도 끝으로 접어 들어 버린다. 내려가기 시작하는 은어는 '내림 은어'라고 부른다.

5월경 어린 은어떼는 작은 여울 등을 자꾸자꾸 올라간다. 마치 잉어의 용승천과 같다.

호수

내만

내만

하구

바다

알은 2주간 정도에 부화. 바다로 내려가서 겨울을 지내고 다시 이 어린 물고기가 강을 올라간다. 바다나 하구에서 잡은 은어를 방류하는 것을 '바다산 은어'라고 부르고 있다.
자연히 바다에서 강을 올라가서 자라는 은어를 '천연 은어'라든가 '천연 소상 은어'라고 한다
수온이 올라가기 시작할 무렵. 내만에서 어린 은어로 자란 은어는 하구에 모인다. 3월경부터 시작되어 5월에 거쳐서이다. 장소에 따라서는 이 은어 그물로 잡아서 산간부나 은어가 오지 않는 강에 방류 한다.

▶ 놀림낚시

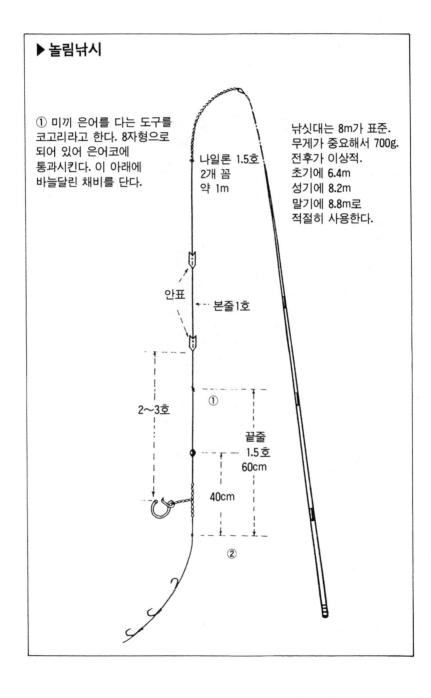

① 미끼 은어를 다는 도구를 코고리라고 한다. 8자형으로 되어 있어 은어코에 통과시킨다. 이 아래에 바늘달린 채비를 단다.

나일론 1.5호 2개 꼼 약 1m

낚싯대는 8m가 표준. 무게가 중요해서 700g. 전후가 이상적. 초기에 6.4m 성기에 8.2m 말기에 8.8m로 적절히 사용한다.

안표

본줄1호

2~3호

①

끝줄 1.5호 60cm

40cm

②

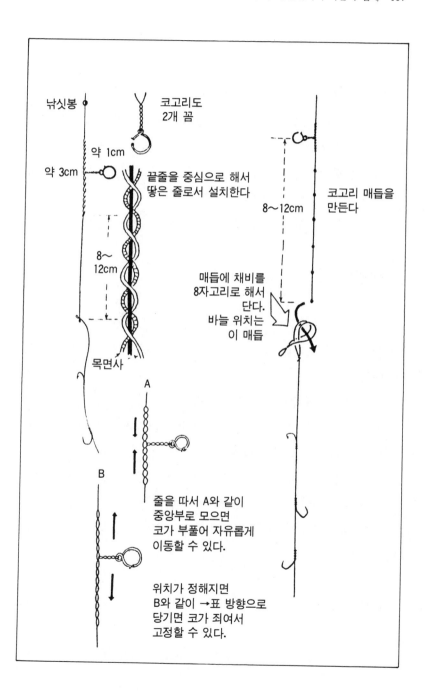

낚싯봉

코고리도
2개 끔

약 1cm

약 3cm

끝줄을 중심으로 해서
땋은 줄로서 설치한다

코고리 매듭을
만든다

8~12cm

8~
12cm

매듭에 채비를
8자고리로 해서
단다.
바늘 위치는
이 매듭

목면사

A

줄을 따서 A와 같이
중앙부로 모으면
코가 부풀어 자유롭게
이동할 수 있다.

B

위치가 정해지면
B와 같이 →표 방향으로
당기면 코가 죄여서
고정할 수 있다.

▶ 말기

바다에서 올라올 때의 은어는 5~8cm 정도이지만 '7월 7치(21cm)' '8월 8치(24cm)'라고 하는 속담이 있듯이 3~4개월에 20~25cm가 된다. 가을이 가까와지면 소로 들어가기 시작하거나 침착성을 잃는다. 이것은 산란을 눈앞에 둔 내림 언어(하류로 이동한다)를 나타내고 있다. 이 무렵부터 말기에 들어간다.

산란이 끝난 은어는 시커멓게 되고 은어의 모습은 없다.

▶ 놀림 낚시

은어가 돌에 붙기 시작한 미끼를 먹게 되면 자신이 사는 장소의 권리를 주장하게 된다. 모르는 은어가 들어오면 여기에 몸을 부딪쳐서 배척한다.

이 습성을 이용한 것이 놀림 낚시. 즉, 낚시꾼이 낚싯대로 동료 은어를 일부러 은어가 있는 장소에 보내어 공격해 오는 은어를 동료 은어에 단 바늘에 걸어 버리는 것.

채비는 복잡한 것 같지만 먼저 은어의 위치를 알기 위해서 본줄에 안표를 달고 이어서 끝줄을 묶고 여기에 낚싯봉과 동료 은어(미끼 은어)를 달 코고리를 단다. 여기에 바늘이 2개 내지 3개 달린 세트를 달아서 완성.

▶ 역바늘

이 바늘은 채비를 고정하기 위한 것으로 꼬리 지느러미의 끝에

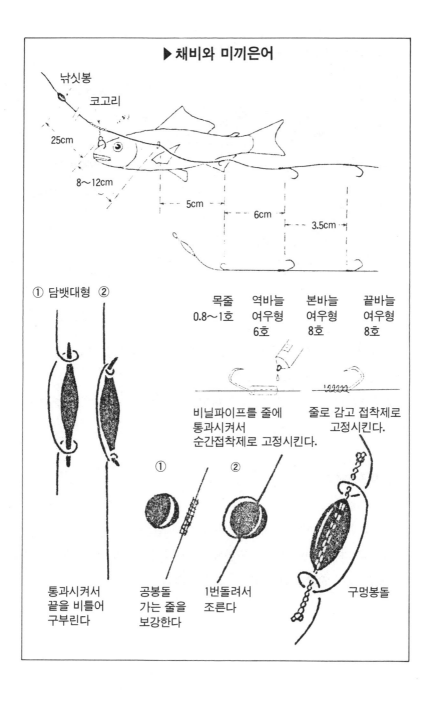

▶채비와 미끼은어

낚싯봉

코고리

25cm

8〜12cm

5cm

6cm

3.5cm

① 담뱃대형 ②

목줄
0.8〜1호

역바늘
여우형
6호

본바늘
여우형
8호

끝바늘
여우형
8호

비닐파이프를 줄에
통과시켜서
순간접착제로 고정시킨다.

줄로 감고 접착제로
고정시킨다.

①

②

통과시켜서
끝을 비틀어
구부린다

공봉돌
가는 줄을
보강한다

1번돌려서
조른다

구멍봉돌

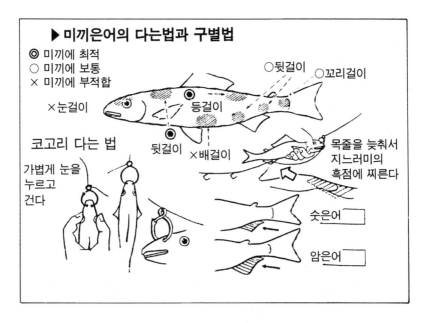

▶ **미끼은어의 다는법과 구별법**

◎ 미끼에 최적
○ 미끼에 보통
× 미끼에 부적합

○뒷걸이　○꼬리걸이

×눈걸이　등걸이

코고리 다는 법

뒷걸이　×배걸이

가볍게 눈을
누르고
건다

목줄을 늦춰서
지느러미의
흑점에 찌른다

숫은어 □

암은어 □

찌른다. 이 바늘 아래에 있는 것이 걸개 바늘. 2개일 때는 본 바늘
끝 바늘이라고 차례대로 부른다.

　놀림 낚시는 자기식의 것을 익히지 않고 선배에 대해서 그 기본을
확실히 배우는 것이 중요.

▶ 미끼 은어

　낚시터 가까이에서 대개 미끼용 은어를 입수할 수 있다.

　이것을 가능한 한 빨리 미끼통에 넣고 낚시터까지 들고 가서 강물
에 담궈 물에 순응시킨 다음에 채비에 단다.

▶채비의 다는 법

미끼통채 해안으로 들어 올려 뜰채 위에 둘째 은어를 넣고 그물에 들어간 은어를 강에 되돌린다.

강 속에서 뚜껑을 열거나 해 주면 뛰어 나가 버린다.

뜰채를 고정하면 은어에 코고리를 통과시킨다. 똑바로 통과시키는 기분으로 있으면 괜찮다. 이 조작을 재빨리 할 수 있도록 몇 번이나 연습한다.

코고리가 달리면 미끼 은어를 잠시 쉬게 하고 나서 채비의 역바늘을 찌르고 낚기 시작한다.

보통 미끼 은어는 2마리 준비한다. 1마리뿐이라면 깜박 돌에 물리거나 해서 잃거나 장시간 낚이지 않아 약하게 만드는 경우도 있다.

▶동료 은어를 보낸다

동료 은어를 채비에 달면 팔을 높이 올려 낚싯대를 수직으로 뻗친다. 이것으로 동료 은어는 흐름을 탄다.

포인트 가까이까지는 수면 근처를 헤엄쳐 가게 하고 포인트 아래쪽에 갔을 때 높이 올리고 있던 낚싯대를 조금씩 내려 본다.

이것으로 동료 은어는 낚싯봉의 무게도 있어 강바닥에 가라앉기 때문에 본줄에 단 안표를 보고 낚싯대를 끌어서 포인트에 동료 은어를 보낸다.

▶ 미끼은어의 보내는 법

낚싯대의 준비자세

포인트

① 팔을 높이 올리고 본줄을 당기는 기미로 해서 미끼 은어를 포인트의 아래쪽에 교묘하게 보낸다. 물고기는 아직 수면에 있다.

ⓐ

ⓑ

② 포인트 가까이에 가서 낚싯대를 서서히 내리면 은어는 물 속에 가라앉기 시작한다.

포인트

안표

③

본줄에 붙은 안표를 목표로 해서 가라앉은 은어를 서서히 포인트에 가까이 댄다.

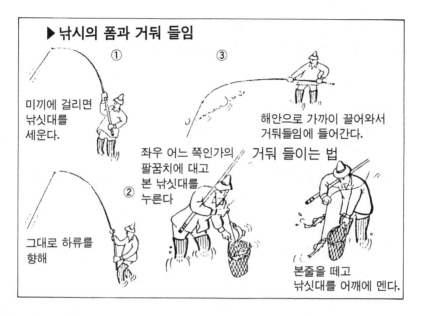

▶낚시의 폼과 거둬 들임

① ③

미끼에 걸리면
낚싯대를
세운다.

해안으로 가까이 끌어와서
거둬들임에 들어간다.

좌우 어느 쪽인가의
팔꿈치에 대고
② 본 낚싯대를
누른다

거둬 들이는 법

그대로 하류를
향해

본줄을 떼고
낚싯대를 어깨에 멘다.

▶포인트

은어는 돌을 낚아라…고 한다. 돌에 붙은 규조가 그들의 주식이기 때문에 돌이 없는 곳이나 강바닥이 흙은 뒤집어쓴 곳 또는 돌이 있어도 규조가 썩은 곳에서는 낚이지 않는다.

▶유혹과 입질

포인트에 들어간 은어는 낚싯대 끝으로 능숙하게 헤엄치게 해서 세력권을 가진 은어게게 시위 운동시키도록 해 준다.

이 움직이는 법은 외부에서 마음에 들지 않는 것이 들어왔다…고 하듯이 교묘하게 넣는다.

그림과 같이 ①에서 낚싯대 끝에 희미하게 입질을 느끼고 ②에서도 계속된다. ③에서는 낚싯대 끝을 끌어당긴다. 여기에서 낚싯대를 세우고 몸을 하류로 향해 흐름을 태워서 해안 근처로 끌어와 어깨나 허리에 건 뜰채로 거둬 들인다.

▶ 포인트와 낚는 법

졸졸 흐르는 여울에 근접한 곳을 중심으로 낚는다. 상류나 바로 정면에 휘둘러 넣고 낚싯대 끝에서의 본줄을 당기듯이 해서 흐름을 태워 하류에 보낸다.

낚싯대 끝에 끌려 해안 근처로 오면 다시 낚싯대를 올려서 휘둘러 넣고 상대 맞추기로 낚는다. 약간 손목의 스냅으로 맞추는 경우도 있다.

▶ 앙감질 낚시

색다른 이름의 낚시 방법으로 6월 정도부터 이 채비로 낚는다. 물색이 맑은 때보다도 약간 탁한 기미의 날이 좋을 것 같다. 산천어 낚시와 같이 강 바닥에 돌이 가라앉아 여울이나 큰 돌 아래쪽의 틈으로 된 곳 등이 포인트.

▶ 미끼 낚시

전갱이 살을 은단알 정도로 해서 바늘에 단다. 같은 살을 입에 물고 잘 씹어서 포인트에 확 뿌려서 뿌림 모이로 한다. 금지하고 있는 하천이 많으므로 주의.

▶ 미끼 은어를 쫓는 움직임

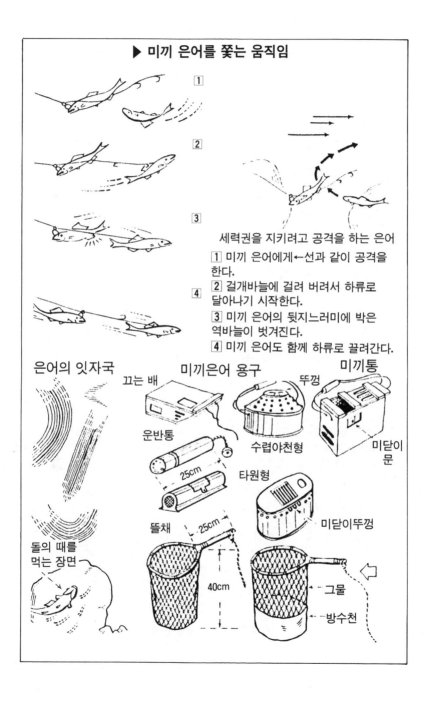

세력권을 지키려고 공격을 하는 은어

1 미끼 은어에게←선과 같이 공격을 한다.

2 걸개바늘에 걸려 버려서 하류로 달아나기 시작한다.

3 미끼 은어의 뒷지느러미에 박은 역바늘이 벗겨진다.

4 미끼 은어도 함께 하류로 끌려간다.

은어의 잇자국

미끼은어 용구

미끼통

뚜껑

끄는 배

운반통

수렵야천형

미닫이문

25cm

타원형

돌의 때를 먹는 장면

뜰채

25cm

미닫이뚜껑

40cm

그물

방수천

▶연못낚시의 낚시 방법

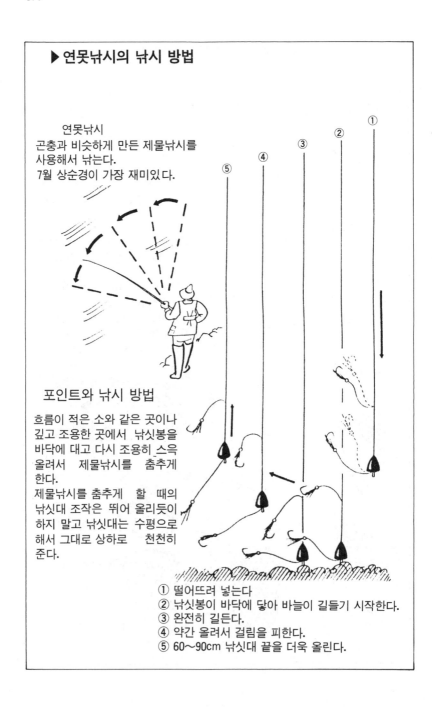

연못낚시
곤충과 비슷하게 만든 제물낚시를
사용해서 낚는다.
7월 상순경이 가장 재미있다.

포인트와 낚시 방법

흐름이 적은 소와 같은 곳이나
깊고 조용한 곳에서 낚싯봉을
바닥에 대고 다시 조용히 스윽
올려서 제물낚시를 춤추게
한다.
제물낚시를 춤추게 할 때의
낚싯대 조작은 뛰어 올리듯이
하지 말고 낚싯대는 수평으로
해서 그대로 상하로 천천히
준다.

① 떨어뜨려 넣는다
② 낚싯봉이 바닥에 닿아 바늘이 길들기 시작한다.
③ 완전히 길든다.
④ 약간 올려서 걸림을 피한다.
⑤ 60～90cm 낚싯대 끝을 더욱 올린다.

▶제물낚시의 만드는 법

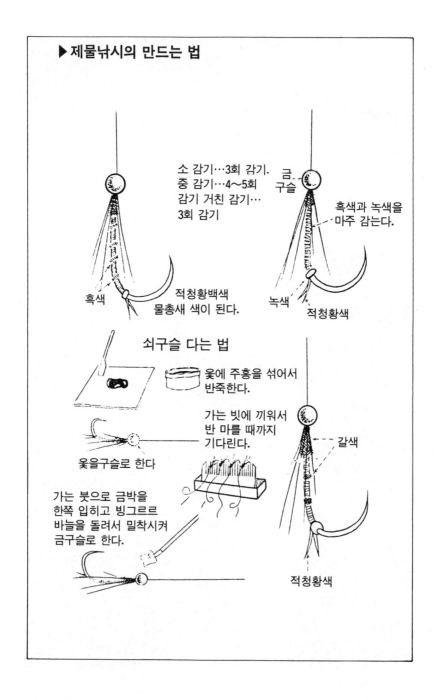

소 감기…3회 감기.
중 감기…4~5회
감기 거친 감기…
3회 감기

금구슬

흑색과 녹색을 마주 감는다.

흑색

적청황백색
물총새 색이 된다.

녹색

적청황색

쇠구슬 다는 법

옻에 주홍을 섞어서
반죽한다.

가는 빗에 끼워서
반 마를 때까지
기다린다.

옻을구슬로 한다

갈색

가는 붓으로 금박을
한쪽 입히고 빙그르르
바늘을 돌려서 밀착시켜
금구슬로 한다.

적청황색

▶걸이 낚시

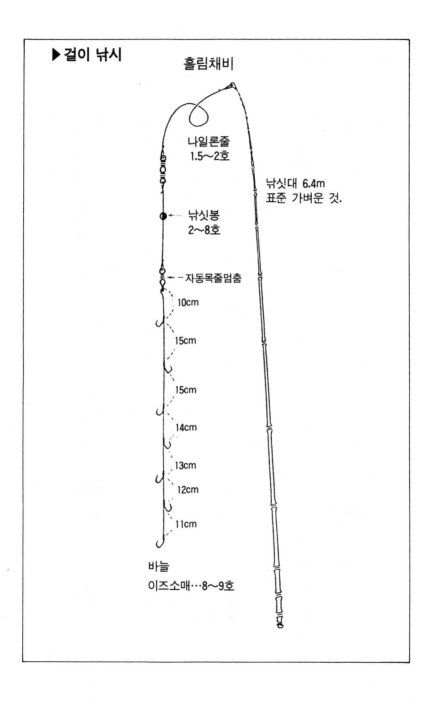

홀림채비

나일론줄
1.5~2호

낚싯대 6.4m
표준 가벼운 것.

낚싯봉
2~8호

자동목줄멈춤

10cm

15cm

15cm

14cm

13cm

12cm

11cm

바늘
이즈소매…8~9호

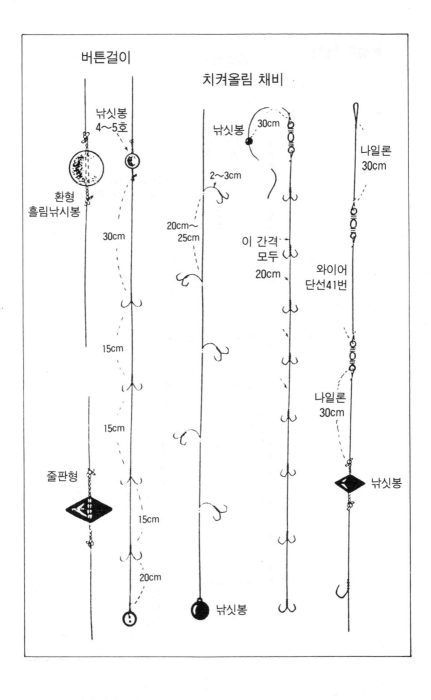

버튼걸이

치켜올림 채비

낚싯봉 4~5호

낚싯봉 30cm

나일론 30cm

환형 흘림낚시봉

2~3cm

30cm

20cm~ 25cm

이 간격 모두 20cm

와이어 단선41번

15cm

15cm

줄판형

나일론 30cm

15cm

낚싯봉

20cm

낚싯봉

낚싯봉

▶ 흘림낚시의 방법

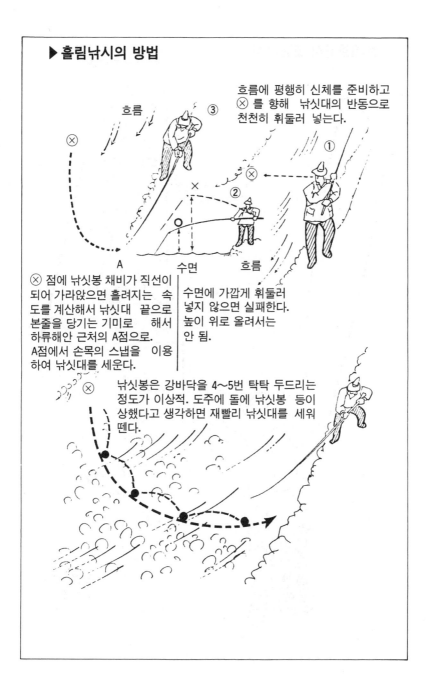

흐름에 평행히 신체를 준비하고 ⊗ 를 향해 낚싯대의 반동으로 천천히 휘둘러 넣는다.

⊗ 점에 낚싯봉 채비가 직선이 되어 가라앉으면 흘려지는 속도를 계산해서 낚싯대 끝으로 본줄을 당기는 기미로 해서 하류해안 근처의 A점으로. A점에서 손목의 스냅을 이용하여 낚싯대를 세운다.

수면에 가깝게 휘둘러 넣지 않으면 실패한다. 높이 위로 올려서는 안 됨.

낚싯봉은 강바닥을 4~5번 탁탁 두드리는 정도가 이상적. 도주에 돌에 낚싯봉 등이 상했다고 생각하면 재빨리 낚싯대를 세워 뗀다.

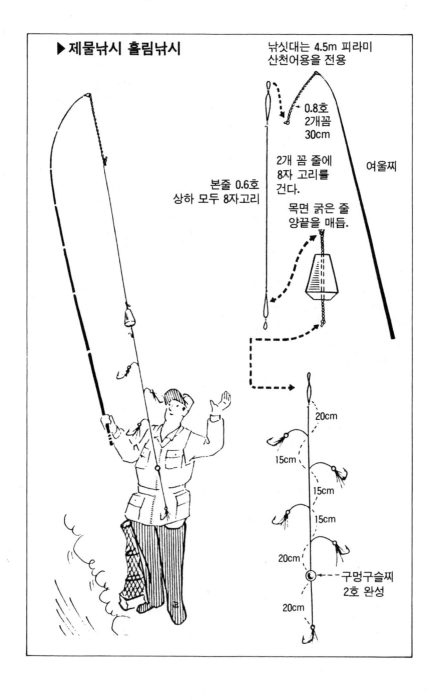

▶ 제물낚시 홀림낚시

낚싯대는 4.5m 피라미
산천어용을 전용

0.8호
2개꼼
30cm

2개 꼼 줄에
8자 고리를
건다.

본줄 0.6호
상하 모두 8자고리

목면 굵은 줄
양끝을 매듭.

여울찌

20cm

15cm

15cm

15cm

20cm

구멍구슬찌
2호 완성

20cm

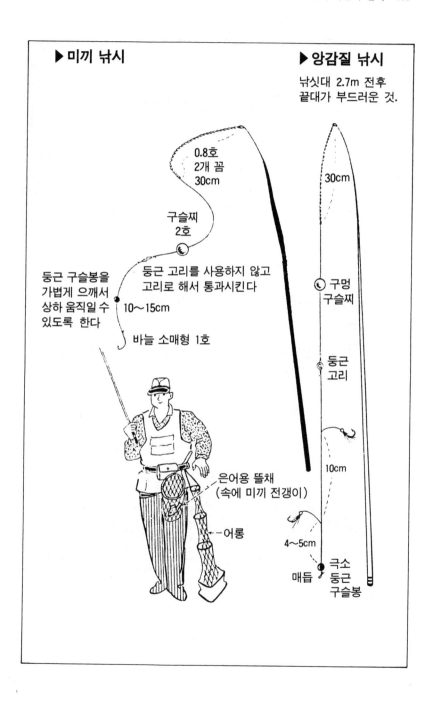

▶**미끼 낚시**

0.8호
2개 꼼
30cm

구슬찌
2호

둥근 구슬봉을
가볍게 으깨서
상하 움직일 수
있도록 한다

둥근 고리를 사용하지 않고
고리로 해서 통과시킨다

10〜15cm

바늘 소매형 1호

은어용 뜰채
(속에 미끼 전갱이)

어롱

▶**앙감질 낚시**

낚싯대 2.7m 전후
끝대가 부드러운 것.

30cm

구멍
구슬찌

둥근
고리

10cm

4〜5cm

매듭

극소
둥근
구슬봉

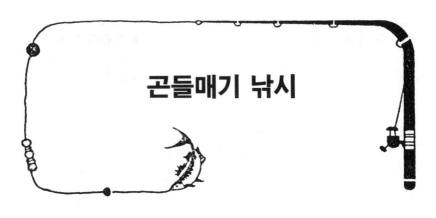

곤들매기 낚시

▶특징

표고가 높은 곳에 산다. 산천어가 이 하류에 살지만 모두 연어과의
물고기이다.

몸쪽에 눈동자보다도 작은 반점이 있고 색는 적색이나 오렌지색으
로 되어 있다.

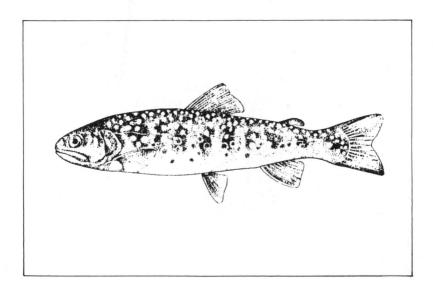

▶습성

9월경에 산란기를 맞지만 지방에 따라서는 10월부터 11월의 경우도 있다. 흐름이 완만한 역암이 얕은 곳을 산란장소로 한다. 보통 표고 500m를 넘은 곳에 살고 있어 소리나 사람 그림자에는 민감하지만 식성은 매우 탐식이다.

소나 바위 뒤에 숨어서 미끼를 기다리지만 여름이 되면 여울이나 물구렁으로 나와서 곤충류도 포식한다.

▶낚는 법

낚는 법은 미끼 낚시와 제물낚시로 최근은 루어에 의해 캐스팅 낚시도 이루어지고 있다.

▶미끼

탐식인 까닭에 이크라, 지렁이, 강벌레를 기본으로 거미, 메뚜기 등 각종 있다.

▶ 맥 낚시

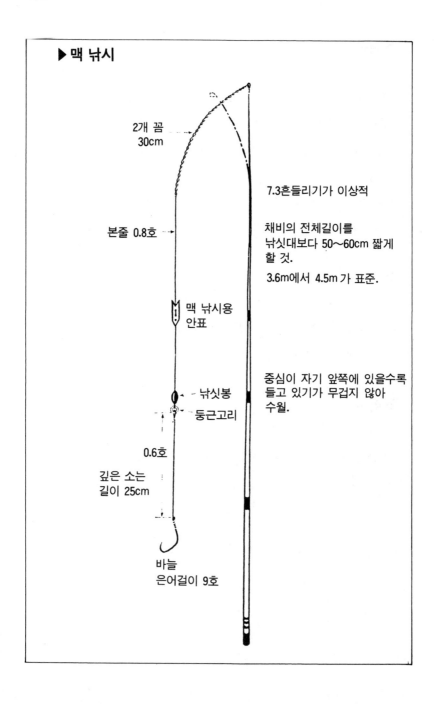

2개 꼼
30cm

본줄 0.8호

맥 낚시용
안표

낚싯봉

둥근고리

0.6호

깊은 소는
길이 25cm

바늘
은어걸이 9호

7.3흔들리기가 이상적

채비의 전체길이를
낚싯대보다 50〜60cm 짧게
할 것.

3.6m에서 4.5m 가 표준.

중심이 자기 앞쪽에 있을수록
들고 있기가 무겁지 않아
수월.

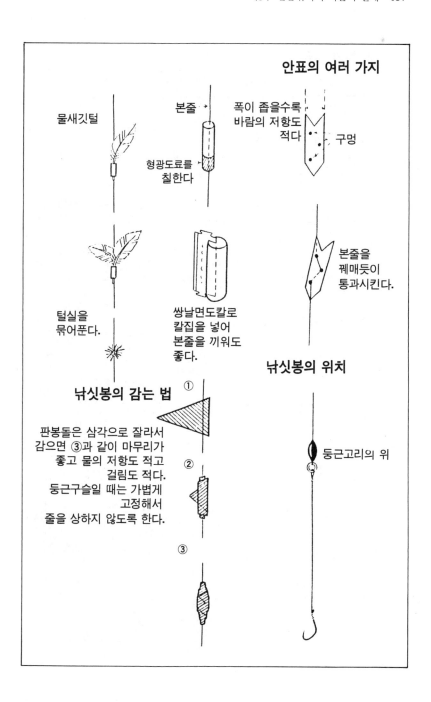

안표의 여러 가지

물새깃털

본줄

형광도료를 칠한다

폭이 좁을수록 바람의 저항도 적다

구멍

털실을 묶어푼다.

쌍날면도칼로 칼집을 넣어 본줄을 끼워도 좋다.

본줄을 꿰매듯이 통과시킨다.

낚싯봉의 위치

낚싯봉의 감는 법

①

판봉돌은 삼각으로 잘라서 감으면 ③과 같이 마무리가 좋고 물의 저항도 적고 걸림도 적다. 둥근구슬일 때는 가볍게 고정해서 줄을 상하지 않도록 한다.

②

③

둥근고리의 위

바늘의 종류

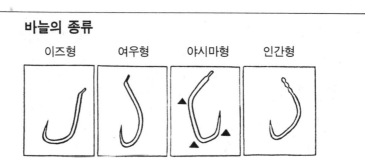

이즈형 　 여우형 　 야시마형 　 인간형

① 이즈와 비슷하지만 품은 좁다.　② ▲표 부분이 각도 있는 구부러짐을
보이고 있다.　③ 완만한 구부러짐을 보이고 바늘 끝은 약간 구부러져
들어간다.　④ 인간형에 비해 품은 넓다.
…모두 은어 걸이 바늘. 바늘 끝은 날카로와 이크라 미끼에 적합하다.
지렁이 강벌레 등은 소매형 송어 바늘이라고 하는 턱이 있는 바늘을
사용하며 방해물이 많은 곳이라도 턱이 있는 바늘이 무난.

▶ 미끼의 종류와 다는 법

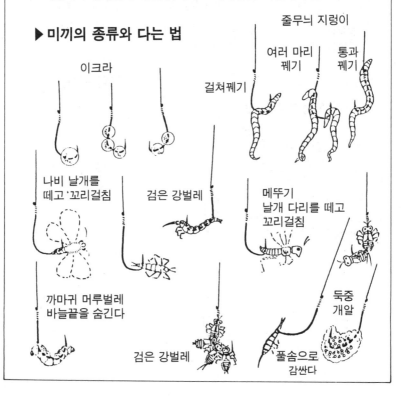

줄무늬 지렁이

이크라

여러 마리
꿰기

통과
꿰기

걸쳐꿰기

나비 날개를
떼고 '꼬리걸침

검은 강벌레

메뚜기
날개 다리를 떼고
꼬리걸침

까마귀 머루벌레
바늘끝을 숨긴다

검은 강벌레

둑중
개알

풀솜으로
감싼다

▶ 포인트의 여러 가지
숫자는 낚는 순서

본류에서 조용히 낚여 오르므로
바로 앞쪽의 포인트부터
노려 가는
것이 중요

흐름이 격렬하게 부딪치는 곳은
좋은 포인트.
때로는 이것이 서리는 듯한 것을
소용돌이라고 한다.

소에 가까운 곳

이동 코스

하류를 향해
완만해지기
시작하는 곳

돌이 점재하는 중에서 깊어진 곳이 있는데 '가마'라고 불러서 포인트.

▶ 낚시용품의 여러 가지

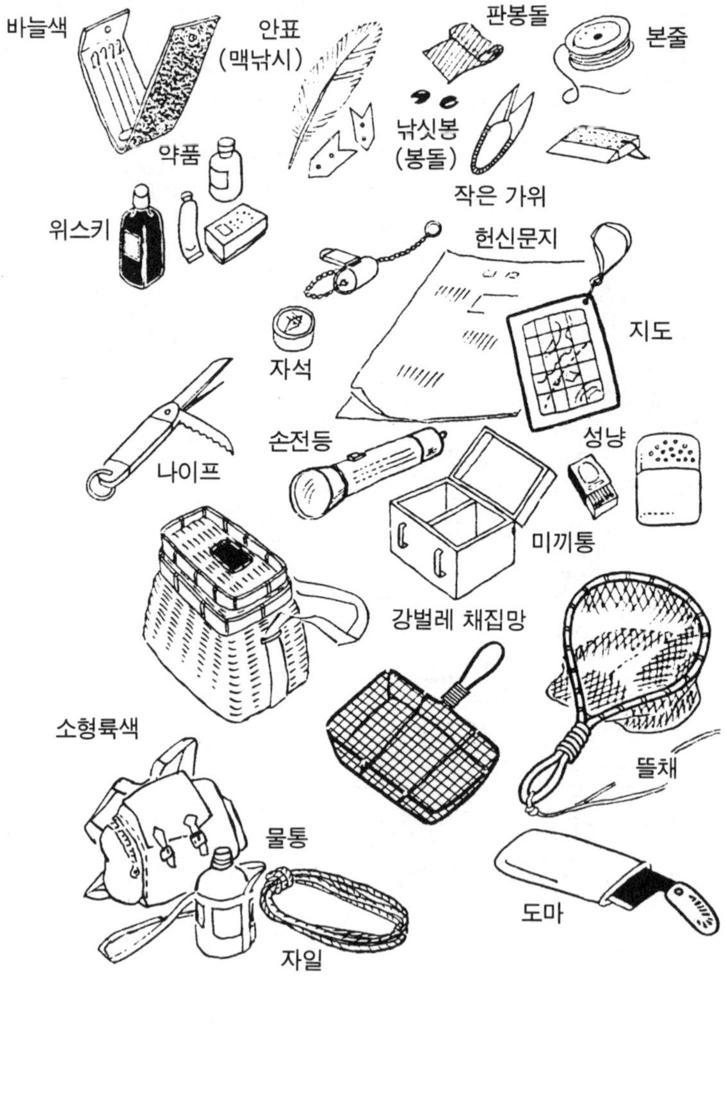

바늘색

안표
(맥낚시)

판봉돌

본줄

약품

낚싯봉
(봉돌)

작은 가위

위스키

헌신문지

자석

지도

나이프

손전등

성냥

미끼통

강벌레 채집망

소형륙색

물통

뜰채

자일

도마

▶ 낚시터의 이동

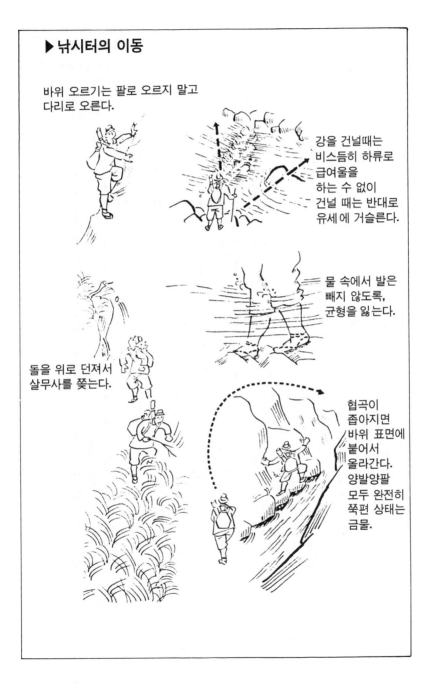

바위 오르기는 팔로 오르지 말고
다리로 오른다.

강을 건널때는
비스듬히 하류로
급여울을
하는 수 없이
건널 때는 반대로
유세에 거슬른다.

물 속에서 발은
빼지 않도록,
균형을 잃는다.

돌을 위로 던져서
살무사를 쫓는다.

협곡이
좁아지면
바위 표면에
붙어서
올라간다.
양발양팔
모두 완전히
쭉편 상태는
금물.

492

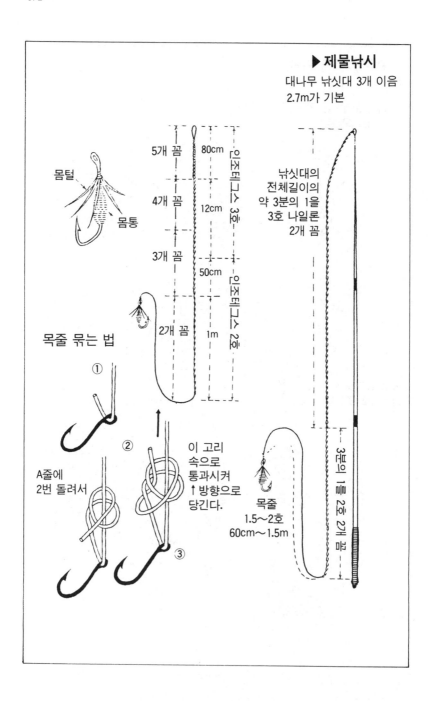

▶제물낚시

대나무 낚싯대 3개 이음
2.7m가 기본

몸털

몸통

5개 꼼 — 80cm
4개 꼼 — 12cm
3개 꼼 — 50cm
2개 꼼 — 1m

인조테그스 3호

인조테그스 2호

목줄 묶는 법

①

A줄에
2번 돌려서

②

이 고리
속으로
통과시켜
↑방향으로
당긴다.

③

목줄
1.5~2호
60cm~1.5m

낚싯대의
전체길이의
약 3분의 1을
3호 나일론
2개 꼼

3분의 1를 2호 2개 꼼

낚싯대 쥐는 법

낚싯대는 그립 위로
가볍게 쥔다.

손목의 스냅을
죽이지 않도록
낚싯대 뒤쪽은
깊이 넣지
않는다

▶제물낚시 방법

낚싯대를 쥔 손의 팔꿈치로부터
등에 걸친 팔은 몸에 딱 붙이는 듯한
기분으로

손목을 살려서
낚싯대를 세워
등뒤로 원을
그리듯이
돌린다.

이 동작을 반복으로
계속 낚는다.

교묘하게 회전시켜서 제물낚시를
포인트에 스윽 휘둘러 넣는다.

제물낚시는
휘둘러 넣어
수면에서 약간
가라앉히는 편이
좋다.
큰 물구렁에서는
단숨에 계속
가라앉혀서
유혹하는 기미로
제물 낚시를
올려본다.

수면에서 제물낚시를
뺄 때는 몸털이 오므라든다.
물구렁은 벌어져 있어
이 변화로 유혹이 된다.

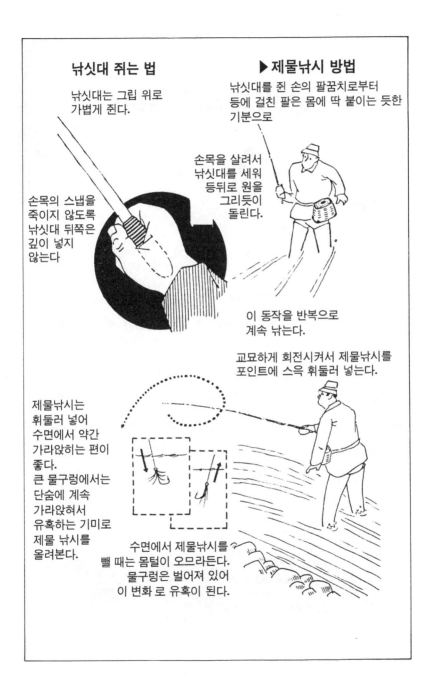

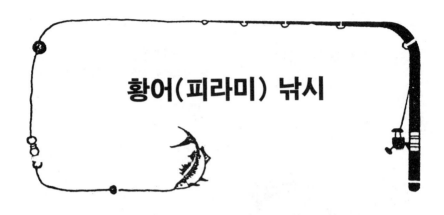

황어(피라미) 낚시

▶특징

잉어과의 물고기로 피라미라고 부르는 곳도 있다. 토끼가 먹은 물고기이기 때문에 황어라고 하는 전설도 있지만 전국의 하천, 호수, 늪에 살고 있다.

산란기가 되면 수컷 암컷 모두 3개의 붉은 혼인색으로 변한다.

북방 황어라고 하는 것도 있지만 이것은 담수역에만 있지 않고 바다에도 내려간다. 또한 하구 부근에서 낚이는 대형 황어는 피라미의 일종이라고 하는 사람도 있다. 그러나 1개의 혼인색밖에 보이지 않는다. 정확하게는 머리의 측선 감각기관이 분류의 결정수라고도

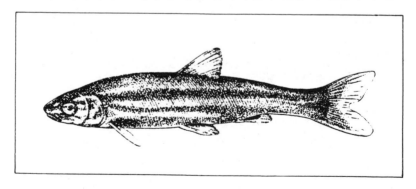

말할 수 있다.

몸길이의 점에서도 황어의 대형은 50cm 고작이지만 60cm를 넘는 대형 황어도 있다.

▶습성

산란기는 4월경부터 6월경에 걸쳐 서로 작은 모래가 특히 깨끗한 곳을 선택한다. 머리나 신체에 전기의 혼인새과 함께 가까운 별이라고 하는 흰 점이 생긴다. 그다지 하류역을 좋아하지 않지만 산천어 은어가 낚이는 곳에서는 이 황어 낚시도 즐길 수 있다. 계절적으로는 봄부터 가을이 재미있지만 한(寒) 피라미라고 해서 겨울의 대형 낚시도 간과할 수 없다.

▶낚는 법

찌 낚시, 찌 없는 맥 낚시, 제물낚시 처넣기 낚시라고 하는 방법으로 낚는다. 여울 등에서는 찌·맥·제물낚시, 소 등에서는 처넣기가 적합하다.

▶미끼

강벌레인 검은 강벌레를 주체로 포도벌레, 구더기, 어육, 소세지, 고구마를 찐 각뜨기, 물고기살 미끼 등이다.

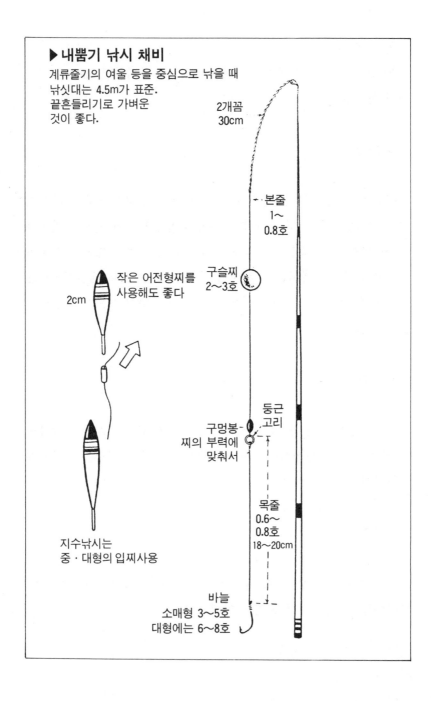

▶ 내뿜기 낚시 채비

계류줄기의 여울 등을 중심으로 낚을 때
낚싯대는 4.5m가 표준.
끝흔들리기로 가벼운
것이 좋다.

2개꼼
30cm

본줄
1~
0.8호

구슬찌
2~3호

2cm

작은 어전형찌를
사용해도 좋다

둥근
고리

구멍봉-
찌의 부력에
맞춰서

목줄
0.6~
0.8호
18~20cm

지수낚시는
중·대형의 입찌사용

바늘
소매형 3~5호
대형에는 6~8호

▶맥 낚시 채비

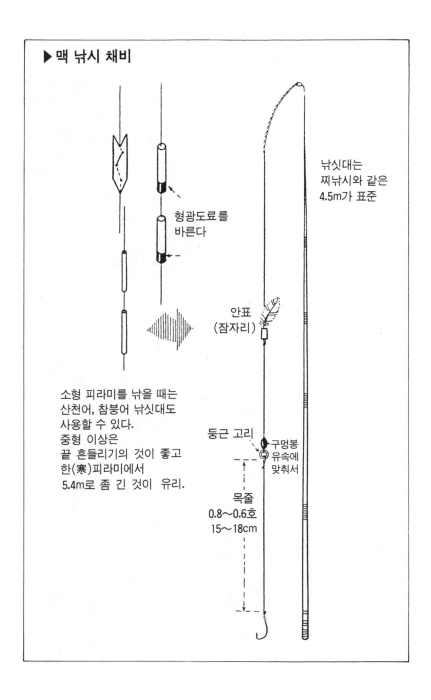

형광도료를 바른다

낚싯대는 찌낚시와 같은 4.5m가 표준

안표 (잠자리)

소형 피라미를 낚을 때는 산천어, 참붕어 낚싯대도 사용할 수 있다. 중형 이상은 끝 흔들리기의 것이 좋고 한(寒)피라미에서 5.4m로 좀 긴 것이 유리.

둥근 고리

구멍봉 유속에 맞춰서

목줄 0.8～0.6호 15～18cm

검은 강벌레와 잡는 법

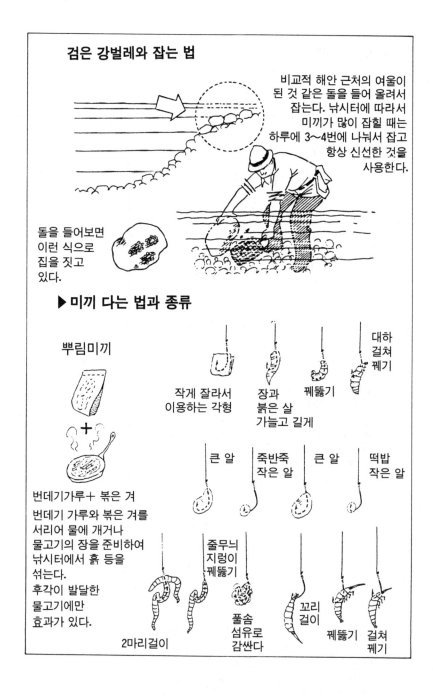

비교적 해안 근처의 여울이 된 것 같은 돌을 들어 올려서 잡는다. 낚시터에 따라서 미끼가 많이 잡힐 때는 하루에 3~4번에 나눠서 잡고 항상 신선한 것을 사용한다.

돌을 들어보면
이런 식으로
집을 짓고
있다.

▶ 미끼 다는 법과 종류

뿌림미끼

+

번데기가루 + 볶은 겨

번데기 가루와 볶은 겨를
서리어 물에 개거나
물고기의 장을 준비하여
낚시터에서 흙 등을
섞는다.
후각이 발달한
물고기에만
효과가 있다.

작게 잘라서
이용하는 각형

장과
붉은 살
가늘고 길게

꿰뚫기

대하
걸쳐
꿰기

큰 알

죽반죽
작은 알

큰 알

떡밥
작은 알

2마리걸이

줄무늬
지렁이
꿰뚫기

풀솜
섬유로
감싼다

꼬리
걸이

꿰뚫기

걸쳐
꿰기

▶ 포인트의 여러 가지

제1 포인트는 소.
물구덩 주변이나 대안의 암반 근처도 좋다.
강바닥에는 큰돌이 있는 맥 낚시가 표준으로
깊으면 내뿜기 낚시도.

큰 돌이 강면에
얼굴을 내민다.
흐름이 부딪쳐서
작은 소용돌이가
되는 주변이 포인트.
찌 낚시 맥 낚시

찌 낚시에서는 소형을 중심으로
중형이지만,
대형은 역시 맥 낚시가
유리하다.

이른 봄이나
가을도 깊어졌을 때
여울가가 목표

▶황어 낚시의 소도구와 신발

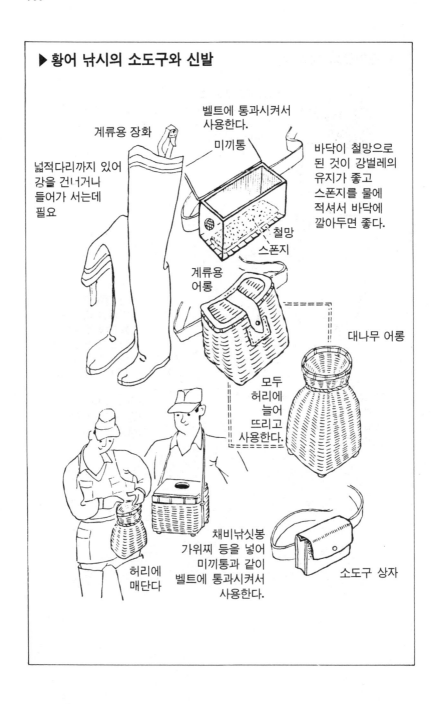

벨트에 통과시켜서 사용한다.

계류용 장화

미끼통

넓적다리까지 있어 강을 건너거나 들어가 서는데 필요

바닥이 철망으로 된 것이 강벌레의 유지가 좋고 스폰지를 물에 적셔서 바닥에 깔아두면 좋다.

철망 스폰지

계류용 어롱

대나무 어롱

모두 허리에 늘어 뜨리고 사용한다.

허리에 매단다

채비낚싯봉 가위찌 등을 넣어 미끼통과 같이 벨트에 통과시켜서 사용한다.

소도구 상자

▶ 바구니낚시 채비

낚싯대 4.5m 끝대는 단단한 것.
글라스 낚싯대라도 좋고
릴을 사용해도 좋다.

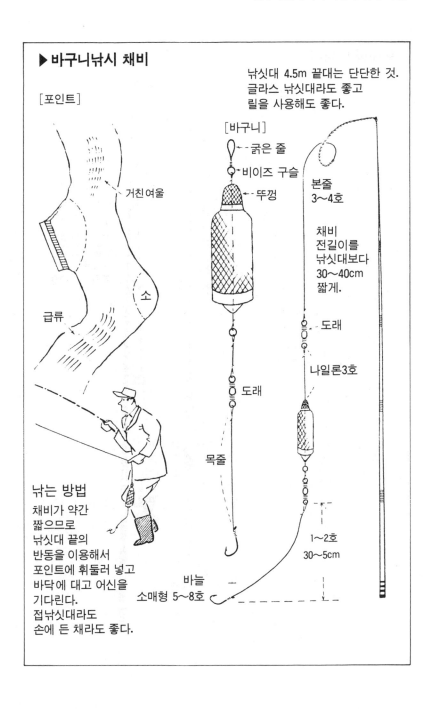

[포인트]

거친여울

급류

소

[바구니]

ー 굵은 줄
ー 비이즈 구슬
ー 뚜껑

본줄
3〜4호

채비
전길이를
낚싯대보다
30〜40cm
짧게.

도래

나일론3호

도래

목줄

바늘
소매형 5〜8호

1〜2호
30〜5cm

낚는 방법

채비가 약간
짧으므로
낚싯대 끝의
반동을 이용해서
포인트에 휘둘러 넣고
바닥에 대고 어신을
기다린다.
접낚싯대라도
손에 든 채라도 좋다.

▶ 내뿜기 낚시

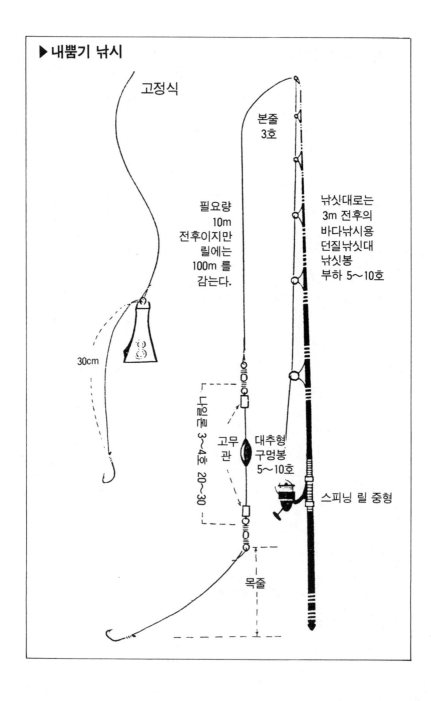

고정식

본줄
3호

필요량
10m
전후이지만
릴에는
100m 를
감는다.

낚싯대로는
3m 전후의
바다낚시용
던질낚싯대
낚싯봉
부하 5~10호

30cm

나일론 3~4호 20~30

고무
관

대추형
구멍봉
5~10호

스피닝 릴 중형

목줄

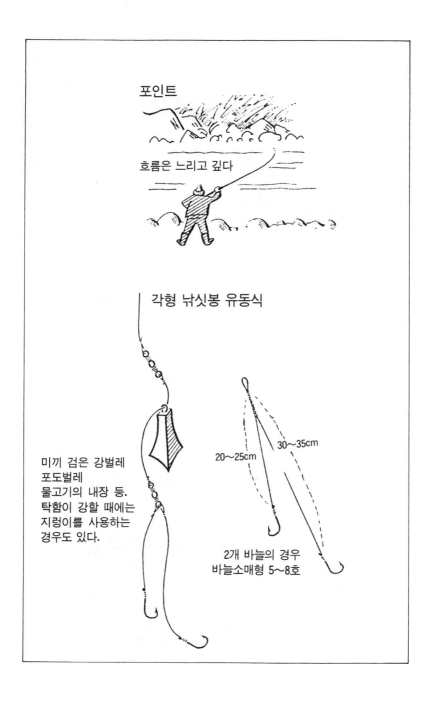

포인트

흐름은 느리고 깊다

각형 낚싯봉 유동식

미끼 검은 강벌레
포도벌레
물고기의 내장 등.
탁함이 강할 때에는
지렁이를 사용하는
경우도 있다.

20~25cm

30~35cm

2개 바늘의 경우
바늘소매형 5~8호

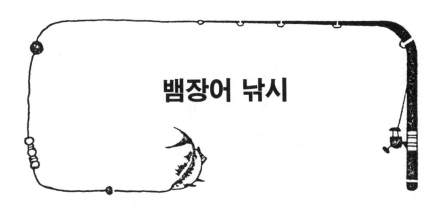

뱀장어 낚시

▶특징

뱀장어과의 물고기. 갓 태어난 것은 투명하고 편평한 몸으로 하구 부근에 3월경 모여든다.

흰 뱀장어라고 부르는 것이 이것으로 4~8cm급이다. 물론 낚시의 대상은 안 된다.

▶습성

6~12년만에 성어가 된다고 하지만 상당히 발육은 느린 것 같다.

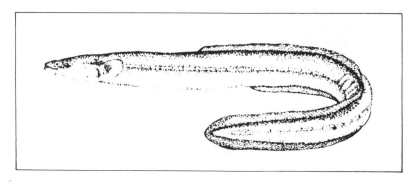

가을부터 강을 내려가서 산란을 위해 바다로 되돌아간다고 한다. 유럽이나 미국의 뱀장어는 서인도제도의 동해에서 산란이 확인되었다.

▶ 낚시 시기

초여름부터 9월내내로, 늦어도 10월 상순까지이다. 하구 부근부터 상류 역, 연못, 호수, 늪 등 도처에 있다.

▶ 낚는 법

하구 부근이나 돌담 호안이 있는 곳에서는 구멍에 들어가 있기 때문에 구멍 낚시를 한다. 그림과 같은 구멍낚시 채비를 막대기를 거들어서 질러 놓고 바늘과 줄만 남기고 약간 막대기를 당기면 콕하고 입질이 손에 든 줄로 전해진다. 재빨리 줄을 당겨서 목죽지를 단단히 쥐고 거둬 들인다. 릴의 던질 낚시는 어느 낚시에서도 공통으로 사용할 수 있는 채비이다. 바늘의 예비는 충분히 준비한다.

▶ 미끼

상류역 등이나 늪, 연못, 호수에서는 굵은 지렁이를 사용한다. 작은 지렁이는 2, 3마리의 여러 마리 꿰기이지만 굵은 것은 한 마리를 꿰뚫기로 한다.

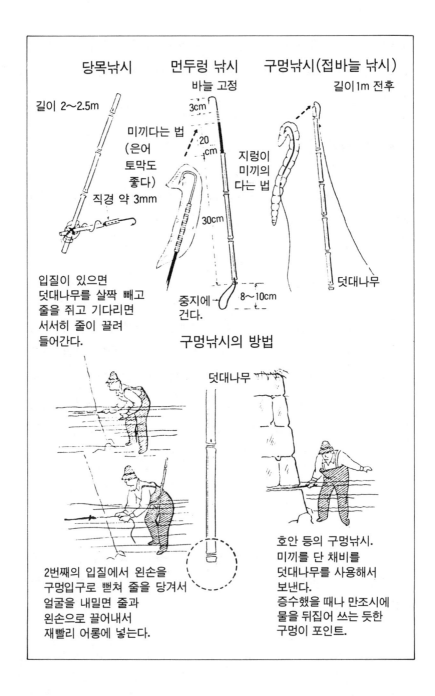

당목낚시

길이 2~2.5m

미끼다는 법
(은어
토막도
좋다)

직경 약 3mm

입질이 있으면
덧대나무를 살짝 빼고
줄을 쥐고 기다리면
서서히 줄이 끌려
들어간다.

먼두렁 낚시

바늘 고정

3cm

20cm

30cm

중지에
건다.

8~10cm

구멍낚시(접바늘 낚시)

길이 1m 전후

지렁이
미끼의
다는 법

덧대나무

구멍낚시의 방법

덧대나무

2번째의 입질에서 왼손을
구멍입구로 뻗쳐 줄을 당겨서
얼굴을 내밀면 줄과
왼손으로 끌어내서
재빨리 어롱에 넣는다.

호안 등의 구멍낚시.
미끼를 단 채비를
덧대나무를 사용해서
보낸다.
증수했을 때나 만조시에
물을 뒤집어 쓰는 듯한
구멍이 포인트.

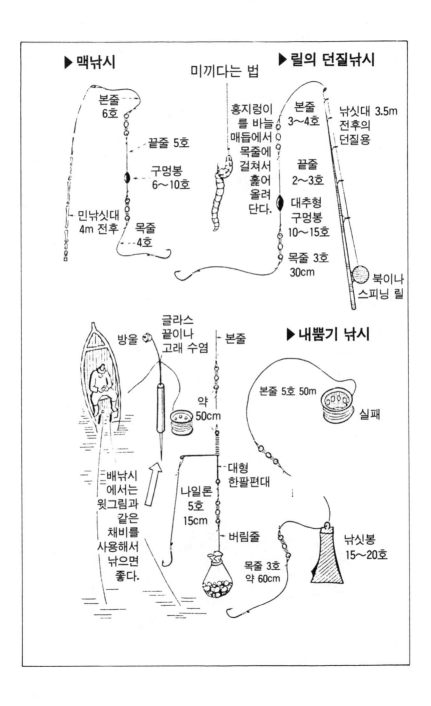

▶ 맥낚시

본줄 6호

끝줄 5호

구멍봉 6~10호

민낚싯대 4m 전후

목줄 4호

미끼다는 법

홍지렁이를 바늘 매듭에서 목줄에 걸쳐서 훑어 올려 단다.

▶ 릴의 던질낚시

본줄 3~4호

끝줄 2~3호

대추형 구멍봉 10~15호

목줄 3호 30cm

낚싯대 3.5m 전후의 던질용

북이나 스피닝 릴

방울

글라스 끝이나 고래 수염

본줄

약 50cm

배낚시에서는 윗그림과 같은 채비를 사용해서 낚으면 좋다.

나일론 5호 15cm

대형 한팔편대

버림줄

목줄 3호 약 60cm

▶ 내뿜기 낚시

본줄 5호 50m

실패

낚싯봉 15~20호

피라미 낚시

▶특징

잉어과의 물고기로 낚시꾼의 대상어로서 상당히 인기가 있다. 봄부터 가을이 특히 인기의 절정이다.

겨울에 대형을 노리고 낚는 것이 보통으로 한(寒) 피라미 낚시라고 한다. 대형은 16cm 전후이지만 18cm급도 볼 수 있다.

수컷은 뒤 지느러미가 특히 길기 때문에 구별이 간다. 몸쪽에 불선명한 옆줄이 몇 개 있고 성어의 산란기에 들어선 수컷은 뒷지느러미의 연조가 늘어나서 입가부터 머리 아래쪽으로 측면에 걸쳐서 짙은

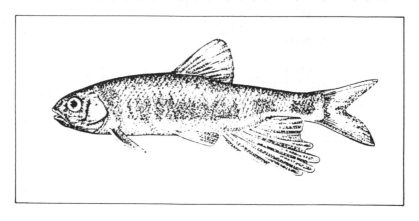

적갈색을 보인다. 배, 가슴 등은 이 무렵에 적황색이 되지만 이것이
혼인색.

▶습성

계류에서는 강바닥이 작은 자갈 부분에 산다. 증수하거나 물이
소용돌이쳐서 돌로 모래가 부딪치는 듯한 곳에서는 별로 살지 않는
다. 산란기는 5월부터 7월경에 걸쳐서로 얕은 여울의 작은 돌이나
작은 자갈에 알을 낳는다.

봄 수온이 상승하면 심장에서 얕은 여울로 나온다. 이것이 '여울
낚시'라고 부르는 것으로 잘 낚이고 가을에는 봄에 태어나서 자란
소형이 활발히 미끼를 쫓는다.

▶낚는 법

황어 낚시와 마찬가지로 찌 낚시, 맥 낚시가 있고 제물낚시를 사용
한 흘림 낚시도 여성팬에게 있어서는 인기가 있다. 간단한 것 같아도
막상 낚아 보면 깊이가 있는 것으로 지수 낚시 쪽이 입문하기 쉽다고
말할 수 있다. 미끼도 강벌레가 주체로 구더기, 상치벌레, 노랑벌레,
쑥벌레 등이다.

510

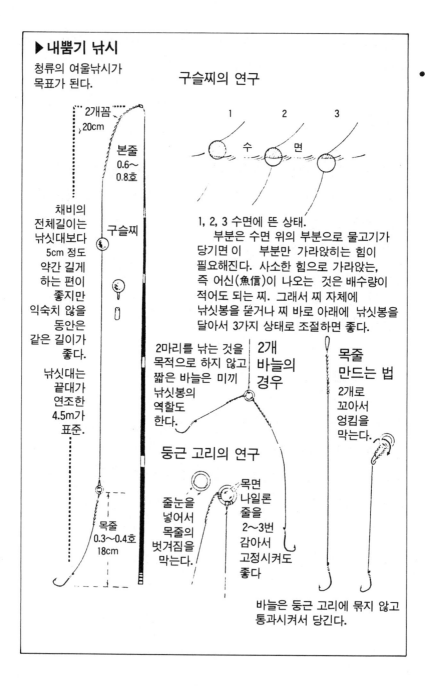

▶내뿜기 낚시

청류의 여울낚시가
목표가 된다.

구슬찌의 연구

2개꼼
20cm

본줄
0.6~
0.8호

채비의
전체길이는
낚싯대보다
5cm 정도
약간 길게
하는 편이
좋지만
익숙치 않을
동안은
같은 길이가
좋다.

구슬찌

1, 2, 3 수면에 뜬 상태.
부분은 수면 위의 부분으로 물고기가
당기면 이   부분만 가라앉히는 힘이
필요해진다. 사소한 힘으로 가라앉는,
즉 어신(魚信)이 나오는 것은 배수량이
적어도 되는 찌. 그래서 찌 자체에
낚싯봉을 묻거나 찌 바로 아래에 낚싯봉을
달아서 3가지 상태로 조절하면 좋다.

낚싯대는
끝대가
연조한
4.5m가
표준.

2마리를 낚는 것을
목적으로 하지 않고
짧은 바늘은 미끼
낚싯봉의
역할도
한다.

**2개
바늘의
경우**

**목줄
만드는 법**

2개로
꼬아서
엉킴을
막는다.

둥근 고리의 연구

줄눈을
넣어서
목줄의
벗겨짐을
막는다.

목면
나일론
줄을
2~3번
감아서
고정시켜도
좋다

목줄
0.3~0.4호
18cm

바늘은 둥근 고리에 묶지 않고
통과시켜서 당긴다.

▶채비의 연구

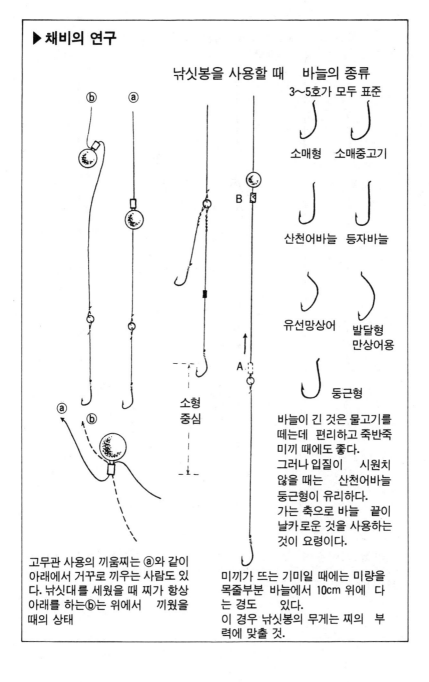

낚싯봉을 사용할 때   바늘의 종류

3~5호가 모두 표준

소매형   소매중고기

산천어바늘 등자바늘

유선망상어   발달형
만상어용

둥근형

바늘이 긴 것은 물고기를
떼는데 편리하고 죽반죽
미끼 때에도 좋다.
그러나 입질이   시원치
않을 때는   산천어바늘
둥근형이 유리하다.
가는 축으로 바늘 끝이
날카로운 것을 사용하는
것이 요령이다.

B

A

소형
중심

고무관 사용의 끼움찌는 ⓐ와 같이
아래에서 거꾸로 끼우는 사람도 있
다. 낚싯대를 세웠을 때 찌가 항상
아래를 하는ⓑ는 위에서   끼웠을
때의 상태

미끼가 뜨는 기미일 때에는 미량을
목줄부분 바늘에서 10cm 위에 다
는 경도   있다.
이 경우 낚싯봉의 무게는 찌의 부
력에 맞출 것.

512

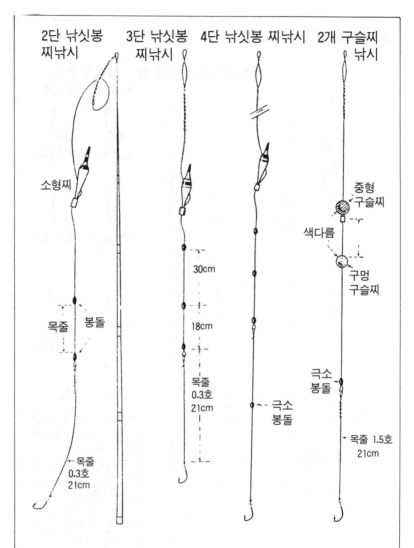

2단 낚싯봉 찌낚시 3단 낚싯봉 찌낚시 4단 낚싯봉 찌낚시 2개 구슬찌 낚시

소형찌

중형 구슬찌

색다름

구멍 구슬찌

30cm

18cm

목줄 봉돌

극소 봉돌

목줄 0.3호 21cm

극소 봉돌

목줄 0.3호 21cm

목줄 1.5호 21cm

구슬찌를 2개 사용하는 것은 1호 구슬찌라고 하는 극히 작은 것만으로는 어신을 파악한다고 하기 보다도 그 위치를 파악하기 어려운 경우가 있다. 이 때문에 일단 위에 약간 큰 것을 달아둔다.

▶ 내뿜기 낚시의 방법(1)

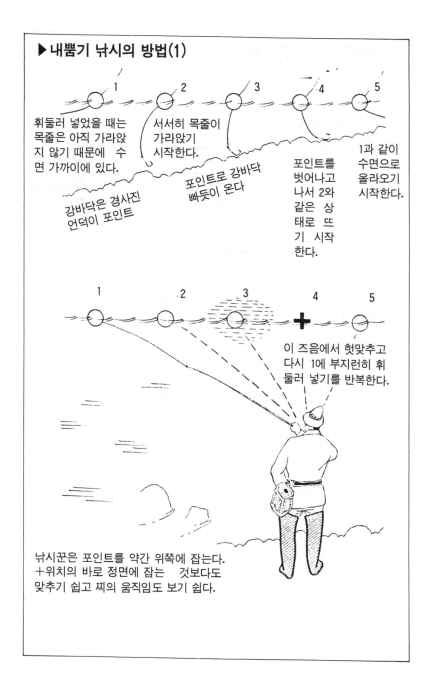

휘둘러 넣었을 때는 목줄은 아직 가라앉지 않기 때문에 수면 가까이에 있다.

서서히 목줄이 가라앉기 시작한다.

강바닥은 경사진 언덕이 포인트

포인트로 강바닥 빠듯이 온다

포인트를 벗어나고 나서 2와 같은 상태로 뜨기 시작한다.

1과 같이 수면으로 올라오기 시작한다.

이 즈음에서 헛맞추고 다시 1에 부지런히 휘둘러 넣기를 반복한다.

낚시꾼은 포인트를 약간 위쪽에 잡는다. +위치의 바로 정면에 잡는 것보다도 맞추기 쉽고 찌의 움직임도 보기 쉽다.

▶ 내뿜기 낚시의 방법(2)

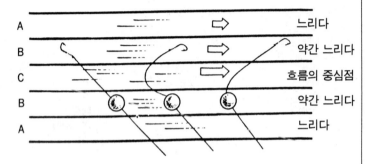

◇찌를 흐름이 빠른 A에 투입하면 자꾸자꾸 흘러서 낚시 방법 1과 같이 목줄이 강바닥에 가라앉기 때문에 포인트를 통과해 버려서 어신을 파악할 수 없을 경우가 많다.

◇그래서 B점에 휘둘러 넣도록 하면 C의 유속으로 목줄이 일찌감치 강바닥에 가라앉는 것을 생각할 수 있다.

◇찌보다도 목줄이 먼저 강바닥에 가라앉아서 흘러가는 것이 이상적이기 때문에 이런 계산을 하고 만들어 보면 재미있다.

● 초보자는 수심의 표준을 세울 수 없어 항상 목줄이 강바닥으로부터 상당히 위를 흐르기 쉽고 이래서는 입질이 생기지 않는다.

◇낚시 방법(1)의 5에서 낚이는 것은 이 지점에서 목줄이 가라앉았지만 강바닥이 얕아지는, 즉 언덕으로 되어 있는 경우라고도 말할 수 있다.

▶강벌레와 그 잡는 법

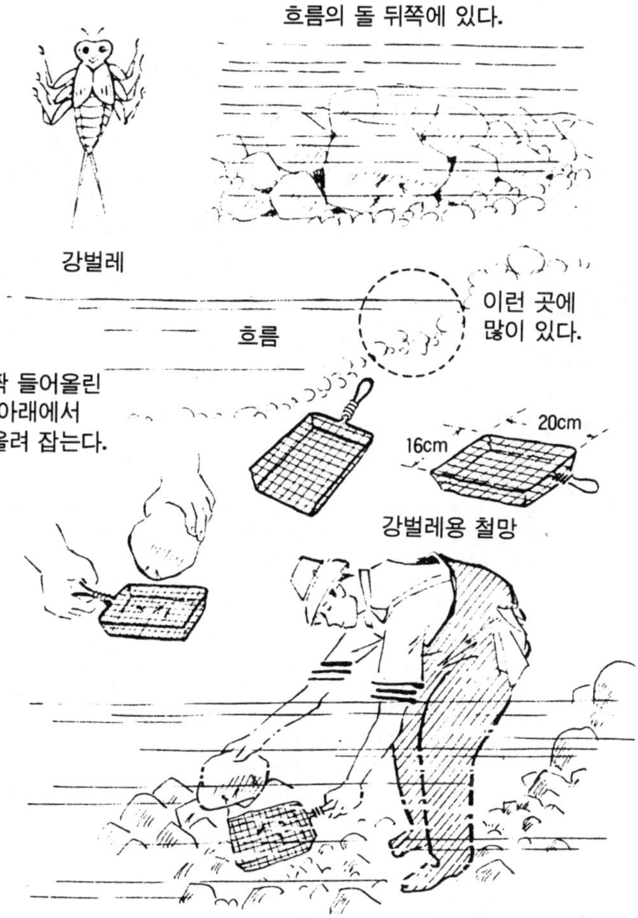

흐름의 돌 뒤쪽에 있다.

강벌레

흐름

이런 곳에
많이 있다.

살짝 들어올린
돌 아래에서
퍼올려 잡는다.

20cm

16cm

강벌레용 철망

▶ **소도구류**

미끼통

살림그물

바구니

돌림
뚜껑

뚜껑

바구니어롱

▶ **뿌림 미끼**

6   5   4   3   2   1

우동가루 술찌게미 겨릅대 번데기가루 밀기울 겨

8   7

적토   백토

1+3+4＋7 또는 8
(1.8 *l*) (2봉지) (0.9 *l*)
겨울은 3+5+7 또는 8
(1.8 *l*)   (375g)

지수일 때   흐름일 때

입질이 활발한 때는 차치하고 물고기를 모아서 낚기 위한 뿌림 미끼는 필요.
대량으로 뿌리지 않고 한웅큼씩 포인트 위쪽에 던져 쏴 흩어져 가도록 한다.
큰 돌 아래 등의 포인트에서는 돌에 뿌림 미끼를 바르고 서서히 흐름으로 녹는
것을 이용하는 사람도 있다.

▶미끼와 다는 법

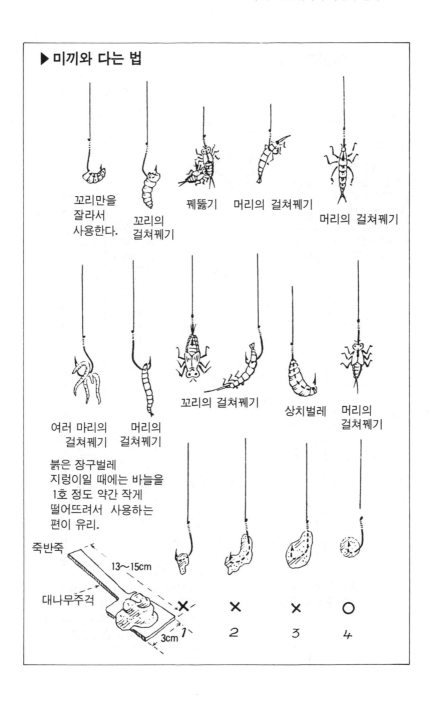

꼬리만을
잘라서
사용한다.

꼬리의
걸쳐꿰기

꿰뚫기

머리의 걸쳐꿰기

머리의 걸쳐꿰기

여러 마리의
걸쳐꿰기

머리의
걸쳐꿰기

꼬리의 걸쳐꿰기

상치벌레

머리의
걸쳐꿰기

붉은 장구벌레
지렁이일 때에는 바늘을
1호 정도 약간 작게
떨어뜨려서 사용하는
편이 유리.

죽반죽

13∼15cm

대나무주걱

3cm

✕　1

✕　2

✕　3

○　4

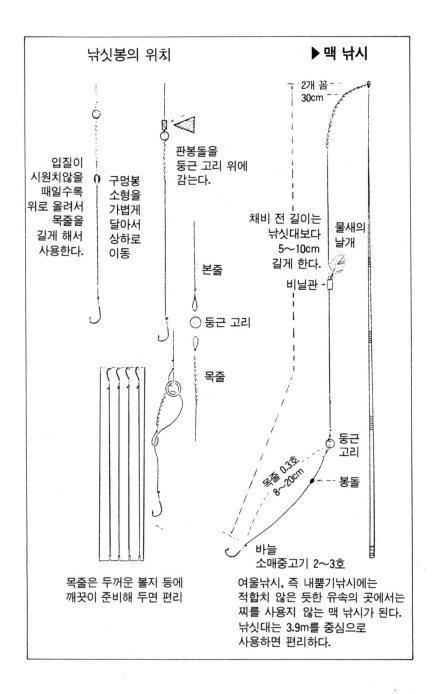

낚싯봉의 위치　　▶맥 낚시

입질이 시원치않을 때일수록 위로 올려서 목줄을 길게 해서 사용한다.

구멍봉 소형을 가볍게 달아서 상하로 이동

판봉돌을 둥근 고리 위에 감는다.

본줄

둥근 고리

목줄

목줄은 두꺼운 볼지 등에 깨끗이 준비해 두면 편리

2개 꼼
30cm

채비 전 길이는 낚싯대보다 5～10cm 길게 한다.

물새의 날개

비닐관

둥근 고리

봉돌

목줄 0.3호
8～20cm

바늘
소매중고기 2～3호

여울낚시, 즉 내뿜기낚시에는 적합치 않은 듯한 유속의 곳에서는 찌를 사용지 않는 맥 낚시가 된다. 낚싯대는 3.9m를 중심으로 사용하면 편리하다.

▶낚시 방법의 요령

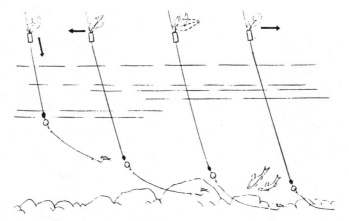

채비는 포인트의 위쪽에 휘둘러 넣고 미끼가 바닥에 닿아 빠듯이 흐르도록 낚싯대 끝으로 팽팽해진 본줄은 조절하면서 낚는다. 안표인 깃털이나 본줄 전체가 ←방향으로 이동하면 입질이 된다.

위쪽의 앞바다에서 해안 근처로 몸의 방향을 다소 움직이면서 순서대로 낚으면 능률적이다. 바람에는 비교적 영향받기 때문에 풍향에 주의해서 포인트를 논다.

▶제물낚시의 흘리는 법

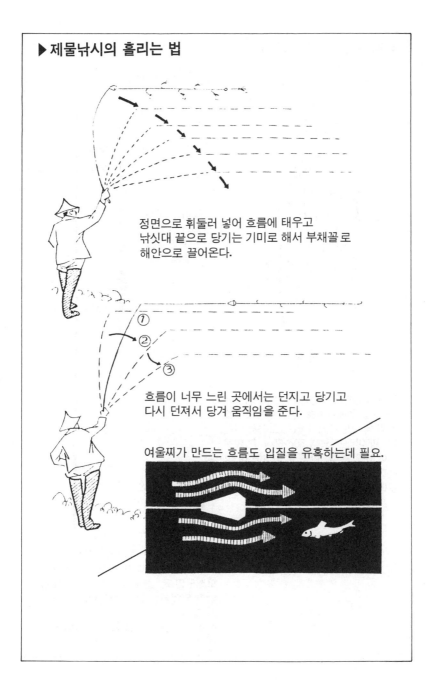

정면으로 휘둘러 넣어 흐름에 태우고
낚싯대 끝으로 당기는 기미로 해서 부채꼴로
해안으로 끌어온다.

흐름이 너무 느린 곳에서는 던지고 당기고
다시 던져서 당겨 움직임을 준다.

여울찌가 만드는 흐름도 입질을 유혹하는데 필요.

▶지수(止水)낚시 채비

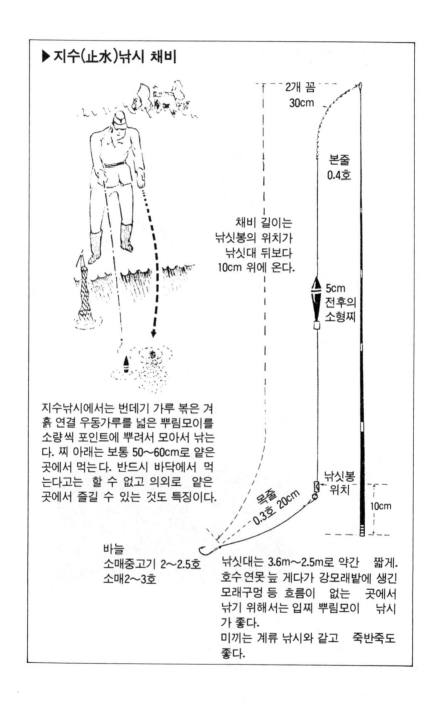

2개 꼼
30cm

본줄
0.4호

채비 길이는
낚싯봉의 위치가
낚싯대 뒤보다
10cm 위에 온다.

5cm
전후의
소형찌

지수낚시에서는 번데기 가루 볶은 겨 흙 연결 우동가루를 넓은 뿌림모이를 소량씩 포인트에 뿌려서 모아서 낚는 다. 찌 아래는 보통 50~60cm로 얕은 곳에서 먹는다. 반드시 바닥에서 먹 는다고는 할 수 없고 의외로 얕은 곳에서 즐길 수 있는 것도 특징이다.

목줄
0.3호 20cm

낚싯봉
위치

10cm

바늘
소매중고기 2~2.5호
소매2~3호

낚싯대는 3.6m~2.5m로 약간 짧게. 호수 연못 늪 게다가 강모래밭에 생긴 모래구멍 등 흐름이 없는 곳에서 낚기 위해서는 입찌 뿌림모이 낚시 가 좋다.
미끼는 계류 낚시와 같고 죽반죽도 좋다.

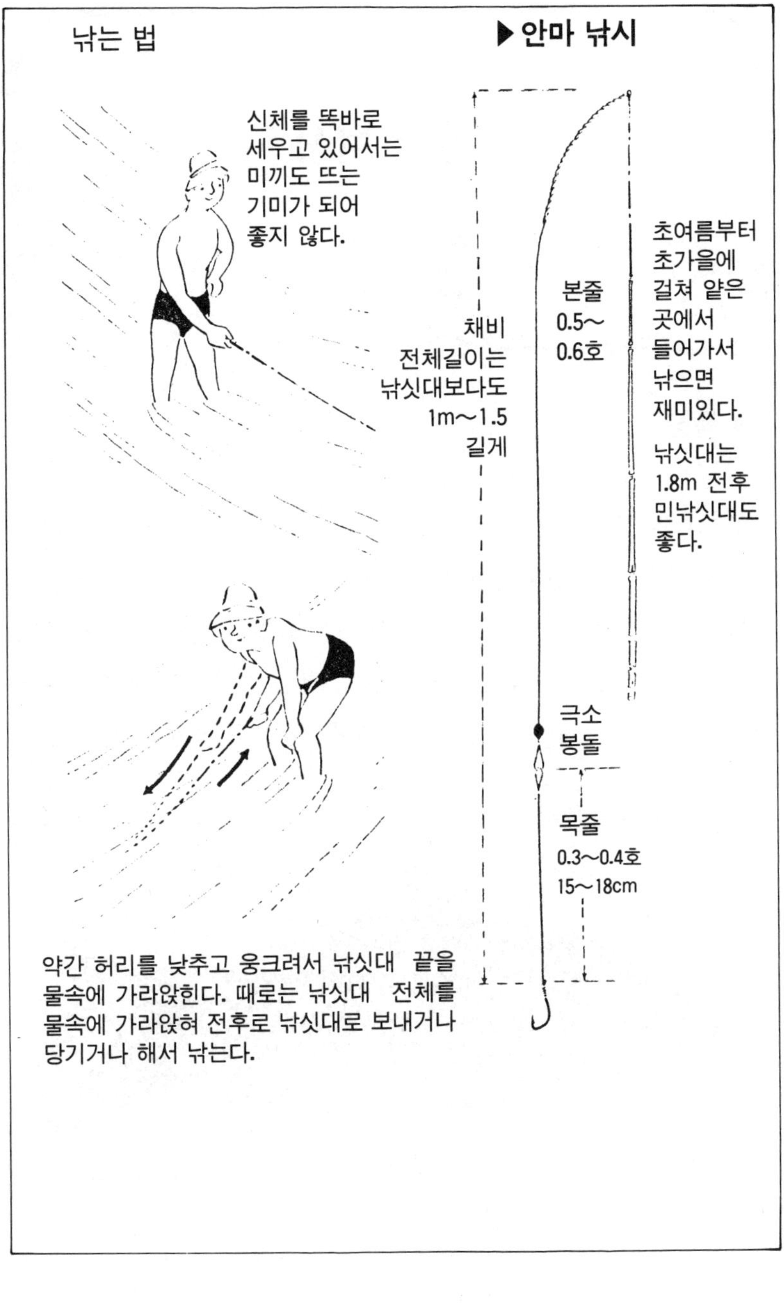

낚는 법　　　　　　▶안마 낚시

신체를 똑바로
세우고 있어서는
미끼도 뜨는
기미가 되어
좋지 않다.

채비
전체길이는
낚싯대보다도
1m～1.5
길게

본줄
0.5～
0.6호

초여름부터
초가을에
걸쳐 얕은
곳에서
들어가서
낚으면
재미있다.

낚싯대는
1.8m 전후
민낚싯대도
좋다.

극소
봉돌

목줄
0.3～0.4호
15～18cm

약간 허리를 낮추고 웅크려서 낚싯대　끝을
물속에 가라앉힌다. 때로는 낚싯대　전체를
물속에 가라앉혀 전후로 낚싯대로 보내거나
당기거나 해서 낚는다.

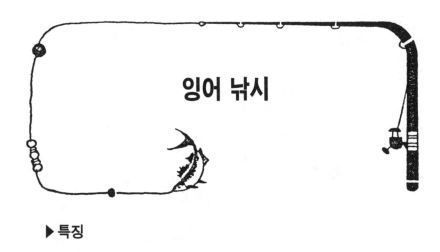

잉어 낚시

▶특징

잉어과의 물고기는 20종류를 넘는다. 몰개, 붕어, 황어, 피라미, 납자루 등은 모두 잉어과이다.

낚시의 대상이 되는 것은 잉어로 양식의 것과 천연의 것이 있다. 양식 잉어는 몸높이와 몸길이의 비율이 천연 잉어에 비해 작기 때문에 굵어 보인다. 낚시꾼 사이에서 '야생 잉어'라고 부르는 것은 이 잉어를 말한다.

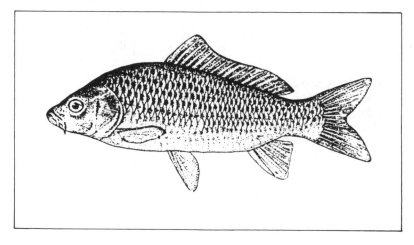

▶습성

산란기는 5~7월로 적수온 20~25°로 비교적 따뜻한 곳을 좋아한
다. 6~7월경은 가장 입질이 시원치 않은 계절로 이 2개월을 제외하
면 연간 낚인다.

특히 4~5월, 9~10월은 잉어 낚시 중에서도 잘 낚이는 계절이다.
하루에 몇 번인가 회유하는 습성을 갖고 있고 그 코스는 일정하다고
도 말한다.

▶포인트

강바닥의 편평한 장소보다도 경사진 둔덕이나 물이 흘러 들어와서
소(沼)가 된 곳 등이다.

말뚝 주변이나 용수가 있는 곳 등도 간과할 수 없는 포인트가 된
다.

▶낚는 법

찌 등의 던질 낚시에 가까운 방법과 찌 낚시의 두 가지로 나눌
수 있다. 잉어 낚시는 소형은 차치하고 대형이 되면 될수록 몇 일이나
낚시터에 다니며 뿌림 모이를 하고 잉어를 모아서 낚는 인내가 요구
된다. 느닷없이 나가서 좋은 낚시는 기대할 수 없다.

또한 모아 버리거나 포인트 혹은 잉어의 서식처와 같은 곳에서는
상당히 재미있는 낚시가 된다.

▶ 포인트의 여러 가지

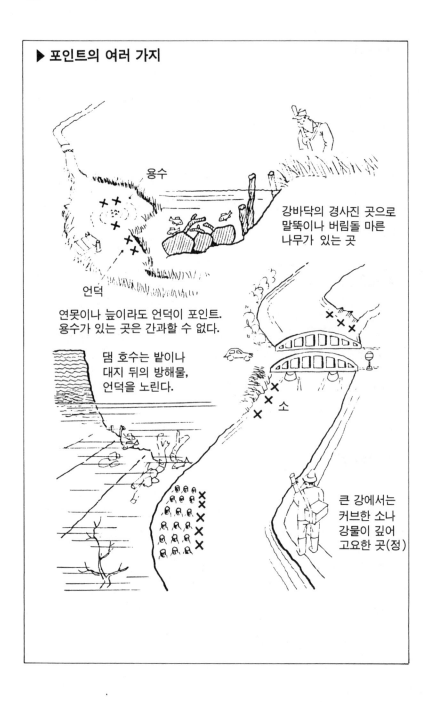

용수

강바닥의 경사진 곳으로 말뚝이나 버림돌 마른 나무가 있는 곳

언덕

연못이나 늪이라도 언덕이 포인트. 용수가 있는 곳은 간과할 수 없다.

댐 호수는 밭이나 대지 뒤의 방해물, 언덕을 노린다.

소

큰 강에서는 커브한 소나 강물이 깊어 고요한 곳(정)

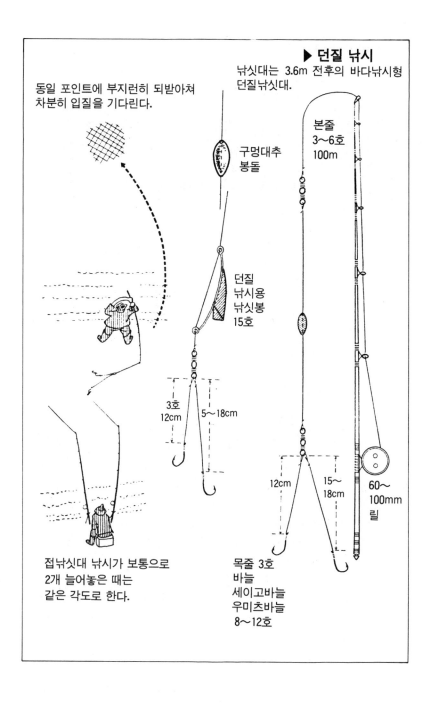

동일 포인트에 부지런히 되받아쳐
차분히 입질을 기다린다.

▶ 던질 낚시

낚싯대는 3.6m 전후의 바다낚시형
던질낚싯대.

구멍대추
봉돌

본줄
3~6호
100m

던질
낚시용
낚싯봉
15호

3호
12cm

5~18cm

12cm

15~
18cm

60~
100mm
릴

접낚싯대 낚시가 보통으로
2개 늘어놓은 때는
같은 각도로 한다.

목줄 3호
바늘
세이고바늘
우미츠바늘
8~12호

▶ 멍텅구리 낚시

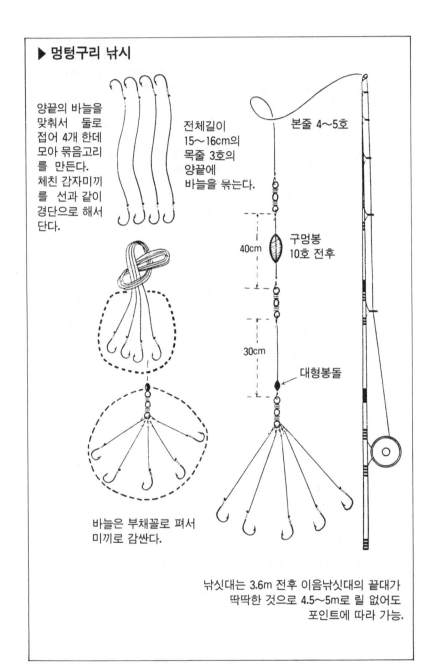

양끝의 바늘을 맞춰서 둘로 접어 4개 한데 모아 묶음고리를 만든다. 체친 감자미끼를 선과 같이 경단으로 해서 단다.

전체길이 15~16cm의 목줄 3호의 양끝에 바늘을 묶는다.

본줄 4~5호

40cm

구멍봉 10호 전후

30cm

대형봉돌

바늘은 부채꼴로 펴서 미끼로 감싼다.

낚싯대는 3.6m 전후 이음낚싯대의 끝대가 딱딱한 것으로 4.5~5m로 릴 없어도 포인트에 따라 가능.

▶ 미끼 다는 법

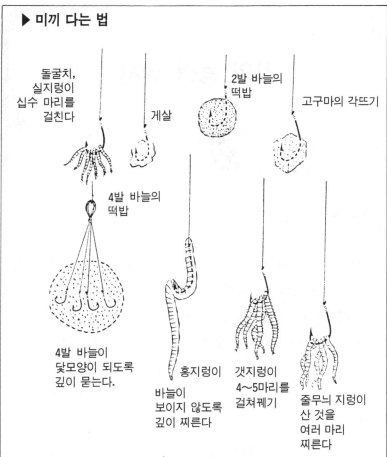

돌굴치,
실지렁이
십수 마리를
걸친다

게살

2발 바늘의
떡밥

고구마의 각뜨기

4발 바늘의
떡밥

4발 바늘이
닻모양이 되도록
깊이 묻는다.

홍지렁이

바늘이
보이지 않도록
깊이 찌른다

갯지렁이
4～5마리를
걸쳐꿰기

줄무늬 지렁이
산 것을
여러 마리
찌른다

잉어는 그다지 미끼를 좋아하지 않는다.

지렁이 날번데기 포도벌레, 새우, 고구마 찐 것을 각뜬 것 혹은 이것을 곱게 체질해서 경단으로 만든 것 등이다.

고구마는 습기가 많은 것은 안 되고 돌에 구운 고구마에서 흔히 보듯이 따끈따끈한 것이 미끼에 적합하다.

한겨울은 돌굴치를 듬뿍 달아서 잘 낚이고 봄부터 가을에 걸쳐서는 지렁이를 여러 마리 바늘에 찌르면 효과가 있다.

홍지렁이라고 해서 굵고 큰 것은 장마시에 효과가 있고 조석   간만이 영향하는 강에서는 실지렁이 갯지렁이를 사용한다.

강의 농어 낚시

▶ 특징

농어는 성장함에 따라서 이름이 변한다. 세이고, 껄떼기, 농어의 3단계가 되는 것이 보통이다. 세이고는 10cm에서 30cm 전후까지로 40cm급은 껄떼기 40cm 이상을 농어라고 부른다.

원래는 극기류과로 바다 물고기이지만 조류 간만이 있는 강으로 거슬러 올라오기 때문에 강 낚시팬의 대상어도 된다.

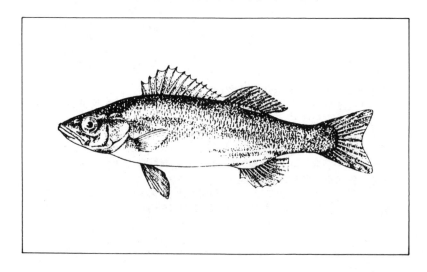

▶습성

방추형의 어체를 하고 약간 측편(側偏)해서 상당히 날렵한 물고기
이다. 비늘도 가늘고 정연하며 등지느러미에는 튼튼한 세로가지가
13개 있다.

입은 굉장히 크고 줄 모양의 이가 있으며 아가미 뚜껑은 얇고 날카
로운 가시가 있다.

어린 물고기는 늦가을부터 여름을 강에서 지내고 가을의 흐름과
함께 바다로 되돌아 간다고 하는 생활이 보통이다. 적수온은 15°에서
22°로 강 낚시는 여름이 중심이 된다.

▶낚는 법

처넣기 낚시가 보통으로 잉어 낚시의 요령이 된다. 그러나 바다와
의 경계에 해당하는 하구에서는 제물낚시를 앞바다 사이에 던져서
자기 앞쪽으로 끌어오는 끌 낚시도 한다.

배에서의 처넣기 낚시도 한 방법이지만 이 경우는 선외기가 딸려
있고 선두와 동행하는 것이 완전하다.

▶미끼

바다의 문절망둑 낚시에 사용하는 갯지렁이가 보통이지만 배 낚시
에서는 말 새우 등도 사용한다.

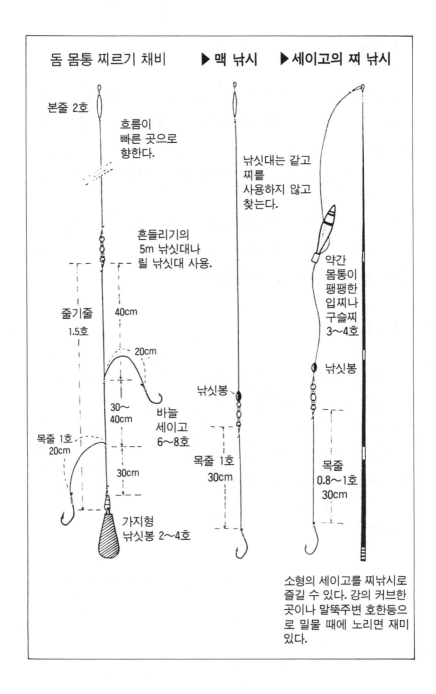

돔 몸통 찌르기 채비 ▶ 맥 낚시 ▶세이고의 찌 낚시

본줄 2호

흐름이 빠른 곳으로 향한다.

낚싯대는 같고 찌를 사용하지 않고 찾는다.

흔들리기의 5m 낚싯대나 릴 낚싯대 사용.

줄기줄 1.5호

40cm

20cm

약간 몸통이 팽팽한 입찌나 구슬찌 3~4호

30~40cm

바늘 세이고 6~8호

낚싯봉

목줄 1호 20cm

30cm

목줄 1호 30cm

낚싯봉

목줄 0.8~1호 30cm

가지형 낚싯봉 2~4호

소형의 세이고를 찌낚시로 즐길 수 있다. 강의 커브한 곳이나 말뚝주변 호한등으로 밀물 때에 노리면 재미 있다.

▶ 맥 낚시의 낚는 법

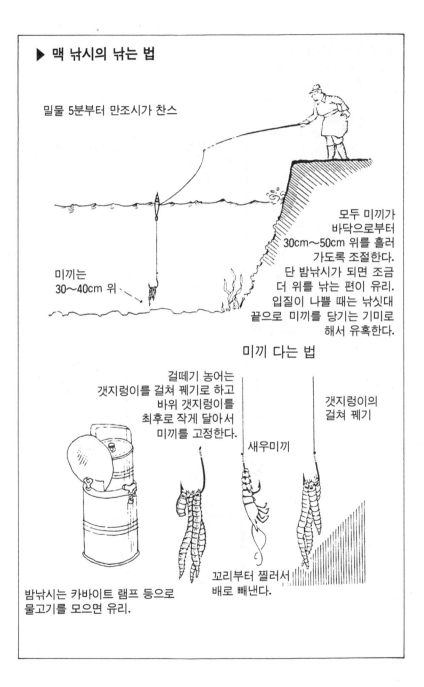

밀물 5분부터 만조시가 찬스

모두 미끼가
바닥으로부터
30cm~50cm 위를 흘러
가도록 조절한다.
단 밤낚시가 되면 조금
더 위를 낚는 편이 유리.
입질이 나쁠 때는 낚싯대
끝으로 미끼를 당기는 기미로
해서 유혹한다.

미끼는
30~40cm 위

미끼 다는 법

걸떼기 농어는
갯지렁이를 걸쳐 꿰기로 하고
바위 갯지렁이를
최후로 작게 달아서
미끼를 고정한다.

갯지렁이의
걸쳐 꿰기

새우미끼

꼬리부터 찔러서
배로 빼낸다.

밤낚시는 카바이트 램프 등으로
물고기를 모으면 유리.

▶ 처넣기 낚시

껄떼기 농어급도 채비를
크게 휘둘러서 노린다.

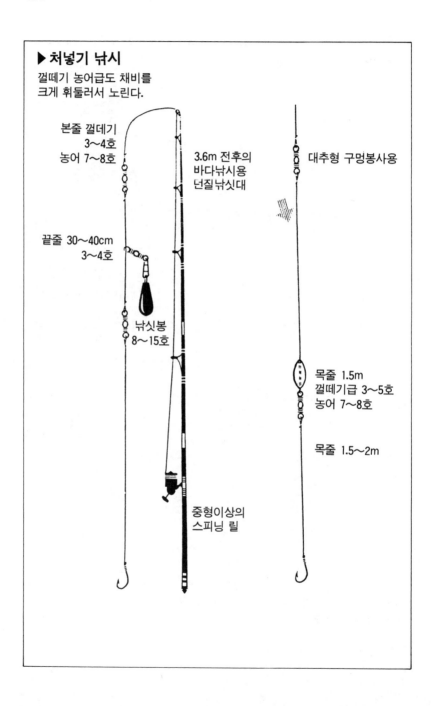

본줄 껄데기
3〜4호
농어 7〜8호

3.6m 전후의
바다낚시용
던질낚싯대

대추형 구멍봉사용

끝줄 30〜40cm
3〜4호

낚싯봉
8〜15호

목줄 1.5m
껄떼기급 3〜5호
농어 7〜8호

목줄 1.5〜2m

중형이상의
스피닝 릴

처 넣기 낚시

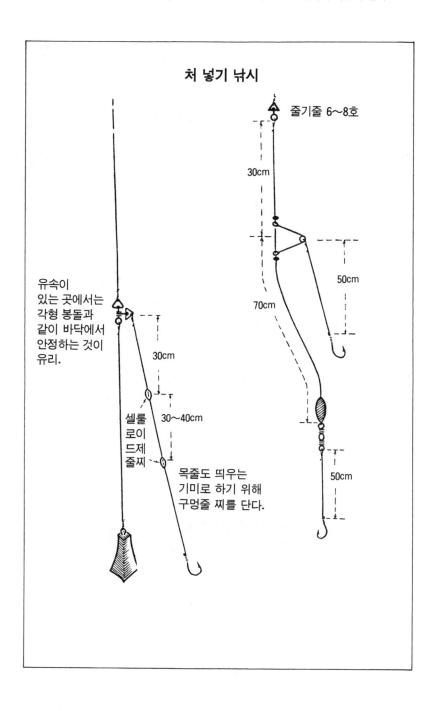

납자루 낚시

▶특징

잉어과의 물고기이다. 장미, 납자루, 창납자루, 납줄갱이, 줄납자루 등 종류가 있지만 장미 물고기와 창납자루 두 종류가 낚시꾼의 대상이 되고 있다.

모두 3~8cm 정도의 작은 어체로 11월경부터 다음해 2월경까지가 낚시 시기이다.

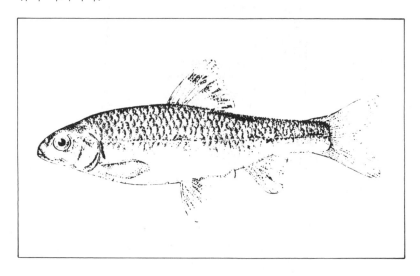

▶습성

수온이 높은 여름 등은 광범위에 흩어져 있지만 겨울이 되어 수온이 내려가면 해안 근처의 줄이나 말뚝 용수가 있는 주변에 모여든다.

산란기는 3월 하순부터 5월에 걸쳐 서로 이 무렵의 수컷의 뒷지느러미나 배에는 담홍색의 몸색이 보이며 이것을 '혼인색'이라고 부른다. 암컷은 긴 산란관을 배에서 늘어뜨리고 모래진흙땅에 사는 돌조개과의 돌조개, 마합 등의 쌍각류의 아가미 속에 알을 낳는다.

▶낚는 법

안표를 본줄에 달고 이 움직임이 변화로 낚는 맥 낚시와 작은 찌를 사용한 찌 낚시가 있다.

약간 흐름이 있거나 포인트가 앞바다일 때는 찌 낚시로 그 이외는 맥 낚시가 된다.

낚싯대나 채비나 바늘도 모두 작은 납자루를 낚는데 어울리게 작게 되어 있다.

▶미끼

쐐기나방의 유충 비단벌레가 제일이지만 돌굴치나 참갯지렁이도 낚이고 달걀 노른자에 우동가루를 풀어도 낚인다.

낚시 개막도 빨라졌기 때문에 비단벌레 미끼가 아니라 참갯지렁이나 돌굴치를 조기에는 사용하고 있는 경우도 있다.

▶ 납자루의 여러 가지

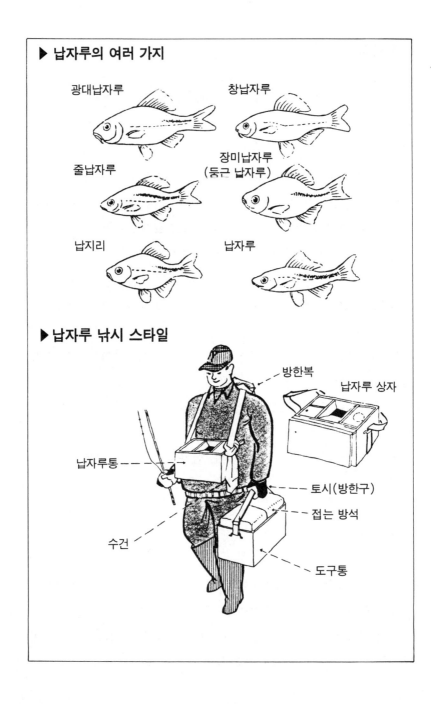

광대납자루

창납자루

줄납자루

장미납자루
(둥근 납자루)

납지리

납자루

▶ 납자루 낚시 스타일

방한복

납자루 상자

납자루통

토시(방한구)

접는 방석

수건

도구통

▶납자루의 포인트(1)

흔히 버림돌 주변이라고 하는
포인트 강바닥에 호안의 무너진
돌 등이 가라앉으면 물고기의
서식처가 된다.

해안 아래의 우묵한 부분에
납자루가 잘 모인다.

배를 대기 위해서 만든 장소는
그 아래에 좋은 은신처가 있어
좋은 포인트.

볏덕이라고 부르는 집어를 목적으로서
가라앉힌 나뭇가지 등의 곳도 납자루가
좋아하는 곳이다.

▶ 납자루의 포인트(2)

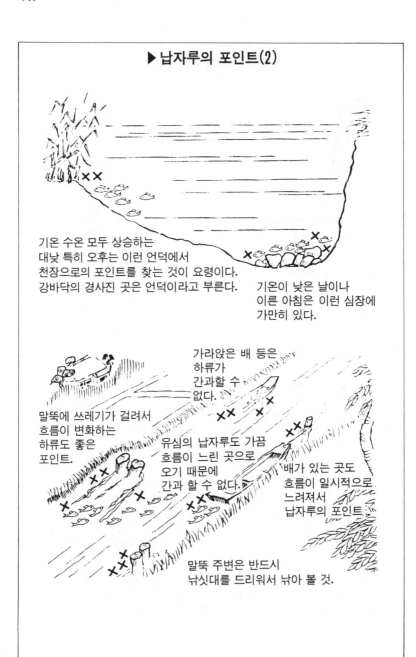

기온 수온 모두 상승하는
대낮 특히 오후는 이런 언덕에서
천장으로의 포인트를 찾는 것이 요령이다.
강바닥의 경사진 곳은 언덕이라고 부른다.

기온이 낮은 날이나
이른 아침은 이런 심장에
가만히 있다.

가라앉은 배 등은
하류가
간과할 수
없다.

말뚝에 쓰레기가 걸려서
흐름이 변화하는
하류도 좋은
포인트.

유심의 납자루도 가끔
흐름이 느린 곳으로
오기 때문에
간과 할 수 없다.

배가 있는 곳도
흐름이 일시적으로
느려져서
납자루의 포인트

말뚝 주변은 반드시
낚싯대를 드리워서 낚아 볼 것.

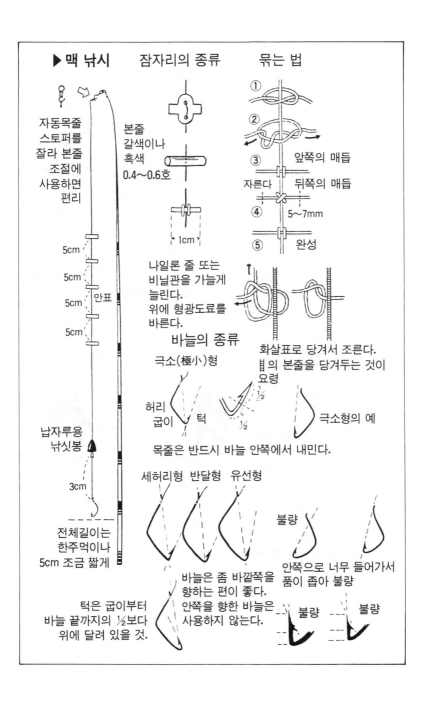

▶맥 낚시   잠자리의 종류   묶는 법

자동목줄
스토퍼를
잘라 본줄
조절에
사용하면
편리

본줄
갈색이나
흑색
0.4~0.6호

① 앞쪽의 매듭
② 자른다 뒤쪽의 매듭
③
④ 5~7mm
⑤ 완성

5cm

5cm

5cm   안표

5cm

1cm

나일론 줄 또는
비닐관을 가늘게
늘린다.
위에 형광도료를
바른다.

바늘의 종류

극소(極小)형

허리
굽이   턱

화살표로 당겨서 조른다.
目의 본줄을 당겨두는 것이
요령

극소형의 예

목줄은 반드시 바늘 안쪽에서 내민다.

납자루용
낚싯봉

3cm

세허리형 반달형 유선형

불량

전체길이는
한주먹이나
5cm 조금 짧게

바늘은 좀 바깥쪽을
향하는 편이 좋다.
안쪽을 향한 바늘은
사용하지 않는다.

안쪽으로 너무 들어가서
품이 좁아 불량

턱은 굽이부터
바늘 끝까지의 ½보다
위에 달려 있을 것.

불량   불량

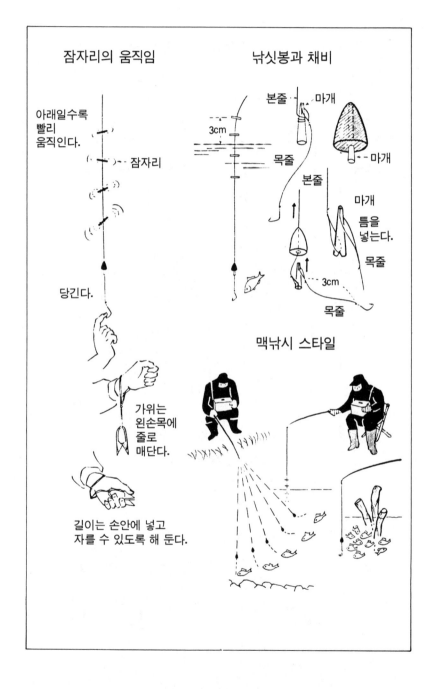

잠자리의 움직임

아래일수록
빨리
움직인다.

잠자리

당긴다.

가위는
왼손목에
줄로
매단다.

길이는 손안에 넣고
자를 수 있도록 해 둔다.

낚싯봉과 채비

본줄 — 마개

3cm

목줄

마개

본줄

마개
틈을
넣는다.
목줄

3cm

목줄

맥낚시 스타일

▶툭 낚시

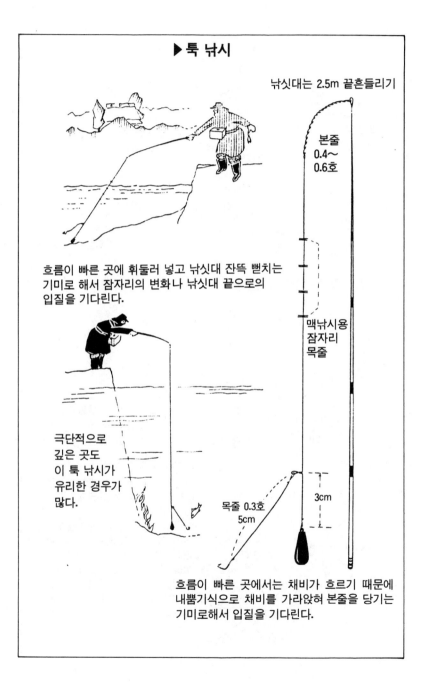

낚싯대는 2.5m 끝흔들리기

본줄 0.4~0.6호

흐름이 빠른 곳에 휘둘러 넣고 낚싯대 잔뜩 뻗치는 기미로 해서 잠자리의 변화나 낚싯대 끝으로의 입질을 기다린다.

맥낚시용 잠자리 목줄

극단적으로 깊은 곳도 이 툭 낚시가 유리한 경우가 많다.

목줄 0.3호 5cm

3cm

흐름이 빠른 곳에서는 채비가 흐르기 때문에 내뿜기식으로 채비를 가라앉혀 본줄을 당기는 기미로해서 입질을 기다린다.

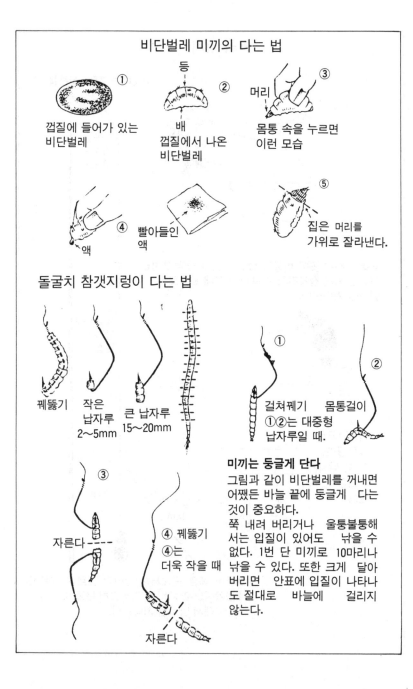

비단벌레 미끼의 다는 법

① 껍질에 들어가 있는 비단벌레

등
배
② 껍질에서 나온 비단벌레

머리
③ 몸통 속을 누르면 이런 모습

④ 액

빨아들인 액

⑤ 집은 머리를 가위로 잘라낸다.

돌굴치 참갯지렁이 다는 법

꿰뚫기

작은 납자루 2~5mm

큰 납자루 15~20mm

① 걸쳐꿰기
② 몸통걸이
①②는 대중형 납자루일 때.

③ 자른다 ----

④ 꿰뚫기
④는 더욱 작을 때

자른다

미끼는 둥글게 단다

그림과 같이 비단벌레를 꺼내면 어쨌든 바늘 끝에 둥글게 다는 것이 중요하다.

쭉 내려 버리거나 울퉁불퉁해서는 입질이 있어도 낚을 수 없다. 1번 단 미끼로 10마리나 낚을 수 있다. 또한 크게 달아 버리면 안표에 입질이 나타나도 절대로 바늘에 걸리지 않는다.

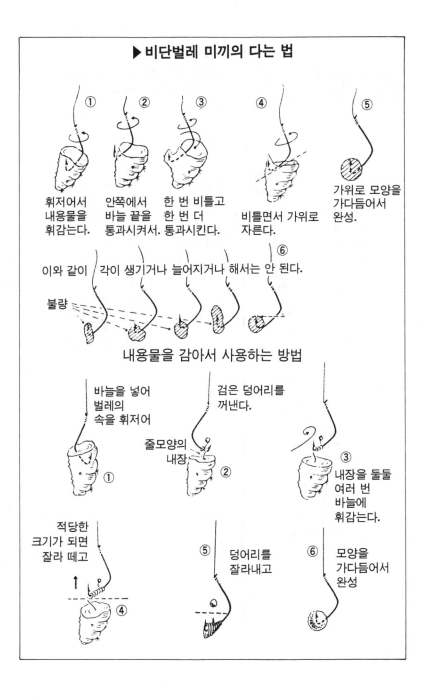

▶비단벌레 미끼의 다는 법

① 휘저어서 내용물을 휘감는다.

② 안쪽에서 바늘 끝을 통과시켜서.

③ 한 번 비틀고 한 번 더 통과시킨다.

④ 비틀면서 가위로 자른다.

⑤ 가위로 모양을 가다듬어서 완성.

⑥ 이와 같이 각이 생기거나 늘어지거나 해서는 안 된다.

불량

내용물을 감아서 사용하는 방법

① 바늘을 넣어 벌레의 속을 휘저어

② 검은 덩어리를 꺼낸다. 줄모양의 내장

③ 내장을 둘둘 여러 번 바늘에 휘감는다.

④ 적당한 크기가 되면 잘라 떼고

⑤ 덩어리를 잘라내고

⑥ 모양을 가다듬어서 완성

▶찌 낚시

물고기가 앞바다에 도착하면 맥 낚시로는 무리로 찌 낚시가 유리해진다. 찌 낚시도 참붕어의 침전 낚시에 가까운 것부터 보통의 찌 낚시까지 여러 가지 있다. 수심에 따라 사용하는 것이 보통이다.

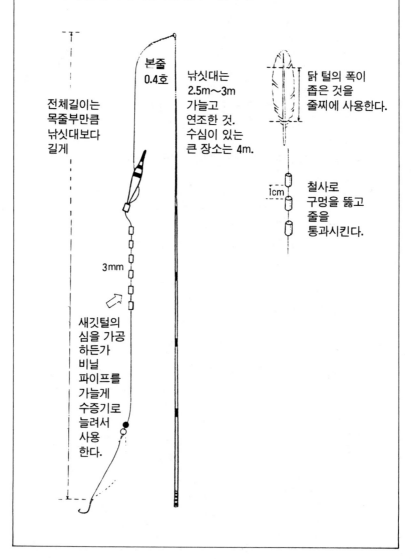

전체길이는 목줄부만큼 낚싯대보다 길게

본줄 0.4호

낚싯대는 2.5m~3m 가늘고 연조한 것. 수심이 있는 큰 장소는 4m.

닭 털의 폭이 좁은 것을 줄찌에 사용한다.

3mm

새깃털의 심을 가공 하든가 비닐 파이프를 가늘게 수증기로 늘려서 사용 한다.

1cm

철사로 구멍을 뚫고 줄을 통과시킨다.

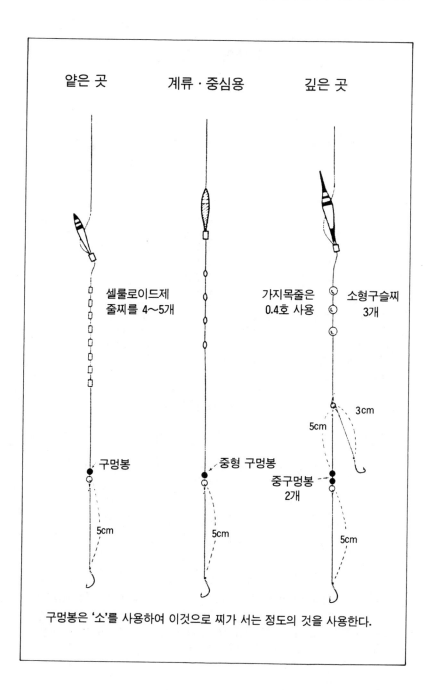

얕은 곳　　　계류·중심용　　　깊은 곳

셀룰로이드제
줄찌를 4~5개

가지목줄은
0.4호 사용

소형구슬찌
3개

3cm

5cm

구멍봉

중형 구멍봉

중구멍봉
2개

5cm

5cm

5cm

구멍봉은 '소'를 사용하여 이것으로 찌가 서는 정도의 것을 사용한다.

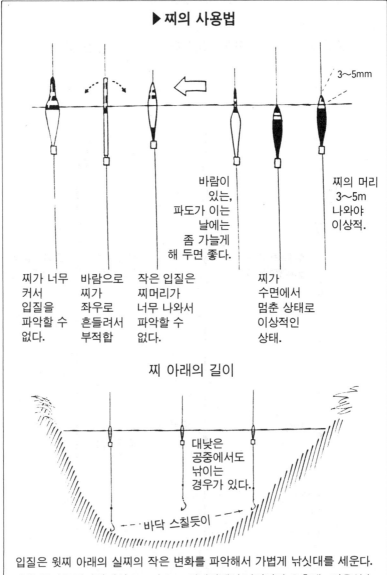

▶찌의 사용법

3〜5mm

바람이
있는,
파도가 이는
날에는
좀 가늘게
해 두면 좋다.

찌의 머리
3〜5m
나와야
이상적.

찌가 너무
커서
입질을
파악할 수
없다.

바람으로
찌가
좌우로
흔들려서
부적합

작은 입질은
찌머리가
너무 나와서
파악할 수
없다.

찌가
수면에서
멈춘 상태로
이상적인
상태.

찌 아래의 길이

대낮은
공중에서도
낚이는
경우가 있다.

‑‑‑바닥 스칠듯이‑‑‑

입질은 윗찌 아래의 실찌의 작은 변화를 파악해서 가볍게 낚싯대를 세운다.
추울 동안은 강바닥에서 3cm나 5cm 위까지에서 낚이지만 오후에 기온상승
으로 수온도 다소 올라가면 공중에서 낚이는 경우도 있다. 포인트 시간에
따라서 찌 아래의 길이를 바꿔 보는 것이 요령.

긴팔 새우 낚시

▶특징

물고기 이외의 낚시라고 하면 바다에서는 오징어 문어가 있지만 강 낚시에서는 이 긴팔 새우가 있다.

보통 새우와 달리 24개 긴 다리가 전방에 뻗쳐 있어 이것이 외적에 대항하거나 먹이의 좋고나쁨을 살피거나 하는 것 같다.

해안에 비교적 가까운 연못이나 늪 등에 많이 살고 있지만 강에서도 흐름이 나쁜 수문 등으로 항상 막혀 있는 것 같은 곳에서도 눈에

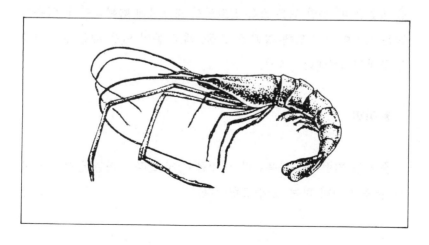

띄는 경우가 있다. 장마기 무렵 탈피해서 이 시기가 이 새우 낚시의 시즌으로 생각되고 있다.

▶습성

본래는 야행성의 성격을 가지고 있다. 따라서 그다지 밝은 곳은 좋아하지 않는다. 수온이 비교적 높은 강바닥이 진흙이나 모래진흙의 얕은 곳을 좋아하고 어린 물고기나 패류 등을 주식으로 한다.

야행성이라고 하는 습성상 대낮의 낚시에서는 가능한 한 포인트의 어두운 곳을 선택하는 것이 요령이 된다.

▶낚는 법

물고기와 마찬가지로 미끼를 정확히 물고 낚이지만 2개의 긴 다리가 목줄을 끼운 것 같은 우스운 모습이 된다.

찌 낚시가 보통이지만 거둬 들일 때에는 조용히 한데 모아서 얼굴을 밀었을 때 수면 위를 스윽 끌고와서 교묘하게 빨아들인다. 익숙치 않은 사람이나 주위에 장해물, 그물, 해조 등이 있을 때는 손잡이가 긴 뜰채로 펴 낸다.

▶미끼

좀 가는 지렁이를 사용한다. 이것을 작게 잘라서 바늘 끝을 내밀고 바 늘축 가득히 하는 것이 요령이다.

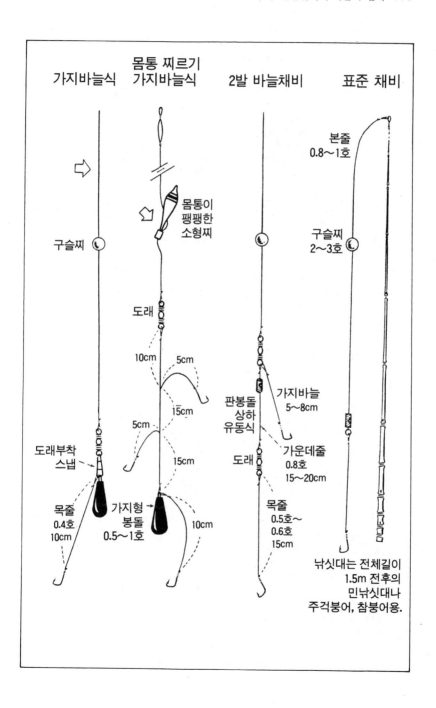

가지바늘식

몸통 찌르기
가지바늘식

2발 바늘채비

표준 채비

본줄
0.8~1호

몸통이
팽팽한
소형찌

구슬찌

구슬찌
2~3호

도래

10cm   5cm

5cm

15cm

가지바늘
5~8cm

판봉돌
상하
유동식

도래부착
스냅

도래

15cm

가운데줄
0.8호
15~20cm

목줄
0.4호
10cm

가지형
봉돌
0.5~1호

10cm

목줄
0.5호~
0.6호
15cm

낚싯대는 전체길이
1.5m 전후의
민낚싯대나
주걱붕어, 참붕어용.

552

▶포인트의 여러 가지

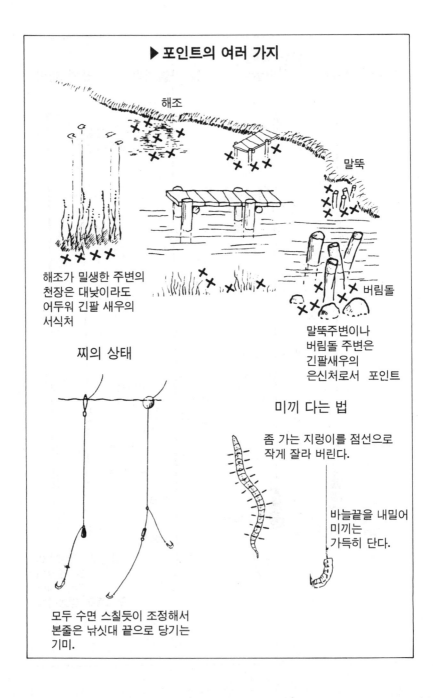

해조

말뚝

버림돌

해조가 밀생한 주변의
천장은 대낮이라도
어두워 긴팔 새우의
서식처

말뚝주변이나
버림돌 주변은
긴팔새우의
은신처로서 포인트

찌의 상태

미끼 다는 법

좀 가는 지렁이를 점선으로
작게 잘라 버린다.

바늘끝을 내밀어
미끼는
가득히 단다.

모두 수면 스칠듯이 조정해서
본줄은 낚싯대 끝으로 당기는
기미.

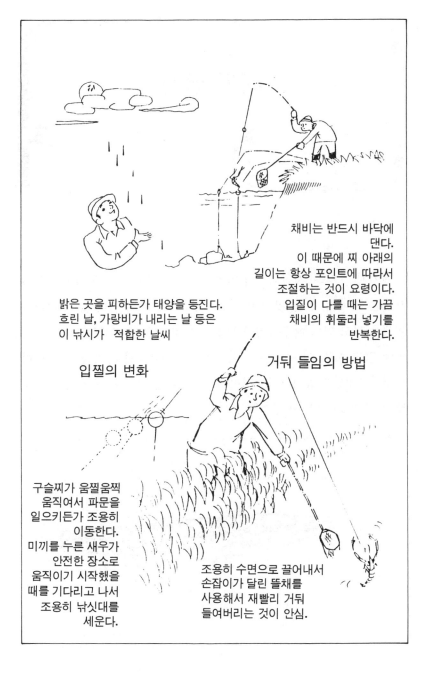

채비는 반드시 바닥에
댄다.
이 때문에 찌 아래의
길이는 항상 포인트에 따라서
조절하는 것이 요령이다.
입질이 다를 때는 가끔
채비의 휘둘러 넣기를
반복한다.

밝은 곳을 피하든가 태양을 등진다.
흐린 날, 가랑비가 내리는 날 등은
이 낚시가 적합한 날씨

입찔의 변화

거둬 들임의 방법

구슬찌가 움찔움찔
움직여서 파문을
일으키든가 조용히
이동한다.
미끼를 누른 새우가
안전한 장소로
움직이기 시작했을
때를 기다리고 나서
조용히 낚싯대를
세운다.

조용히 수면으로 끌어내서
손잡이가 달린 뜰채를
사용해서 재빨리 거둬
들여버리는 것이 안심.

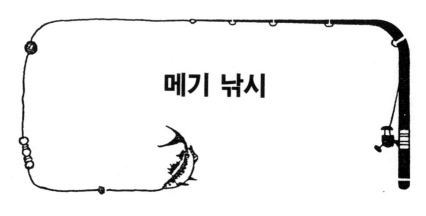

메기 낚시

▶특징

　메기과 메기속. 지진의 중심인물과 같이 일컬어지고 있지만 과학적으로는 근거가 없는 것 같다. 길고 짧은 2쌍의 수염이 있고 편평한 어체를 하고 있어 매우 위엄있는 느낌이지만 유어 때에는 1쌍의 수염밖에 없고 아직 이 무렵은 다소 귀여움도 남아 있다. 수명도 상당히 길어서 60년 가깝게 사는 것이 있으며 이런 수명이 메기의 전설을 몇 가지 낳은 것은 아닐까?

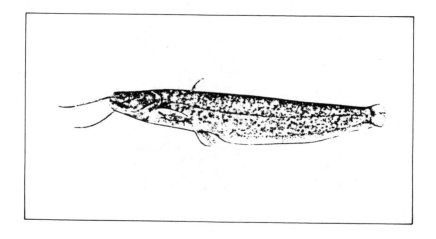

▶습성

평지의 호수, 늪, 연못이나 느린 흐름을 가진 강에 살고 있다. 강바닥이 모래진흙땅인 곳을 좋아하고 강면에 수조 등의 떠 있는 곳에서는 특히 그 모습을 보는 경우가 있다. 밤이나 물이 탁해졌을 때에는 특히 활발하게 먹이를 쫓지만 대낮이라도 음지에 해당하는 곳에서는 수면 가까이에 나타난다.

작은 물고기, 개구리, 새우 등을 포식하고 산란기는 5월부터 6월에 걸쳐서이다.

유어에서는 머리 아래의 뒤에 1쌍의 수염이 있고 몸길이 7cm 정도로 성장할 때까지 남기 때문에 여름에는 6개의 수염을 가진 발육 도중의 메기도 흔히 본다.

▶낚는 법

초여름부터 가을 중순에 걸쳐서 탁 낚시라고 하는 방법이 이루어지고 이것이 메기 낚시의 대표라고 간주되고 있다. 개구리를 미끼로 수면을 두드리듯이 춤추게 해서 낚는 것으로 두들김 낚시라고 하는 사람도 있다. 최근은 메기도 줄어들어 근교에서 이런 낚시를 거의 볼 수 있다.

▶탁 낚시

낚는 법
가능한 한 수면에 가까이는
다가가지 말고
조용히 주움 낚시를 한다.

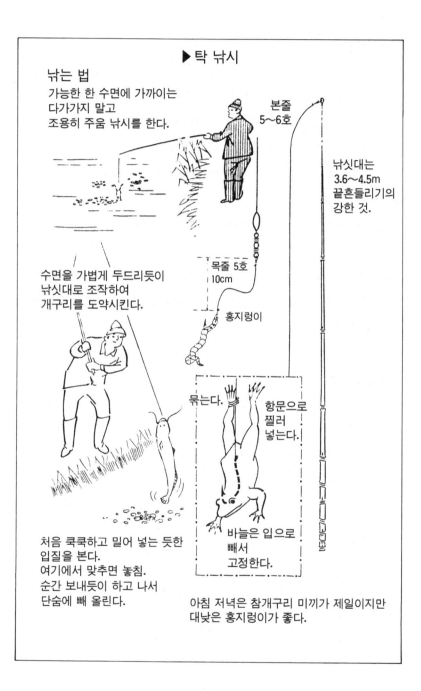

본줄
5~6호

낚싯대는
3.6~4.5m
끝흔들리기의
강한 것.

수면을 가볍게 두드리듯이
낚싯대로 조작하여
개구리를 도약시킨다.

목줄 5호
10cm

홍지렁이

묶는다.

항문으로
찔러
넣는다.

바늘은 입으로
빼서
고정한다.

처음 쿡쿡하고 밀어 넣는 듯한
입질을 본다.
여기에서 맞추면 놓침.
순간 보내듯이 하고 나서
단숨에 빼 올린다.

아침 저녁은 참개구리 미끼가 제일이지만
대낮은 홍지렁이가 좋다.

▶처넣기 낚시

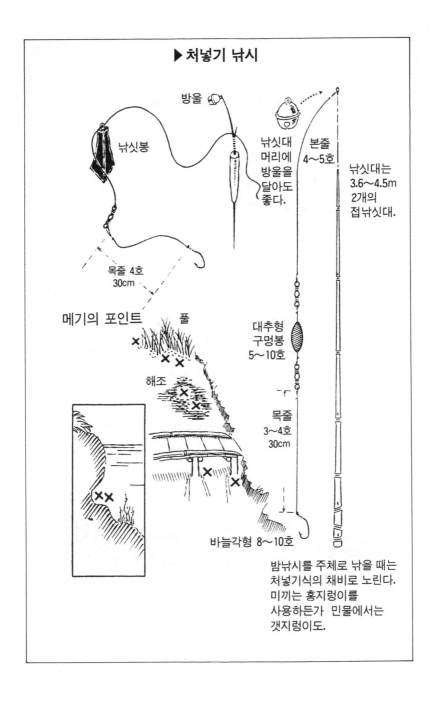

방울

낚싯봉

낚싯대 머리에 방울을 달아도 좋다.

본줄 4~5호

낚싯대는 3.6~4.5m 2개의 접낚싯대.

목줄 4호 30cm

메기의 포인트

풀

해조

대추형 구멍봉 5~10호

목줄 3~4호 30cm

바늘각형 8~10호

밤낚시를 주체로 낚을 때는 처넣기식의 채비로 노린다. 미끼는 홍지렁이를 사용하든가 민물에서는 갯지렁이도.

옥새송어 낚시

▶특징

연어과의 물고기. 레인보우(무지개), 트라우트(송어)라고 하는 것이 본명과 같이 북미의 태평양 연안의 하천이 원산지이다.

어린 물고기에는 몸쪽에 8~12개의 타원형의 모양이 있어 펄 마크라고 부르고 있다. 그러나 15~30cm가 되면 서서히 이 마크가 사라진다. 대형은 40cm를 넘는다.

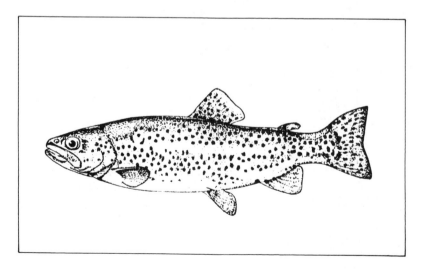

▶습성

적수온은 6~15°로 너무 수온이 높아도 좋지 않다. 자연 하천의
일정 구역을 송어 낚시터로 하거나 어린 물고기를 방류해서 3월 1
일부터 5월에 걸쳐서 낚는 경우도 있다. 입질은 활발하다.

▶낚는 법

일반적인 것은 찌 낚시이다. 소형의 구슬찌 1개를 달아서 목줄과
본줄의 매듭에 낚싯봉을 다는 간단한 방법이기 때문에 누구나 즐길
수 있다.

흐름이 빨라서 찌가 자꾸자꾸 흘러가는 것 같은 곳에서는 피라미나
산천어 낚시에 있듯이 맥 낚시라고 해서 찌 대신에 안표를 달아 이
안표의 변화로 입질을 파악하는 낚시 방법이 된다.

▶미끼

곤충류나 작은 물고기를 먹고 있기 때문에 낚시꾼도 이크라, 지렁
이, 포도벌레라고 하는 것이나 다랑어 토막 등을 미끼로 하지만 이크
라가 제일 입질이 좋다.

금속제의 제물낚시 등을 물 속에 가라앉혀 릴로 자기 앞쪽으로
춤추게 해서 끌어오거나 산천어용의 제물낚시 대형을 사용해도 낚인
다.

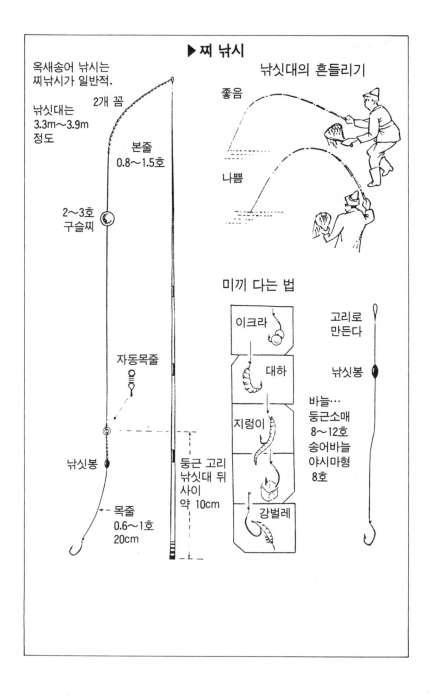

▶ 찌 낚시

옥새송어 낚시는
찌낚시가 일반적.

낚싯대는
3.3m~3.9m
정도

2개 꼼

본줄
0.8~1.5호

2~3호
구슬찌

자동목줄

낚싯봉

목줄
0.6~1호
20cm

둥근 고리
낚싯대 뒤
사이
약 10cm

낚싯대의 흔들리기

좋음

나쁨

미끼 다는 법

이크라

대하

지렁이

강벌레

고리로
만든다

낚싯봉

바늘…
둥근소매
8~12호
송어바늘
야시마형
8호

▶ 맥 낚시

흐름이 빠른 여울이나 심장에서는
구슬찌를 사용하지 않는 맥낚시가 유리.

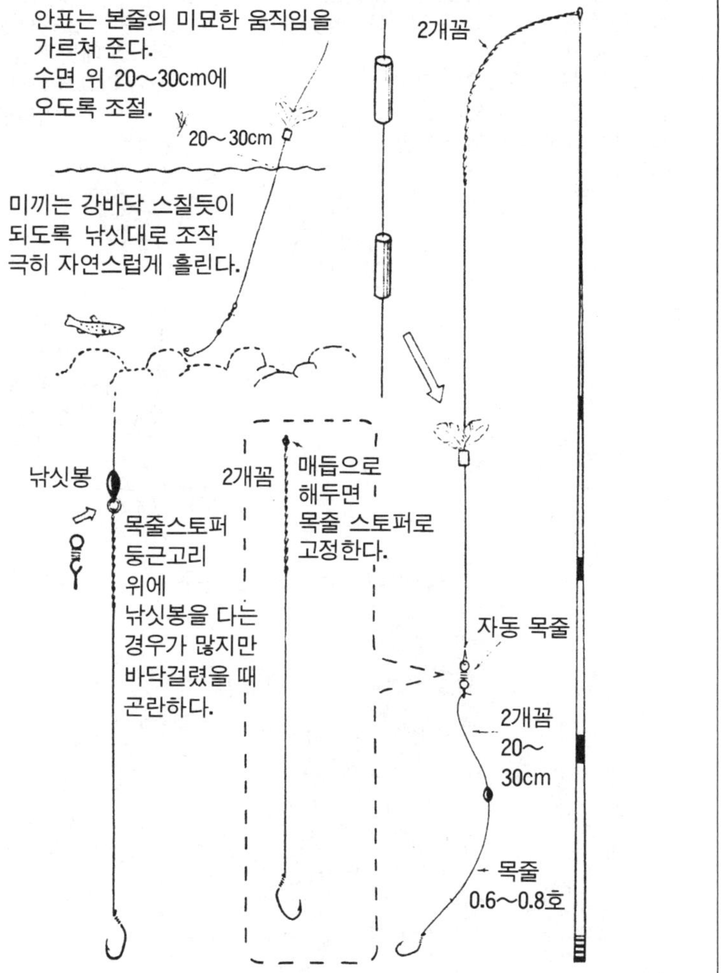

안표는 본줄의 미묘한 움직임을
가르쳐 준다.
수면 위 20~30cm에
오도록 조절.

2개꼼

20~30cm

미끼는 강바닥 스칠듯이
되도록 낚싯대로 조작
극히 자연스럽게 흘린다.

낚싯봉

2개꼼

매듭으로
해두면
목줄 스토퍼로
고정한다.

목줄스토퍼
둥근고리
위에
낚싯봉을 다는
경우가 많지만
바닥걸렸을 때
곤란하다.

자동 목줄

2개꼼
20~
30cm

목줄
0.6~0.8호

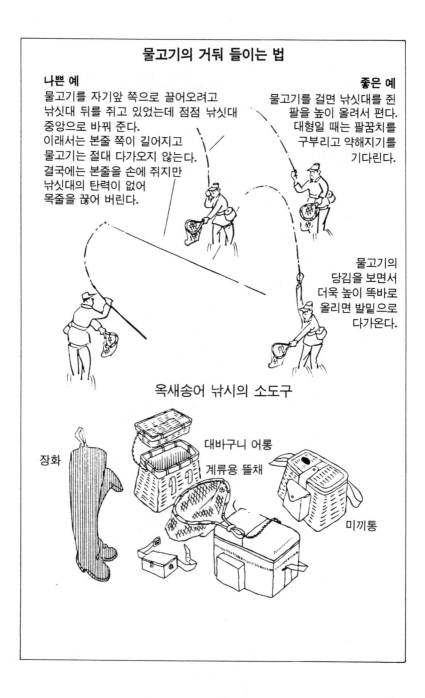

물고기의 거둬 들이는 법

나쁜 예

물고기를 자기앞 쪽으로 끌어오려고
낚싯대 뒤를 쥐고 있었는데 점점 낚싯대
중앙으로 바꿔 준다.
이래서는 본줄 쪽이 길어지고
물고기는 절대 다가오지 않는다.
결국에는 본줄을 손에 쥐지만
낚싯대의 탄력이 없어
목줄을 끊어 버린다.

좋은 예

물고기를 걸면 낚싯대를 쥔
팔을 높이 올려서 편다.
대형일 때는 팔꿈치를
구부리고 약해지기를
기다린다.

물고기의
당김을 보면서
더욱 높이 똑바로
올리면 발밑으로
다가온다.

옥새송어 낚시의 소도구

장화

대바구니 어롱

계류용 뜰채

미끼통

▶루어 낚시

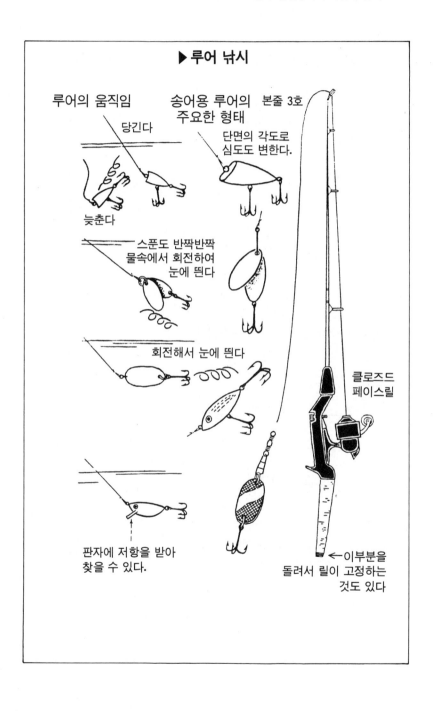

루어의 움직임

당긴다

늦춘다

송어용 루어의 주요한 형태

본줄 3호

단면의 각도로 심도도 변한다.

스푼도 반짝반짝 물속에서 회전하여 눈에 띈다

회전해서 눈에 띈다

판자에 저항을 받아 찾을 수 있다.

클로즈드 페이스릴

←이부분을 돌려서 릴이 고정하는 것도 있다

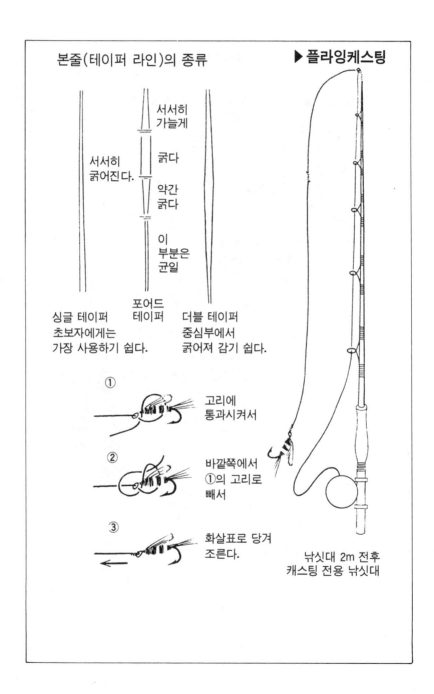

본줄(테이퍼 라인)의 종류

▶ 플라잉케스팅

서서히
가늘게

굵다

약간
굵다

이
부분은
균일

서서히
굵어진다.

싱글 테이퍼
초보자에게는
가장 사용하기 쉽다.

포어드
테이퍼

더블 테이퍼
중심부에서
굵어져 감기 쉽다.

① 고리에
통과시켜서

② 바깥쪽에서
①의 고리로
빼서

③ 화살표로 당겨
조른다.

낚싯대 2m 전후
캐스팅 전용 낚싯대

▶캐스팅의 방법

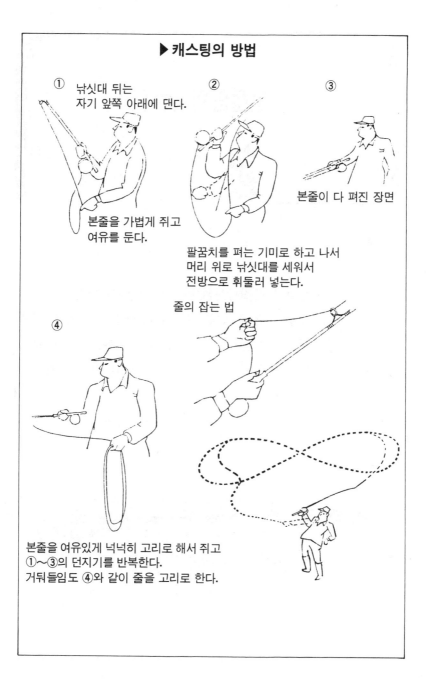

① 낚싯대 뒤는
자기 앞쪽 아래에 댄다.

본줄을 가볍게 쥐고
여유를 둔다.

②

팔꿈치를 펴는 기미로 하고 나서
머리 위로 낚싯대를 세워서
전방으로 휘둘러 넣는다.

③

본줄이 다 펴진 장면

줄의 잡는 법

④

본줄을 여유있게 넉넉히 고리로 해서 쥐고
①∼③의 던지기를 반복한다.
거둬들임도 ④와 같이 줄을 고리로 한다.

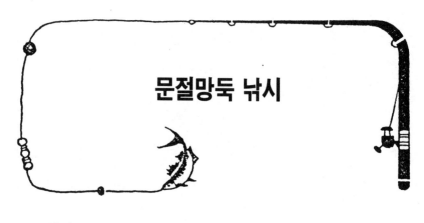

문절망둑 낚시

▶특징

　문절망둑과의 물고기. 문절망둑과에는 유명바다의 짱뚱어를 비롯해 검정망둑 등 수십 종류나 있다. 낚시의 대상이 되는 것은 이런 문절망둑 중의 문절망둑이다. 　조청빛을 띤 피부를 하고 있지만 해저나 강바닥의 상태에 따라서 상당히 더러운 색으로 변하는 경우도 있다.

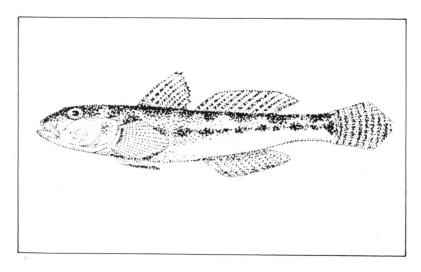

▶습성

2월경부터 5월경에 걸쳐서 산란하고 8월경이 되면 이것이 당년생 문절망둑이라고 불리는 8cm 정도로 자라서 낚시꾼의 바늘에 걸린 다.

10월 상순까지는 2~4m의 천장 배낚시나 육지 낚시로 즐길 수 있지만 10월 중순 지나면 심장으로 이동해서 배 낚시에만 한정된다.

▶낚는 법

배 낚시의 맥 낚시 던질 낚시가 그대로 전용된다. 따라서 배에서 낚은 경험이 있는 사람이라면 채비 낚는 법에 고생하지 않으리라고 생각한다.

또 하나의 방법은 찌 낚시이다. 많이 낚기 위해서는 맥 낚시가 유리하지만 강바닥이 걸림이 많은 곳에서는 오히려 찌 낚시 채비로 낚는 편이 무난하고 상당히 재미있는 누구나 할 수 있는 낚시이다.

▶미끼

갯지렁이를 사용한다. 대하를 작게 가위로 잘라서 달거나 지렁이, 실갯지렁이라도 낚인다.

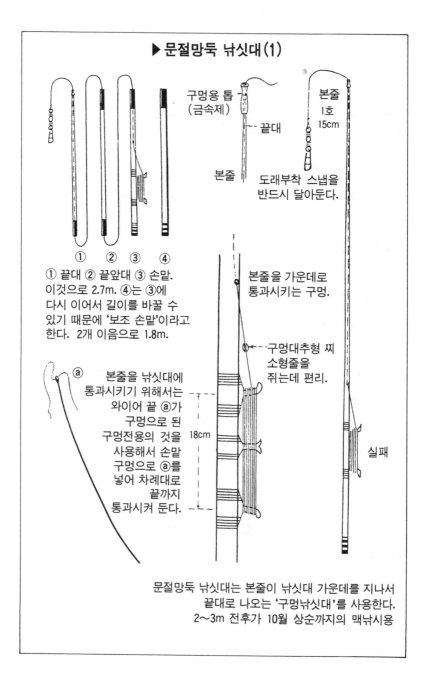

▶문절망둑 낚싯대(1)

구멍용 톱
(금속제)

끝대

본줄

도래부착 스냅을
반드시 달아둔다.

본줄
1호
15cm

① 끝대 ② 끝앞대 ③ 손맡.
이것으로 2.7m. ④는 ③에
다시 이어서 길이를 바꿀 수
있기 때문에 '보조 손맡'이라고
한다. 2개 이음으로 1.8m.

본줄을 가운데로
통과시키는 구멍.

구멍대추형 찌
소형줄을
쥐는데 편리.

ⓐ 본줄을 낚싯대에
통과시키기 위해서는
와이어 끝 ⓐ가
구멍으로 된
구멍전용의 것을
사용해서 손맡
구멍으로 ⓐ를
넣어 차례대로
끝까지
통과시켜 둔다.

18cm

실패

문절망둑 낚싯대는 본줄이 낚싯대 가운데를 지나서
끝대로 나오는 '구멍낚싯대'를 사용한다.
2~3m 전후가 10월 상순까지의 맥낚시용

▶ 문절망둑 낚싯대(2)

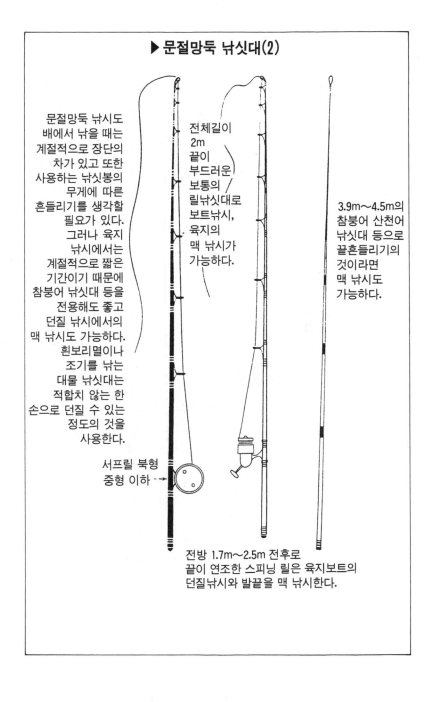

문절망둑 낚시도 배에서 낚을 때는 계절적으로 장단의 차가 있고 또한 사용하는 낚싯봉의 무게에 따른 흔들리기를 생각할 필요가 있다. 그러나 육지 낚시에서는 계절적으로 짧은 기간이기 때문에 참붕어 낚싯대 등을 전용해도 좋고 던질 낚시에서의 맥 낚시도 가능하다. 흰보리멸이나 조기를 낚는 대물 낚싯대는 적합치 않는 한 손으로 던질 수 있는 정도의 것을 사용한다.

서프릴 북형 중형 이하 →

전체길이 2m 끝이 부드러운 보통의 릴낚싯대로 보트낚시, 육지의 맥 낚시가 가능하다.

3.9m〜4.5m의 참붕어 산천어 낚싯대 등으로 끝흔들리기의 것이라면 맥 낚시도 가능하다.

전방 1.7m〜2.5m 전후로 끝이 연조한 스피닝 릴은 육지보트의 던질낚시와 발끝을 맥 낚시한다.

▶배 낚시의 채비

맥 낚시 채비

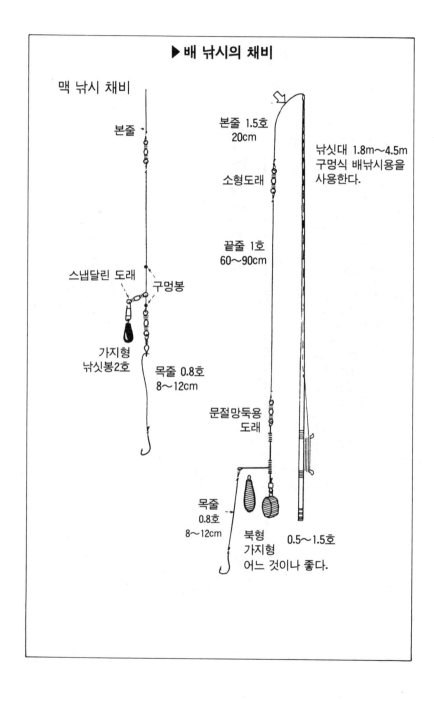

본줄

스냅달린 도래　구멍봉

가지형
낚싯봉2호

목줄 0.8호
8~12cm

본줄 1.5호
20cm

소형도래

끝줄 1호
60~90cm

문절망둑용
도래

목줄
0.8호
8~12cm

북형
가지형
어느 것이나 좋다.

0.5~1.5호

낚싯대 1.8m~4.5m
구멍식 배낚시용을
사용한다.

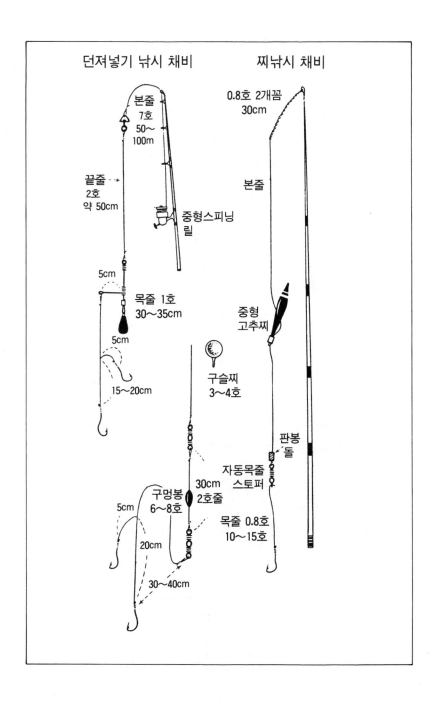

던져넣기 낚시 채비

본줄
7호
50〜
100m

끝줄
2호
약 50cm

중형스피닝
릴

5cm

목줄 1호
30〜35cm

5cm

15〜20cm

5cm

구멍봉
6〜8호

30cm
2호줄

20cm

30〜40cm

찌낚시 채비

0.8호 2개꼼
30cm

본줄

중형
고추찌

구슬찌
3〜4호

판봉
돌

자동목줄
스토퍼

목줄 0.8호
10〜15호

▶맥 낚시의 유혹하는 법

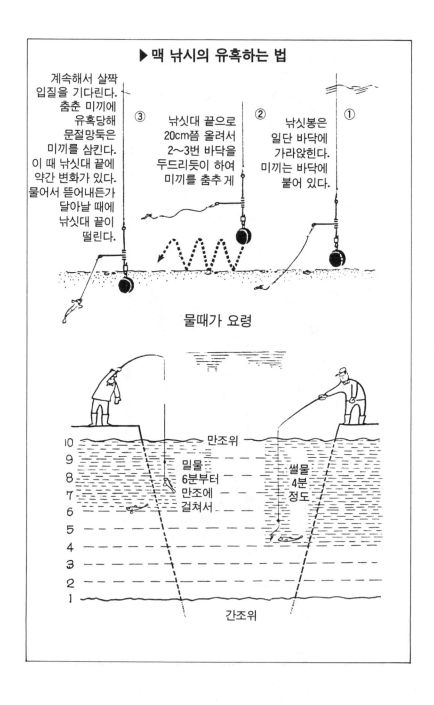

계속해서 살짝
입질을 기다린다.
춤춘 미끼에
유혹당해
문절망둑은
미끼를 삼킨다.
이 때 낚싯대 끝에
약간 변화가 있다.
물어서 뜯어내든가
달아날 때에
낚싯대 끝이
떨린다.

③

낚싯대 끝으로
20cm쯤 올려서
2～3번 바닥을
두드리듯이 하여
미끼를 춤추 게

②

낚싯봉은
일단 바닥에
가라앉힌다.
미끼는 바닥에
붙어 있다.

①

물때가 요령

만조위

밀물
6분부터
만조에
걸쳐서

썰물
4분
정도

10
9
8
7
6
5
4
3
2
1

간조위

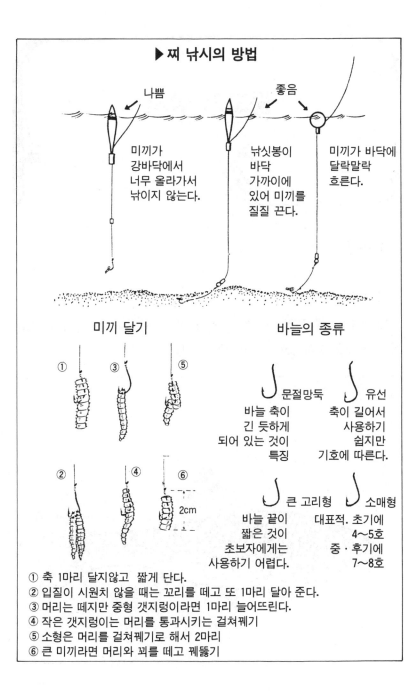

▶찌 낚시의 방법

나쁨

좋음

미끼가 강바닥에서 너무 올라가서 낚이지 않는다.

낚싯봉이 바닥 가까이에 있어 미끼를 질질 끈다.

미끼가 바닥에 달락말락 흐른다.

미끼 달기

① ③ ⑤

② ④ ⑥

2cm

바늘의 종류

문절망둑

바늘 축이 긴 듯하게 되어 있는 것이 특징

유선

축이 길어서 사용하기 쉽지만 기호에 따른다.

큰 고리형

바늘 끝이 짧은 것이 초보자에게는 사용하기 어렵다.

소매형

대표적. 초기에 4〜5호 중·후기에 7〜8호

① 축 1마리 달지않고 짧게 단다.
② 입질이 시원치 않을 때는 꼬리를 떼고 또 1마리 달아 준다.
③ 머리는 떼지만 중형 갯지렁이라면 1마리 늘어뜨린다.
④ 작은 갯지렁이는 머리를 통과시키는 걸쳐꿰기
⑤ 소형은 머리를 걸쳐꿰기로 해서 2마리
⑥ 큰 미끼라면 머리와 꾀를 떼고 꿰뚫기

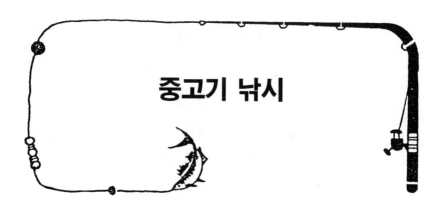

중고기 낚시

▶특징

잉어과의 물고기.

대개 13cm에서 20cm급이 낚인다. 입은 입시울 끝 아래에 있고 상하 입술을 전하방으로 밀어 낼 수 있다.

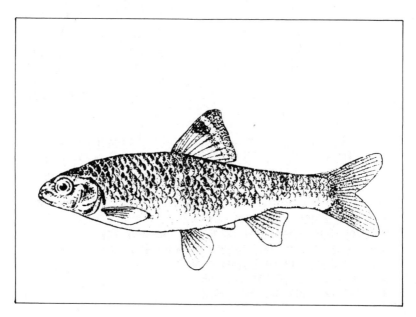

▶습성

입 수염이 2개 짧는 돌기 모양으로 되어 있고 색채나 형태에는 변이가 있지만 이것은 유전적인 것이라고 일컬어지고 있다.

은백색을 띤 것이 중고기, 암갈색을 띤 것이 유지 중고기이다. 산란기는 4월부터 6월에 걸쳐서이고 쌍각류의 외투강에 대형의 알을 조금씩 낳는다. 이것은 납자루와 비슷한 습성이다.

모래 바닥이나 사력 바닥에 살며 입을 아래쪽으로 향하고 물바닥의 동물질 먹이를 빨아들이듯이 먹는다.

▶낚는 법

3부터 6월 9월부터 11월에 걸쳐서가 특히 낚시 시기라고 간주되고 있다. 찌 낚시가 일반적으로 장소에 따라서는 앞바다에 배를 안커로 고정하고 2, 3개의 낚싯대를 늘어놓고 하는 낚시도 있다.

습성상 미끼는 반드시 바닥에 붙임으로서 바닥에서 위를 낚아도 입질을 보지 못한다. 따라서 맥 낚시도 이런 경우에는 유리해진다.

미끼는 지렁이를 주로 갯지렁이, 실갯지렁이도 사용한다.

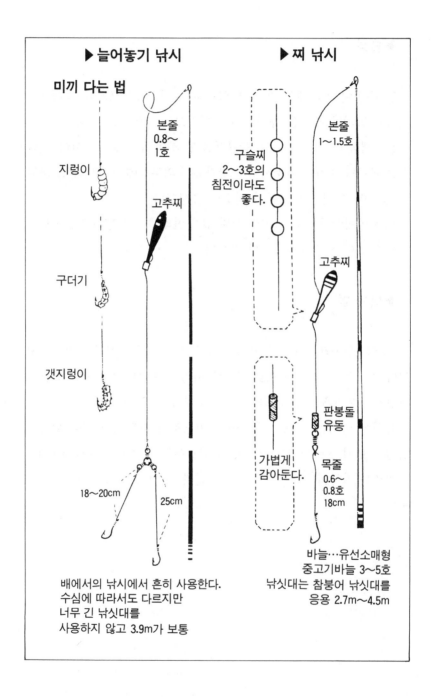

▶ 늘어놓기 낚시

미끼 다는 법

지렁이

구더기

갯지렁이

본줄
0.8~
1호

고추찌

18~20cm

25cm

배에서의 낚시에서 흔히 사용한다.
수심에 따라서도 다르지만
너무 긴 낚싯대를
사용하지 않고 3.9m가 보통

▶ 찌 낚시

구슬찌
2~3호의
침전이라도
좋다.

본줄
1~1.5호

고추찌

가볍게
감아둔다.

판봉돌
유동

목줄
0.6~
0.8호
18cm

바늘…유선소매형
중고기바늘 3~5호
낚싯대는 참붕어 낚싯대를
응용 2.7m~4.5m

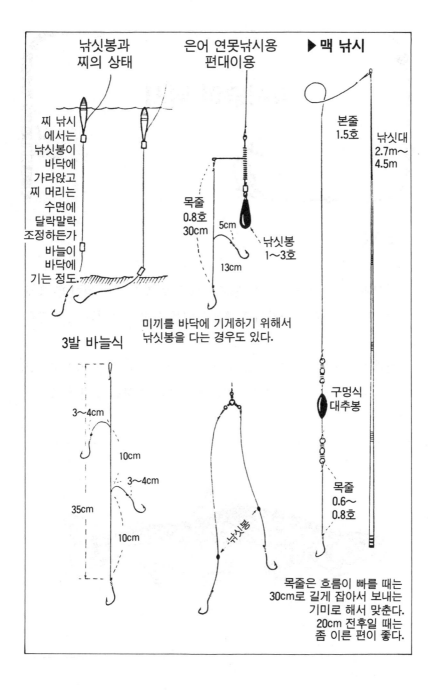

낚싯봉과
찌의 상태

은어 연못낚시용
편대이용

▶ 맥 낚시

찌 낚시
에서는
낚싯봉이
바닥에
가라앉고
찌 머리는
수면에
달락말락
조정하든가
바늘이
바닥에
기는 정도.

본줄
1.5호

낚싯대
2.7m~
4.5m

목줄
0.8호
30cm

5cm

13cm

낚싯봉
1~3호

미끼를 바닥에 기게하기 위해서
낚싯봉을 다는 경우도 있다.

3발 바늘식

3~4cm

10cm

3~4cm

35cm

10cm

낚싯봉

구멍식
대추봉

목줄
0.6~
0.8호

목줄은 흐름이 빠를 때는
30cm로 길게 잡아서 보내는
기미로 해서 맞춘다.
20cm 전후일 때는
좀 이른 편이 좋다.

각시송어 낚시

▶특징

연어과의 물고기이지만 그 분포는 매우 좋고 산천어, 정어리, 옥새송어, 은어 낚시와 마찬가지로 해금 금어를 설정하고 있는 곳이 많은 것 같다.

산란기가 되면 성어는 수컷, 암컷 모두 녹갈색과 주홍색의 혼인색을 보인다. 떼를 지어 헤엄치며 여름은 심장의 찬 물을 찾아서 이동한다.

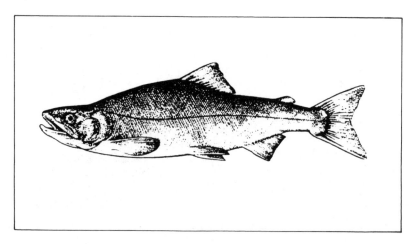

▶습성

홍송어의 육봉형이다. 갑각류의 플랭크톤을 좋아하기 때문에 붉은
생선이라고 일컬어지고 있다. 수명은 평균 4년으로 드물게 6년부터
8년 사는 것도 있다고 한다. 적수온은 12° 정도로 플랭크톤을 쫓아서
이동한다.

▶낚는 법

릴 낚싯대를 사용하여 미끼를 사용한 몸통 찌르기 낚시와 제물낚시
또는 루어를 사용하여 이것을 적당히 춤추게 하거나 끌거나 하는
낚시 방법의 두 가지가 있다.

긴 낚싯대로 뿌림 모이를 뿌리고 일정 포인트에서 회유를 기다리는
낚시 방법도 있지만 어쨌든 수온 시간에 따라 그 영층이 변화하므로
이것을 파악하는 것이 선결이라고도 말할 수 있다.

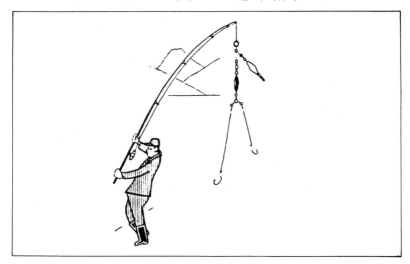

▶던질 낚시

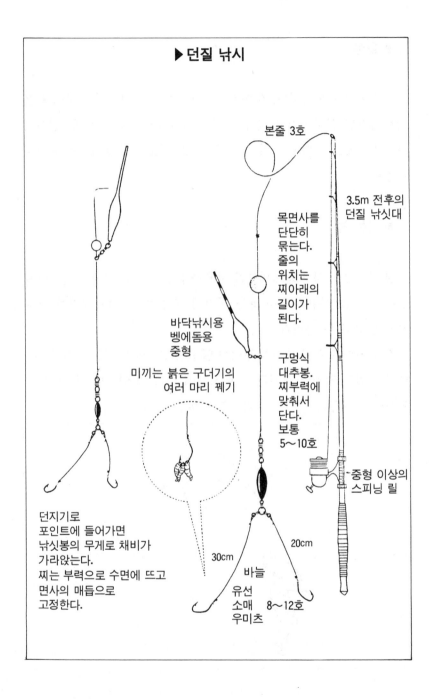

본줄 3호

3.5m 전후의
던질 낚싯대

목면사를
단단히
묶는다.
줄의
위치는
찌아래의
길이가
된다.

바닥낚시용
벵에돔용
중형

미끼는 붉은 구더기의
여러 마리 꿰기

구멍식
대추봉.
찌부력에
맞춰서
단다.
보통
5~10호

중형 이상의
스피닝 릴

던지기로
포인트에 들어가면
낚싯봉의 무게로 채비가
가라앉는다.
찌는 부력으로 수면에 뜨고
면사의 매듭으로
고정한다.

30cm

20cm

바늘
유선
소매   8~12호
우미츠

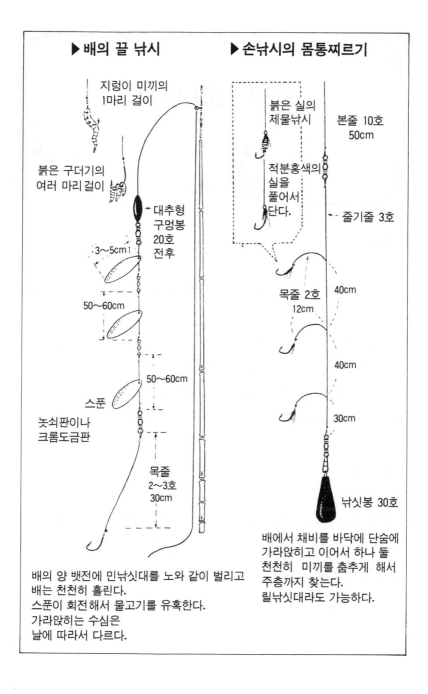

▶ 배의 끌 낚시

지렁이 미끼의
1마리 걸이

붉은 구더기의
여러 마리 걸이

대추형
구멍봉
20호
전후

3~5cm

50~60cm

50~60cm

스푼

놋쇠판이나
크롬도금판

목줄
2~3호
30cm

배의 양 뱃전에 민낚싯대를 노와 같이 벌리고
배는 천천히 흘린다.
스푼이 회전해서 물고기를 유혹한다.
가라앉히는 수심은
날에 따라서 다르다.

▶ 손낚시의 몸통찌르기

붉은 실의
제물낚시

본줄 10호
50cm

적분홍색의
실을
풀어서
단다.

줄기줄 3호

목줄 2호
12cm

40cm

40cm

30cm

낚싯봉 30호

배에서 채비를 바닥에 단숨에
가라앉히고 이어서 하나 둘
천천히 미끼를 춤추게 해서
주층까지 찾는다.
릴낚싯대라도 가능하다.

검정 끄리 낚시

▶특징

미국 원산의 물고기로 블루길과 나란히 최근은 낚시의 대상으로서 인기를 모으게 되었다.

검정 끄리는 선피시과의 물고기로 라지 마우스(큰 입) 끄리, 스몰 마우스(작은 입) 끄리의 두 가지가 있다.

문자 그대로 큰 입을 갖고 있고 등지느러미의 극조부와 연조부가 약간 이어져 있다.

▶습성

몸쪽 비늘에는 암각색의 반점이 있다. 몸쪽 중앙부에는 불명료한 암갈색의 종주대가 있고 산란기는 5월부터 7월에 걸쳐서이다. 암컷이 알을 다 낳으면 수컷은 부화할 때까지 보호한다.

▶낚는 법

스푼, 스피너, 플러그라고 하는 제물낚시를 사용한 스포티한 캐스팅 낚시가 인기의 중심이다. 기후, 수온, 계절에 따라 적절히 사용한다.

찌의 미끼 낚시도 있고 이것은 말새우를 사용하는 것이 제일이지만 미꾸라지를 사용해서 성적을 올리는 사람도 있다.

루어의 여러 가지

봄 담색계의 경량
여름 대형 색은 다용
가을 농색 담색겸용
맑은 날 암색. 바닥끌기
흐린 날 밝은 색.
수면끌기

스푼

플러그

봄 담색. 소형으로 움직임이 둔한 것
여름 대형의 적흑황
가을 농담색, 움직임이 조용한 것
맑은 날 암색 움직임은 정동
흐린 날 화려한 색으로 움직임이
격렬한 것, 수면을 끈다.

스피너

봄 소형의 천천히
움직이는 것
여름 움직임이 격렬한
물거품을 일으키는 것
가을 움직임이 약간
조용하고 농담색
맑은 날 암색, 바닥을 끈다.
흐린 날 화려한 색으로
수면을 끈다.

▶루어 낚시

루어에는 여러 가지 종류가 있고 이것을 기후, 기온, 수온 등에 따라 적절히 사용한다.

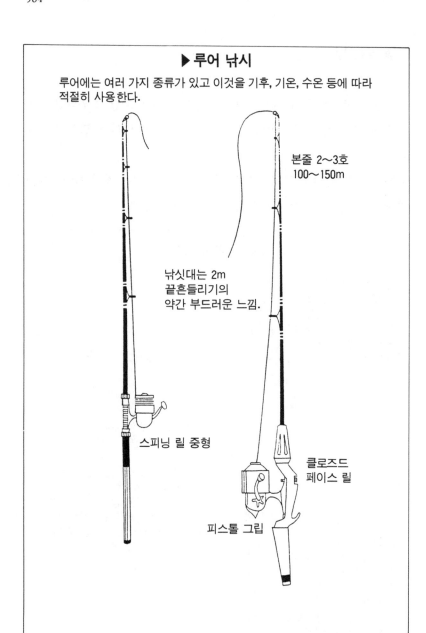

본줄 2～3호
100～150m

낚싯대는 2m
끝흔들리기의
약간 부드러운 느낌.

스피닝 릴 중형

클로즈드
페이스 릴

피스톨 그립

▶루어의 던지는 법

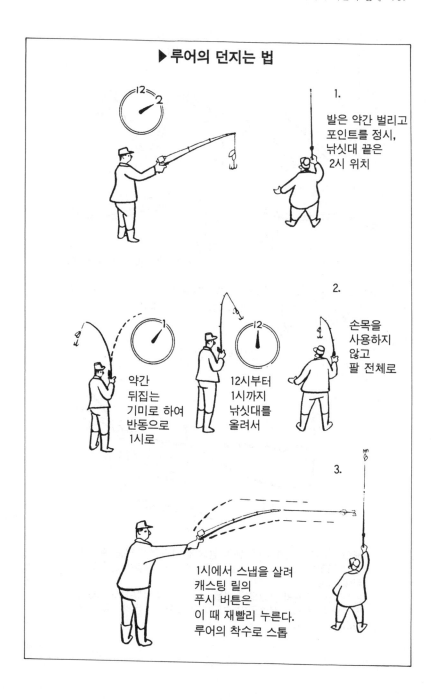

1.
발은 약간 벌리고
포인트를 정시,
낚싯대 끝은
2시 위치

2.

약간
뒤집는
기미로 하여
반동으로
1시로

12시부터
1시까지
낚싯대를
올려서

손목을
사용하지
않고
팔 전체로

3.

1시에서 스냅을 살려
캐스팅 릴의
푸시 버튼은
이 때 재빨리 누른다.
루어의 착수로 스톱

586

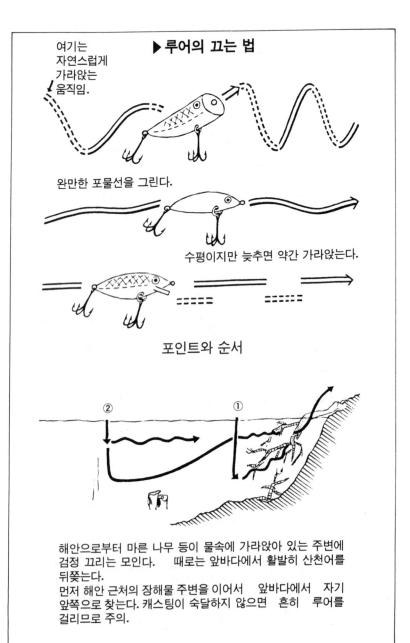

▶ 루어의 끄는 법

여기는 자연스럽게 가라앉는 움직임.

완만한 포물선을 그린다.

수평이지만 늦추면 약간 가라앉는다.

포인트와 순서

해안으로부터 마른 나무 등이 물속에 가라앉아 있는 주변에 검정 끄리는 모인다. 때로는 앞바다에서 활발히 산천어를 뒤쫓는다.
먼저 해안 근처의 장해물 주변을 이어서 앞바다에서 자기 앞쪽으로 찾는다. 캐스팅이 숙달하지 않으면 흔히 루어를 걸리므로 주의.

▶ 미끼 낚시

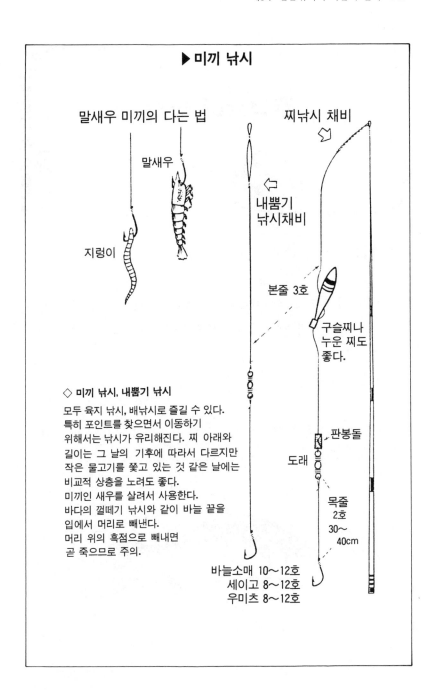

말새우 미끼의 다는 법

말새우

지렁이

찌낚시 채비

내뿜기
낚시채비

본줄 3호

구슬찌나
누운 찌도
좋다.

◇ 미끼 낚시, 내뿜기 낚시

모두 육지 낚시, 배낚시로 즐길 수 있다.
특히 포인트를 찾으면서 이동하기
위해서는 낚시가 유리해진다. 찌 아래와
길이는 그 날의 기후에 따라서 다르지만
작은 물고기를 쫓고 있는 것 같은 날에는
비교적 상층을 노려도 좋다.
미끼인 새우를 살려서 사용한다.
바다의 껄떼기 낚시와 같이 바늘 끝을
입에서 머리로 빼낸다.
머리 위의 흑점으로 빼내면
곧 죽으므로 주의.

판봉돌

도래

목줄
2호
30~
40cm

바늘소매 10~12호
세이고 8~12호
우미츠 8~12호

▶특징

잉어과의 물고기로 참붕어보다도 몸높이가 높고 2, 4년만에 몸길이
가 30cm가깝게 성장한다. 이 번식률은 참붕어의 2배가 된다.

▶습성

큰 특징은 추층을 헤엄치며 겨울 등의 수요 저하일 때만 바닥 가까

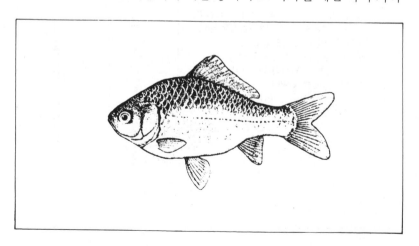

이로 바꾼다. 사계의 포인트는 참붕어의 습성과는 거의 변함없이 거의 같은 코스로 이동한다. 단, 떼를 지어 헤엄치는 점과 소리 등에 민감하다.

▶ 낚는 법

포인트를 정하면 일정 위치에 끊임없이 미끼를 던져 넣어 물고기를 모은다. 끝대가 부드러운 낚싯대를 사용하고 찌도 가늘고 긴 공작 깃털과 셀룰로이드제를 조합한 감도가 좋은 것을 사용한다.

수온, 기온, 기후 등에 따라 유영층을 바꾸기 때문에 이 유영층을 알아 맞히는 것도 주걱붕어 낚시의 큰 결정수이다. 힘차게 쑥 가라앉는 찌의 움직임을 파악하고 조용히 빼듯이 스윽 낚싯대를 올려서 맞추기에 들어간다.

▶ 미끼

먹이는 거친 것은 안 되므로 플랭크톤이나 식물성의 것을 좋아한다. 이 때문에 낚시꾼은 으깬 감자를 이겨서 미끼로 하고 한겨울의 입질이 시원치 않았을 때는 이 감자와 우동가루를 넣어서 물에 이긴 죽 반죽도 사용한다.

사계를 통해서 즐길 수 있는 낚시이지만 유료 낚시터도 인기의 대상이다. 낚은 물고기는 돌아갈 때까지 살림어롱에 살려 두었다가 재방류하는 것이 주걱붕어 낚시팬의 습관으로 되어 있다.

▶ 포인트의 여러가지

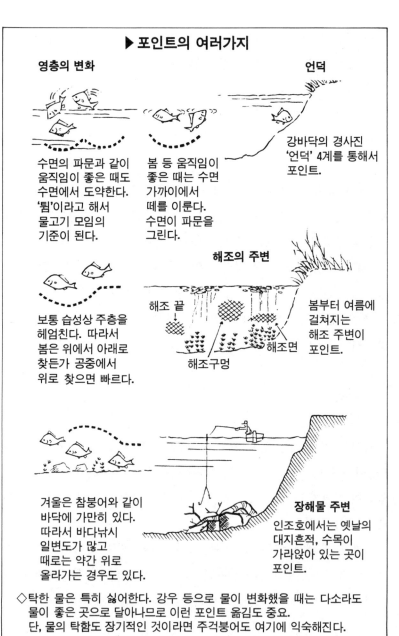

영층의 변화

수면의 파문과 같이 움직임이 좋은 때도 수면에서 도약한다. '튐'이라고 해서 물고기 모임의 기준이 된다.

봄 등 움직임이 좋은 때는 수면 가까이에서 떼를 이룬다. 수면이 파문을 그린다.

언덕

강바닥의 경사진 '언덕' 4계를 통해서 포인트.

보통 습성상 주층을 헤엄친다. 따라서 봄은 위에서 아래로 찾든가 공중에서 위로 찾으면 빠르다.

해조의 주변

해조 끝
해조구멍
해조면

봄부터 여름에 걸쳐지는 해조 주변이 포인트.

겨울은 참붕어와 같이 바닥에 가만히 있다. 따라서 바다낚시 일변도가 많고 때로는 약간 위로 올라가는 경우도 있다.

장해물 주변

인조호에서는 옛날의 대지흔적, 수목이 가라앉아 있는 곳이 포인트.

◇탁한 물은 특히 싫어한다. 강우 등으로 물이 변화했을 때는 다소라도 물이 좋은 곳으로 달아나므로 이런 포인트 옮김도 중요.
단, 물의 탁함도 장기적인 것이라면 주걱붕어도 여기에 익숙해진다.

특수한 낚싯대

▶ 주걱붕어 낚싯대

21척, 즉 6.3m라고
하는 긴 낚싯대도
있다

5.4m 속칭 길이 8(18척)
심장의 야외낚시용

4.8m 길이 6(16척)

4.5m 길이 5(15척)
표준낚싯대

3.9m 길이 3(13척)
유료 낚시터 야외낚시용

3m 길이(10척)

2.7m (9척)

(8척) 2.4m

6척, 즉 1.8m
바람이
강한 날 등
찌를
눈앞으로
가져와서 보기
쉽다.

유료
낚시터용

주걱붕어 낚싯대는 30cm 단위로 길어져 간다.
이것은 정위치에서 앞바다를 낚거나
자기 앞쪽을 낚거나 또는 천장 심장을 낚을 필요에
의해 생겨났다.
흔들리기는 끝흔들리기 통흔들리기, 끝대가 부드럽고
가는 것이 특징.

▶기본 채비

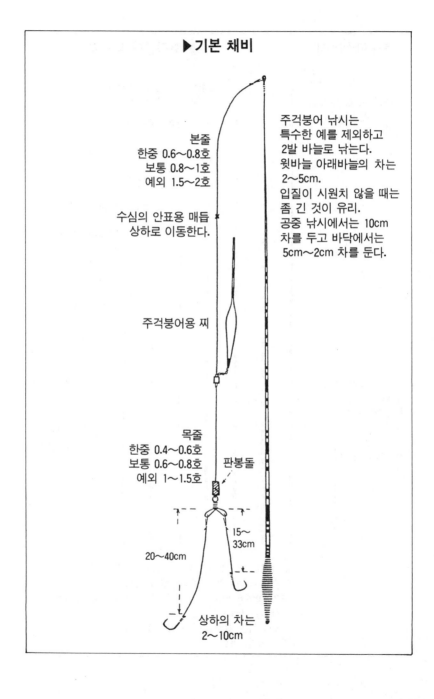

본줄
한중 0.6~0.8호
보통 0.8~1호
예외 1.5~2호

수심의 안표용 매듭
상하로 이동한다.

주걱붕어용 찌

주걱붕어 낚시는
특수한 예를 제외하고
2발 바늘로 낚는다.
윗바늘 아래바늘의 차는
2~5cm.
입질이 시원치 않을 때는
좀 긴 것이 유리.
공중 낚시에서는 10cm
차를 두고 바닥에서는
5cm~2cm 차를 둔다.

목줄
한중 0.4~0.6호
보통 0.6~0.8호
예외 1~1.5호

판봉돌

20~40cm

15~
33cm

상하의 차는
2~10cm

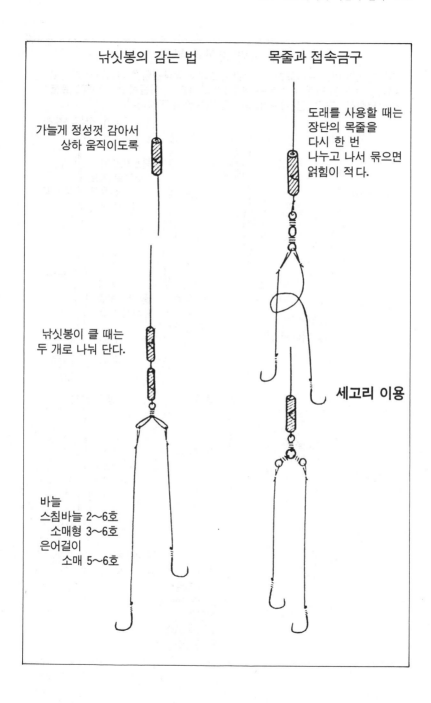

낚싯봉의 감는 법

목줄과 접속금구

가늘게 정성껏 감아서
상하 움직이도록

도래를 사용할 때는
장단의 목줄을
다시 한 번
나누고 나서 묶으면
얽힘이 적다.

낚싯봉이 클 때는
두 개로 나눠 단다.

세고리 이용

바늘
스침바늘 2~6호
 소매형 3~6호
은어걸이
  소매 5~6호

▶ 찌의 길이와 부력

주걱붕어의 어신은 미묘한 때가 많다. 그래서 공작깃털을 가공해서 가볍고 부력 있는 것을 만든다. 상부는 셀룰로이드계를 사용하고 형광도료를 색구분한다. 크기 (길이)는 낚싯대 길이 수심과 관계한다.

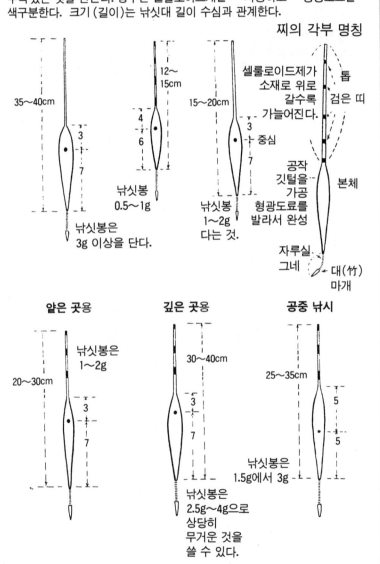

찌의 각부 명칭

35~40cm
3
7
낚싯봉은
3g 이상을 단다.

12~15cm
4
6
낚싯봉
0.5~1g

15~20cm
3
중심
7
낚싯봉
1~2g
다는 것.

셀룰로이드제가
소재로 위로
갈수록
가늘어진다.

톱
검은 띠

공작
깃털을
가공
형광도료를
발라서 완성

본체

자루실
그네

대(竹)
마개

얕은 곳용

20~30cm
3
7
낚싯봉은
1~2g

깊은 곳용

30~40cm
3
7
낚싯봉은
2.5g~4g으로
상당히
무거운 것을
쓸 수 있다.

공중 낚시

25~35cm
5
5
낚싯봉은
1.5g에서 3g

▶유영층과 낚는 법

유영층

물고기가 헤엄치는 층을 가리킨다. 주걱붕어는 이 유영층을 찾아서 낚는 것이 중요. 동기는 바닥 낚시 일변도라도 좋지만 그 이외는 기후, 기온, 수온으로 변화하고 시간에 따라서도 다르다.

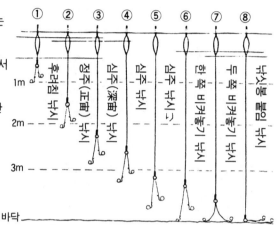

물고기가 극단적으로 상층을 헤엄치고 때로는 떼의 파문이 있을 때는 ①②③은 주걱붕어의 습성상 정주 낚시 그러나 안정된 낚시방법은 ④〜⑥까지의 것. 겨울은 ⑥〜⑧이 중심이 된다.

저립(底立)

유영층, 즉 수심을 정확히 측정하는 것은 그 낚시터의 유영층을 찾기 위해서 중요하다. 유영층 탐색이라고도 해서 주걱붕어 낚시에서는 낚싯대의 휘두르는 법 유영층 탐색 미끼 조작의 세 가지가 가장 중요한 결정수가 되고 있다.

▶저립(수심)의 방법

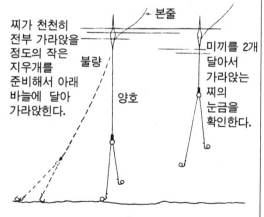

찌가 천천히 전부 가라앉을 정도의 작은 지우개를 준비해서 아래 바늘에 달아 가라앉힌다.

▶ 낚싯대의 휘두르는 법

돌려 휘두르기

가슴에서 어깨 높이로
올라간 즈음에서 원을
그리듯이 낚싯대와
팔을 선회시킨다.
머리 위에서 돌릴 때와
눈 높이 즈음에서
돌릴 때가 있다.

전방으로 내보내듯이 해서
왼손은 떼고 오른손을
낚싯대의
반동으로 역시 앞으로.

왼손으로 바늘의
위를 잡고
낚싯대를 쥔 손을
올린다.

본줄이 다 펴져서 앞바다로 날면
약간 신체를 앞으로 기울이고
팔을 잔뜩 뻗친다. 끝대를 물속에
가라앉혀 낚싯대 걸이에 걸고
찌가 서기 시작하기 전에
본줄이 가라앉는 것이 이상적.

돌려서 뒤쪽에서
약간 오른쪽에
가까왔을 때
낚싯대의 유연성과
손목의 스냅으로
가볍게 정면으로
휘둘러 넣는다.

▶입질의 맞추기와 거둬들임

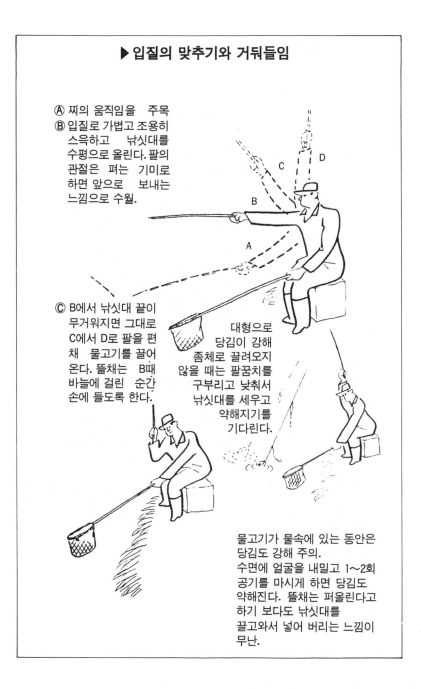

Ⓐ 찌의 움직임을 주목
Ⓑ 입질로 가볍고 조용히
   스윽하고 낚싯대를
   수평으로 올린다. 팔의
   관절은 펴는 기미로
   하면 앞으로 보내는
   느낌으로 수월.

Ⓒ B에서 낚싯대 끝이
   무거워지면 그대로
   C에서 D로 팔을 편
   채 물고기를 끌어
   온다. 뜰채는 B때
   바늘에 걸린 순간
   손에 들도록 한다.

대형으로
당김이 강해
좀체로 끌려오지
않을 때는 팔꿈치를
구부리고 낮춰서
낚싯대를 세우고
약해지기를
기다린다.

물고기가 물속에 있는 동안은
당김도 강해 주의.
수면에 얼굴을 내밀고 1~2회
공기를 마시게 하면 당김도
약해진다. 뜰채는 퍼올린다고
하기 보다도 낚싯대를
끌고와서 넣어 버리는 느낌이
무난.

▶ 어신(찌의 움직임)의 여러 가지

먹어치움　　　　　　　　　　　　표준형

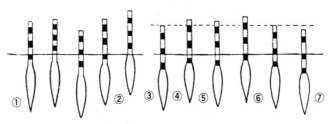

① ② ③ ④ ⑤ ⑥ ⑦

① 여기까지는 표준형의 움직임과 같고 전조가 있지만 전혀없는
　경우도 있다　② 미끼가 떨어진 상태보다 더욱 찌가 나온다.
③ 정상 상태　④ 천천히 약간 올라온다　⑤ 천천히 가라앉기 시작
한다　⑥ 정상 상태에서 천천히 올라온다.
⑦ 작게 스윽 가라앉는 여기에서 맞추기

어신(魚信)

주걱붕어는 한 번에 미끼를
먹어들어가는 경우는 적다.
미끼를 빨아 들이고는
내뱉고 빨아 들이는 동작을
빠르게 한다고도 한다.
그리고 적당한 크기가
되었을 때 혹은 경계심을 없애고
안심했을 때에 스윽하고
빨아 들인다.
이 순간이 '콕'이라고 부르는
결정적인 입질.
그러나 약하디 약하게 스윽
가라앉거나 몽롱하거나 매우
다종 다양해서　부지런히
이상하다고 생각하면 일단
확인하듯이 맞춰보는 것이다.

물구렁
（유영층이 높을 때에 볼 수 있는 작은
　물고기의 입질 때）

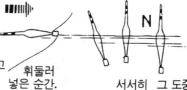

휘둘러
넣은 순간.

서서히　그 도중에
가라앉기　작게 새기는
시작한다.　'콕'

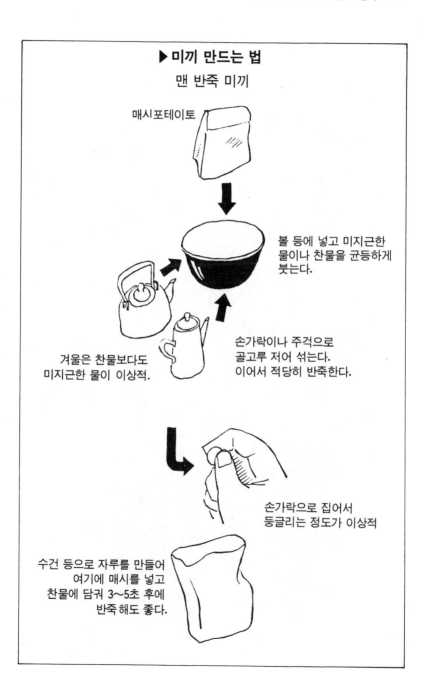

▶ 미끼 만드는 법

맨 반죽 미끼

매시포테이토

볼 등에 넣고 미지근한
물이나 찬물을 균등하게
붓는다.

겨울은 찬물보다도
미지근한 물이 이상적.

손가락이나 주걱으로
골고루 저어 섞는다.
이어서 적당히 반죽한다.

손가락으로 집어서
둥글리는 정도가 이상적

수건 등으로 자루를 만들어
여기에 매시를 넣고
찬물에 담궈 3~5초 후에
반죽 해도 좋다.

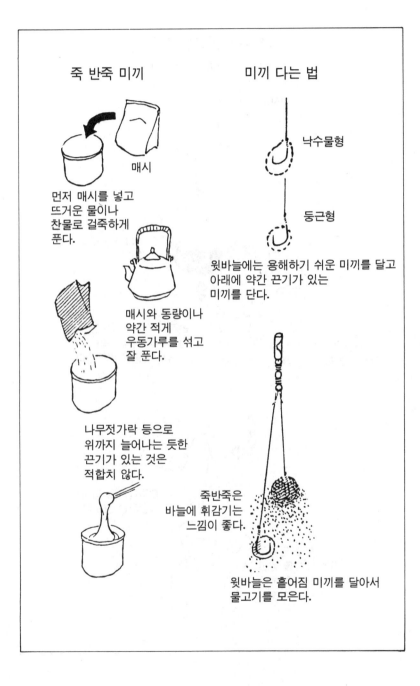

죽 반죽 미끼

매시

먼저 매시를 넣고
뜨거운 물이나
찬물로 걸죽하게
푼다.

매시와 동량이나
약간 적게
우동가루를 섞고
잘 푼다.

나무젓가락 등으로
위까지 늘어나는 듯한
끈기가 있는 것은
적합치 않다.

미끼 다는 법

낙수물형

둥근형

윗바늘에는 용해하기 쉬운 미끼를 달고
아래에 약간 끈기가 있는
미끼를 단다.

죽반죽은
바늘에 휘감기는
느낌이 좋다.

윗바늘은 흩어짐 미끼를 달아서
물고기를 모은다.

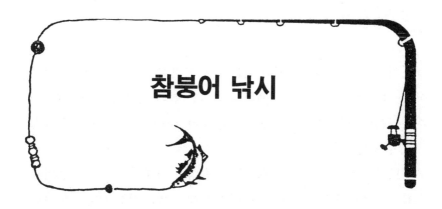

참붕어 낚시

▶특징

잉어과의 물고기. 일반적으로는 붕어라고 불리고 있지만 주걱붕어와 구별하기 위해서 참붕어라고 특별히 부른다. 금붕어, 장붕어 등의 종류가 있다.

본래는 금붕어를 참붕어라고 부르지만 대개 최근은 주걱붕어와의 구별 정도로 하고 있다.

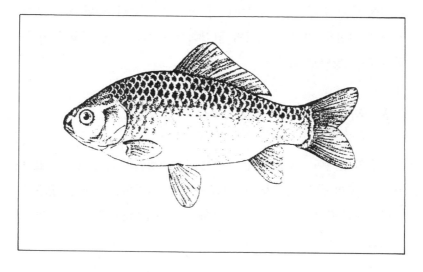

▶습성

겨울 동안은 본류 줄기의 깊은 곳에 가만히 있지만 봄이 가까와지면 서서히 움직이기 시작해서 본격적인 봄과 함께 산란을 위해 지류, 세류로 이동한다. 그리고 초가을부터 겨울에 걸쳐서는 이 역코스로 월동한다.

또한 강바닥 가까이를 헤엄치는 습성도 가지고 있어 주걱붕어와 같이 주층은 헤엄치지 않는다. 이 때문에 미끼는 항상 강바닥에 기듯이 해서 낚는 것이 기본이 된다. '참붕어는 바닥을 낚아라'고 하는 속담도 이런 습성을 설명한 것이다.

▶낚는 법

침전 낚시라고 해서 미끼를 극히 자연스럽게 흔들흔들 떨어뜨려 넣어서 낚는 방법이 기본이다. 때로는 움직임이 둔한 깊은 곳에 있는 시기에 낚기 위해서 긴 낚싯대로의 '끝낚시'도 한다. 또한 좋은 포인트에서 가만히 앉아 2~3개의 낚싯대를 늘어놓는 '늘어놓기 낚시'라고 하는 방법도 취한다.

▶미끼

겨울의 입질이 시원치 않았을 때는 참갯지렁이가 가장 효과가 있지만 봄이 되어 움직임도 활발해지면 좀 가는 지렁이(낚시꾼은 줄무늬 지렁이라고 부른다)미끼로 충분하다. 적수온은 13~23°로 6℃ 이하에서는 움직임도 둔하다.

▶공통적으로 말할 수 있는 참붕어의 포인트

말뚝 주변이나
버림돌 주변

다리기둥 위의
도리 밑

극히 변지의 패인 곳.

볏덕의 주변

용수나 해조조각.

가라앉은 배 주변

시든 난항 등이나
시든 나무

세탁장 밑.

▶참붕어 낚싯대

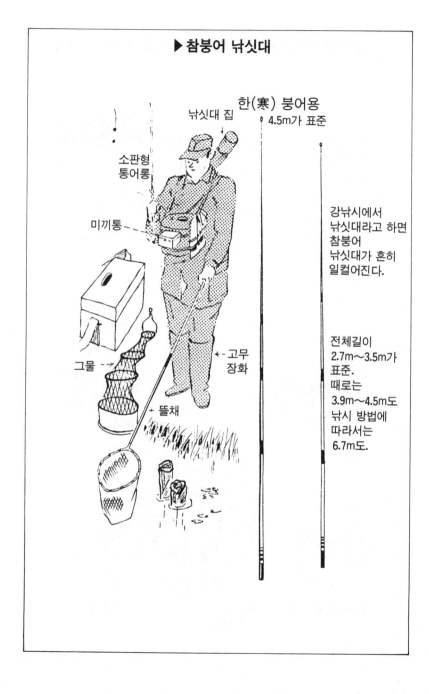

낚싯대 집

소판형
통어롱

미끼통

그물 →

고무
장화 →

뜰채 →

한(寒) 붕어용
4.5m가 표준

강낚시에서
낚싯대라고 하면
참붕어
낚싯대가 흔히
일컬어진다.

전체길이
2.7m～3.5m가
표준.
때로는
3.9m～4.5m도
낚시 방법에
따라서는
6.7m도.

▶낚시 방법의 종류

탐지 낚시

짧은 낚싯대로
지류, 세류 등을
낚는다.

늘어놓기 낚시

낚싯대를 2~3개
부채꼴로 늘어놓고
앉아서 낚는다.

끌 낚시

앞바다에서 자기
앞쪽으로 긴낚싯대로
찾는 끌낚시도
조기에는 재미있다.

▶침전 낚시

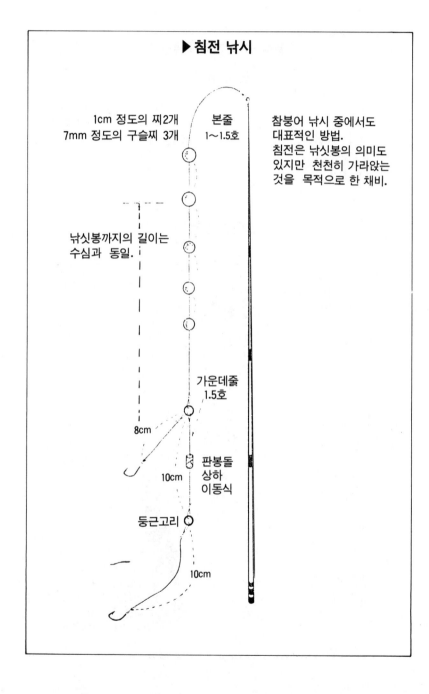

1cm 정도의 찌2개
7mm 정도의 구슬찌 3개

본줄
1~1.5호

참붕어 낚시 중에서도
대표적인 방법.
침전은 낚싯봉의 의미도
있지만 천천히 가라앉는
것을 목적으로 한 채비.

낚싯봉까지의 길이는
수심과 동일.

가운데줄
1.5호

8cm

판봉돌
상하
이동식

10cm

둥근고리

10cm

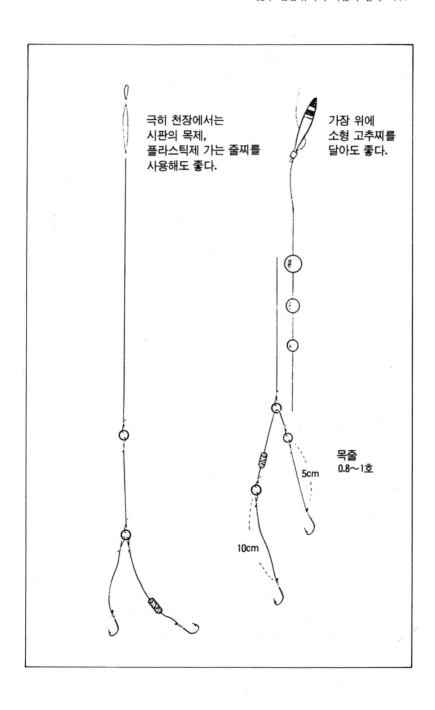

극히 천장에서는
시판의 목제,
플라스틱제 가는 줄찌를
사용해도 좋다.

가장 위에
소형 고추찌를
달아도 좋다.

목줄
0.8~1호

5cm

10cm

▶침전 낚시의 낚는 법

앞바다에서 자기 앞쪽 상류에서 해안 근처 하류에서 해안 근처라고 하는
어느 형태로 천천히 미끼를 춤추게 해서 찾는다.

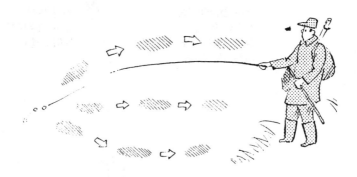

찌의 움직이는 법과 입질

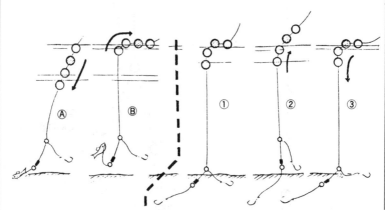

① 낚싯봉은 반드시 바닥에 닿도록 하고 입질을 기다린다.
② 잠시 동안은 두고 낚싯봉을 올려서 이동시킨다.
③ 다시 ①과 마찬가지로 되돌려서 입질을 기다린다.

Ⓐ 일반적인 입질. 찌가 물 속에 가라앉는다. 때로는 물 속의
　찌만이 좌우로 움직인다.
Ⓑ 먹어 치움. 물 속의 찌가 수면으로 떠오른다.

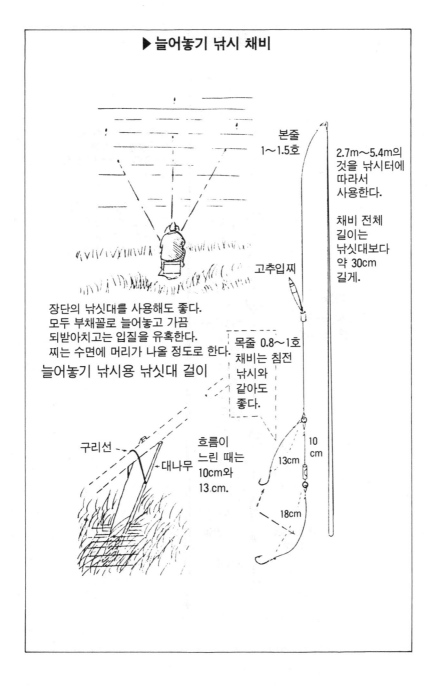

▶ 늘어놓기 낚시 채비

본줄
1~1.5호

2.7m~5.4m의 것을 낚시터에 따라서 사용한다.

채비 전체 길이는 낚싯대보다 약 30cm 길게.

고추입찌

장단의 낚싯대를 사용해도 좋다.
모두 부채꼴로 늘어놓고 가끔
되받아치고는 입질을 유혹한다.
찌는 수면에 머리가 나올 정도로 한다.

늘어놓기 낚시용 낚싯대 걸이

목줄 0.8~1호
채비는 침전
낚시와
같아도
좋다.

구리선

대나무

흐름이 느린 때는 10cm와 13 cm.

10 cm

13cm

18cm

▶끌 낚시 채비

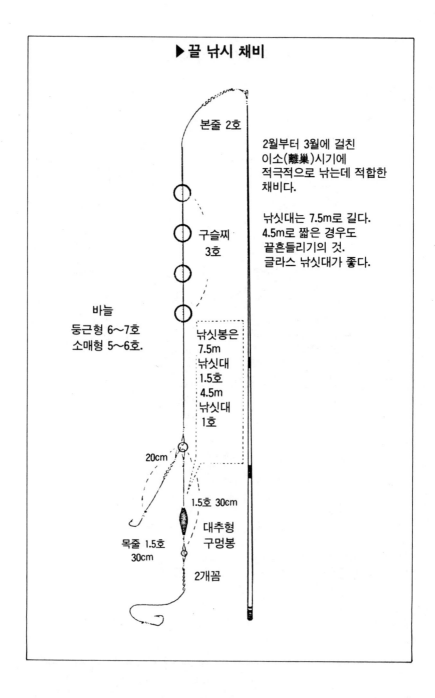

본줄 2호

구슬찌
3호

바늘
둥근형 6~7호
소매형 5~6호.

낚싯봉은
7.5m
낚싯대
1.5호
4.5m
낚싯대
1호

20cm

1.5호 30cm

목줄 1.5호
30cm

대추형
구멍봉

2개꼼

2월부터 3월에 걸친
이소(離巢)시기에
적극적으로 낚는데 적합한
채비다.

낚싯대는 7.5m로 길다.
4.5m로 짧은 경우도
끝흔들리기의 것.
글라스 낚싯대가 좋다.

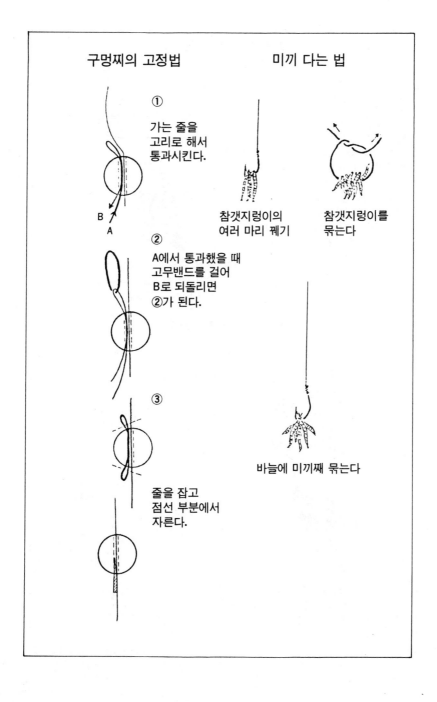

구멍찌의 고정법

미끼 다는 법

① 가는 줄을
고리로 해서
통과시킨다.

B
A

참갯지렁이의
여러 마리 꿰기

참갯지렁이를
묶는다

② A에서 통과했을 때
고무밴드를 걸어
B로 되돌리면
②가 된다.

③

바늘에 미끼째 묶는다

줄을 잡고
점선 부분에서
자른다.

▶끌 낚시의 낚는 법

머리 위에서 휘둘러
내리듯이 직선적인
낚시 방법은 아무래도
낚싯대를 상하기
쉽다. 머리 위에서
원을 그리듯이 돌려
휘두르기가 유효
(주걱붕어의 항 참조).
앞바다에 휘둘러 끌어
낚시하듯이 가볍게
자기 앞쪽에서 옆으로
끌고 입질이 없을 때는
조금씩 이동한다.

물 속에 들어가서 낚는 경우가 많기 때문에
몸통 장화가 유리. 큰 장소에서는 찌는 수심을
아는 정도로 찌의 변화는 파악할 수 없다.

▶작은 장소용 채비

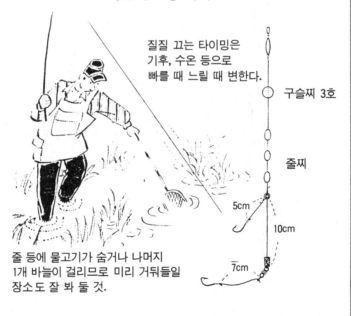

질질 끄는 타이밍은
기후, 수온 등으로
빠를 때 느릴 때 변한다.

구슬찌 3호

줄찌

5cm

10cm

7cm

줄 등에 물고기가 숨거나 나머지
1개 바늘이 걸리므로 미리 거둬들일
장소도 잘 봐 둘 것.

▶ 수배 낚시 채비

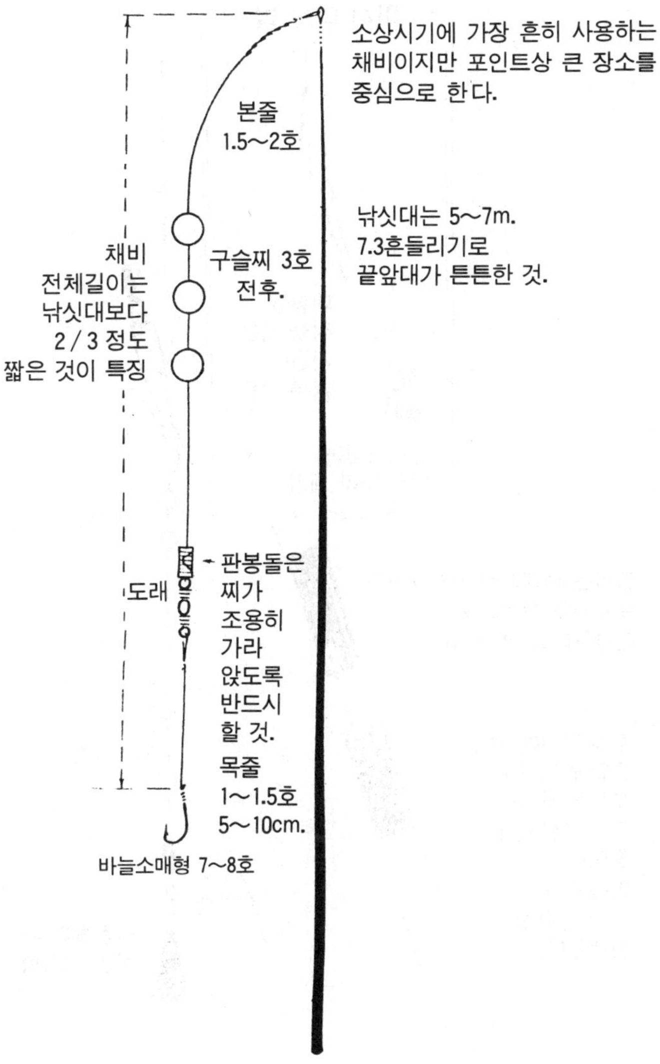

소상시기에 가장 흔히 사용하는 채비이지만 포인트상 큰 장소를 중심으로 한다.

본줄
1.5〜2호

낚싯대는 5〜7m.
7.3흔들리기로
끝앞대가 튼튼한 것.

구슬찌 3호
전후.

채비
전체길이는
낚싯대보다
2 / 3 정도
짧은 것이 특징

도래

판봉돌은
찌가
조용히
가라
앉도록
반드시
할 것.
목줄
1〜1.5호
5〜10cm.

바늘소매형 7〜8호

▶몸통 찌르기 채비

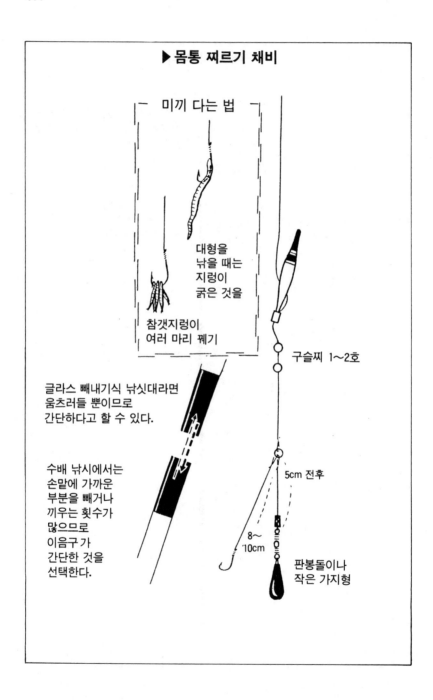

미끼 다는 법

대형을
낚을 때는
지렁이
굵은 것을

참갯지렁이
여러 마리 꿰기

구슬찌 1~2호

글라스 빼내기식 낚싯대라면
움츠러들 뿐이므로
간단하다고 할 수 있다.

5cm 전후

수배 낚시에서는
손맡에 가까운
부분을 빼거나
끼우는 횟수가
많으므로
이음구가
간단한 것을
선택한다.

8~
10cm

판봉돌이나
작은 가지형

▶ 수배 낚시의 방법(수중 육지낚시)

① 밀생하는 갈대 속이나 시든 갈대의 뿌리나 그 주변은 낚는다.
   얕은 곳이 많기 때문에 소상의 붕어를 놀래키지 않도록
   조용히 낚는 것이 요령. 채비의 전체길이가 낚싯대보다
   짧다고 하는 특징도 이 낚시 방법에 있다.
   또한 낚싯봉은 천천히 가라 앉도록 조절하는 것도 요령.

② 포인트를 천천히 낚싯대를
   상하해서 가끔 기다리듯이
   하고 입질을 확인한다.
   찌가 옆으로 천천히
   움직이거나 다 먹어 치우면
   즉시 낚싯대를 세우면 채비가
   짧기 때문에 물고기가 곧
   얼굴을 내민다.

③ 물고기가 얼굴을 내밀면
   손맡을 몇 개인가 빼서
   거둬 들이기 쉬운 곳으로
   가져 온다.
   대형은 뜰채로 잡는다.

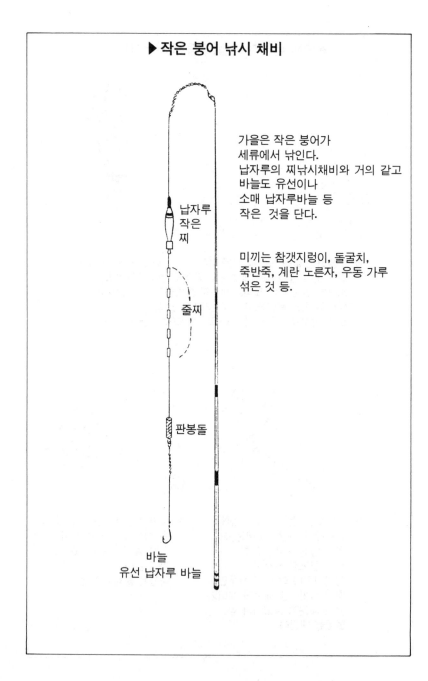

▶작은 붕어 낚시 채비

납자루
작은
찌

줄찌

판봉돌

바늘
유선 납자루 바늘

가을은 작은 붕어가
세류에서 낚인다.
납자루의 찌낚시채비와 거의 같고
바늘도 유선이나
소매 납자루바늘 등
작은 것을 단다.

미끼는 참갯지렁이, 돌굴치,
죽반죽, 계란 노른자, 우동 가루
섞은 것 등.

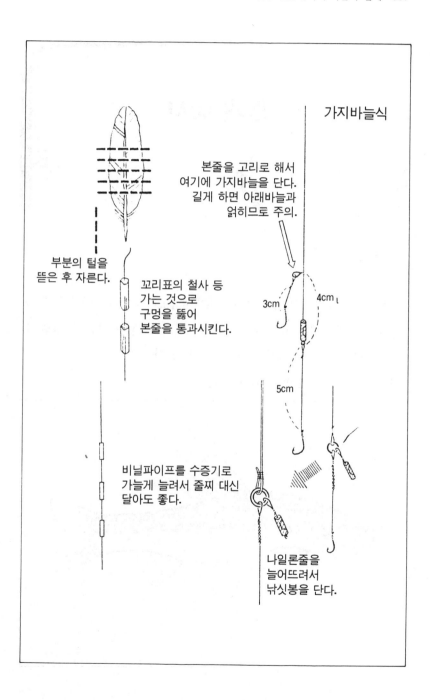

가지바늘식

본줄을 고리로 해서
여기에 가지바늘을 단다.
길게 하면 아래바늘과
얽히므로 주의.

3cm

4cm

5cm

부분의 털을
뜯은 후 자른다.

꼬리표의 철사 등
가는 것으로
구멍을 뚫어
본줄을 통과시킨다.

비닐파이프를 수증기로
가늘게 늘려서 줄찌 대신
달아도 좋다.

나일론줄을
늘어뜨려서
낚싯봉을 단다.

몰개 낚시

▶특징

잉어과의 물고기로 몸길이는 5cm에서 10cm. 논몰개, 쌍몰개, 참몰개, 눈퉁몰개, 실몰개라고 하는 종류가 있다. 보통은 참몰개, 쌍몰개, 두 가지를 총괄해서 참몰개라고 부르고 있다.

번식력이 매우 강한 물고기이다.

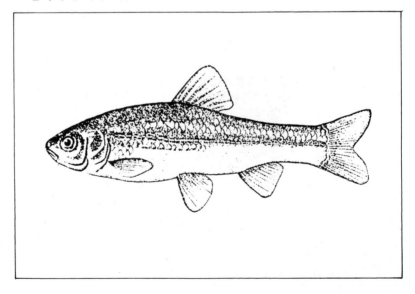

▶습성

겨울은 수심 30m에서 40m의 심장의 모래 진흙땅에 있지만 빠를 때는 12월부터 1월이라고 하는 추운 때라도 슬슬 접안의 움직임을 볼 수 있다고도 한다.

3월경부터 몇 하천에서 낚이기 시작하지만 4월 한 달로 일단의 성기를 끝낸다. 이 무렵의 몰개는 산란을 위한 소상으로 기후, 기온, 수온 등의 변화에 따라서 상당히 낚시 결과에 차이가 생긴다.

몰개는 같은 호수가 채포한 은어 어린 물고기에 흔히 혼입한다. 이 때문에 은어 어린 물고기를 방류할 때에 각지로 운반되거나 또는 주걱붕어 양식한 것을 수송했을 때에 섞인 것이라고 생각할 수 있다.

▶낚는 법

참붕어, 특히 작은 붕어 낚시와 같은 요령으로 하지만 산란으로 이동하는 찬스와 포인트를 파악하는 것이 낚는 법과 마찬가지로 하나의 결정수가 된다. 미끼는 참갯지렁이가 제일이지만 가는 지렁이를 사용하거나 때로는 우동가루의 떡밥도 사용된다.

▶ **몰개의 여러 가지**

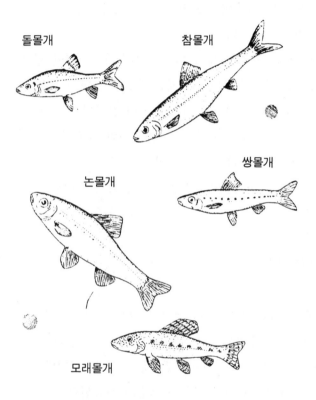

돌몰개

참몰개

논몰개

쌍몰개

모래몰개

◎땅몰개⋯논몰개, 돌몰개, 모래몰개, 줄몰개의 총칭. 논몰개는
　　평균 5~6cm.
◎참몰개⋯참몰개, 쌍몰개의 총칭

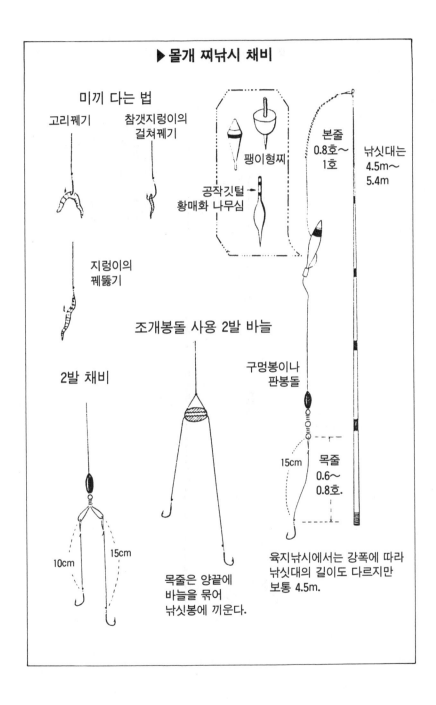

▶ **몰개 찌낚시 채비**

미끼 다는 법

고리꿰기

참갯지렁이의
걸쳐꿰기

팽이형찌

공작깃털
황매화 나무심

지렁이의
꿰뚫기

본줄
0.8호~
1호

낚싯대는
4.5m~
5.4m

조개봉돌 사용 2발 바늘

2발 채비

구멍봉이나
판봉돌

10cm

15cm

15cm

목줄
0.6~
0.8호.

목줄은 양끝에
바늘을 묶어
낚싯봉에 끼운다.

육지낚시에서는 강폭에 따라
낚싯대의 길이도 다르지만
보통 4.5m.

▶제등(提燈) 낚시 채비

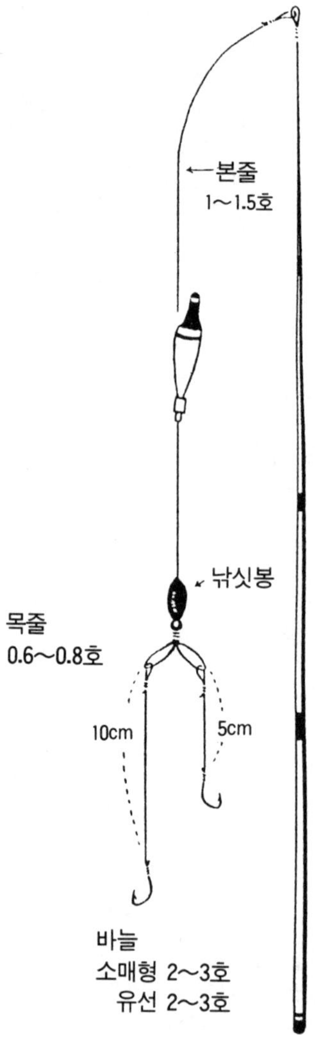

앞바다에 포인트가 있거나
장해물 끝을 낚으려고
할 때에는
이런 채비가 유리.

채비 전체길이는
낚싯대보다도 짧게.

←본줄
1~1.5호

낚싯봉

목줄
0.6~0.8호

10cm   5cm

바늘
소매형 2~3호
유선 2~3호

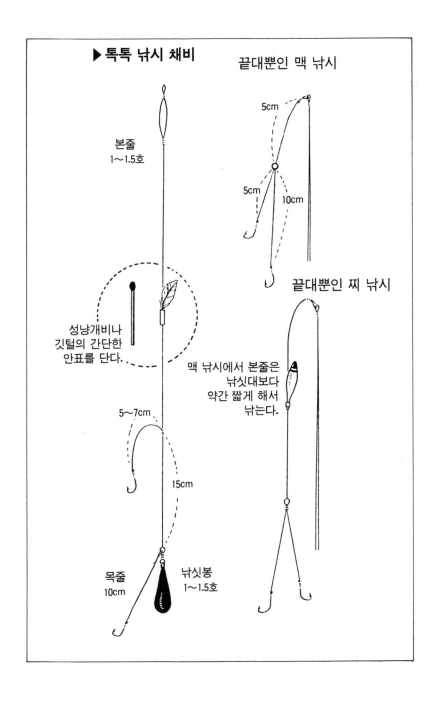

▶톡톡 낚시 채비

끝대뿐인 맥 낚시

본줄
1~1.5호

5cm
5cm
10cm

끝대뿐인 찌 낚시

성냥개비나
깃털의 간단한
안표를 단다.

맥 낚시에서 본줄은
낚싯대보다
약간 짧게 해서
낚는다.

5~7cm

15cm

목줄
10cm

낚싯봉
1~1.5호

▶ 낚시 방법의 여러 가지

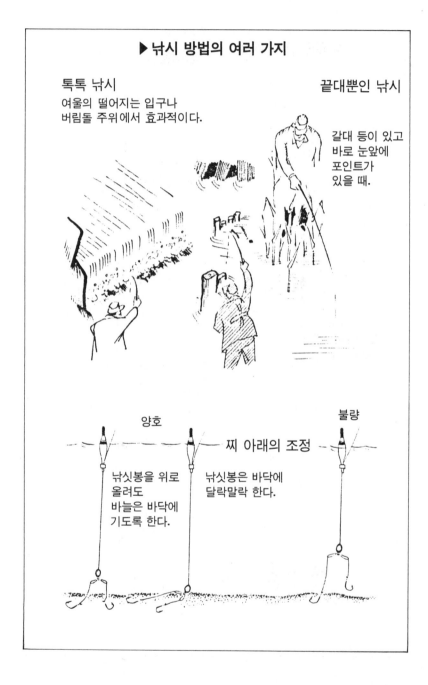

톡톡 낚시
여울의 떨어지는 입구나
버림돌 주위에서 효과적이다.

끝대뿐인 낚시

갈대 등이 있고
바로 눈앞에
포인트가
있을 때.

양호

불량

찌 아래의 조정

낚싯봉을 위로
올려도
바늘은 바닥에
기도록 한다.

낚싯봉은 바닥에
달락말락 한다.

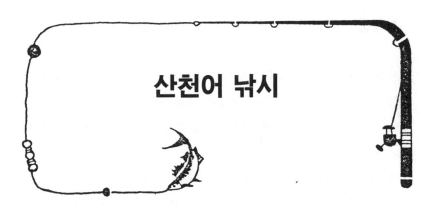

산천어 낚시

▶특징

연어과. 머리부터 작은 흑점이 흩어져서 등부터 배에 걸쳐 7개에서 13개의 아름다운 타원 마크가 나 있다. 붉은 점이 있는 것이 벚꽃송어의 육봉형이다. 육봉형이라고 하는 것은 연어과는 본래는 바다와 강을 왕복하고 있지만 이것이 전혀 바다로 내려가지 않거나 내려갈 수 없는 곳에 살고 있는 것을 말한다. 이 중에는 호수형 벚꽃 송어, 하천형은 산천어가 된다.

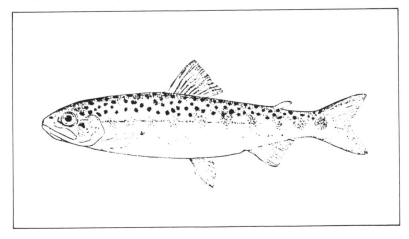

▶습성

산란은 9월부터 10월에 걸쳐서도 강해형에서는 강에서 부화하여 1년반에서 2년반 동안 자라 바다로 내려간다. 다시 바다에서 1년 정도 지내고 5월부터 7월이 되면 강으로 올라오지만 여기에서 산란한 후 사망한다.

육봉형은 산란기 등은 같지만 산란 후도 상당히 살아남아서 10년 가깝게나 수명을 유지하는 것이 있다. 식성은 수면에 떨어지는 곤충류를 잘 포식한다. 따라서 제물낚시 낚시로도 즐길 수 있다. 산란기의 적수온은 12℃에서 15℃. 여름이 되어 수온이 18°를 넘으면 냉수역을 찾아서 상류로 이동하든가 심장으로 들어가서 움직임도 둔해진다.

▶낚는 법

곤들매기 낚시와 같이 맥 낚시이다. 낚싯대는 곤들매기 낚시보다도 연조이지만 채비 등에 대해서는 다를 바 없다. 출어는 충분히 계획을 세우고 단독행을 피한다.

▶표준 채비
〈목줄 본줄은 가는 것일수록 좋다〉

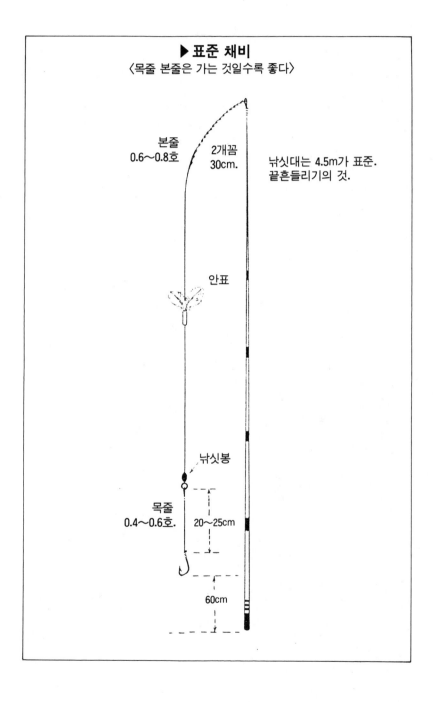

본줄
0.6~0.8호

2개꼼
30cm.

낚싯대는 4.5m가 표준.
끝흔들리기의 것.

안표

낚싯봉

목줄
0.4~0.6호.

20~25cm

60cm

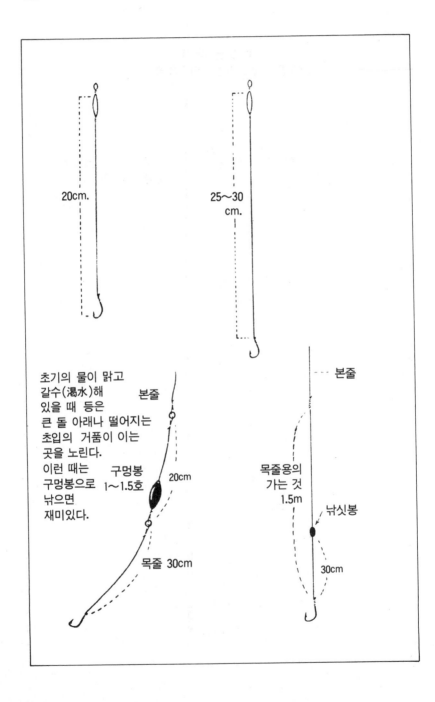

20cm.

25～30
cm.

초기의 물이 맑고
갈수(渴水)해
있을 때 등은
큰 돌 아래나 떨어지는
초입의 거품이 이는
곳을 노린다.
이런 때는
구멍봉으로
낚으면
재미있다.

본줄

구멍봉
1～1.5호

20cm

목줄 30cm

본줄

목줄용의
가는 것
1.5m

낚싯봉

30cm

가물치 낚시

▶특징

대만 미꾸라지과의 물고기로 대형은 50cm 가깝게나 된다. 통모양의 어체를 하고 있고 눈은 입끝 가까이에 붙어 있다. 번식률은 매우 좋고 또한 더위 추위에도 강한 물고기이다. 이 물고기를 전문으로 낚는 경우는 별로 없다.

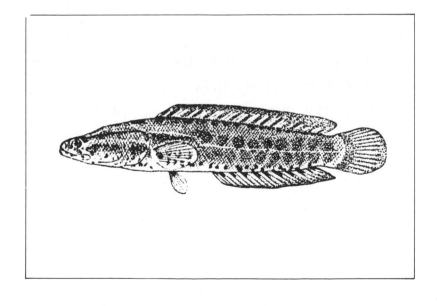

▶습성

연못이나 강 등 어디에나 산다. 대만이나 중국에서 건너온 물고기로 대만계의 것을 대만 미꾸라지.

비늘은 매우 거칠고 황색 기미의 회색으로 흑갈색의 큰 반점이 늘어서 있다. 대만계 쪽이 비교적 어체는 편평하고 반점도 잔 느낌이다.

2만 개에서 5만 개의 부유란, 즉 흔들흔들 떠서 흐르는 알을 낳고 어미 물고기는 어린 물고기가 될 때까지 소중히 지킨다고 한다. 산란기는 6월부터 7월경에 걸쳐서는 수초 등을 모은 부소를 짓는다.

이만큼 자신의 어린 물고기를 소중히 여기는데 식성은 매우 탐식으로 참붕어의 어린 물고기를 포식한다. 이빨도 날카롭고 일렬의 송곳니이다.

▶낚는 법

대형 가물치를 낚기 위해서는 대형의 참개구리가 가장 좋다고 하지만 중·소형 지렁이 미끼로 충분하다.

찌 없는 맥 낚시, 처넣기 낚시가 일반적으로 특히 목줄 부분은 좀 굵은 것을 사용하지 않으면 간단히 저 날카로운 이빨에 잘려 버리므로 주의한다.

▶ 표준 채비

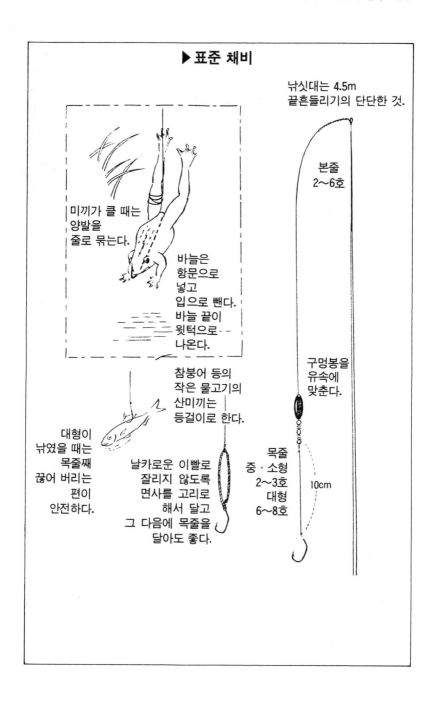

낚싯대는 4.5m
끝흔들리기의 단단한 것.

미끼가 클 때는
양발을
줄로 묶는다.

바늘은
항문으로
넣고
입으로 뺀다.
바늘 끝이
윗턱으로
나온다.

본줄
2～6호

참붕어 등의
작은 물고기의
산미끼는
등걸이로 한다.

구멍봉을
유속에
맞춘다.

대형이
낚였을 때는
목줄째
끊어 버리는
편이
안전하다.

날카로운 이빨로
잘리지 않도록
면사를 고리로
해서 달고
그 다음에 목줄을
달아도 좋다.

목줄
중·소형
2～3호
대형
6～8호

10cm

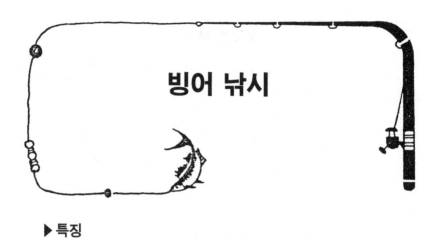

빙어 낚시

▶특징

바다빙어과의 물고기. 원래는 바다와 강을 왕복하는 물고기이지만 호수나 댐 등에 방류한 담수어의 생활도 한다.

바다와 강을 왕복하는 빙어는 산란 후에 죽어 버리는 1년어이지만 육봉한 것은 2~3년이나 살아 있다.

▶습성

바다와 강을 왕복하는 빙어는 4~5월에 걸쳐서 산란하지만 호수 등의 담수에 있는 것은 1~3월경이다.

여름 무렵은 앞바다에 광범위에 흩어져 있지만 가을부터 겨울에 걸쳐서는 연안에 몰려와서 군영한다. 이 때문에 낚시에서도 10월경부터 다음해 3월경이 시즌이다.

▶낚는 법

보트 등의 배 낚시와 호수에 얼음이 깔려서 이 얼음에 3명을 뚫고 낚는 구멍 낚시의 두 가지가 있다.

▶보트 낚시

결빙하지 않는 호수 등이나 댐 호수의 것으로 끝대가 부드러운 여러 개의 낚싯대를 배에 접낚싯대로 해서 낚는다.

▶구멍 낚시

결빙하면 빙상에 구멍을 뚫고 끝대가 부드러운 40cm 정도의 짧은 낚싯대로 낚는다.

스케이트를 겸해서 나가는 사람도 늘어났지만 누구나 즐길 수 있는 낚시이다.

▶미끼

낚시 도구점에서 팔고 있는 구더기로 식염 안료로 붉게 물들인 붉은 구더기가 일반적이다. 그러나 그 이전에 바늘에 다는 방법을 정확히 한다. 입질이 시원치 않았을 때는 미끼가 움직이고 있는 것처럼 살려서 댄다. 참갯지렁이도 입질이 시원치 않았을 때에 좋다고 하지만 미끼 지탱력은 나빠 효과적이 아니다.

▶ 보트 낚시

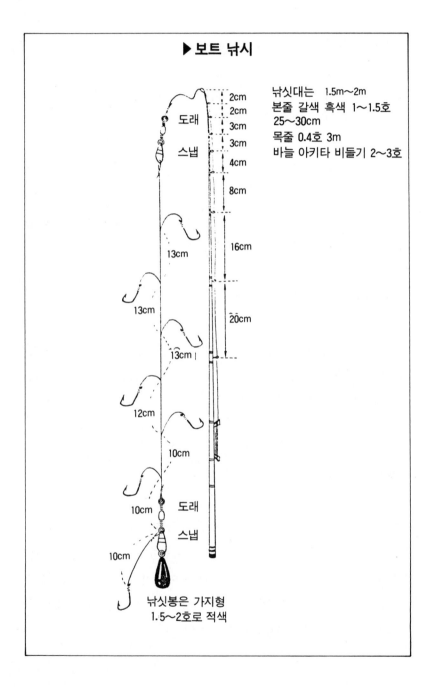

낚싯대는 1.5m~2m
본줄 갈색 흑색 1~1.5호
25~30cm
목줄 0.4호 3m
바늘 아키타 비들기 2~3호

도래

스냅

2cm
2cm
3cm
3cm
4cm
8cm

16cm

13cm

13cm

20cm

13cm

13cm

12cm

10cm

10cm 도래

10cm 스냅

낚싯봉은 가지형
1.5~2호로 적색

▶ 가지바늘의 묶는 법과 낚싯봉의 종류

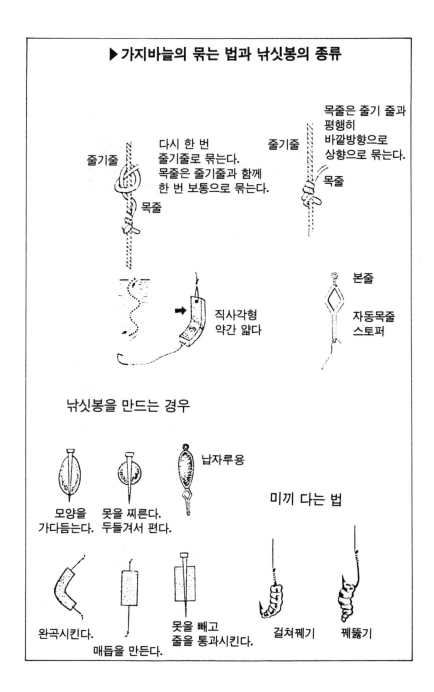

목줄은 줄기 줄과 평행히 바깥방향으로 상향으로 묶는다.

줄기줄

목줄

줄기줄

다시 한 번 줄기줄로 묶는다. 목줄은 줄기줄과 함께 한 번 보통으로 묶는다.

줄기줄

목줄

직사각형 약간 얇다

본줄

자동목줄 스토퍼

낚싯봉을 만드는 경우

납자루용

모양을 가다듬는다.

못을 찌른다. 두들겨서 편다.

미끼 다는 법

완곡시킨다.

매듭을 만든다.

못을 빼고 줄을 통과시킨다.

걸쳐꿰기

꿰뚫기

▶ 채비의 길이

채비의 전체길이는 약 **90cm**로 한다.
너무 길면 거둬 들임에 불편.
손을 높이 올려서 채비의 도래를
잡았을 때 낚싯봉이 뱃가를
간단히 넘는 길이가
이상적이다.

사용하는 낚싯대 수만큼의 배낚시용 낚싯대 걸이를 준비한다.
보통 2~3개 사용한다. 초보자는 1개가 무난.

▶유영층의 파악법

◇빙어는 떼를 지어 회유한다.
따라서 3개 낚싯대를
드리웠을 때 일단 수심을
생각하고 낚기 시작한다.
그리고 빙어의 유영층을
찾아 낸다.

유영층

수심

▶유혹과 거둬 들임의 방법

본줄은 리드미컬하게 걷어 올린다.
강하게 하면 빙어의 입가는 약해서
찢어서 놓침의 원인이 된다.
도중에 손을 쉬거나 반대로
줄을 늘리거나 해도 안 된다.

낚싯대 걸이의 낚싯대를 가끔 잡아서
수평으로 스윽 올려 주는 동작을
반복하여 빙어를 유혹한다.
낚싯대 끝에 콕콕 오거나
유혹했을 때에 입질이 온다.
이 때 머리위로 스윽 낚싯대를 가득
올리고 이어서 한쪽 손으로
본줄을 잡고 낚싯대는 건다.

▶보트의 다루는 법

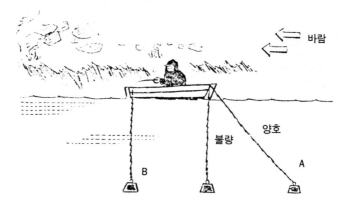

바람

양호

불량

B

A

선수는 반드시 바람을 향한다. A의 안커(anchor)를 넣으면 자연스럽게 풍상으로 향한다. 완전히 배가 멈추지 않아도 좋다.
바람이 세게 흐를 때는 B점에. 이것은 수직이라도 좋다.

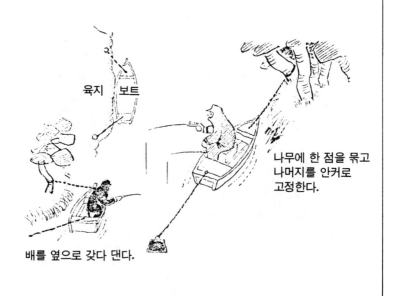

육지 보트

나무에 한 점을 묶고 나머지를 안커로 고정한다.

배를 옆으로 갖다 댄다.

▶구멍 낚시

상자

한겨울에 표고가 있는 곳에서는 호수도 결빙한다.
이런 곳에서는 얼음에 30cm 정도의 구멍을 뚫어 빙상의
구멍 낚시를 한다. 바람이 차기 때문에 방한에는 충분히 주의할 것.

철망의 재체

구멍에 얇은 얼음이
깔렸을 때
이것으로 퍼낸다.

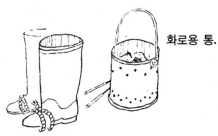

화로용 통.

장화는 미끄러지므로
빙상에서는 거친
줄을 감는다.

스노우부츠는
안쪽에 보아가 달려있어
따뜻하다.

▶구멍낚시 채비와 상자

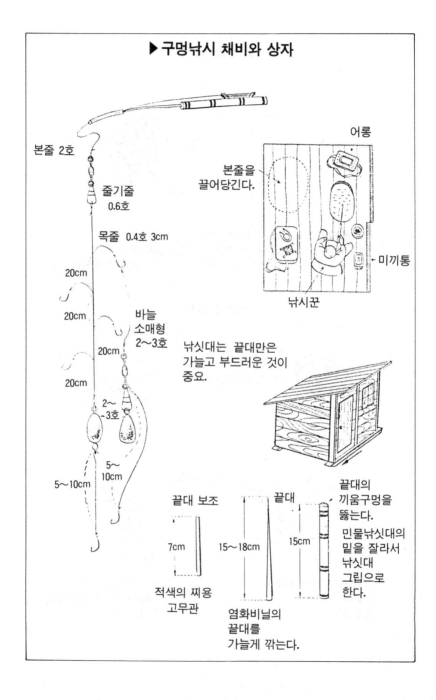

본줄 2호

줄기줄
0.6호

목줄 0.4호 3cm

20cm

20cm

바늘
소매형
2~3호

20cm

20cm

2~
3호

5~
10cm

5~10cm

본줄을
끌어당긴다.

어롱

미끼통

낚시꾼

낚싯대는 끝대만은
가늘고 부드러운 것이
중요.

끝대 보조

7cm

적색의 찌용
고무관

끝대

15~18cm

염화비닐의
끝대를
가늘게 깎는다.

끝대

15cm

끝대의
끼움구멍을
뚫는다.

민물낚싯대의
밑을 잘라서
낚싯대
그립으로
한다.

▶ 낚시 방법의 순서

①   ②   ③

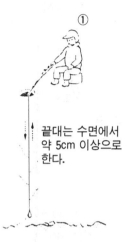

끝대는 수면에서
약 5cm 이상으로
한다.

낚싯봉은 바닥
달락말락하게 해서
4~5번 작게 낚싯대를
올렸다 내린다.

낚싯대 끝이 떨리면
먼저 크게 맞춰주고
한 손은
본줄에 뻗친다.

맞춰서 올린 낚싯대의
줄에 늦춤을 주지 않고
한 손으로 본줄을 잡으면
다른 한 손은 낚싯대를
놓아도 좋다.

물고기의 떼는 법

줄의 잡는 법

아래턱에 바늘이 걸렸을 때는
엄지와 검지로 목줄을 잡고
↑방향으로 누르고 물고기는 반대로
아래로 당기는 기분으로 해 주면
곧 떨어진다.

빙상에 직접 본줄을 두면 동결하는
경우가 많기 때문에 줄을 상하고
때로는 끊어 버린다.
한 손에 고리를 만들면서 걷어 올리면
무난.

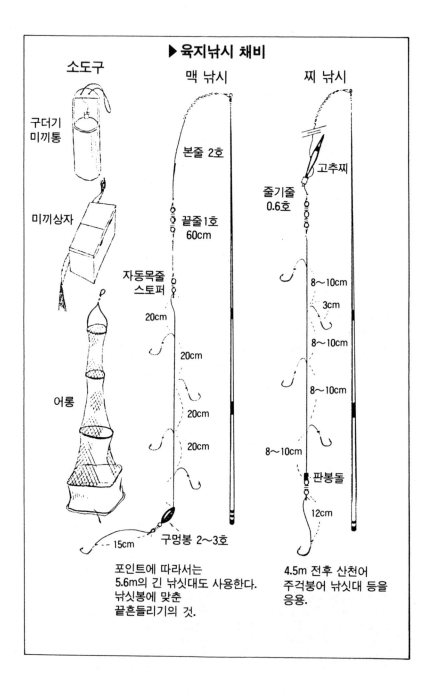

▶육지낚시 채비

소도구

구더기
미끼통

미끼상자

어롱

맥 낚시

본줄 2호

끝줄1호
60cm

자동목줄
스토퍼

20cm

20cm

20cm

20cm

15cm

구멍봉 2~3호

포인트에 따라서는
5.6m의 긴 낚싯대도 사용한다.
낚싯봉에 맞춘
끝흔들리기의 것.

찌 낚시

고추찌

줄기줄
0.6호

8~10cm

3cm

8~10cm

8~10cm

8~10cm

판봉돌

12cm

4.5m 전후 산천어
주걱붕어 낚싯대 등을
응용.

부록
민물 낚시의 용어해설

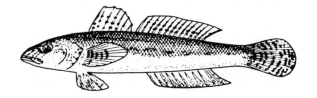

부 록
민물 낚시의 용어 해설

천장(淺場)

다른 장소에 비해서 수심이 얕은 곳을 말한다. 이 반대를 '심장 (深場)'이라고 한다. '참붕어의 소상기는 천장이 목표'라고 하는 사용법을 취한다.

어살

강 여울에 어살목이라고 부르는 말뚝을 세우고 이 아래에 대나무로 짠 발풍의 것을 놓는다. 상류로부터의 물고기는 말뚝에 끼여서 이 발 속으로 도망쳐 들어간다. '어살의 물고기'라고 하는 속담이 있지만, 이것은 자유를 잃는다는 의미이다. 어살에 들어간 물고기에서 왔을 것이다.

입질

물고기가 바늘의 미끼를 먹었을 때에 느끼는 반응을 말한다. '어신'이라고도 쓰며, 입질이 좋다, 입질이 나쁘다라고 말한다.

혈장

그다지 사람에게 알려져 있지 않는 낚시터나 포인트를 말한다.

규조 부패

가뭄으로 강의 바닥돌에 붙어 있는 규조류가 말라 버려서 새하얗게 되어 버리는 것.

거친 여울

강의 흐름 중에서 수심은 얕지만 흐름이 빨라서 몇 줄기로 파도가 있는 곳.

신장(新場)

그다지 사람에게 알려져 있지 않는 낚시터. 혈장과 같은 의미.

맞추기

물고기가 미끼를 먹은 순간의 움직임은 낚싯대 끝에 후두둑 오든가, 찌가 스윽 가라앉는다. 이 순간을 포착해서 낚싯대 끝을 올리든가 본줄을 끌어당겨서 물고기의 입에 바늘을 확실히 거는 것을 말한다.

맞추기 끊어짐

맞춘 순간에 본줄이나 목줄이 끊어지는 것을 말한다. 이것을 막기 위해서는 대상어, 크기에 따른 맞추기가 중요하고 맞춘 순간, 그 물고기의 크기를 판단, 자신이 사용하고 있는 목줄, 본줄에 맞춰서 능숙하게 거둬들이는 것이다.

장님 낚시

낚고 있는 모습이 장님 지팡이를 짚고 걷고 있는 것 같이 보이기 때문에 이 이름이 붙었다. 강에 들어가 하류를 향해 서서 낚싯대를 물속에 가라앉히고 상하로 움직이는 낚시 방법으로 피라미 낚시에서 흔히 보는 낚시 방법이다.

허탕

목적한 물고기가 한마디도 낚이지 않는 것을 말한다.

활어조

배 안에 만들어져 있는 어조.

한 짐

한 번에 2마리 낚이는 것을 한 짐 낚시.

붙박어

일정 장소에 붙어 있어 멀리 회유하지 않는 물고기를 말한다.

샛바람

동남풍을 말한다.

처넣기

바늘에 단 미끼를 포인트에 넣는 것. 몇 번이나 미끼를 흔들어 넣는 것을 되치기라고 한다.

말등 능선

해안에서 떨어진 강의 중심, 혹은 해안가 앞바다의 수저가 말 등과 같이 높아진 곳을 말한다.

얇다

어영이 얇다. 즉, 물고기가 적은 상태를 말한다.

윗바늘

2개의 바늘을 솔잎 모양으로 달았을 때, 위의 바늘을 윗바늘이라고 부르고 아래의 바늘을 밑바늘이라고 한다.

떠오르다

수온 등의 변화로 물고기가 습성상의 영층보다도 얇은 곳으로 올라오는 것.

강호

홍수 때 강 등의 제방이 터져서 거기로부터 물이 농경지대의 수전으로 흘러 들어가 수전의 흙이 수세 때문에 패여 생긴 늪.

가지 바늘

1개의 줄에 나무 가지와 같이 몇 개인가 단 목줄. 가지 목줄이라고도 한다.

육지 낚시

육지에서 낚는 것을 말한다.

누르다

입질의 표현 방법의 하나. 대상어에 따라서 다소 다르지만 명확한 입질과는 달리 묵직하게 무거워지는 것 같은 느낌. 찌의 변화로 말하자면 쑥 기세좋게 가라앉지 않고 천천히 가라앉아 가는 느낌.

물구렁

미끼가 물 밑에 낙하해 가서 물 밑바닥에 닿을 때까지의 동안을 말한다. 또는 계・청류 의 낚시터에서 낙차 밑에 생기는 흰 거품이 일고 있는 듯한 곳의 명칭으로서도 사용된다.

내려가다

물고기가 천장에서 심장으로 이동하는 것을 말한다.

또한 은어 낚시 등에서는 은어가 상류에서 하류로 이동하는 것을 말한다.

엉킴

채비나 본줄이 낚고 있는 한창 중에 옆 낚시꾼과 서로 엉키는 것.

걸림

물 밑바닥에 있는 장애물. 바늘이 걸린다고 하는 데에서 온 말.

정박 낚시

배를 서로 로프로 묶어서 닻을 내리고 낚거나 해안 수목 등에 배를 묶고 낚는 것.

둔덕

강 바닥이 경사져 있는 곳. 물고기는 물 밑바닥이 평탄한 곳보다도 이런 경사가 있는 곳에 모인다.

형

목적 물고기의 크기를 말한다. '어느 정도의 형이 나왔다'고 하는 것은 '어느 정도의 크기가 나왔다'고 하는 의미.

해안 대기

배를 멈추는 것. 2개의 물 낚싯대를 배의 양끝 가까운 물 밑바닥에 넣고, 그물 낚싯대의 말단에 배에 준비되어 있는 로프로 묶어서 배를 고정시킨다. 이 해안 대기가 확실히 되어 있지 않으면 배는 바람에 의해 흘러가 버린다. 수면 가까이에 올라온 물고기를 낚는 방법이다. 주걱붕어 낚시에서 주로 이루어지고 있다.

감 씨

작은 붕어. 몸길이 5cm 전후의 참붕어가 감 씨와 같은 모양을 하고 있는 데에서 붙여진 명칭.

파리 낚시

소형의 털 낚시. 주로 피라미 낚시에 사용된다.

헛 맞추기

입질이 나타나지 않는데 맞추기를 주는 것. 한(寒) 붕어 등의 늘어 놓기 낚시에서 흔히 이루어진다.

조회하다

입질이 있었는지 어떤지 확실치 않을 때 가볍게 맞추기 기미로 해 본다. 즉, 어떤가라고 물어 보는 것을 말한다. 조회 맞추기라고도 한다.

먹어 올림

입질의 일종. 물고기가 미끼를 먹고 바닥 쪽에서부터 상층을 향해 올라오는 상태.

물림 낚시

미끼를 사용한 낚시의 총칭.

감추기

찌가 기세좋게 스윽하고 가라앉는 입질을 말한다.

외도(外道)

목적 이외의 물고기를 말한다. 참붕어를 낚으러 가서 잉어가 낚이면 이 잉어는 외도라고 하게 된다. 이 때, 물고기의 격이 위이냐 아래이냐라고 하는 문제는 관계가 없다.

짙다

어영(魚影)이 짙음을 말한다. 얇다의 반대어.

허릿심 빠짐

낚싯대의 탄력이 없어지는 것을 말한다. 낚싯대가 가지는 능력의 한계를 넘는 물고기를 낚았을 때에 일어난다.

호안
하천이나 호수의 해변이 흐름이나 파도에 파손당하지 않도록 만든 말뚝, 버림돌, 콘크리트 등으로 지키는 것.

춘풍
동풍.

뿌림 모이
뿌림 모이 낚시, 뿌림 모이를 넣는다 등이라고 한다.

우엉 뽑기
우엉을 밭에서 뽑듯이 바늘에 걸린 물고기를 단숨에 거둬들이는 것을 말한다.

굴려 끼
낚싯봉은 바닥에 대고, 빈 바늘을 굴리듯이 질질 끌어서 낚는 것.

바늘 부리
바늘 끝 부분의 명칭.

더듬 낚시
일정 포인트에서 낚지 않고, 여기 저기를 더듬어서 걷는 낚시 방법.

구더기
은파리의 유충.

낚싯대 꼬리
낚싯대 쥠의 말단부분.

탁함
물색이 흐리고 탁한 상태를 말한다.

되내밀기
은어 낚시에서 증수, 탁함 등으로 은어가 하류로 내려가고, 수위가 안정하고 탁함이 제거되면 다시 상류로 되돌아 온다. 이것을 되내바이라고 하지만 되돌아옴이라고도 부른다.

원숭이 고리
도래의 별명.

채비
본줄, 찌, 낚싯봉, 도래, 바늘 등의 낚시 도구를 조합해서 만든 물고기를 낚기 위한 도구.

조여듦
물고기의 당기는 힘으로 낚싯대가 활과 같이 구부러졌을 때에 조여든다 등이라고 말한다.

수침

줄 찌나 소형의 구슬 찌를 여러 개 달아서 이것을 낚싯봉의 무게로 자연스럽게 흔들흔들 가라앉히는 것.

염주 낚시

바늘을 사용하지 않고 철사나 줄 등에 미끼를 통과시켜서 이것을 고리로 한다. 바닥에 가라앉혀서 뱀장어나 문절망둑이 이것을 먹으면 조용히 올려 오는 낚시 방법.

맨 걸개

미끼를 사용하지 않고 바늘만으로 물고기를 거는 것. 별명 걸개 낚시라고도 한다.

이소(離巢)

월동 장소에서 겨울잠을 자고 있던 물고기가 그 장소를 떠나서 회유를 시작하는 것.

스침

입 이외의 부분에 바늘이 걸리는 것. 스침 낚시라고도 말한다.

여울

수심이 얕고 바닥이 돌 모양으로 졸졸 흐르고 있는 것 같은 곳을 말한다.

여울 꾀어듦

물고기에 따라서는 산란기가 되면 얕은 여울에 모여드는 경우가 있다. 이것을 여울 붙음이라고 부른다.

바닥 세우기

수심을 재는 것.

바닥 낚시

미끼를 물바닥에 대서 낚는 것.

바닥을 가르다

미끼를 물바닥에서 떼는 것. 물고기가 떠오르고 있을 때에는 효과적인 낚시 방법이다.

바닥 놓침

수면상에서 물고기를 놓치는 것이 아니라, 바닥에서 목줄 끊어짐이나 그 밖의 원인으로 놓치는 것을 말한다. 바닥에서 놓치면 모여 있던 물고기가 흩어져 버린다.

수중 낚시

강이나 연못에서 무릎부터 허리 가까이까지 물속에 들어가서 낚는 것을 말한다.

유영층

물고기가 있는 층.

속임 낚시
미끼를 사용하지 않고 낚는 것.

뜰채
낚인 물고기를 퍼내는 그물.

겨냥한다
대물(大物)이 바늘에 걸렸을 경우, 낚싯대의 탄력을 이용해서 물고기가 약해지기를 기다리는 것.

끝고리
본줄을 끝대의 멜고리에 연결하기 쉽게 한 연결법.

목
바늘의 뿌리·줄의 연결 부분이 팽팽해져도 빠지지 않도록 하고 있다. 목줄의 매듭도 목이라고 한다.

살짝 걸기
지렁이나 붉은 장구벌레, 구더기 등의 몸의 일부를 바늘에 살짝 거는 것을 말한다.

침상
시렁 등을 수저에 가라앉혀서 호안 공사를 하고 있는 곳.

달려 들어오다
수심이 얕은 장소로 산란하러 들어오는 상태를 말한다.

장마 소상

장마에 들어가서 강이 증수하면 은어는 일단 하류로 흐르지만 다시 상류로 올라온다. 이와 같은 상태를 장마 소상이라고 한다.

손 꼬리

낚싯대 꼬리에서 앞의 본줄 길이를 말한다.

당년생

그 해에 태어난 작은 물고기를 말한다.

전악(田樂) 낚시

여러 개의 낚싯대를 늘어놓고 낚는 늘어놓기 낚시.

통흔들리기

낚싯대 흔들리기의 일종으로 일반적으로 부드러운 낚싯대.

도랑

흐름이 완만한 깊이를 말한다.

거둬들임

바늘에 걸린 물고기를 끌어당기는 것.

정(瀞)

흐름이 완만한 곳.

풀리다

흔들어 넣은 채비의 낚싯봉이 찌와 수직이 된 순간, 찌가 수면에
선다. 이 찌가 섰을 때를 말한다.

쥠

낚싯대 꼬리의 쥐는 부분.

빼다

바늘에 걸린 물고기를 낚싯대의 탄력을 이용해서 수면으로 끌어
올리는 것.

빠지다

물고기가 수면에서 점프하는 것을 말한다.

점액

물고기에 묻어 있는 점액.

떡밥

으깬 감자나 고구마 삶은 것을 개서 만든 미끼.

소상

산란을 위해서 물고기가 해안가의 수심이 얕은 곳으로 이동해 오는
것을 말한다.

입관
낚시를 끝내고 낚싯대를 담는 것.

내뺏다
바늘에 걸린 물고기가 달아나려고 해서 오른쪽으로 왼쪽으로 헤엄쳐 다니는 상태.

타다
물고기가 바늘에 걸리는 것.

말총
살아있는 말 꼬리의 털을 빼서, 이것을 몇 개인가 합쳐 털낚시 낚시용의 줄.

튐
수면으로 물고기가 튀는 것.

잇자국
은어가 강돌에 부착한 미끼를 먹은 후에 생기는 자국.

벗어남
일단 바늘에 걸린 물고기가 바늘로부터 벗어나는 것.

퍼머
목줄이나 본줄이 비틀어져 퍼머넌트를 한 것 같은 상태가 되는 것.

끌낚시
참붕어 낚시 방법의 일종. 긴 낚싯대를 사용해서 앞바다에서 해안 가로 채비를 끌어 와서 낚는다.

어롱
낚아 올린 물고기를 넣는 것.

묵은 물고기
1년어가 2년 이상 살아 있는 경우, 이것을 묵은 물고기라고 부른다.

평장(平場)
바닥이 평탄한 곳.

내뿜기 낚시
낚싯봉을 달지 않든가, 또는 극히 소량 달아서 가능한 한 미끼를 자연스럽게 움직여서 낚는 낚시 방법.

심장(深場)
수심이 상당히 깊은 장소. 천장(淺場)의 반대어.

흔들리다
본줄이 늘어지는 것.

흔들어 넣다

낚싯대를 흔들어서 미끼를 단 채비를 포인트에 떨어뜨리는 동작을 말한다.

변지

강이나 늪의 해안가. 극히 변지라고 하는 표현법이 있지만 이것은 해안에 가까운 곳을 말한다.

찰싹

채비의 낚싯봉이 수정에 붙어 있는 상태.

멜고리

낚싯대 끝대의 선단에 달려 있는 채비를 연결하는 곳을 말한다.

세류

본류에서 지류로 들어가고 더욱 거기에서 몇 개로 나눠져 있는 가는 흐름.

딱 낚시

메기와 가물치의 낚시 방법의 일종. 튼튼한 낚싯대에 개구리를 산 채 달고, 수면을 개구리가 뛰고 있는 듯이 보여서 낚는 방법.

뿌림 모이

쌀겨, 번데기 가루, 밀가루 등을 섞어서 만든 것.

항적
배가 다니기 위한 수로.

물 움직임
흐름이 있는 곳은 물 움직임이 좋은 곳이라고 말할 수 있다.

맥 낚시
찌 대신에 본줄에 안표를 달고, 어신을 직접 손으로 느껴서 낚는 방법.

물 가름
물에 젖은 줄이 물에서 개방되는 상태를 말한 것. 나일론 줄은 매우 물가름이 좋다.

맞은편 맞추기
입질이 있어도 그다지 크게 맞추지 않고 물고기가 자연히 바늘에 걸리기를 기다리는 것.

안표
계·청류의 맥 낚시에 사용하는 낚시 도구. 물고기의 입질을 보기 위한 것이다.

장님 시렁
물속에 숨어 있어 수면에서 볼 수 없는 시렁.

바늘 턱

미늘이라고도 한다.

자맥질

수면에 떠 있던 물고기가 반전해서 물바닥 쪽을 향했을 때에 일어나는 상태. 수면에 파문이 생긴다.

산

목표 호수나 늪 위에는 도로 표식이 없다. 그래서 호상에서 포인트를 정할 때에는 육지에 있는 대상물을 목표로 장소를 기억해 둔다. 이것을 산 세우기라고 한다.

야라즈

낚시 바늘의 일종. 축이 긴 것이 특징.

영락

바늘을 많이 사용해서 낚는 멍텅구리식의 낚시 방법.

모음 미끼

물고기를 모으기 위해서 뿌리는 미끼. 뿌림 모이라고도 한다.

즐김 낚시

시합에서는 성적이 마음에 걸려 좀체로 여유로운 낚시를 할 수 없다. 이와 같은 분위기에서 벗어나서 혼자 유유히 낚싯줄을 드리우고 즐기는 낚시를 말한다.

두름

한 번에 2마리 낚이는 것. 한 짐 낚시.

용수(湧水)

강바닥 등에서 물이 솟아나고 있는 곳. 용수의 수온은 연간을 통해서 일정하기 때문에 여름이나 겨울의 좋은 포인트가 되고 있는 경우가 많다.

솟다

물고기가 태어나는 것을 말한다. 물고기가 상당히 많이 태어난 해 등은 '솟음이 좋다'라고 하는 표현을 한다.

만

강이 해안가로 들어와 있는 상태를 말한다. 바다의 후미와 같은 상태라고 생각하면 좋다.

□독자를 위하여 다시 한 마디

낚시 채비의 중요성

강 낚시 채비는 크게 나누면 찌 낚시 채비와 맥 낚시 채비 2종류 밖에 없다. 어종이나 낚시터의 조건에 따라 여러 가지 채비는 있지만 이 어느 쪽인가의 타입으로 분류된다. 따라서 찌 낚시와 맥 낚시의 기본 채비가 있으면 대부분의 물고기는 낚을 수 있다. 예를 들면, 참붕어의 더듬 낚시에는 수침 채비가 상식으로 되어 있지만, 찌 낚시 의 기본적인 채비인 입 찌 채비라도 충분히 참붕어는 낚을 수 있다.

그러나 둔덕 등의 포인트를 노리는 경우에는 약간의 수심의 변화에 대응할 수 있는 수침 채비 쪽이 '편리'하고 '능률적'인 것은 사실이 다.

현재, 낚시꾼이 사용하고 있는 모든 타입의 채비는 얼마나 간단히 또 능률적으로 낚느냐라고 하는 점에서 고안된 것이 대부분이다.

평소 아무렇지도 않게 사용하고 있는 채비도 과거 몇 세대의 낚시 꾼이 개량을 거듭한 끝에 완성한 것들이다.

그러나 낚싯대가 대나무에서 글라스파이버로 바뀌었듯이 찌나 낚싯봉, 접속 기구, 줄, 바늘 등의 재질이나 형이 앞으로 변화해 갈 가능성은 충분히 있다. 그로 인해 지금까지는 생각도 못한 새로운 타입의 채비가 만들어질 것이다.

같은 물고기를 낚는 경우라도, 낚시 방법(채비)을 바꿈으로서 다른 재미를 발견하는 경우도 많다.

이 책이 독자 여러분의 새로운 낚시 재미의 발견에 조금이라도 도움이 되면 다행이겠다.

```
권
사
유
판
본
소
```

정통 민물 낚시

2021년 05월 20일 인쇄
2021년 05월 30일 발행

지은이 | 현대레저연구회
펴낸이 | 최　원　준

펴낸곳 | 태 을 출 판 사
서울특별시 중구 다산로38길 59(동아빌딩내)
등　록 | 1973. 1. 10(제1-10호)

ⓒ2009. TAE-EUL publishing Co.,printed in Korea
※잘못된 책은 구입하신 곳에서 교환해 드립니다.

■ **주문 및 연락처**
우편번호 ⓪④⑤⑧④
서울특별시 중구 다산로38길 59 (동아빌딩내)
전화 : (02)2237-5577　팩스 : (02)2233-6166

ISBN　978-89-493-0635-3　　13690